AF334670

After

Jean-Max Colard

Thomas Lélu

After Adrien Schiess
After Bertrand Lavier
After Daniel Buren
After Gabriel Orozco
After Jeff Koons
After Matthieu Laurette
After Robert Filiou

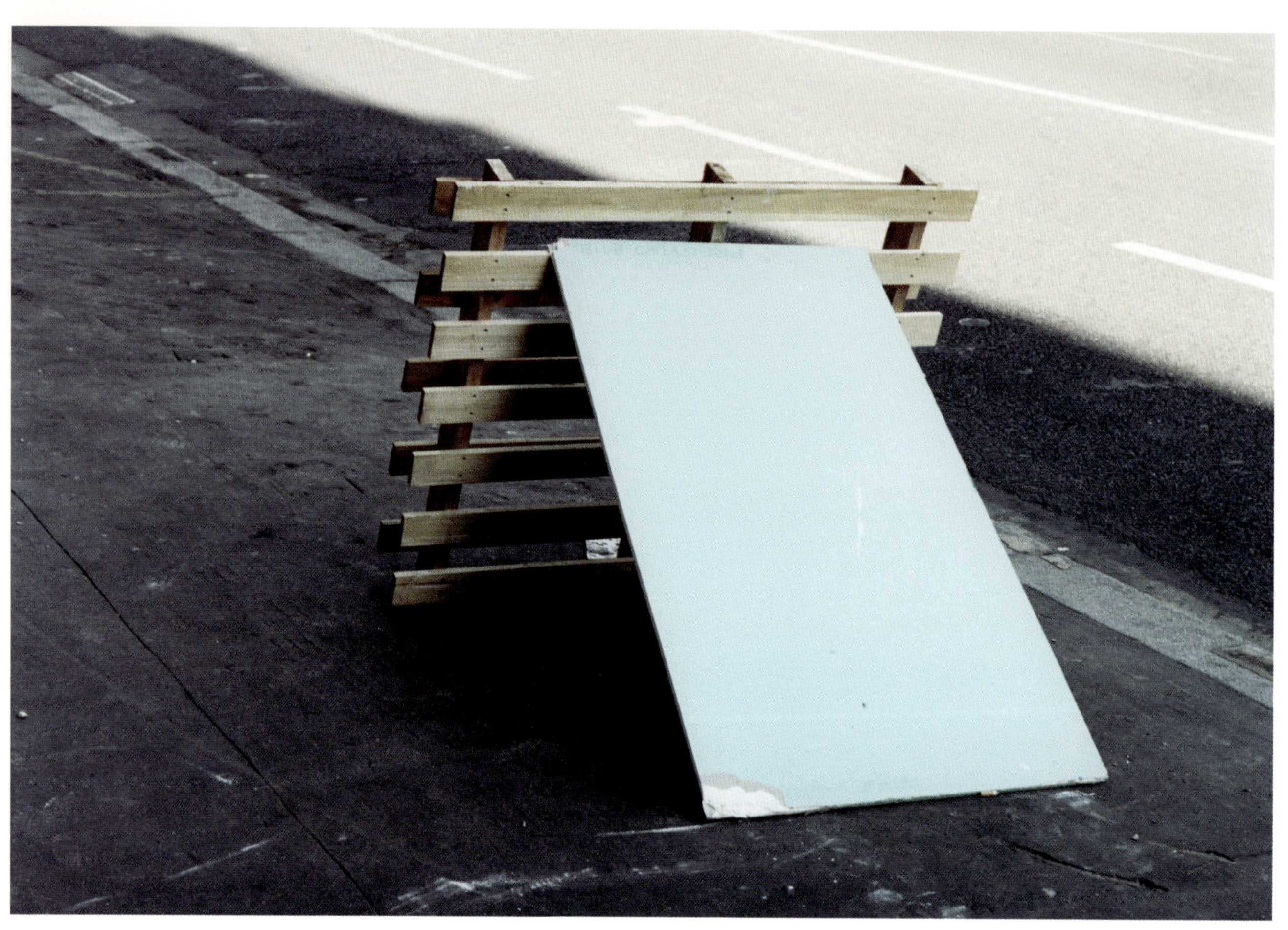

Paris, Octobre 2004, After Adrien Schiess

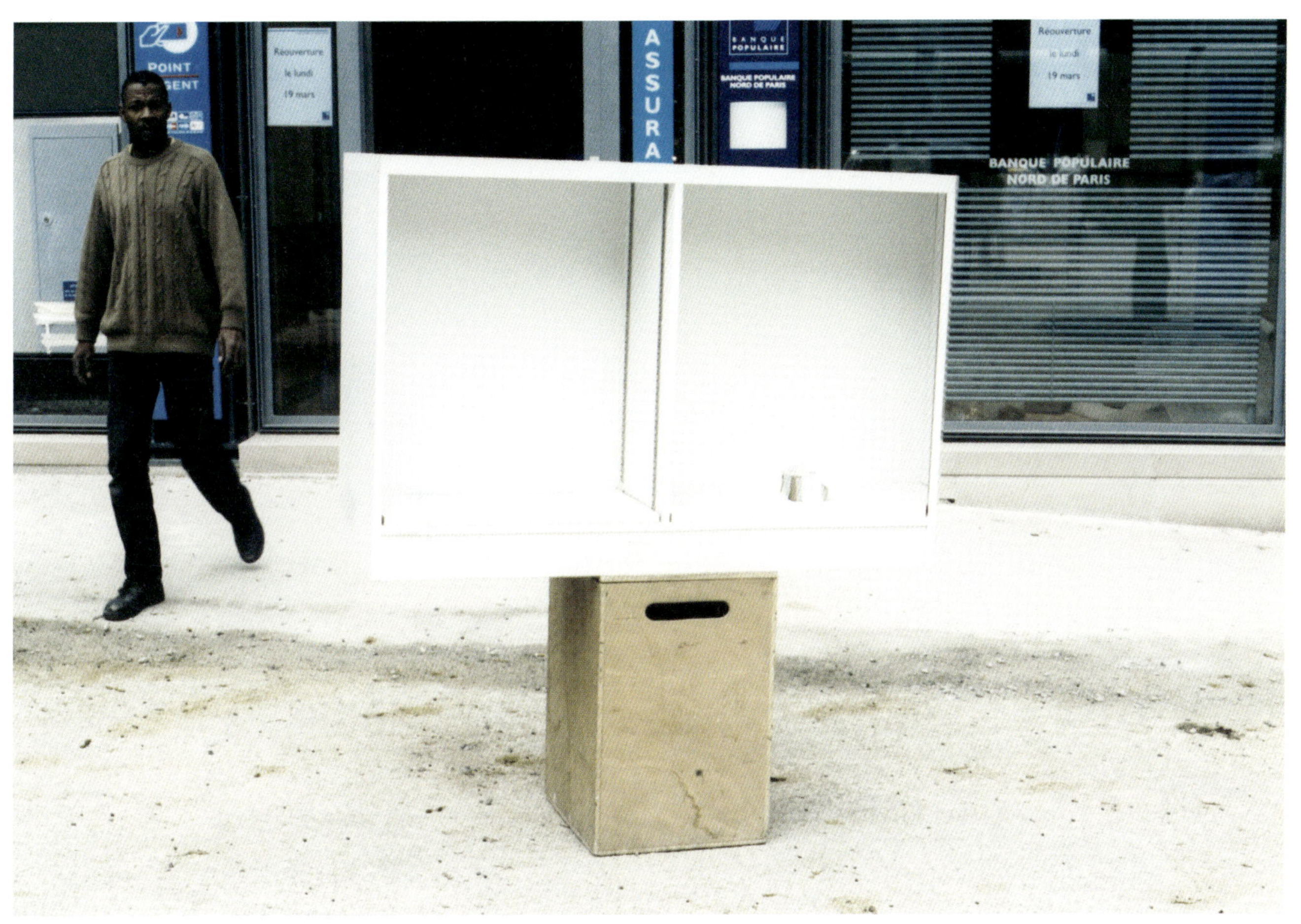

Superposition, After Bertrand Lavier

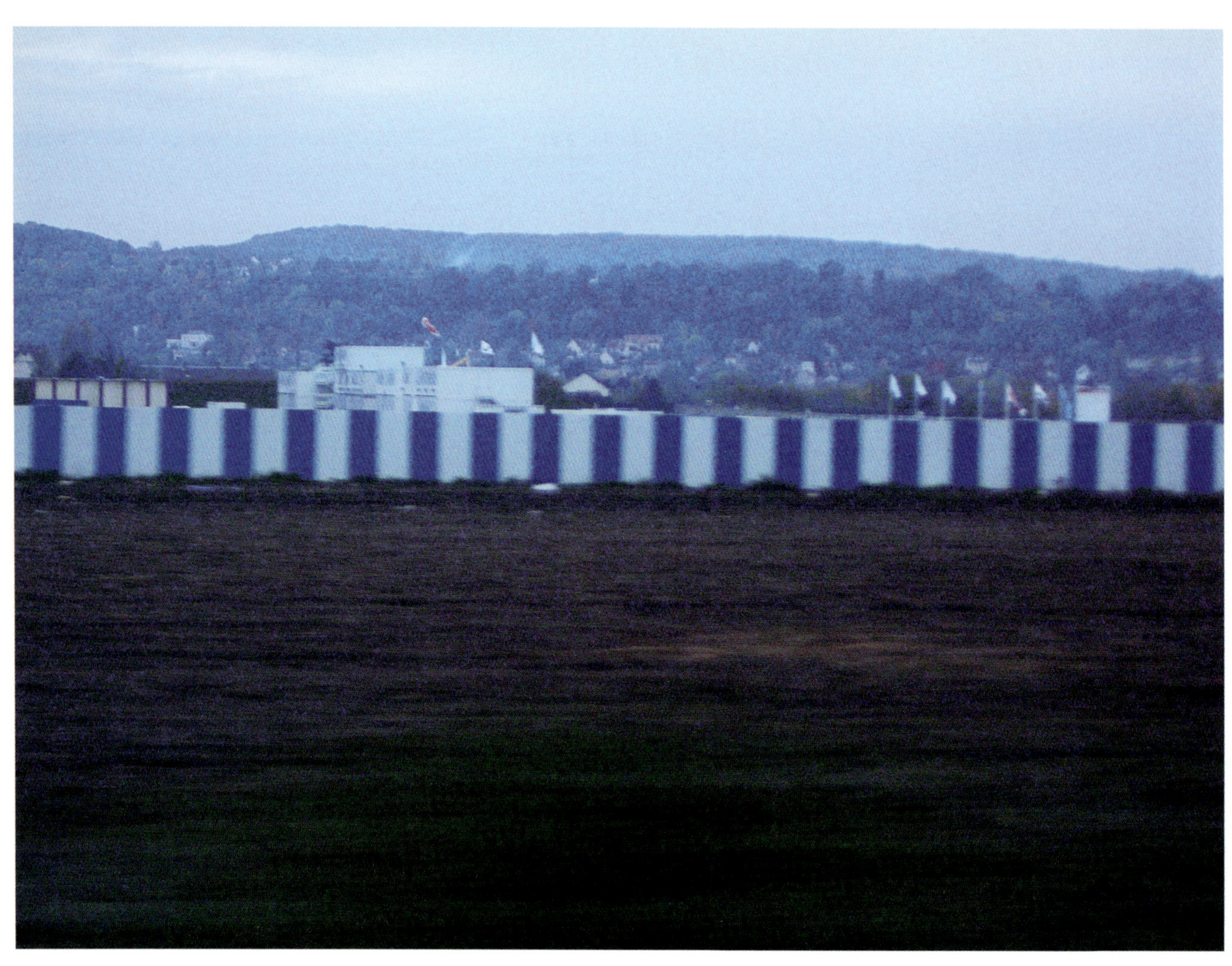

Paysages, After Daniel Buren

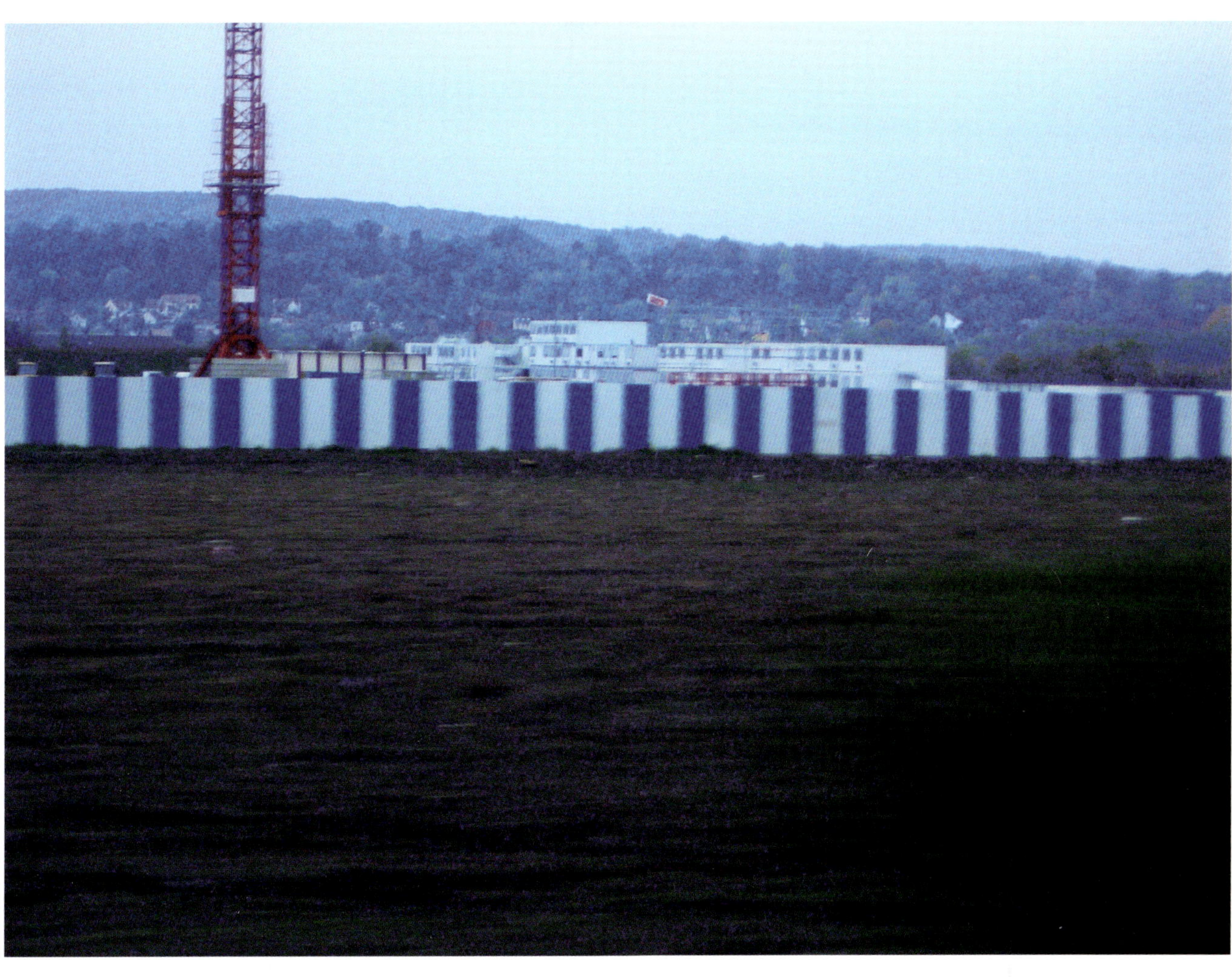

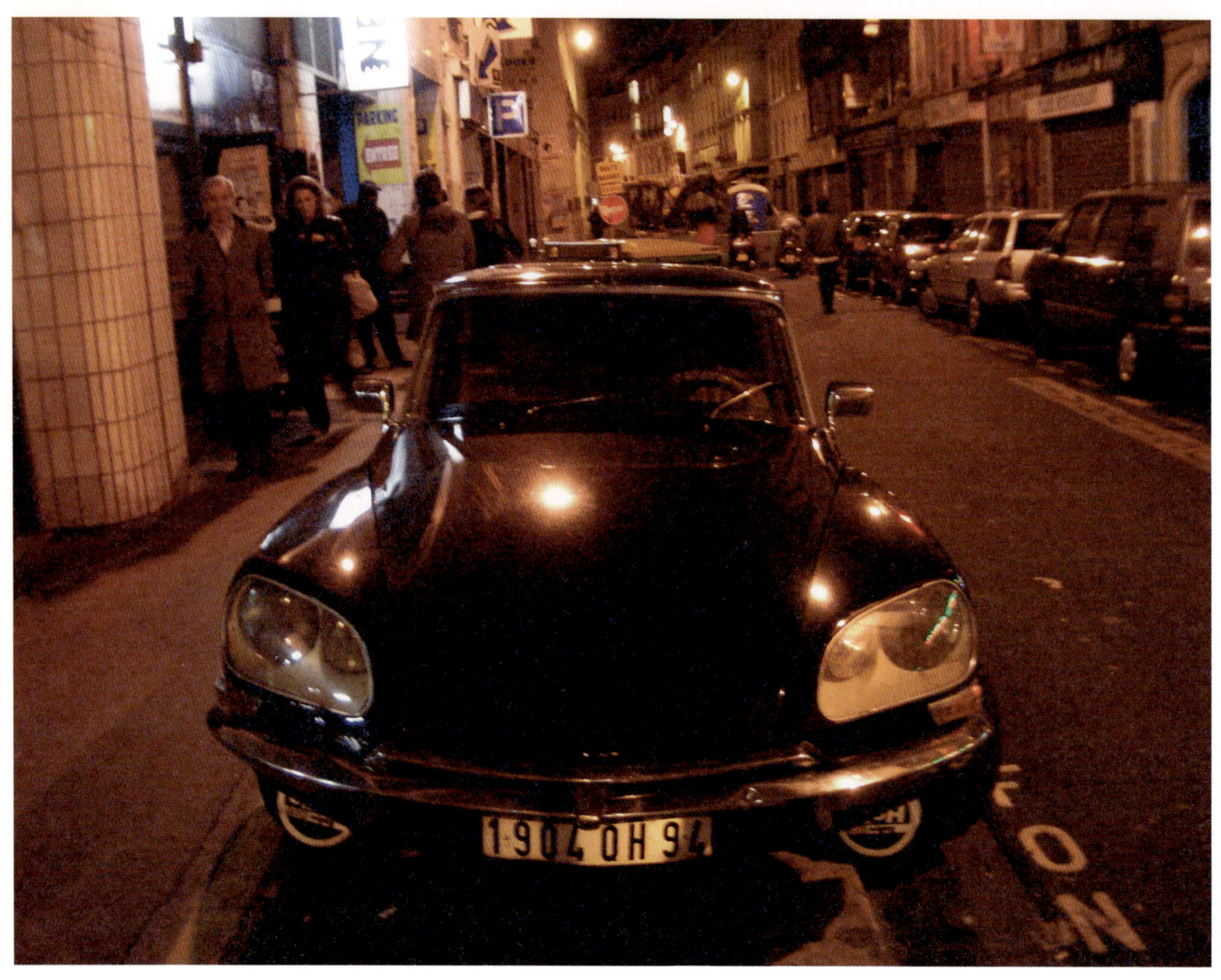

DS, New Morning, Paris, After Gabriel Orozco

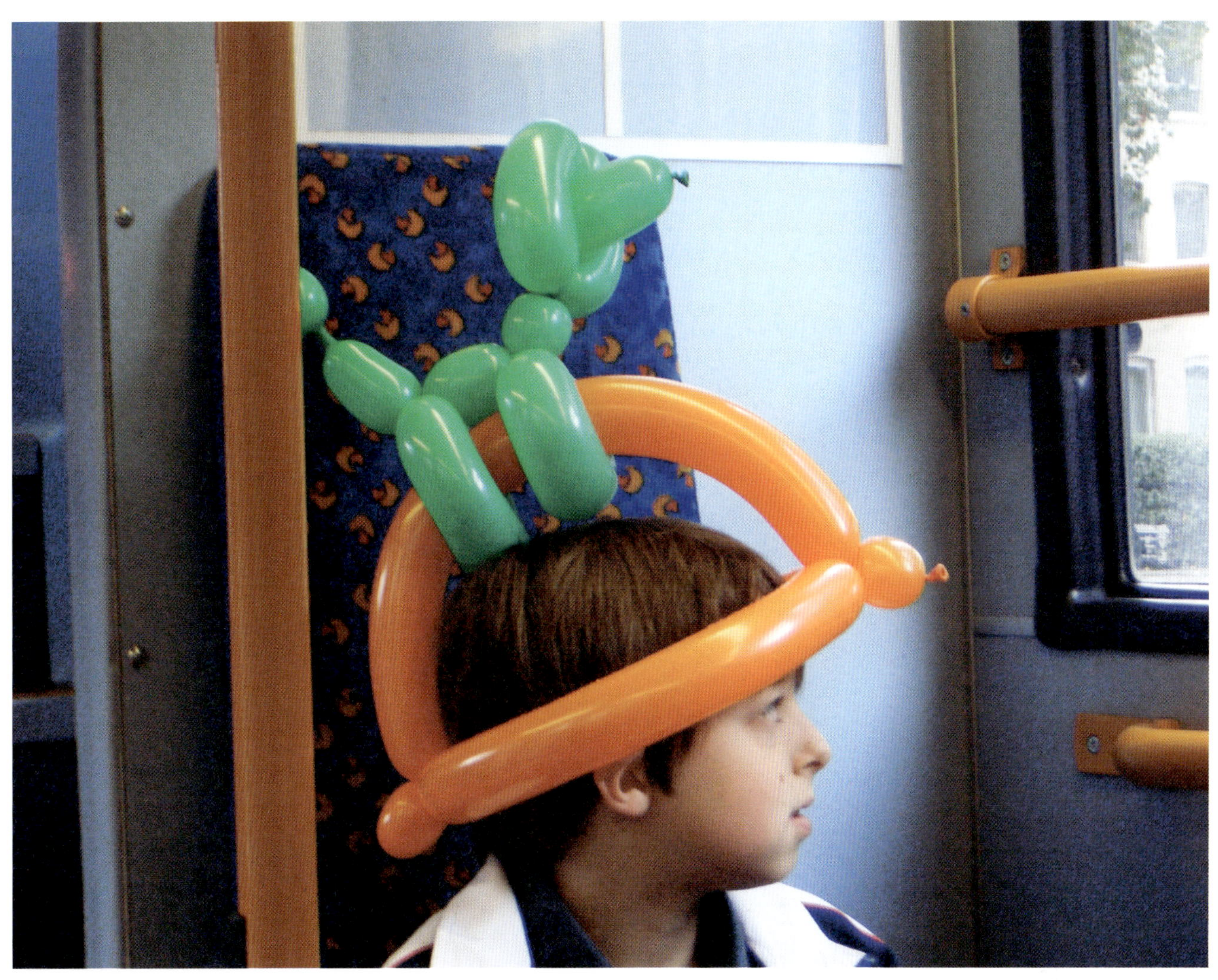

Balloon, London, After Jeff Koons

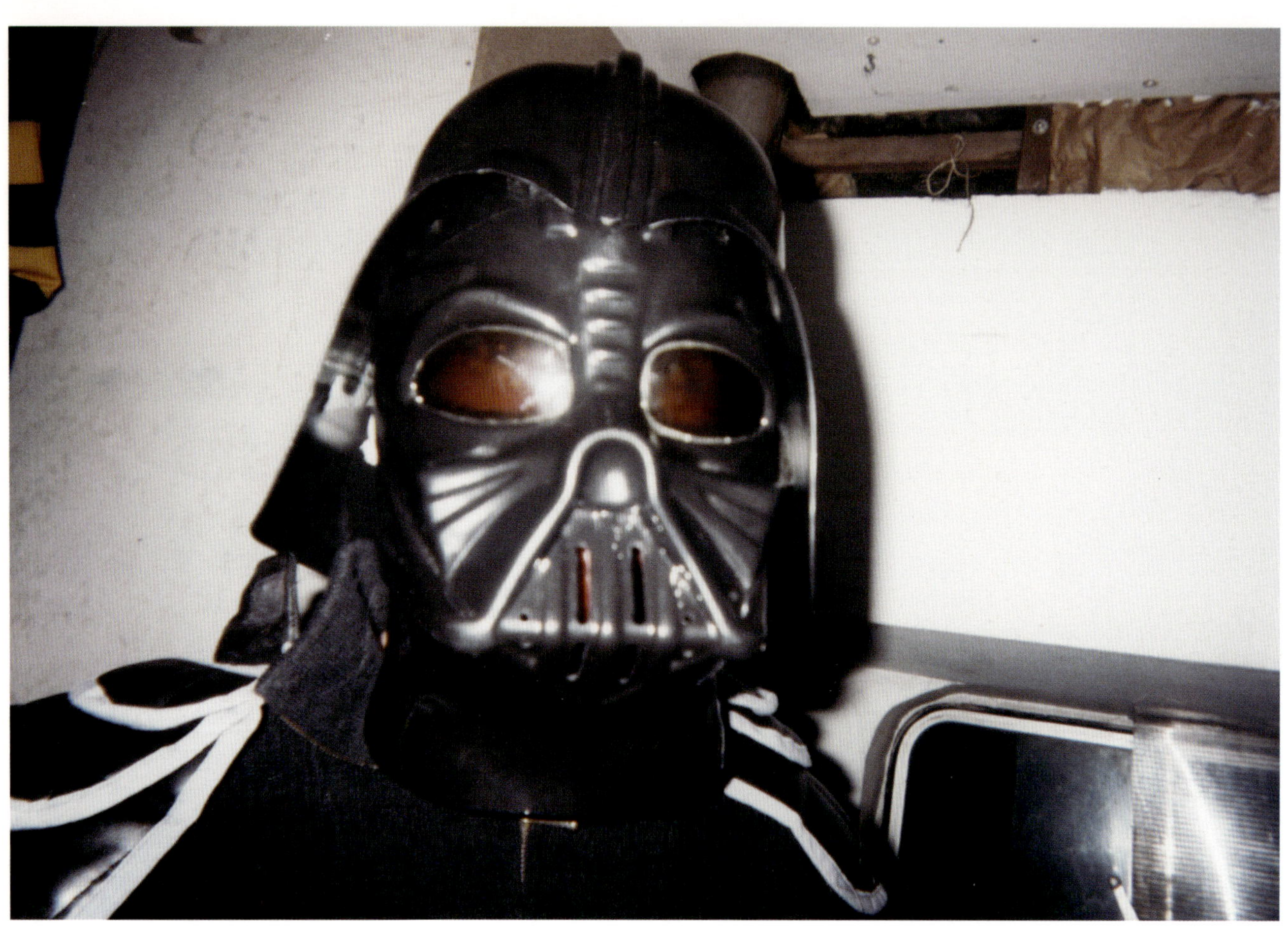

Darth Vador, After Matthieu Laurette

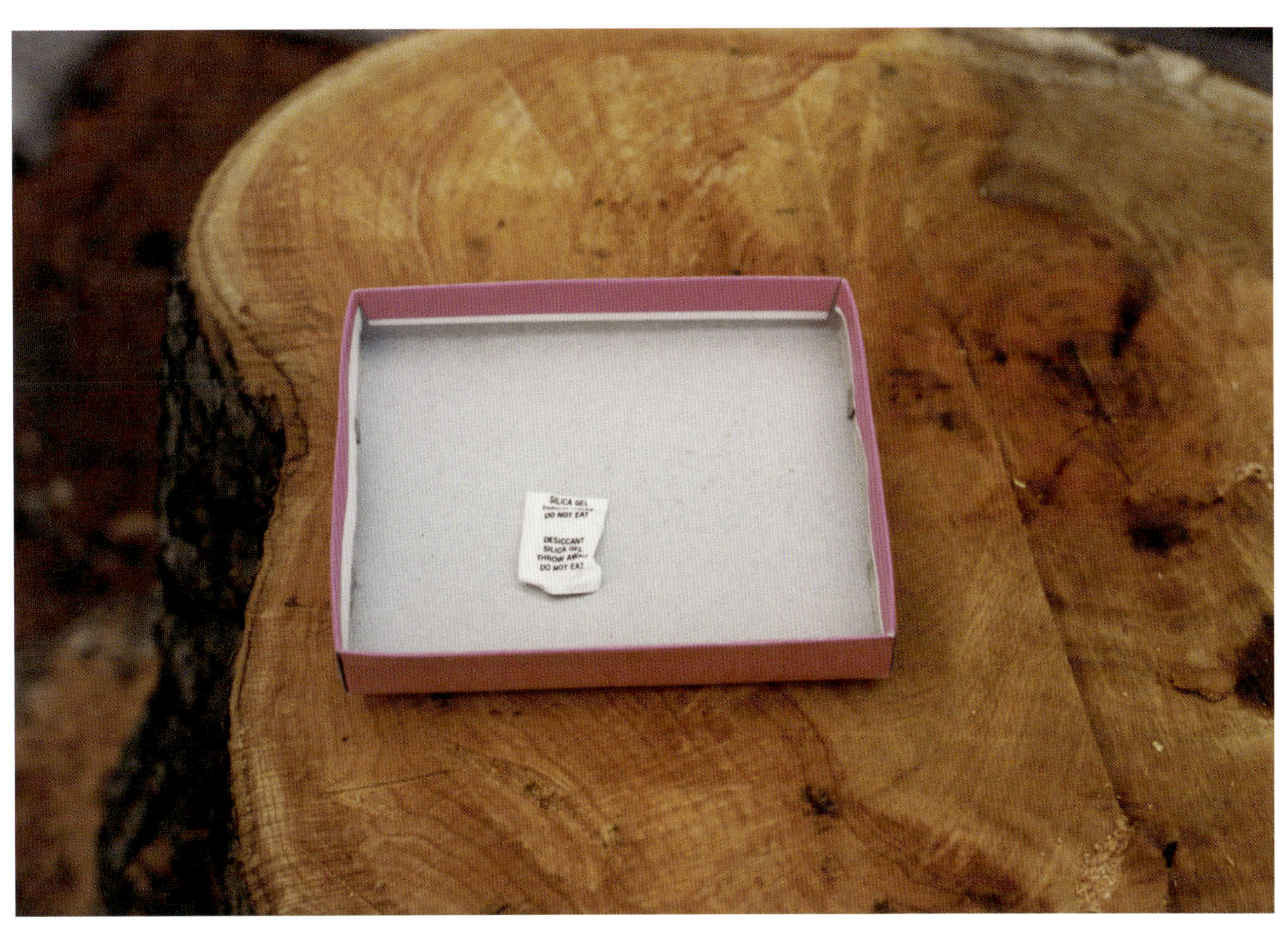

Buttes-Chaumont, After Robert Filiou

After Bruno Peinado
After Donald Judd
After Ed Ruscha
After James Turrell
After Thomas Hirschhorn
After Xavier Veilhan
After Daniel Spoerri
After Yves Klein
After Raymond Hains
After Pierre Huyghe
After Sophie Calle

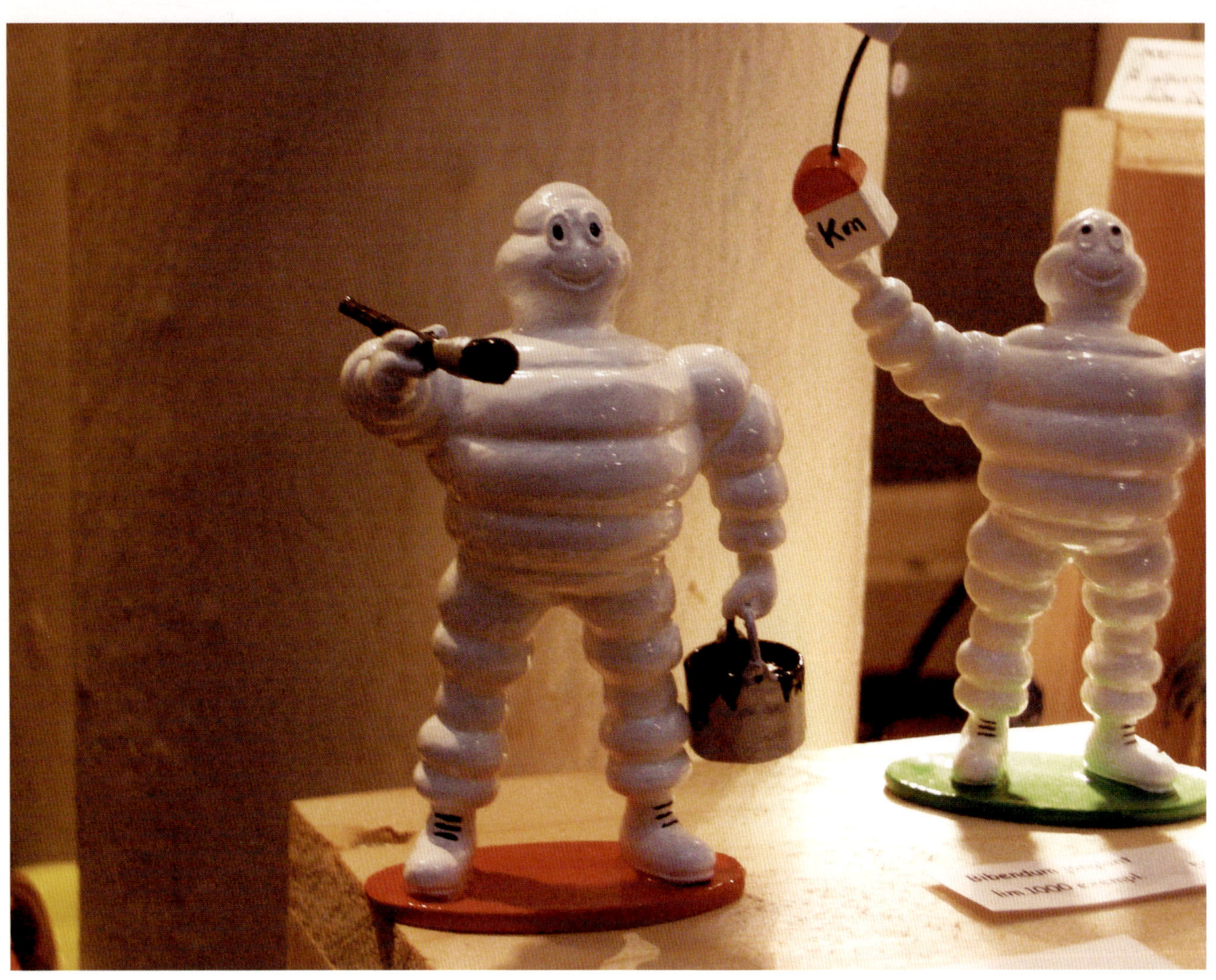

Bibendum, After Bruno Peinado

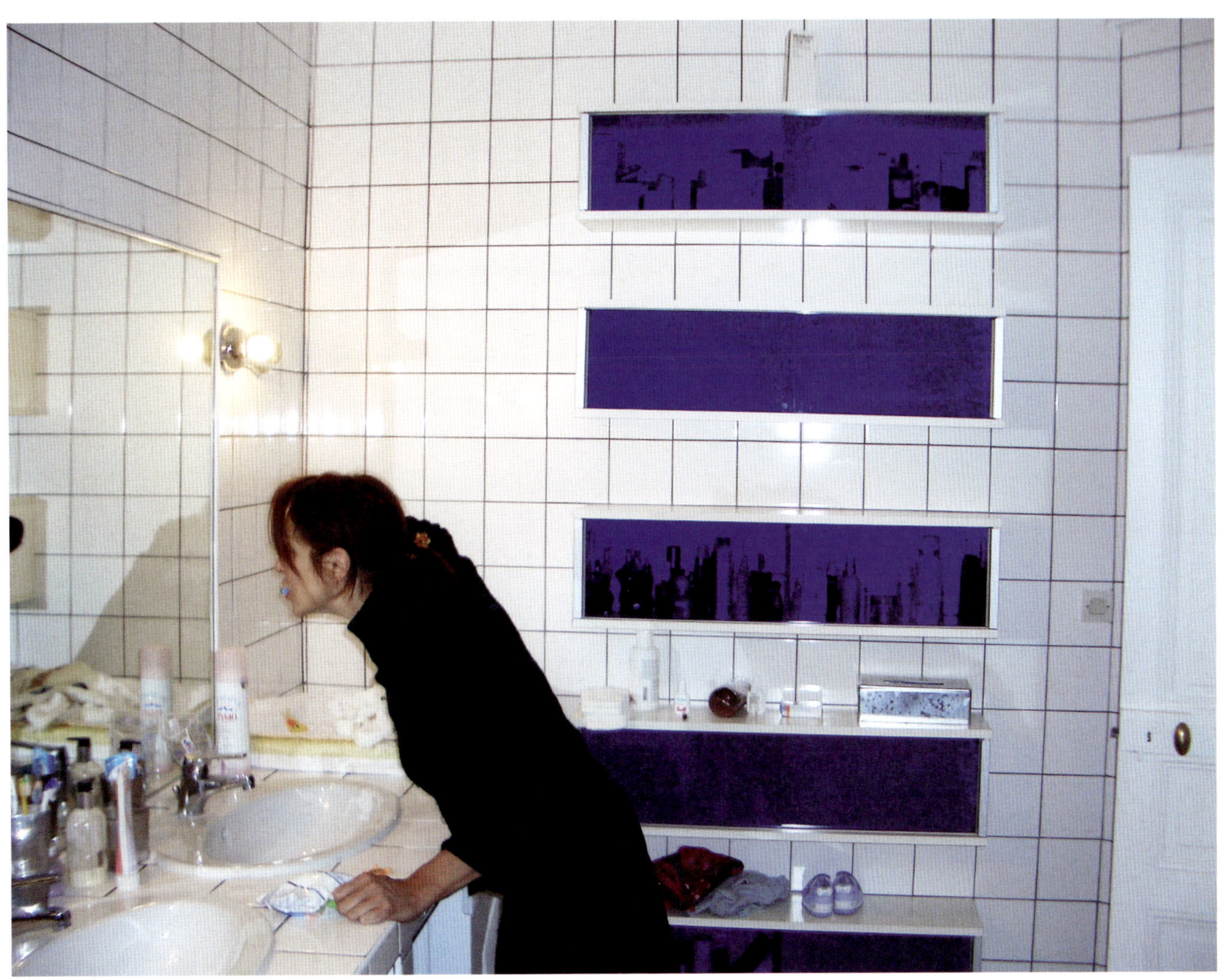

Ikéa, After Donald Judd

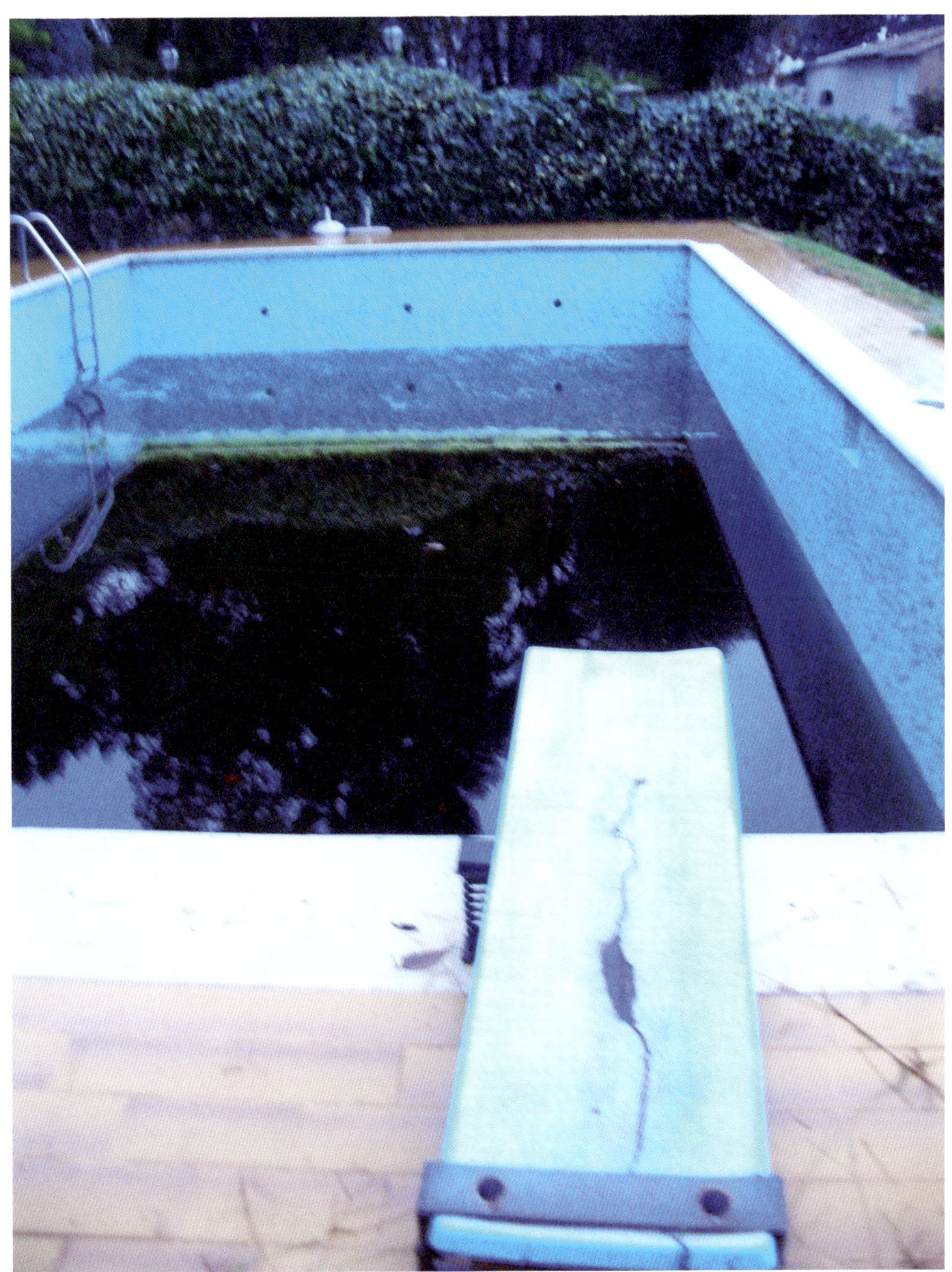

Deauville, After After Ed Ruscha

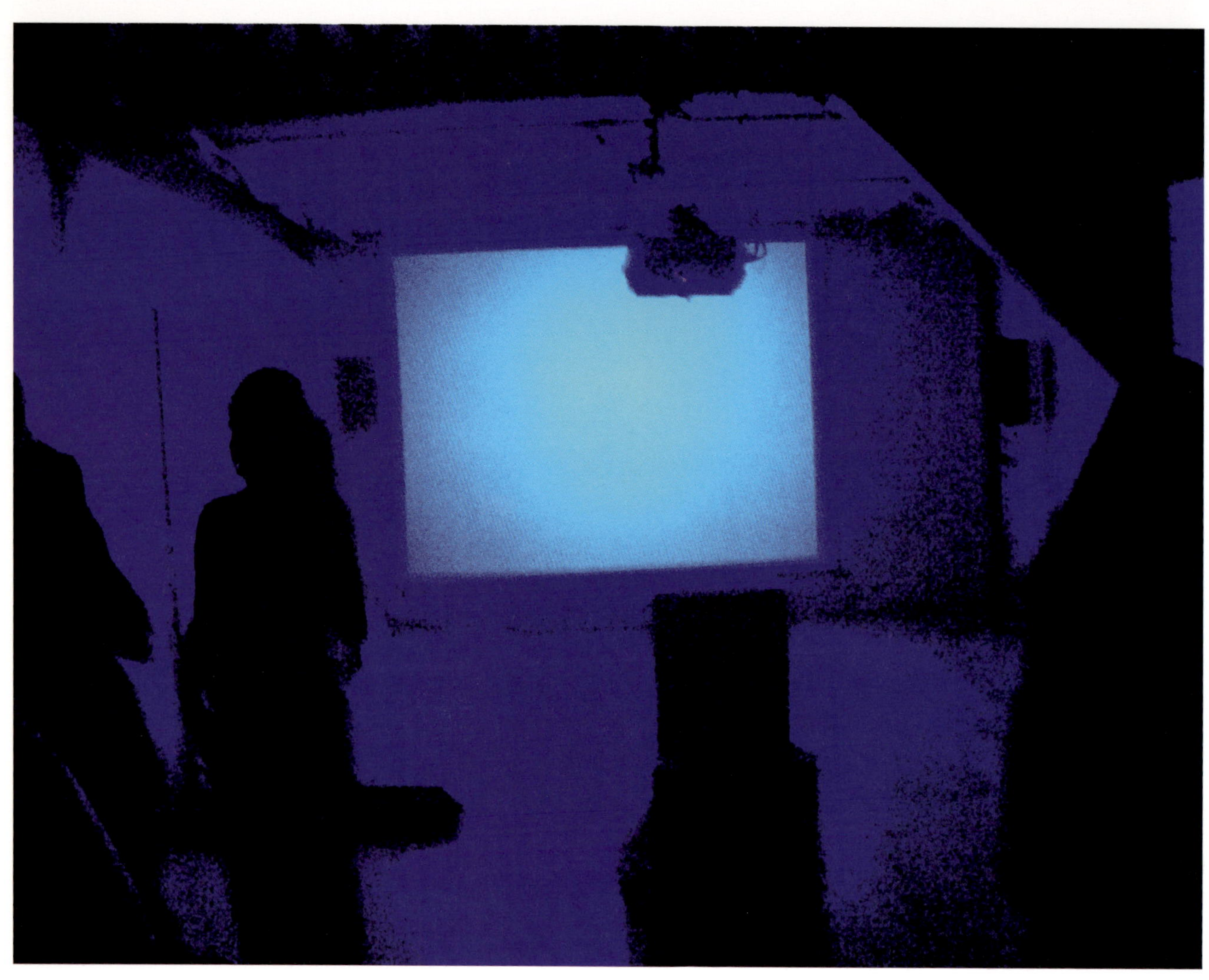

23h30, After After James Turrell

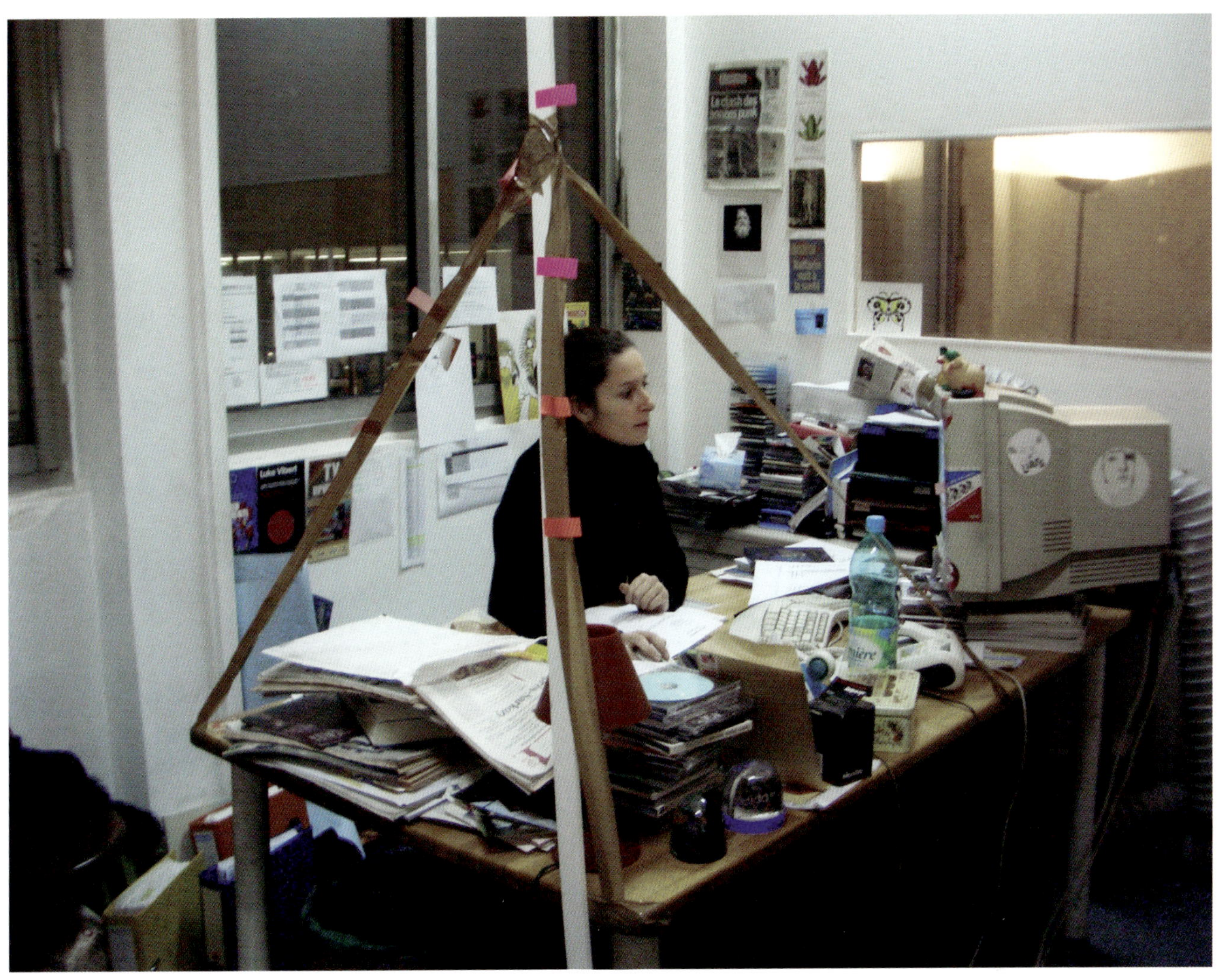

Cécile, After Thomas Hirschhorn

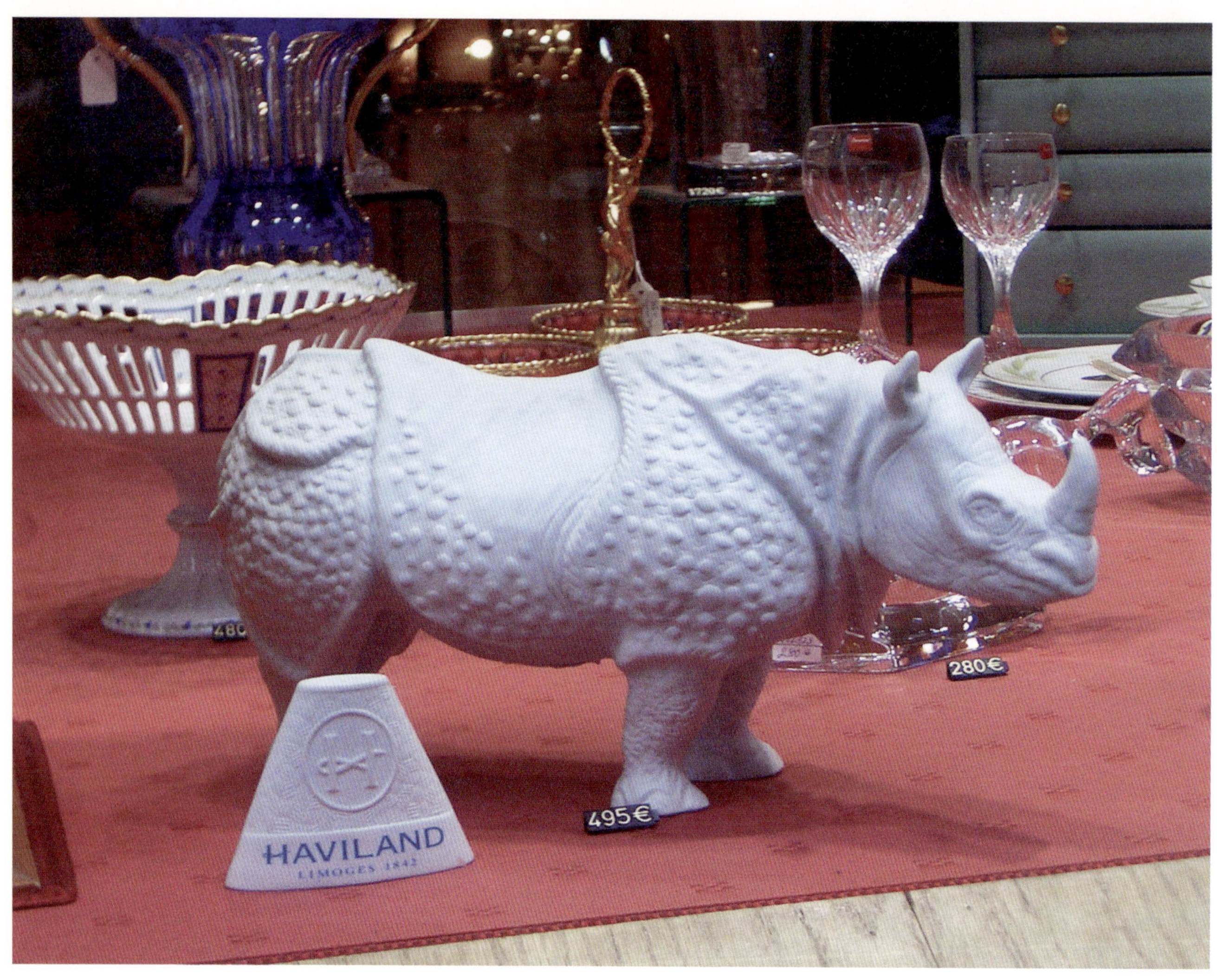

Rue de Paradis, After Xavier Veilhan

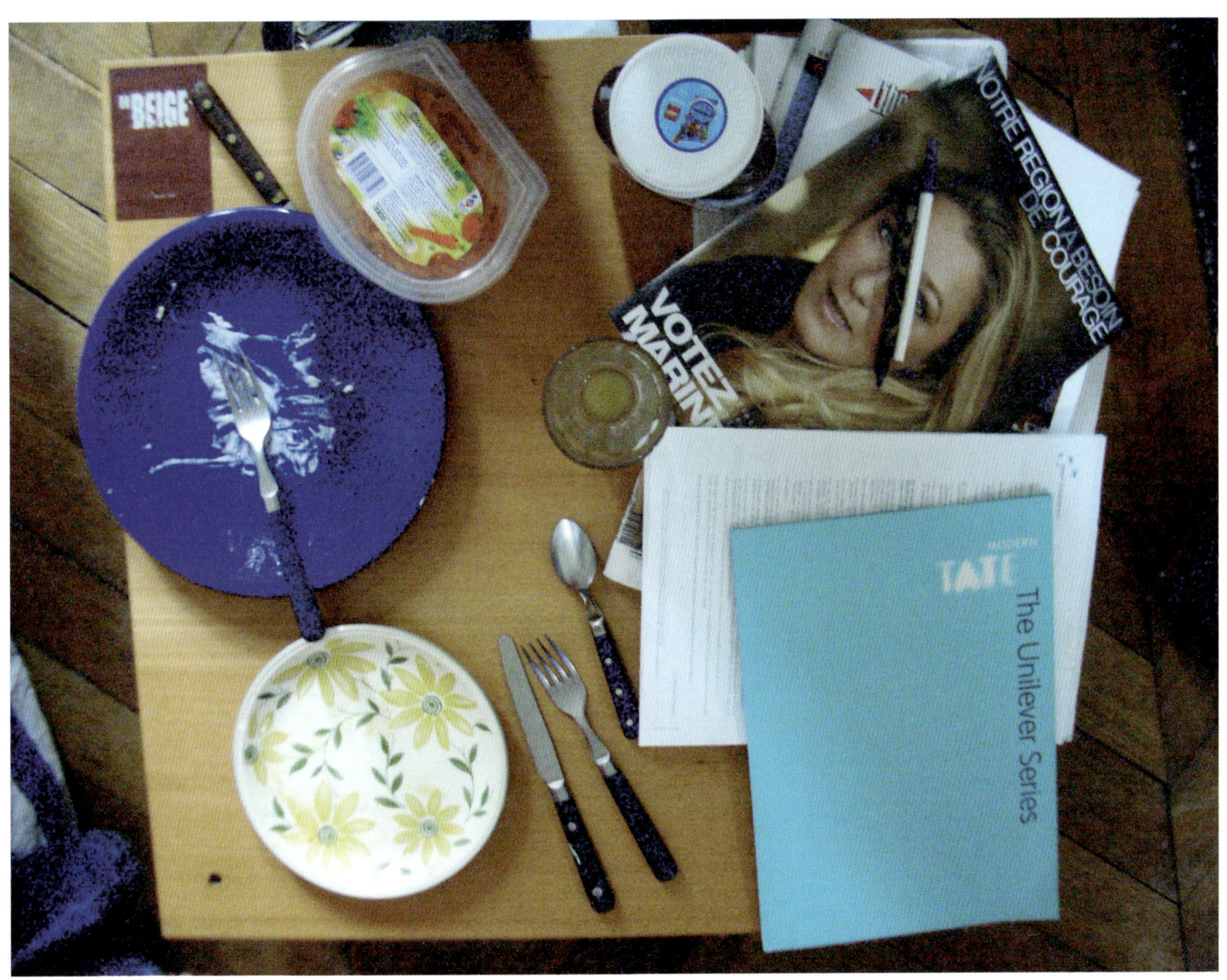

Dimanche matin, Paris, After Daniel Spoerri

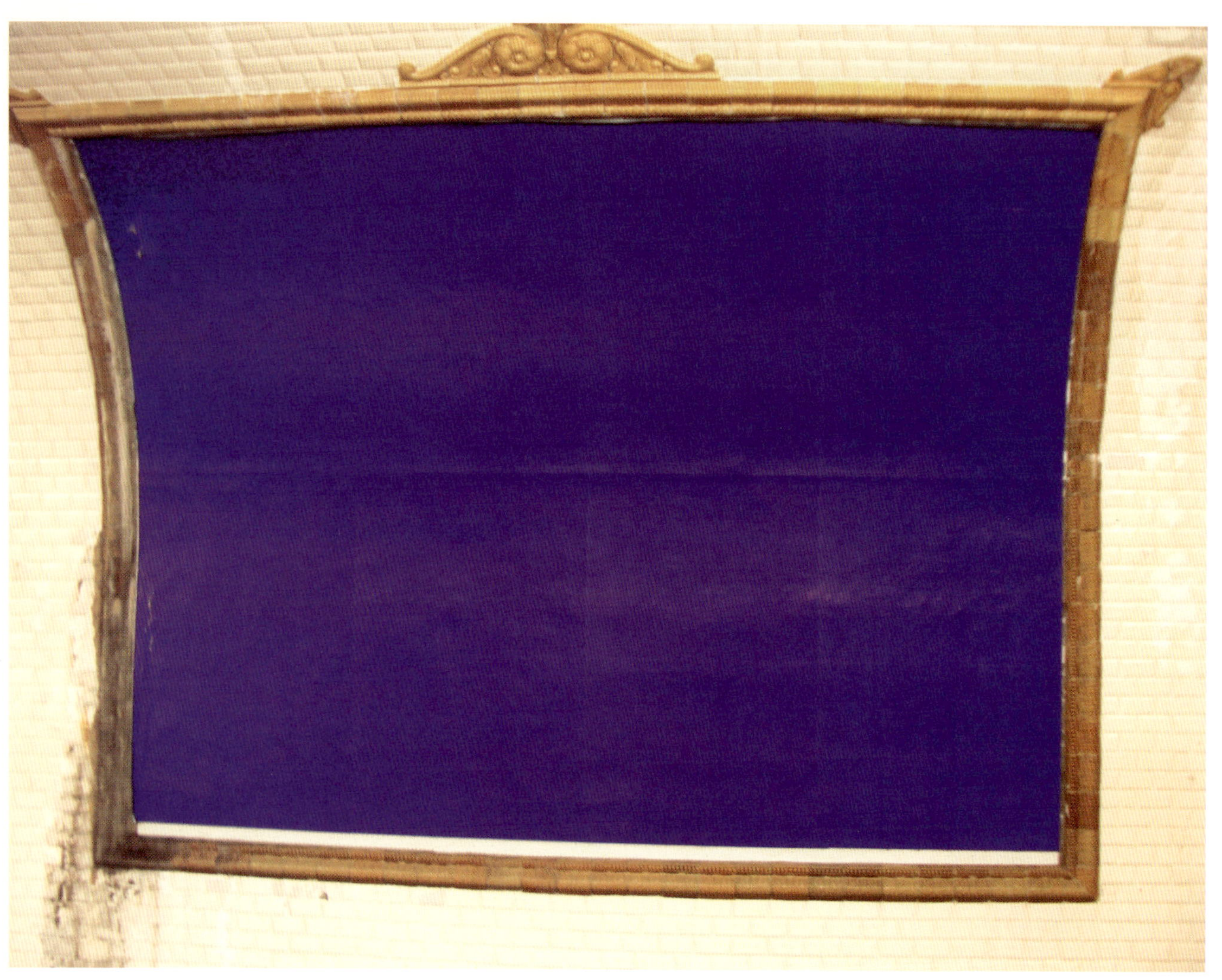

Château rouge, After Yves Klein

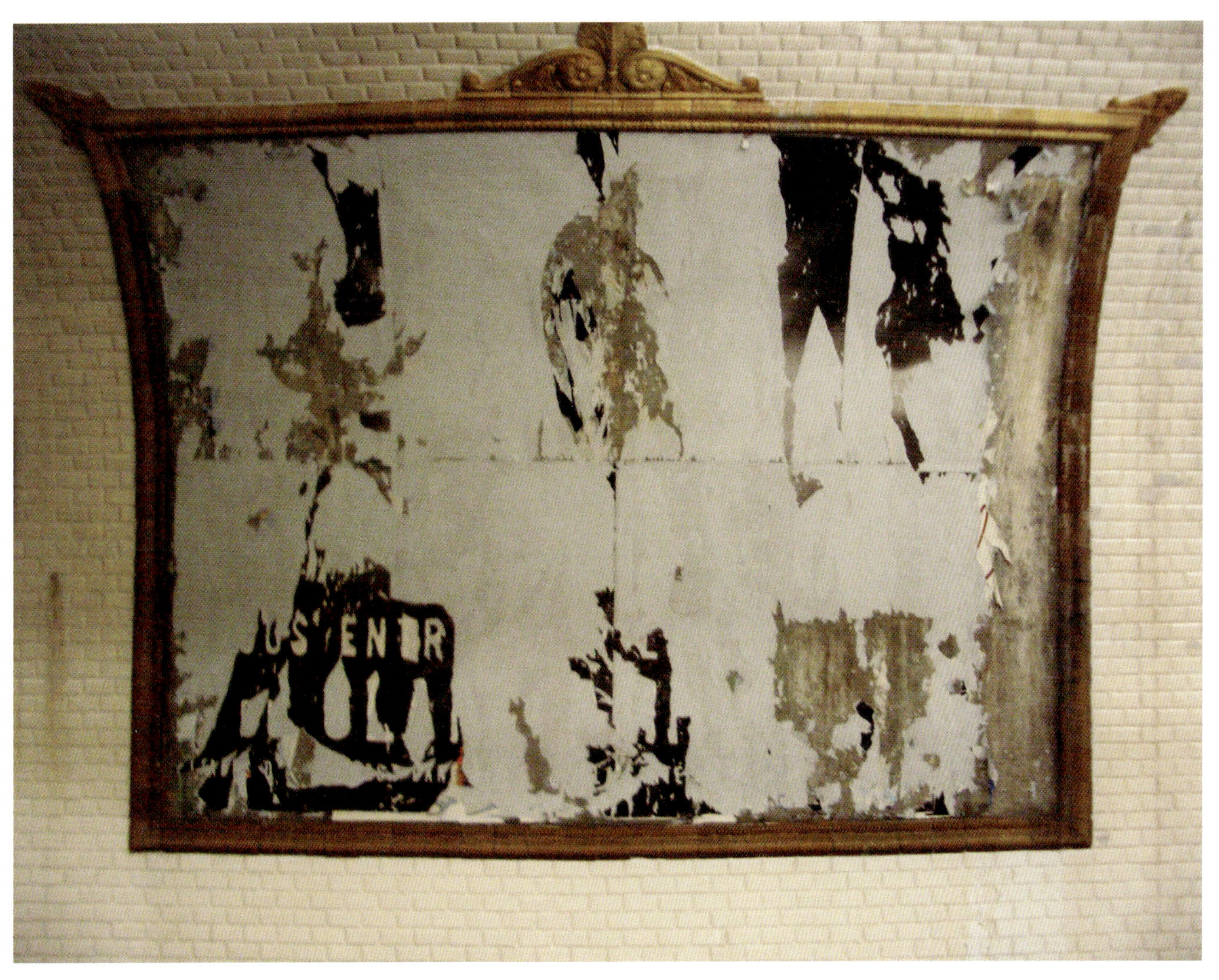

Bonne-Nouvelle, After Raymond Hains

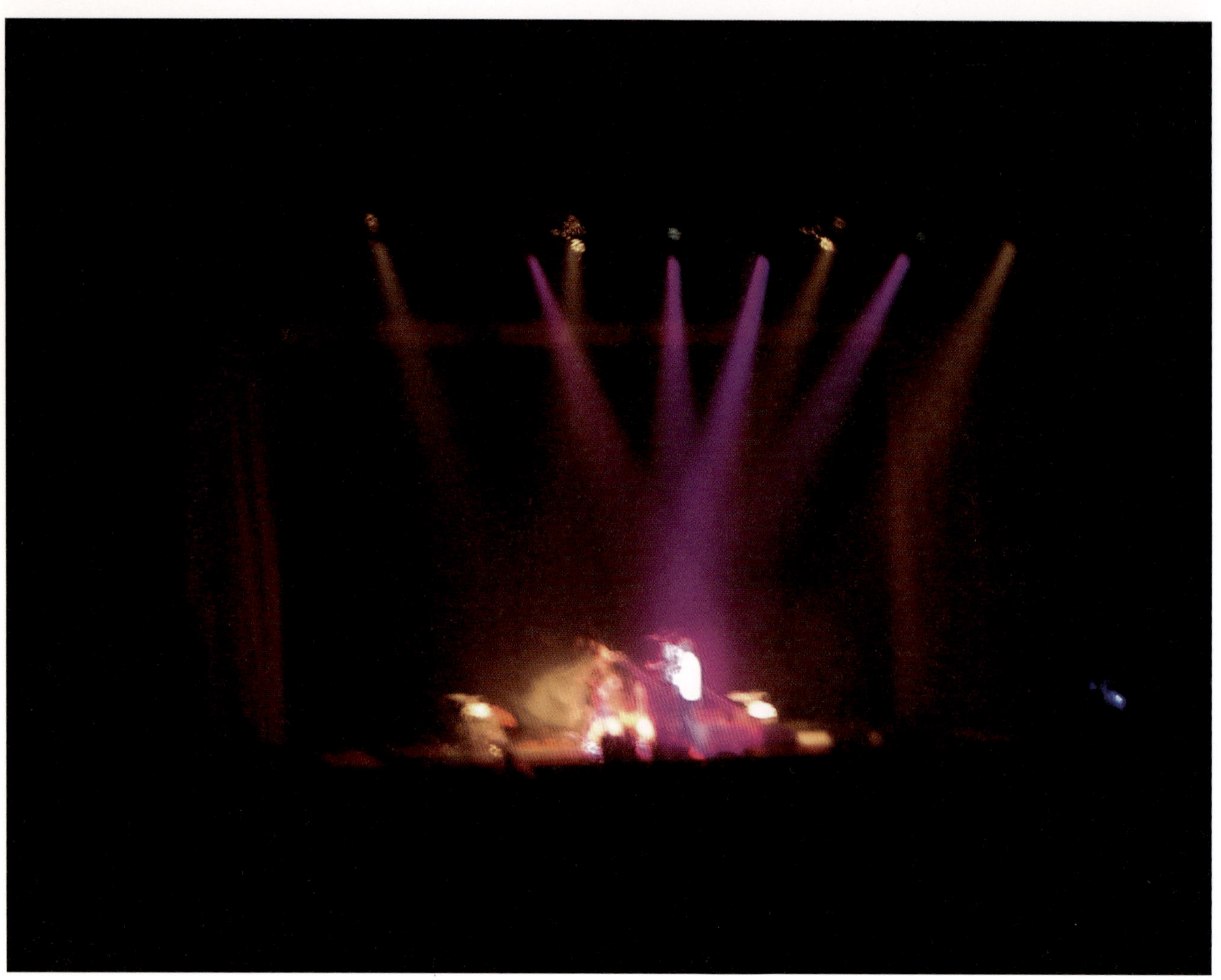

Zénith, After Pierre Huyghe

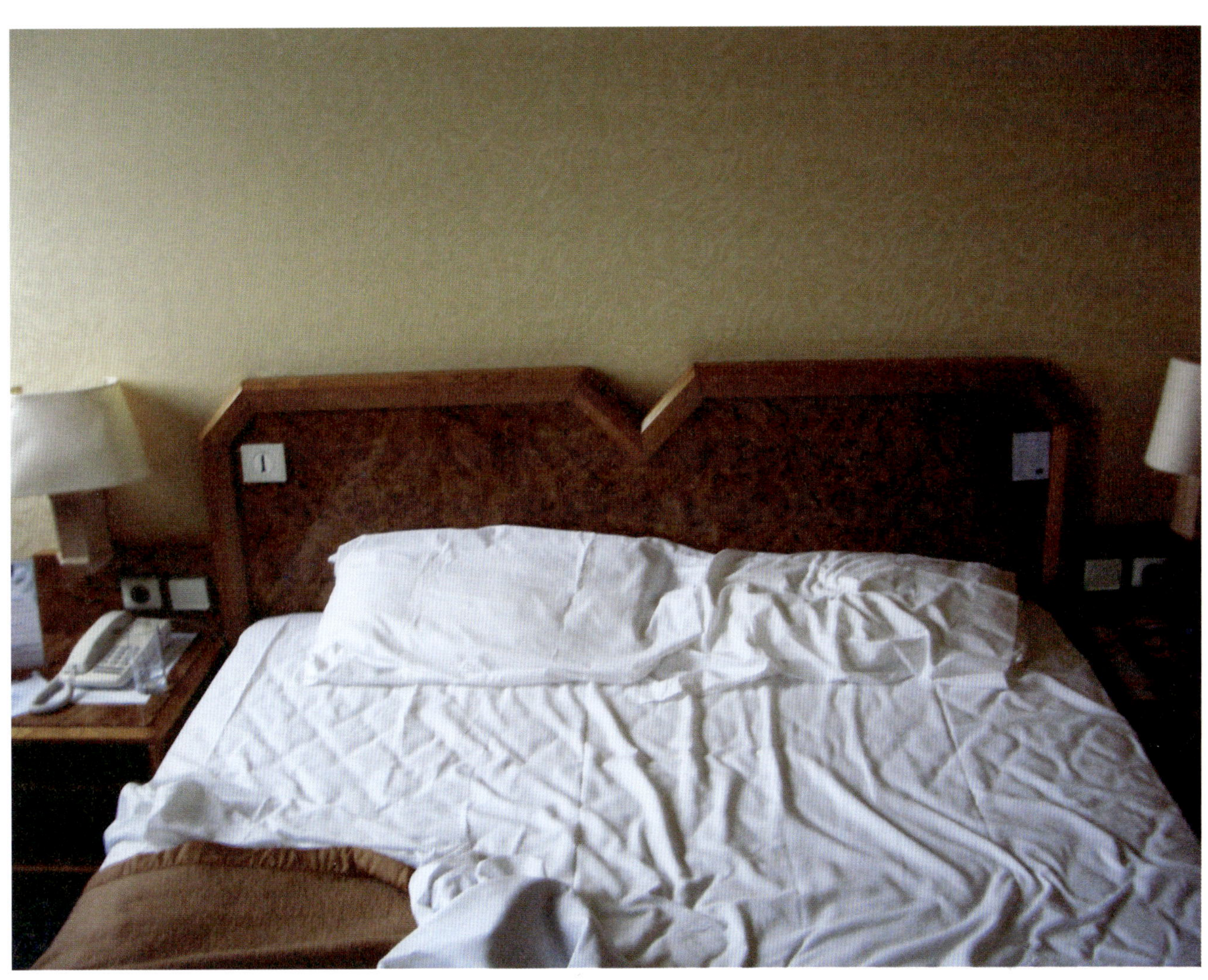

Hôtel Ibis, After Sophie Calle

After Annette Messager
After Berndt & Hilla Becher
After Maurizio Cattelan
After Jorge Pardo
After Christo
After Bruce Nauman
After John Armleder
After Jonathan Monk
After Miltos Manetas
After Matthew Barney
After Maurizio Cattelan
After Vito Acconci
After Wim Delvoye
After Paul Cézanne
After Vincent Van Gogh
After Pierre Joseph
After Wolfgang Tillmans

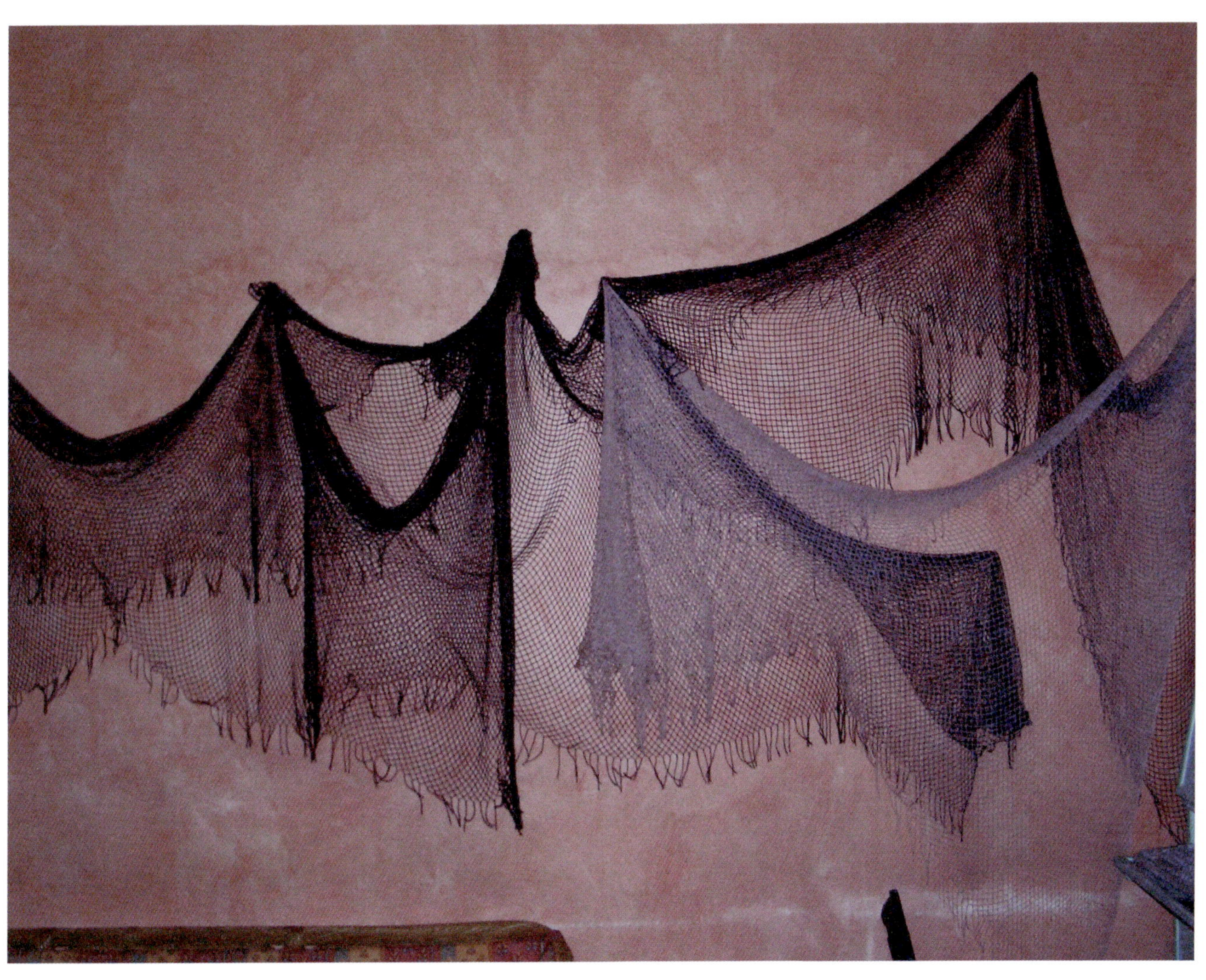

Marseille, After Annette Messager

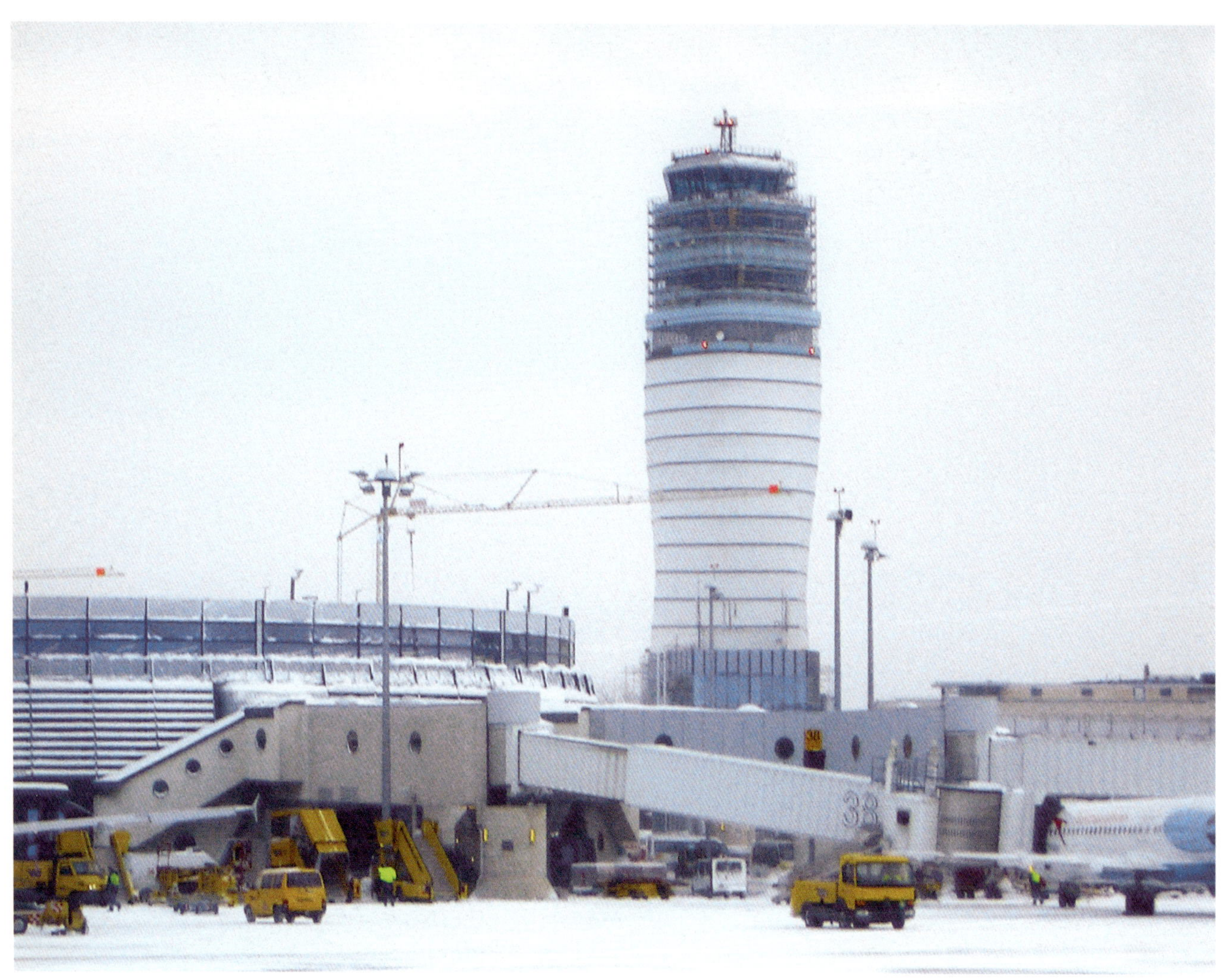

Vienna airport, After Berndt & Hilla Becher

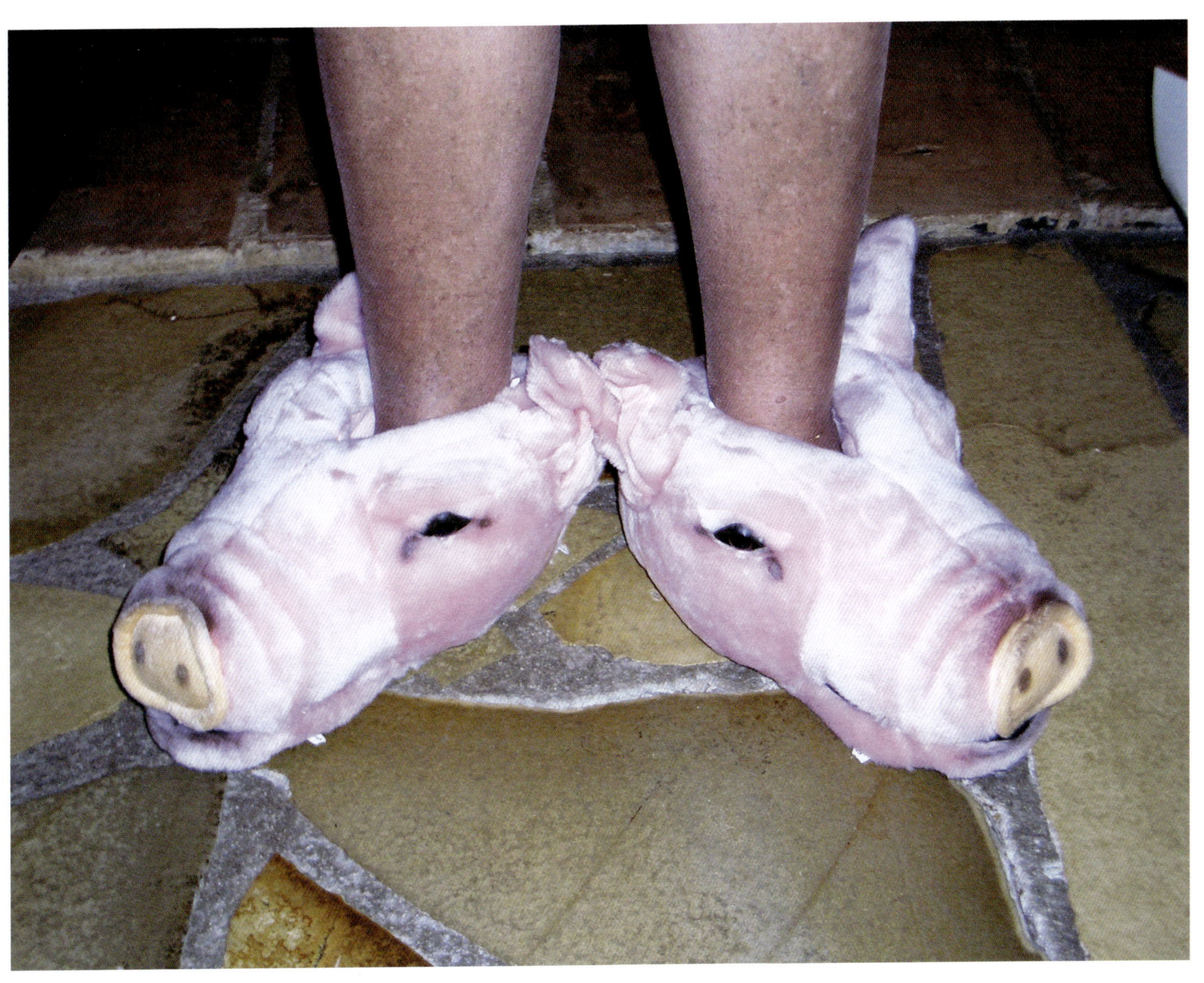

Sur la terrasse, After Maurizio Cattelan

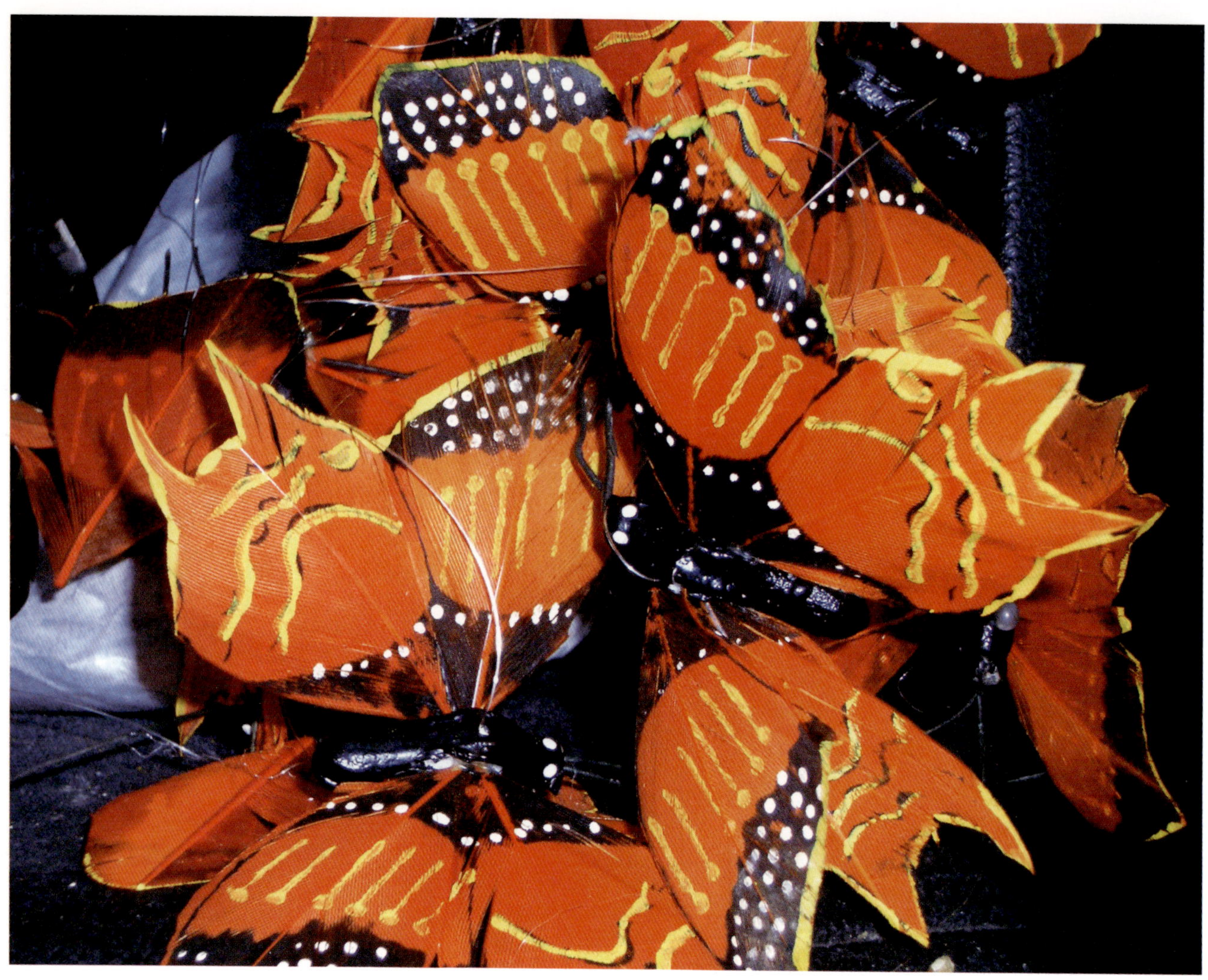

Toyota, After Jorge Pardo

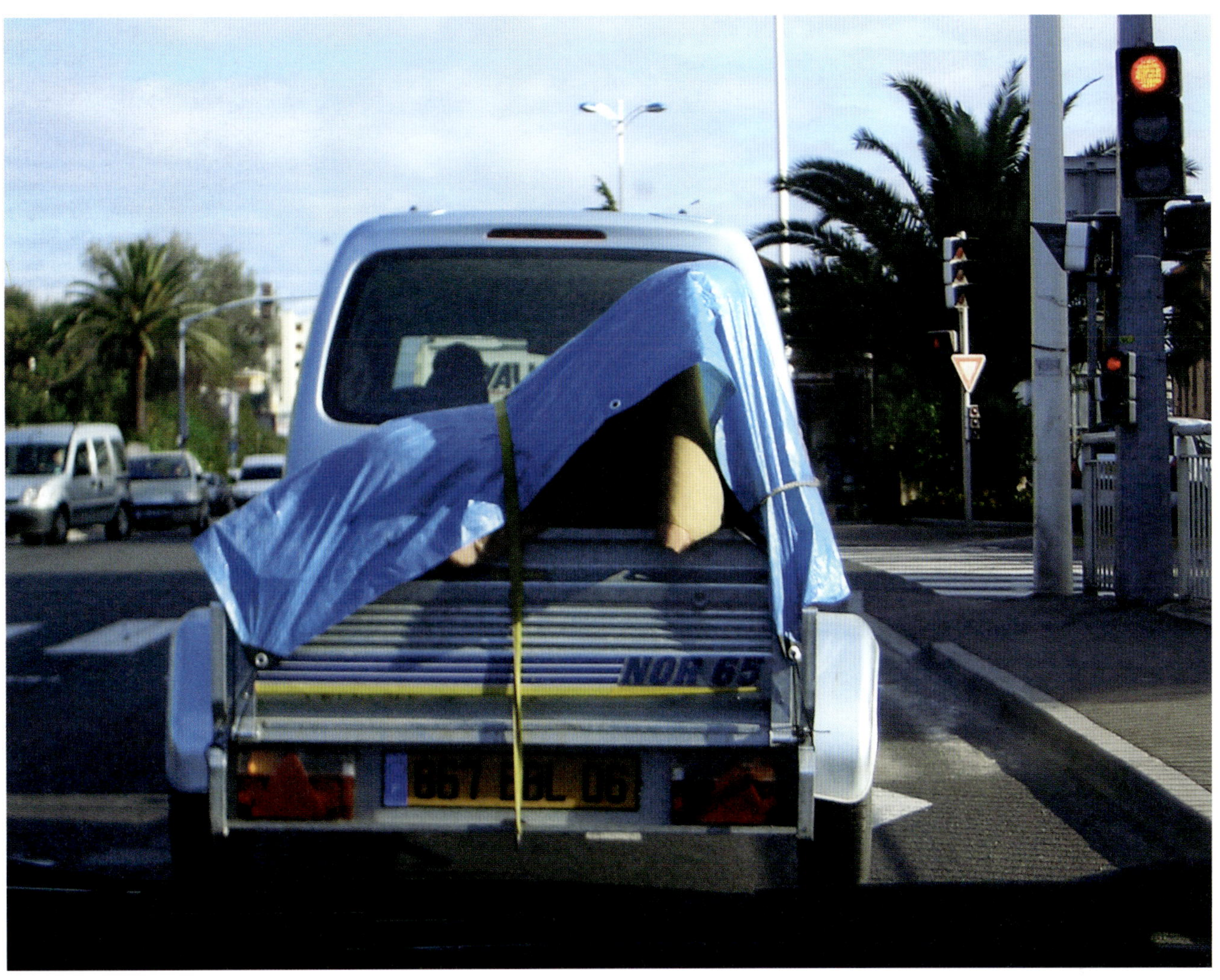

Nice, 2004, After Christo

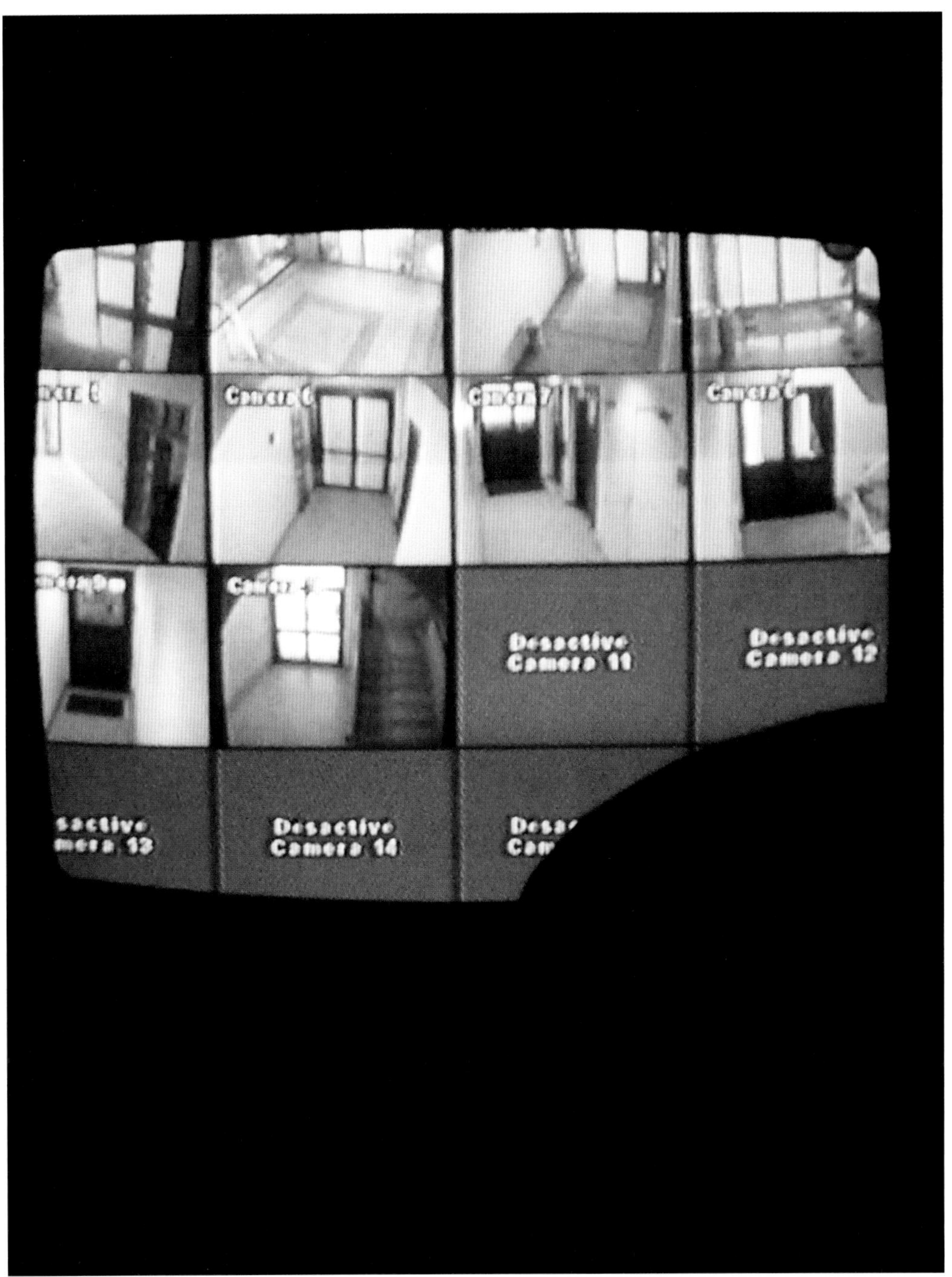

Monaco, After Bruce Nauman

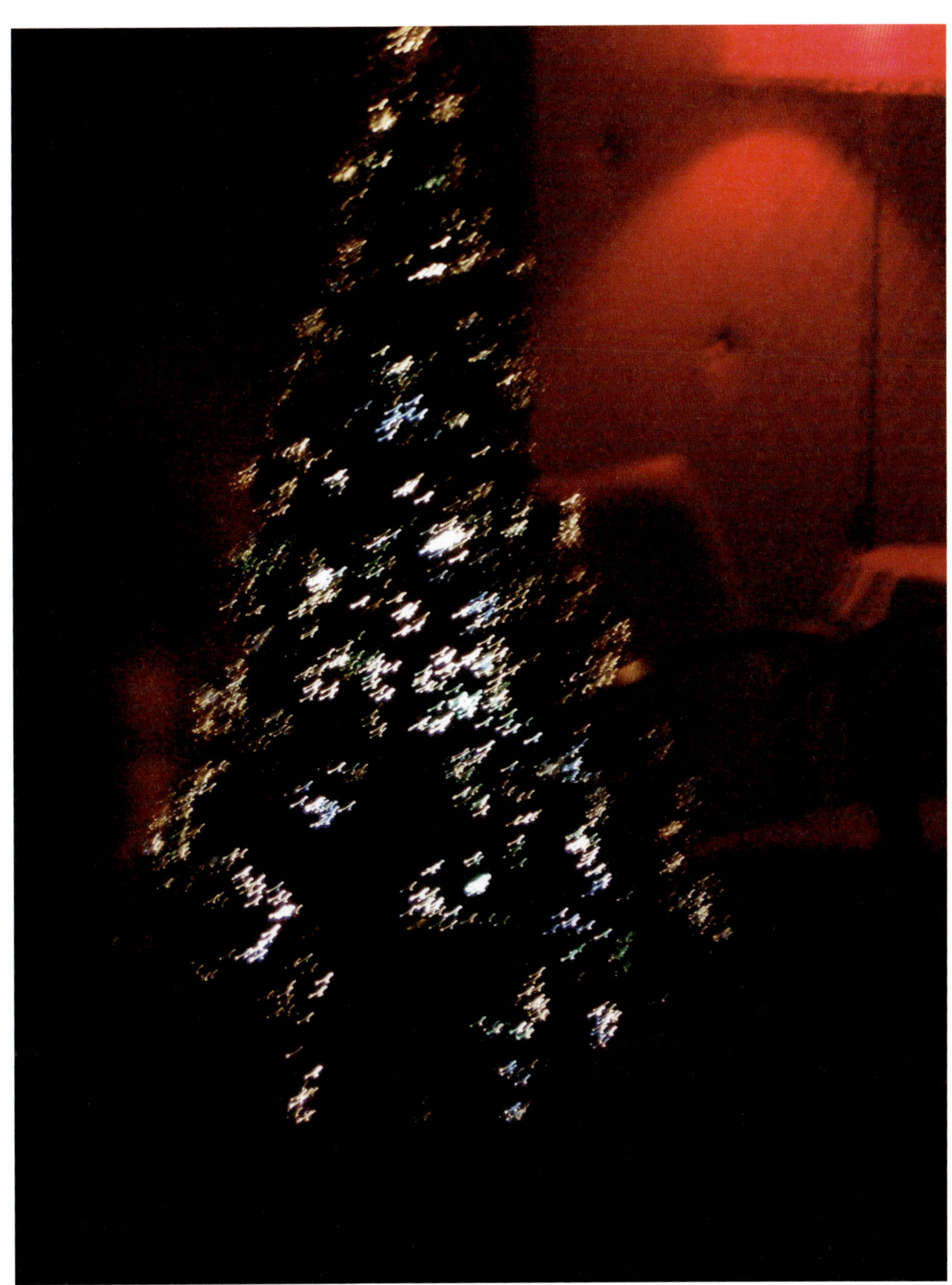

Noël, After John Armleder

Gare de Lille-Flandres, After Jonathan Monk

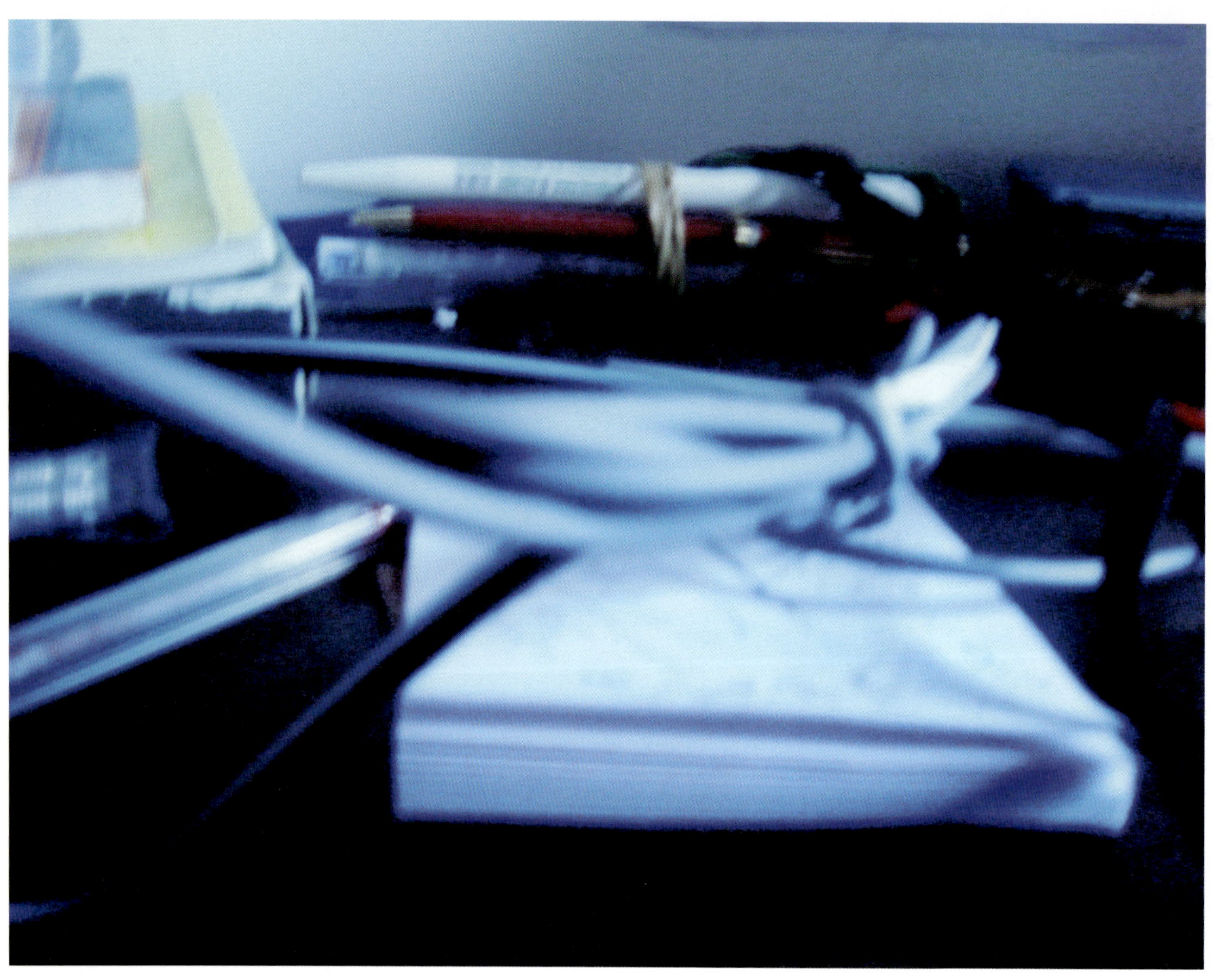

Rue Martel, After Miltos Manetas

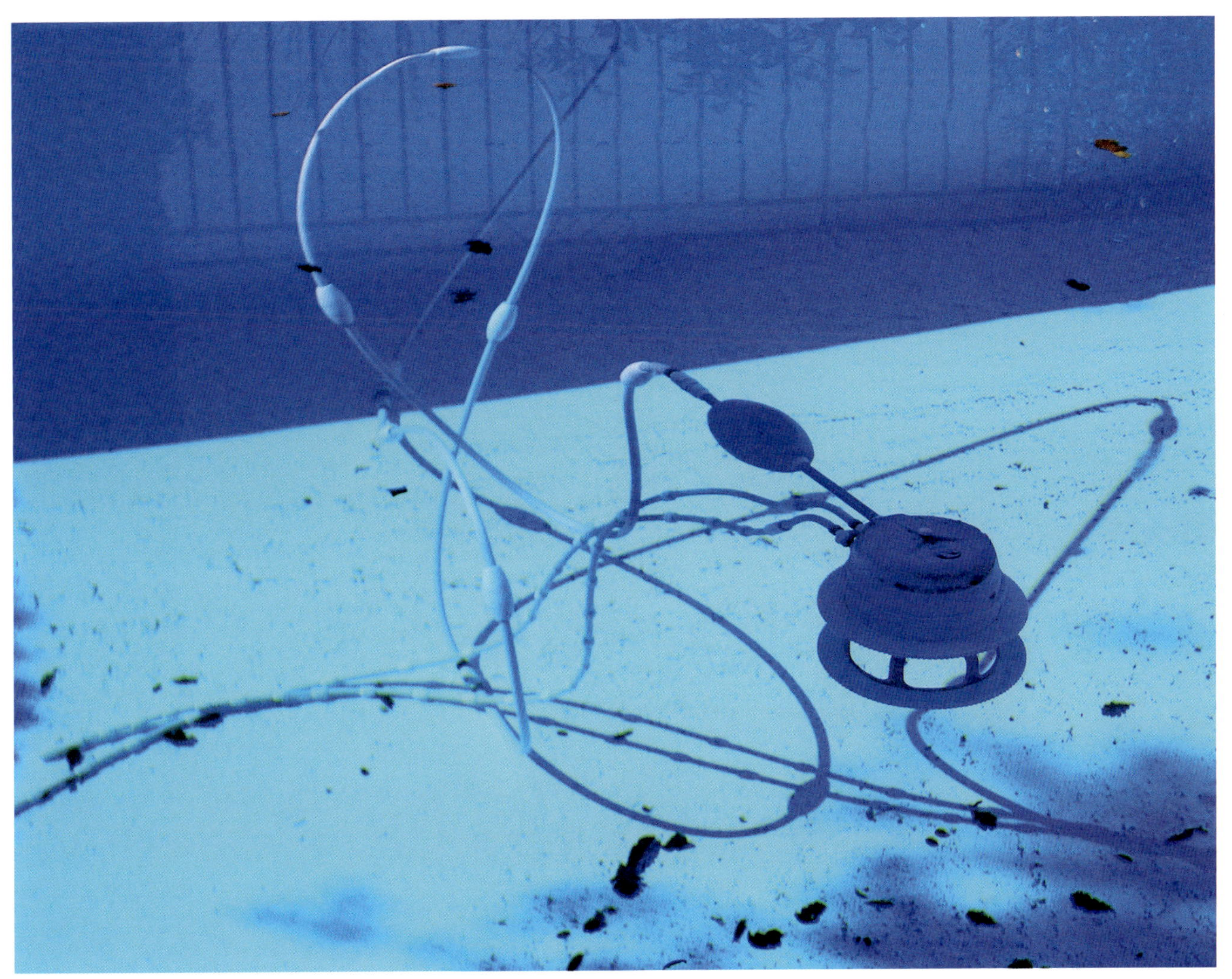

Villeneuve-Loubet, After Matthew Barney

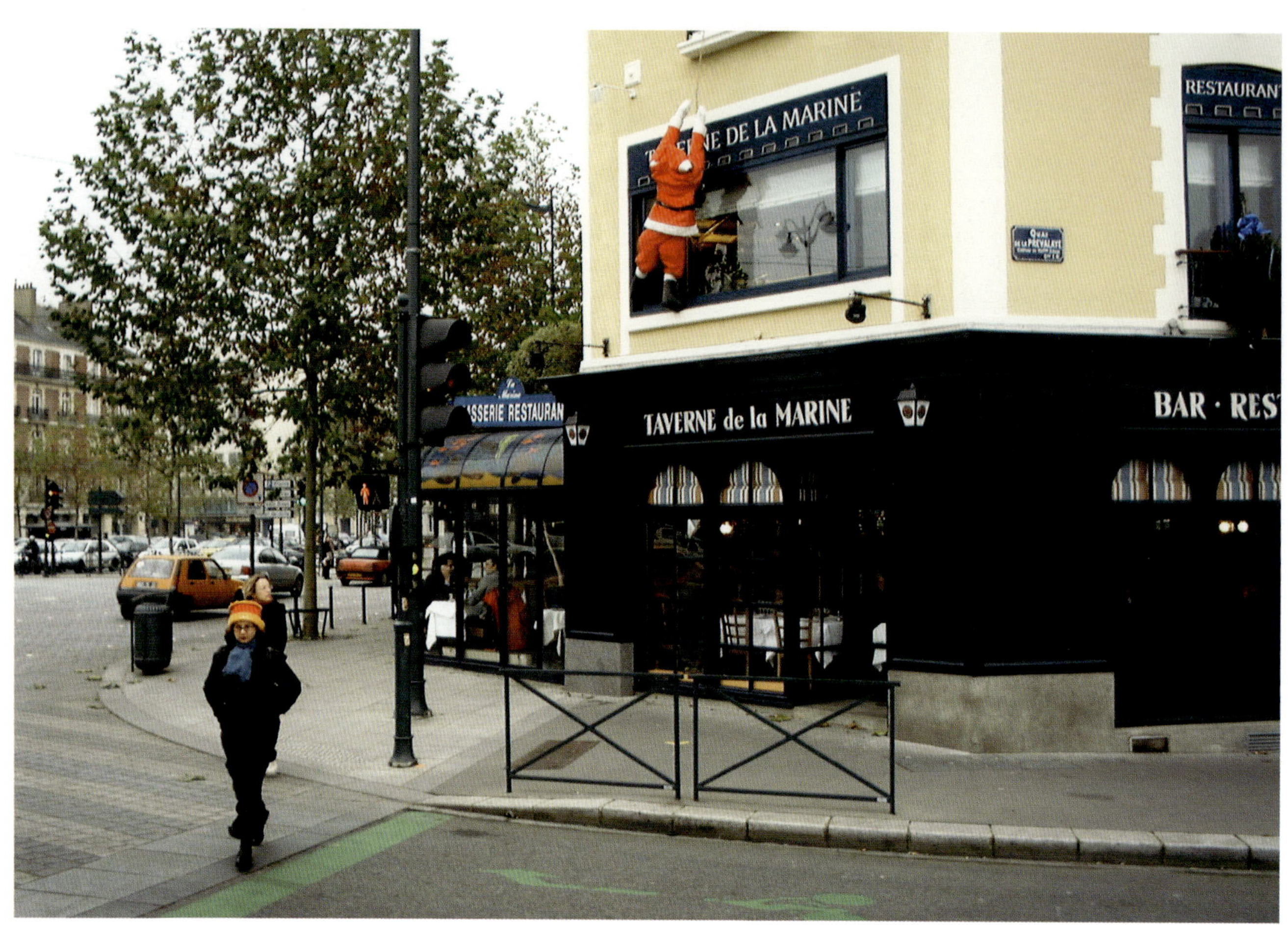

Rennes, After Maurizio Cattelan

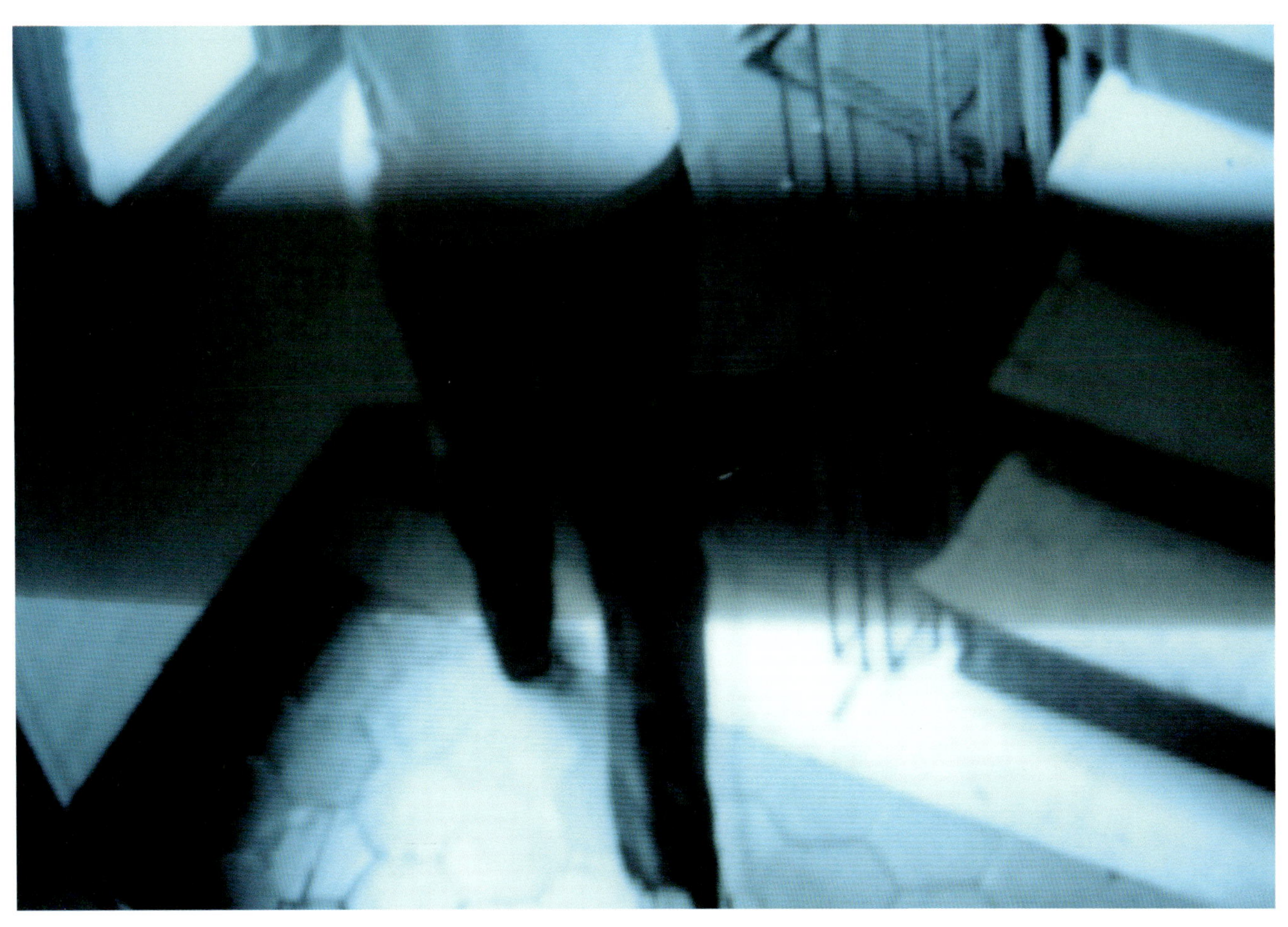

Rue Séguier, Paris, After Vito Acconci

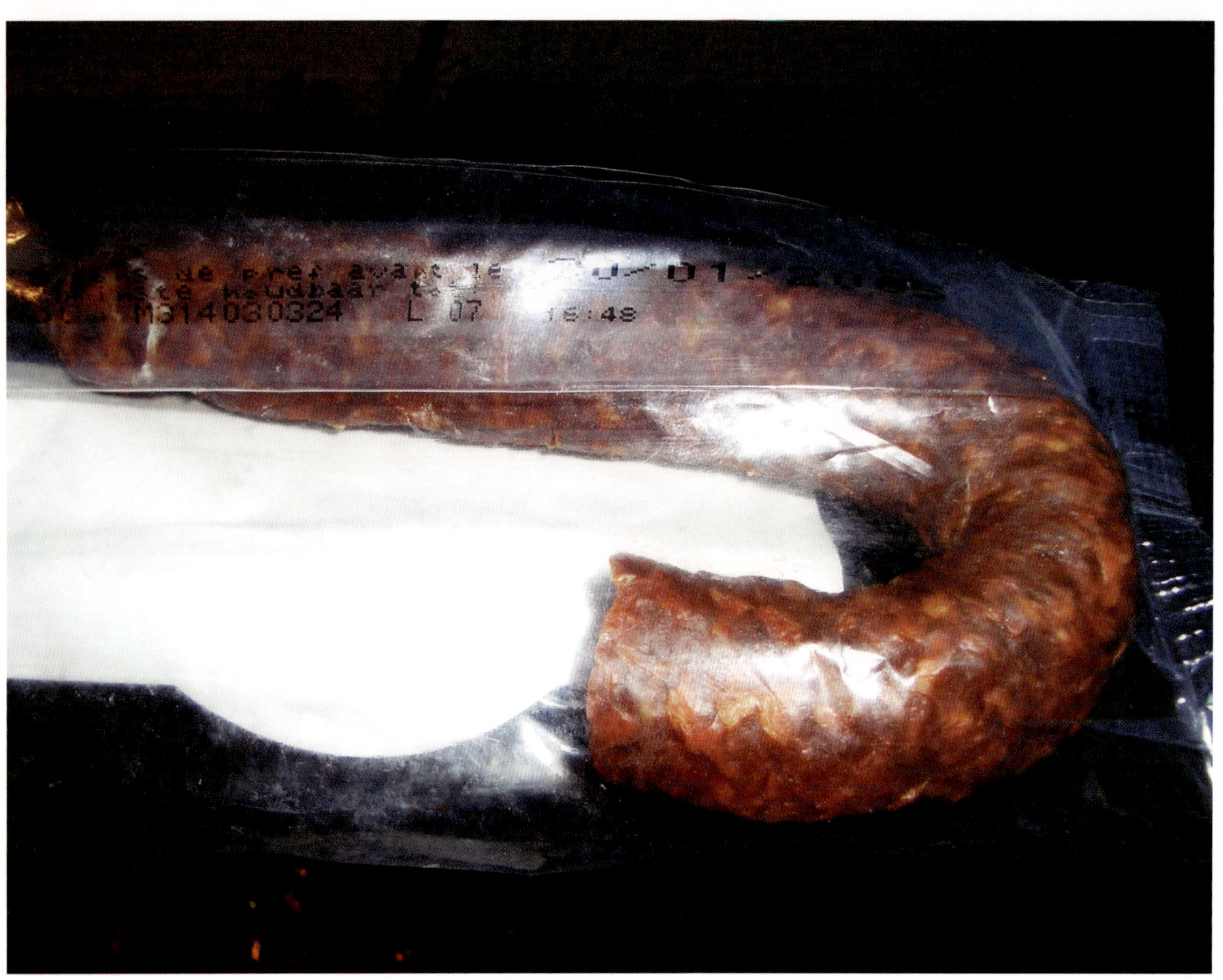

Charcuterie, After Wim Delvoye

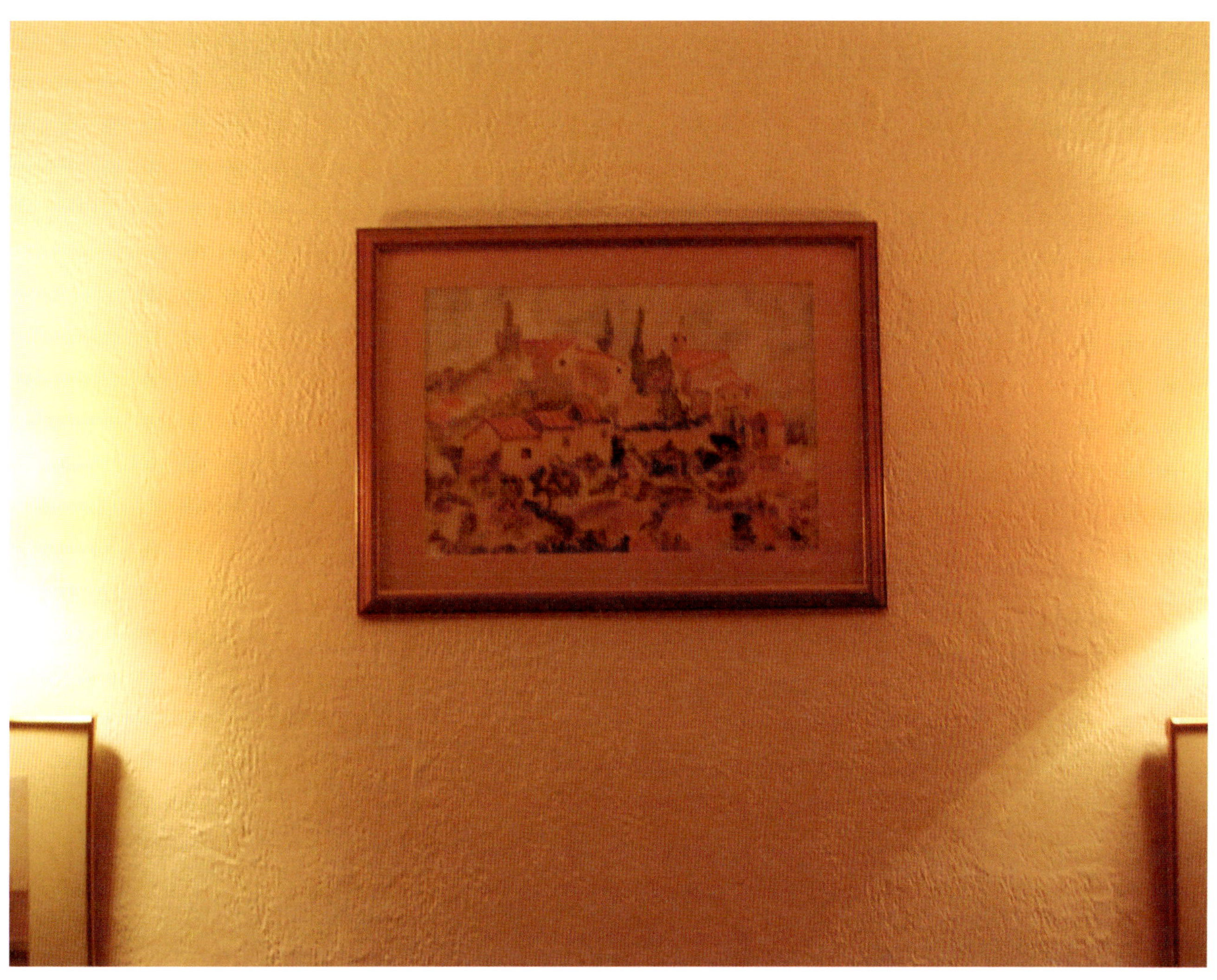

Casgnes-sur-mer, After Paul Cézanne

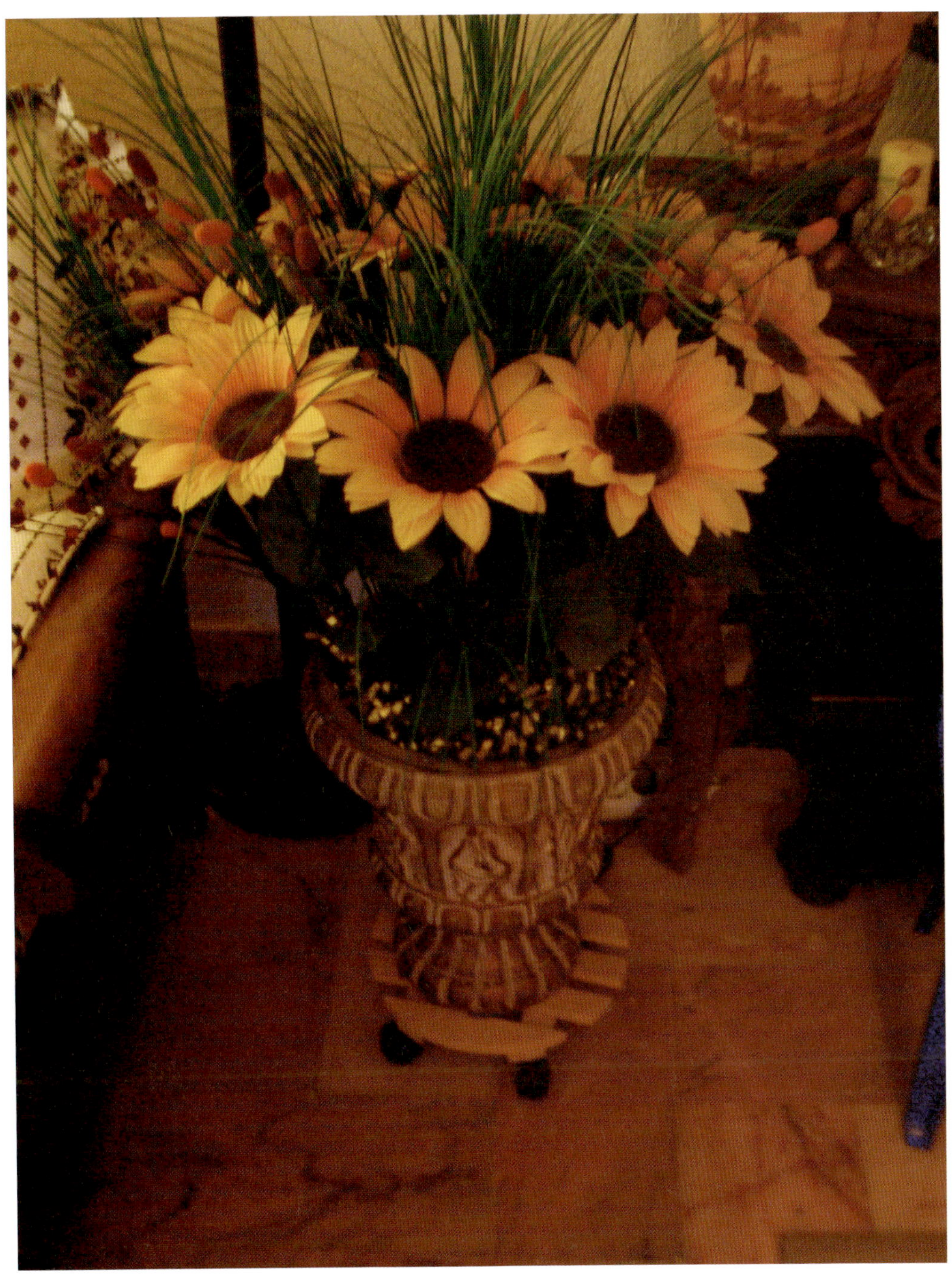

Tournesols, Nice, After Vincent Van Gogh

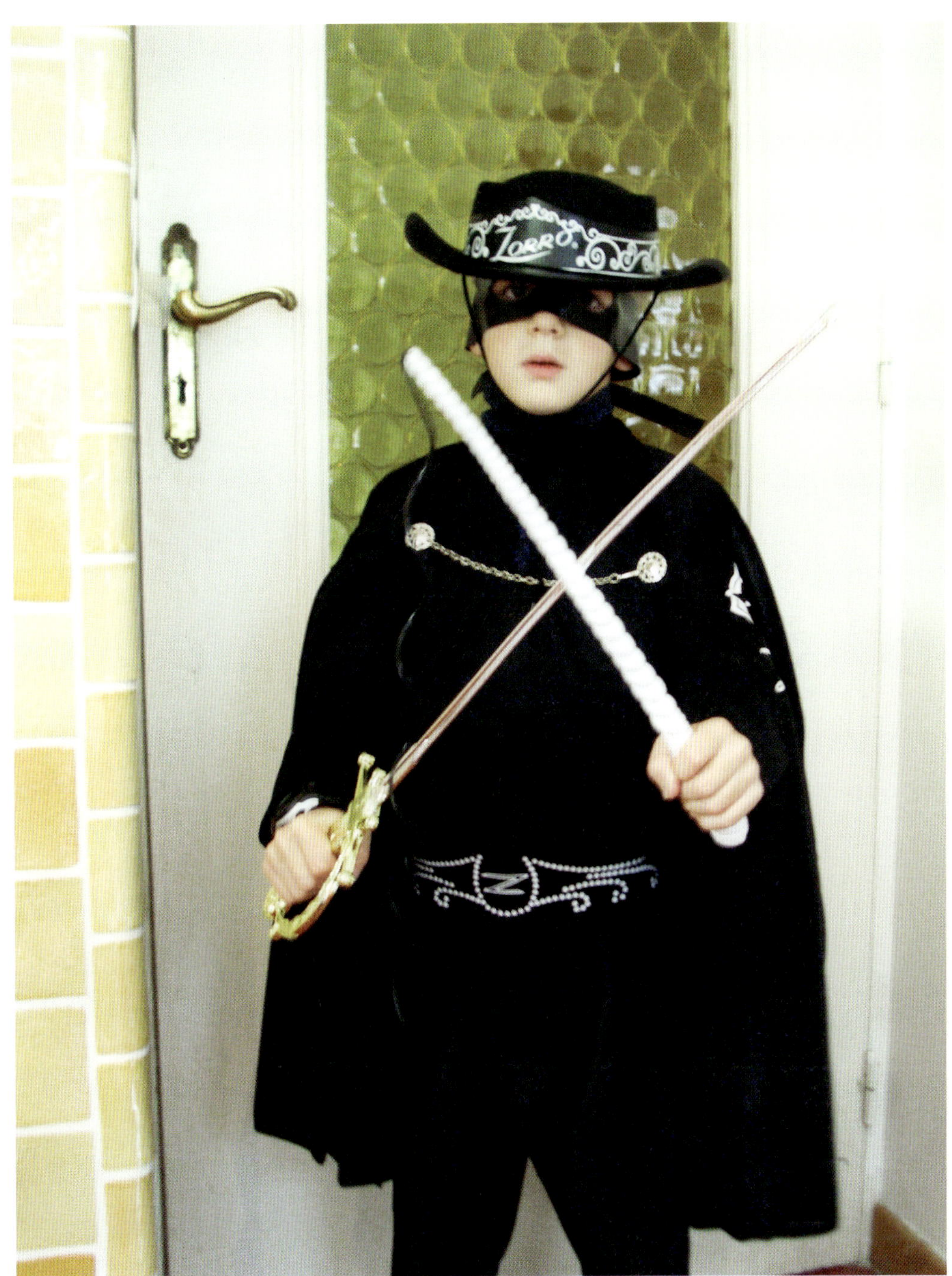

Clément, After Pierre Joseph

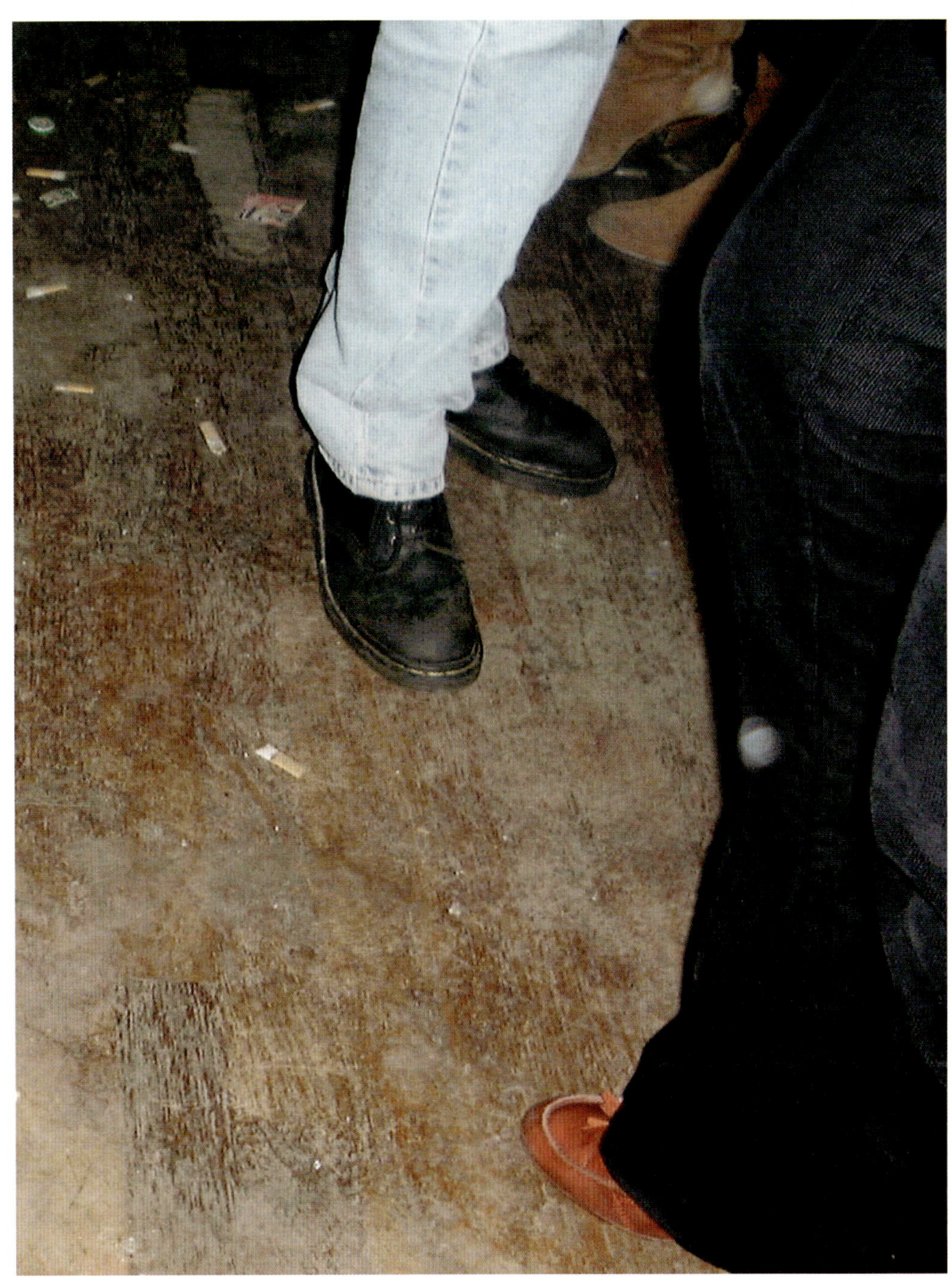

Pulp, Paris, Janvier 2005, After Wolfgang Tillmans

After Erwin Wurm
After Andreas Gursky
After Alfred Sisley
After Dan Graham
After Andy Warhol
After Ange Leccia
After Bertrand Lavier
After Christoph Büchel
After Douglas Gordon
After Jacques Villeglé
After Matthieu Laurette
After Jean-Luc Moulène
After Gabriel Orozco
After Jackson Pollock
After Marcel Duchamp
After Steve Mac Queen
After Nan Goldin
After Natacha Lesueur
After Pino Pascali
After Peter Halley
After Thomas Ruff
After Thomas Demand
After Thomas Struth

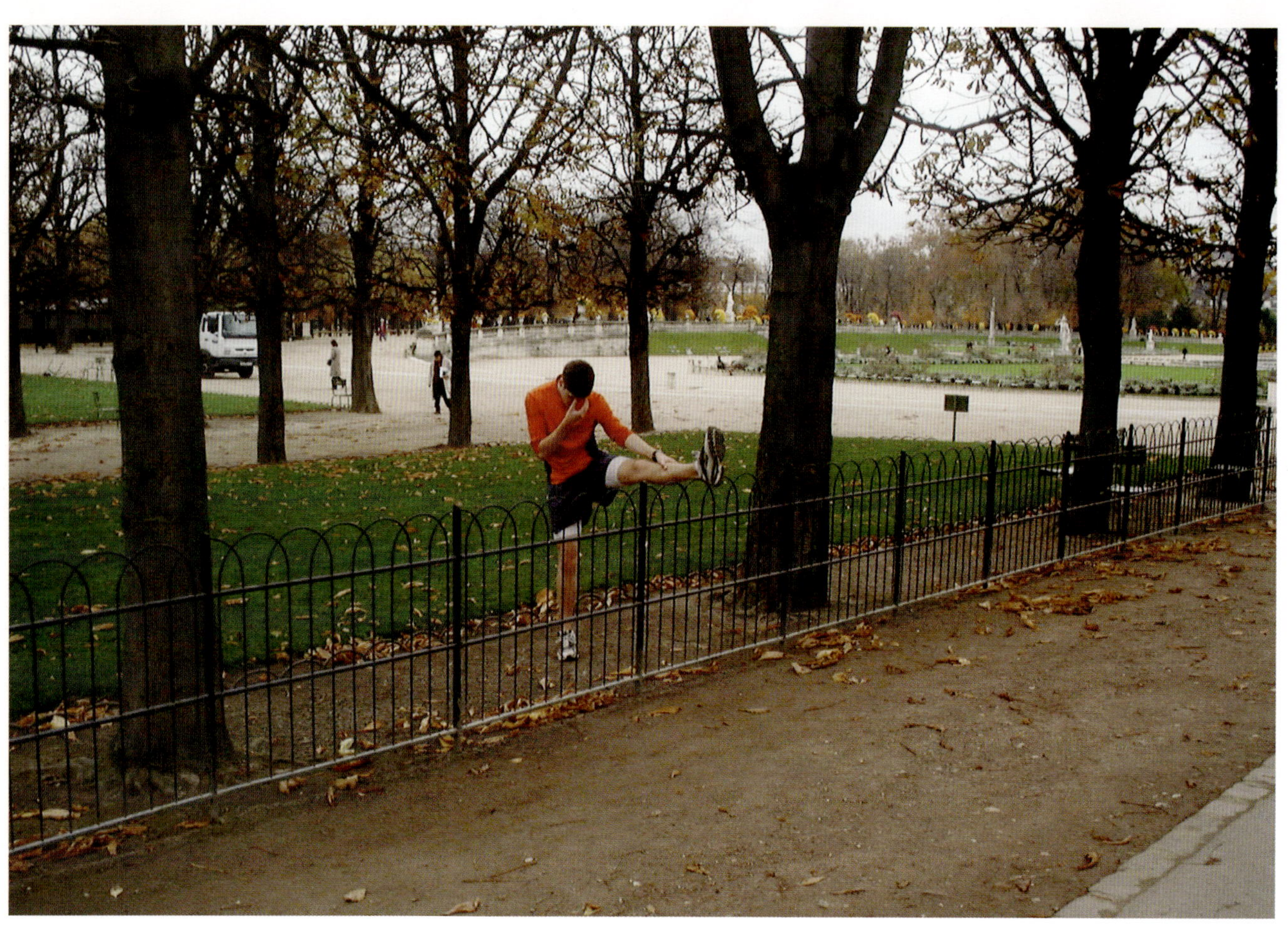

Jardin du Luxembourg, After Erwin Wurm

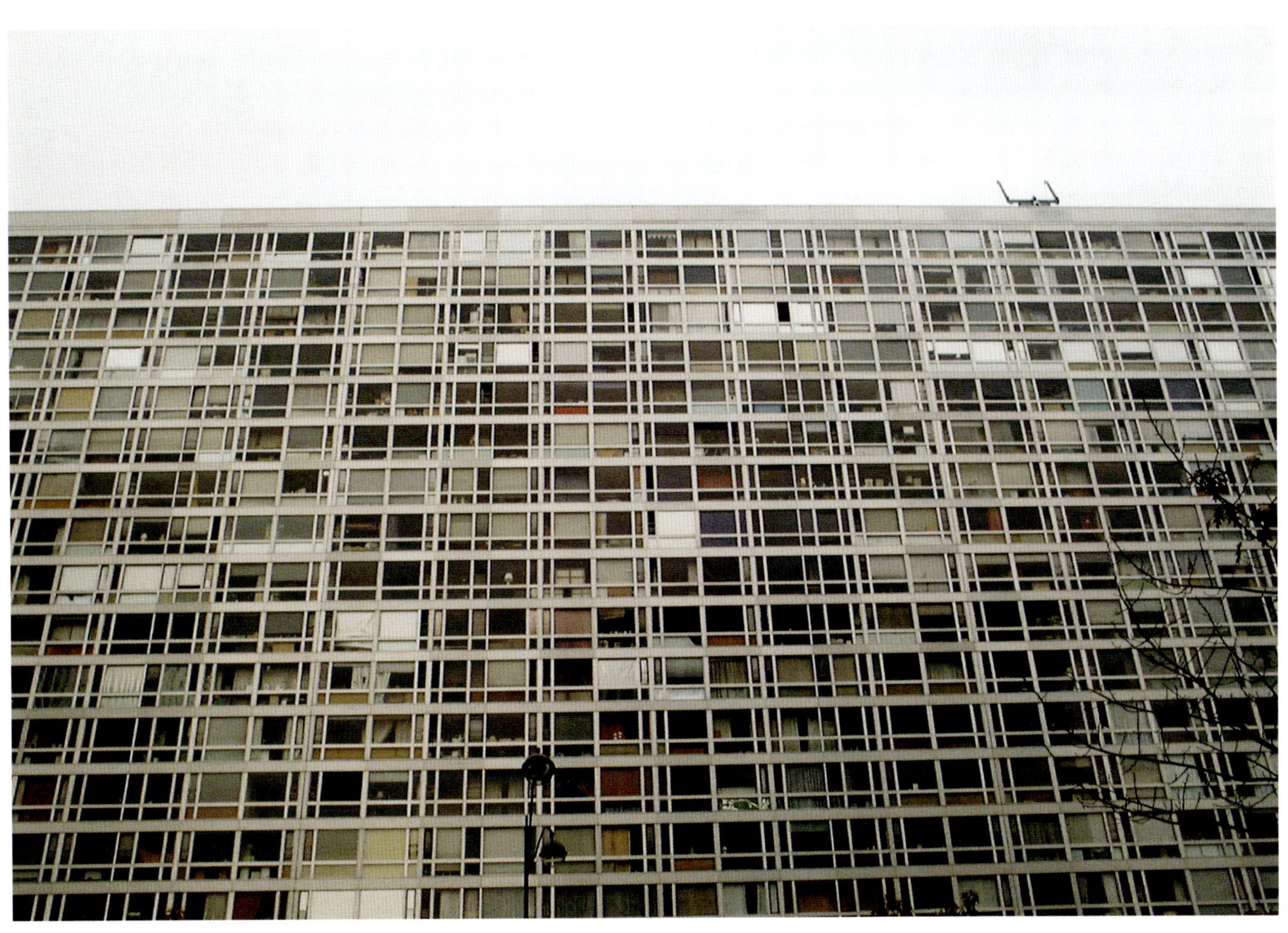

Montparnasse, After Andreas Gursky

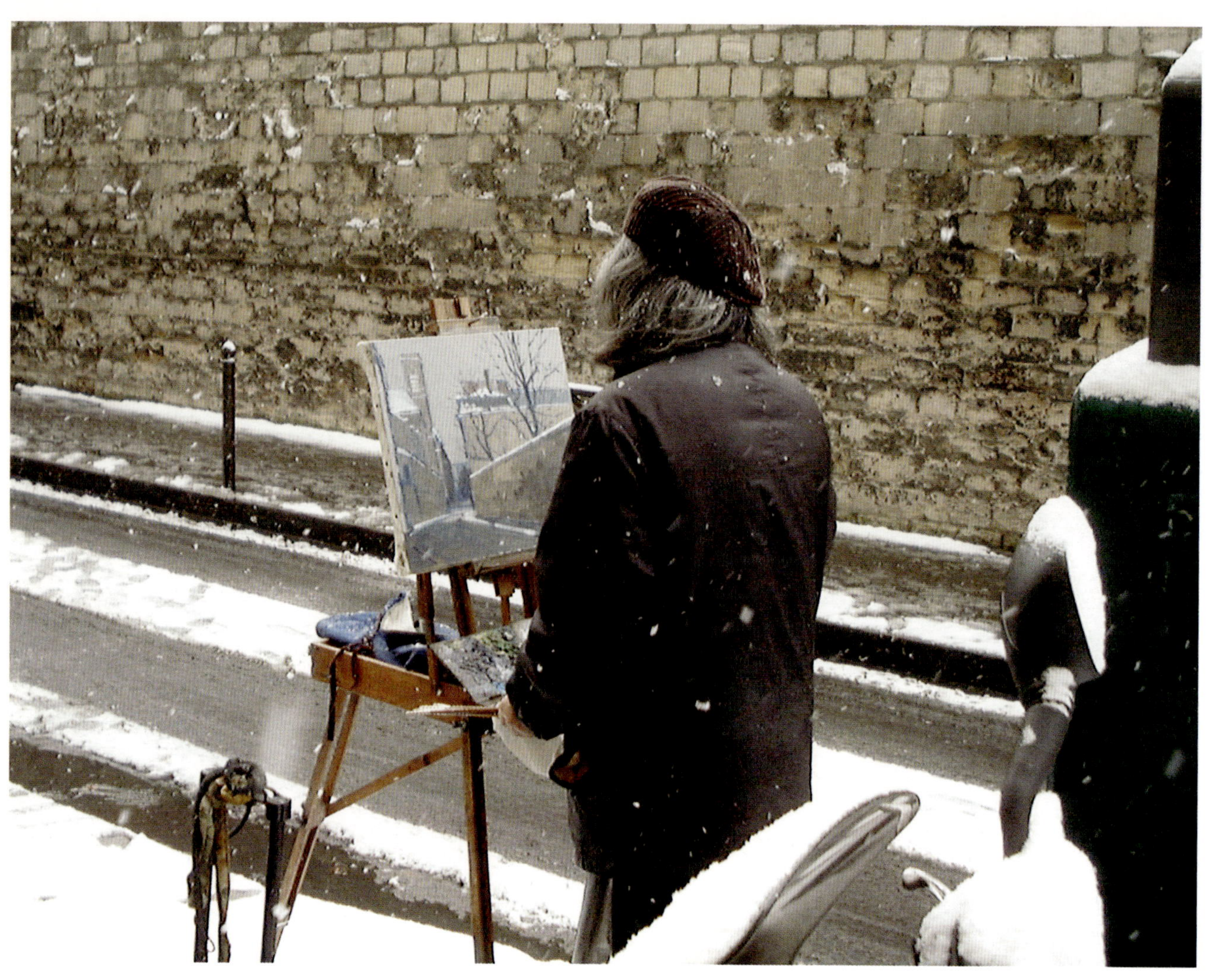

Rue de l'Abé de l'Épée, After Alfred Sisley

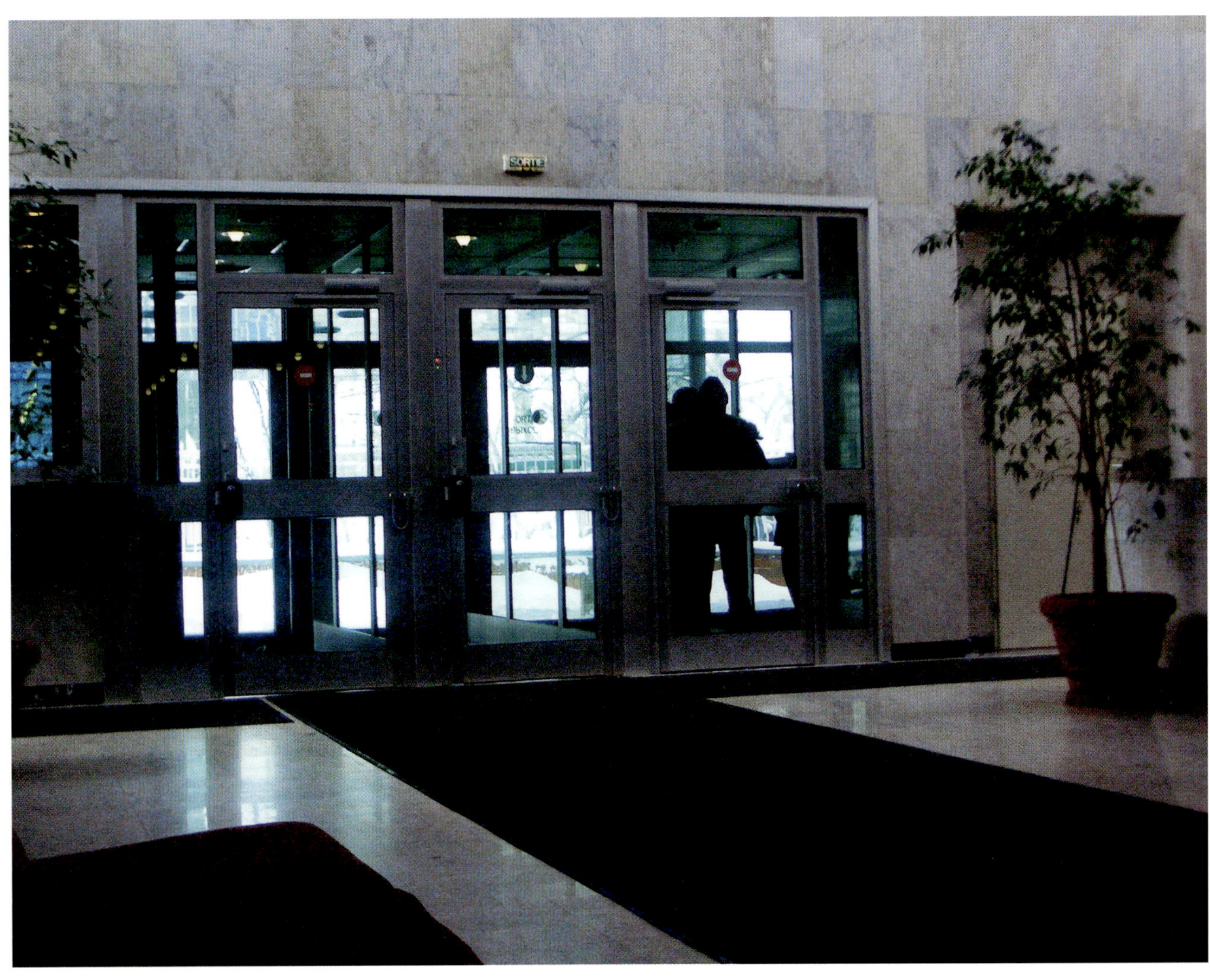

Ambassade de France, Moscou, 2005, After Dan Graham

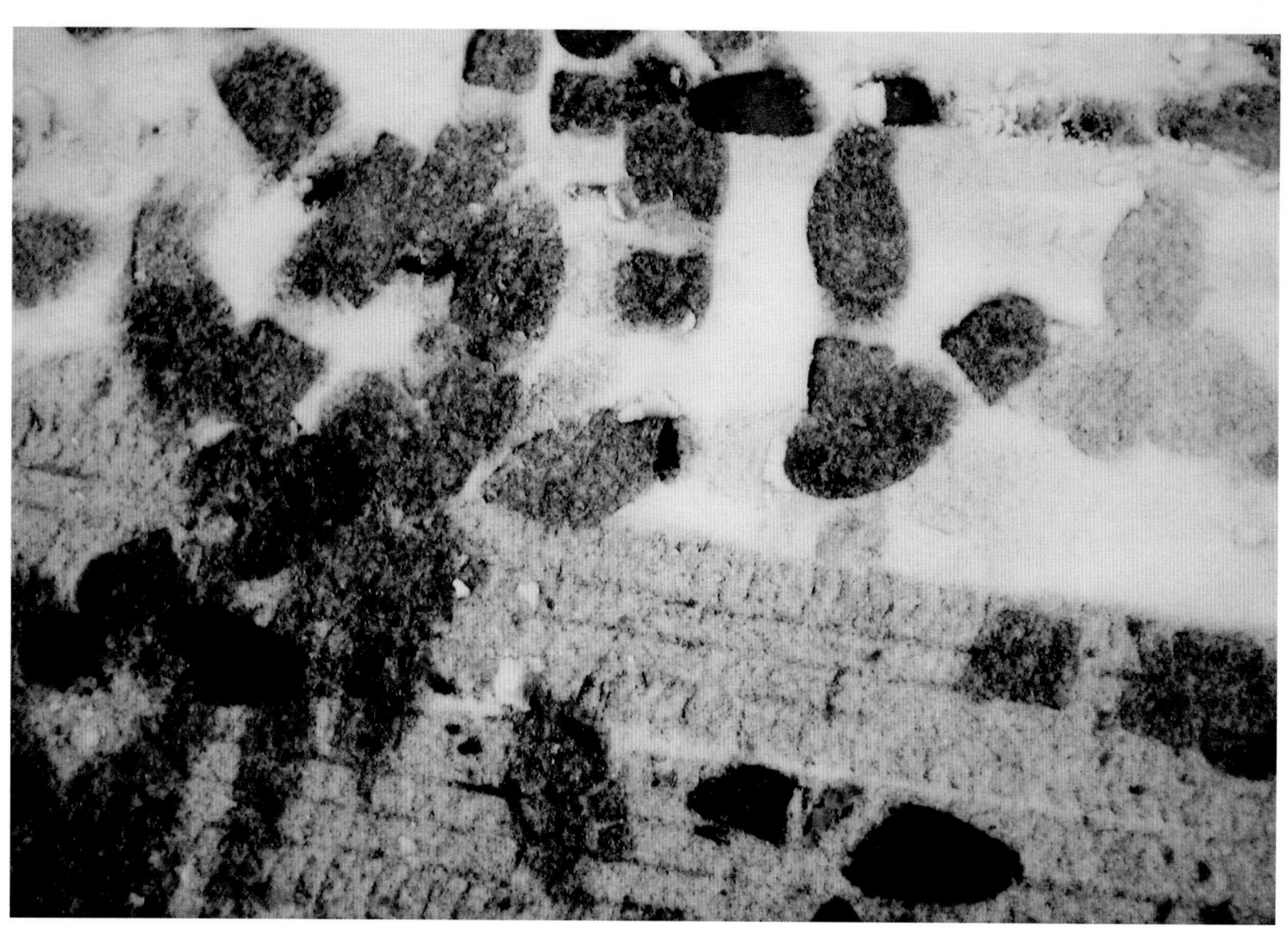

Pas dans la neige, After Andy Warhol

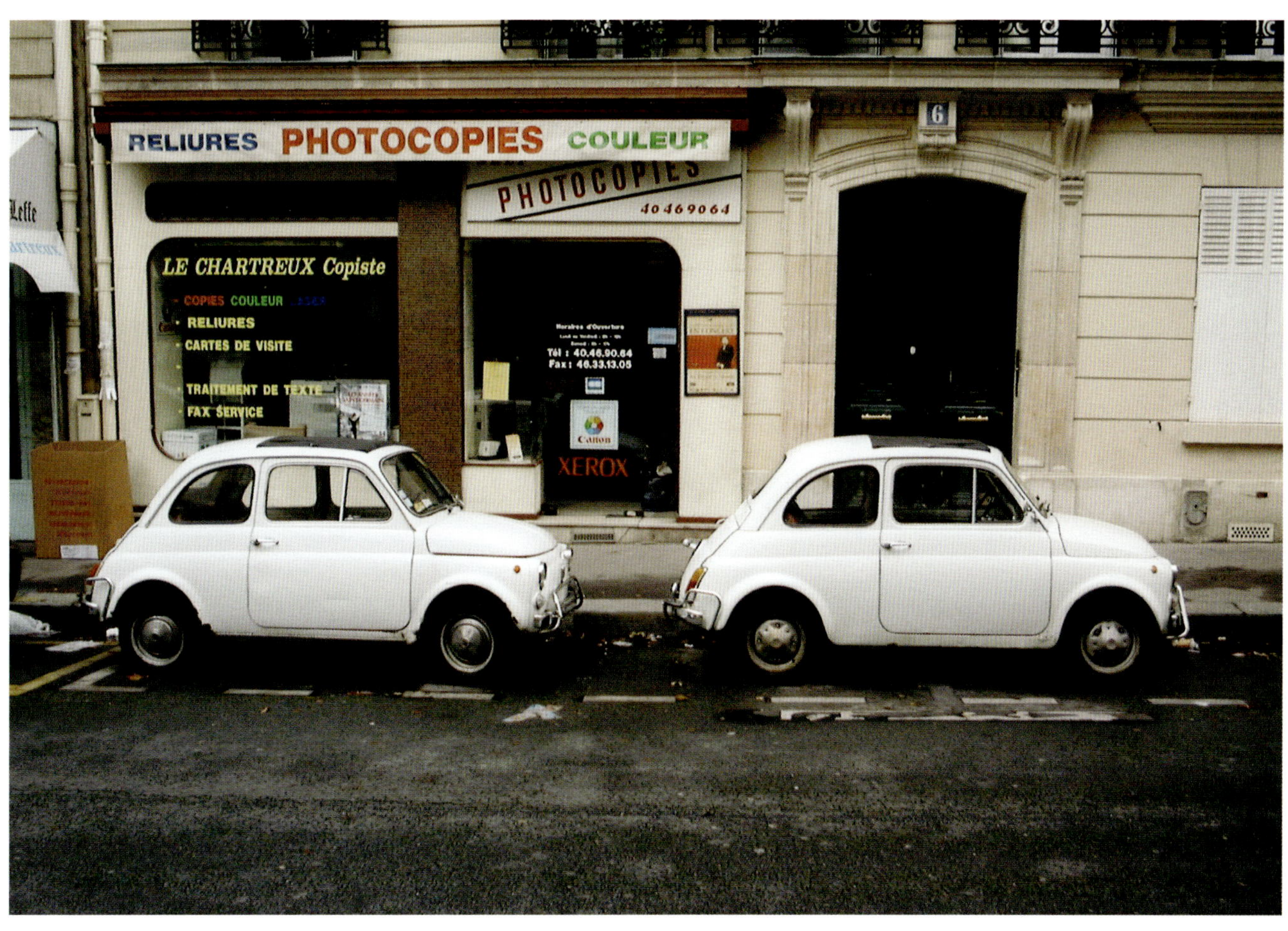

Photocopies, After Ange Leccia

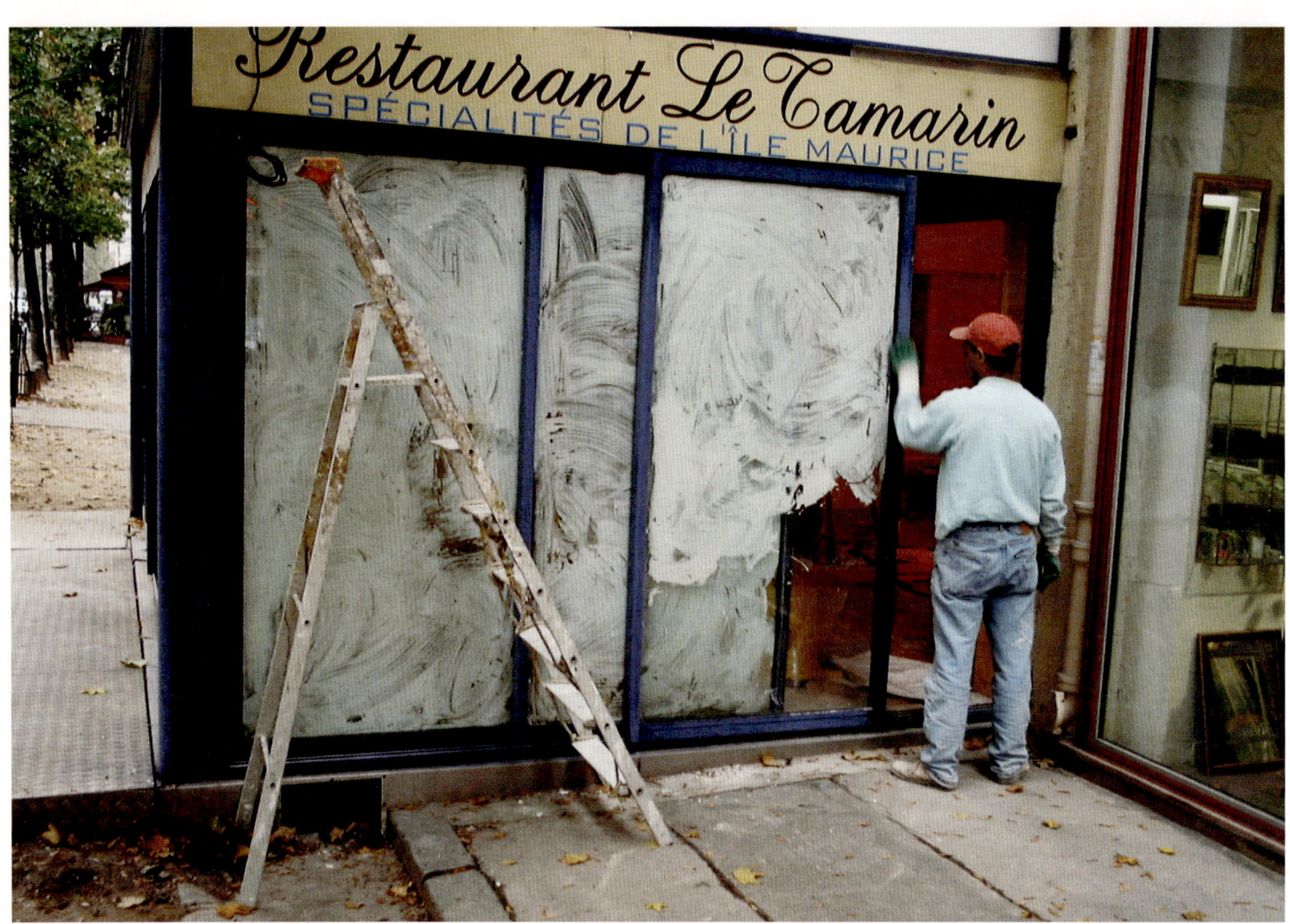

Le Tamarin, After Bertrand Lavier

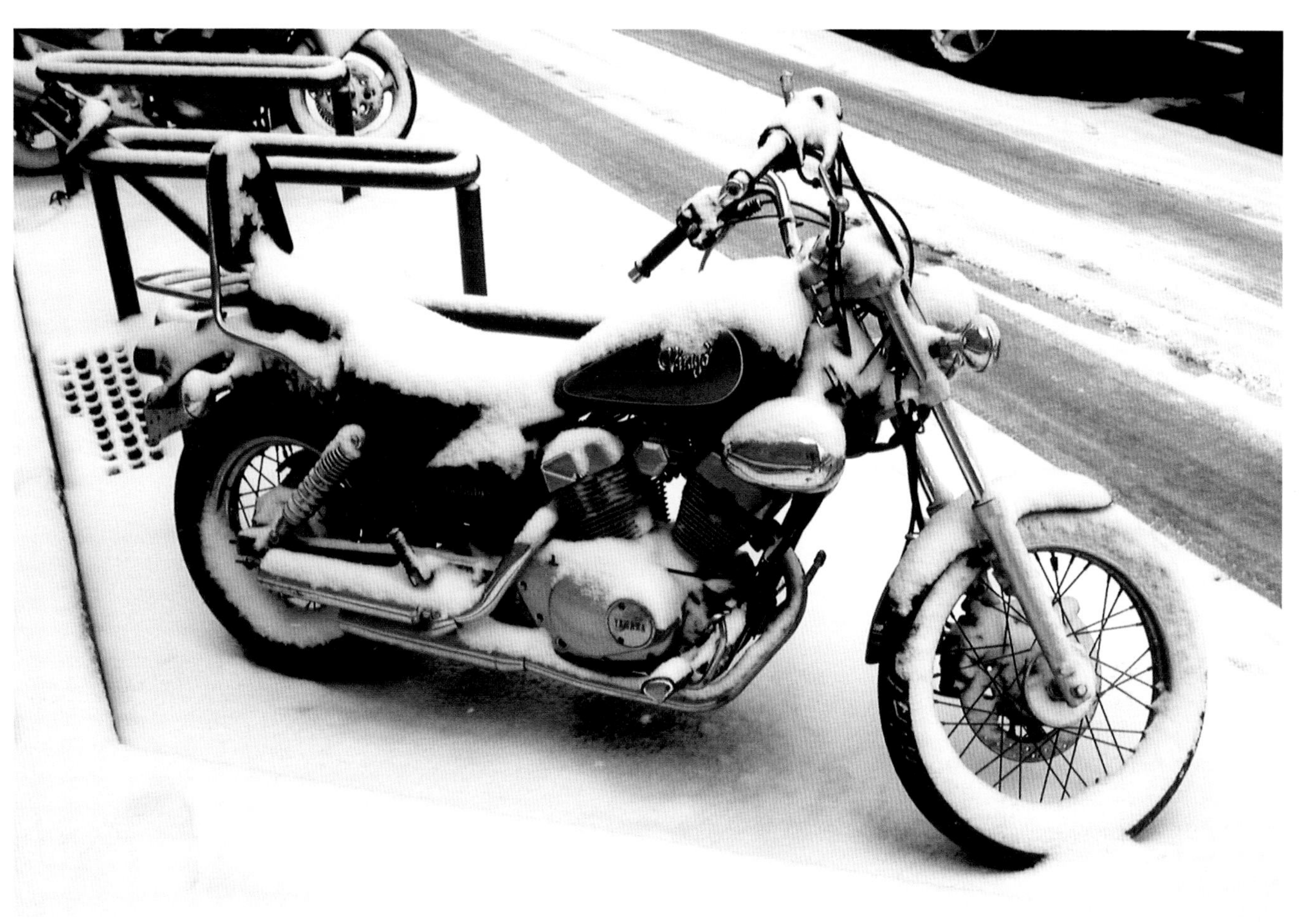

Février, After Christoph Büchel

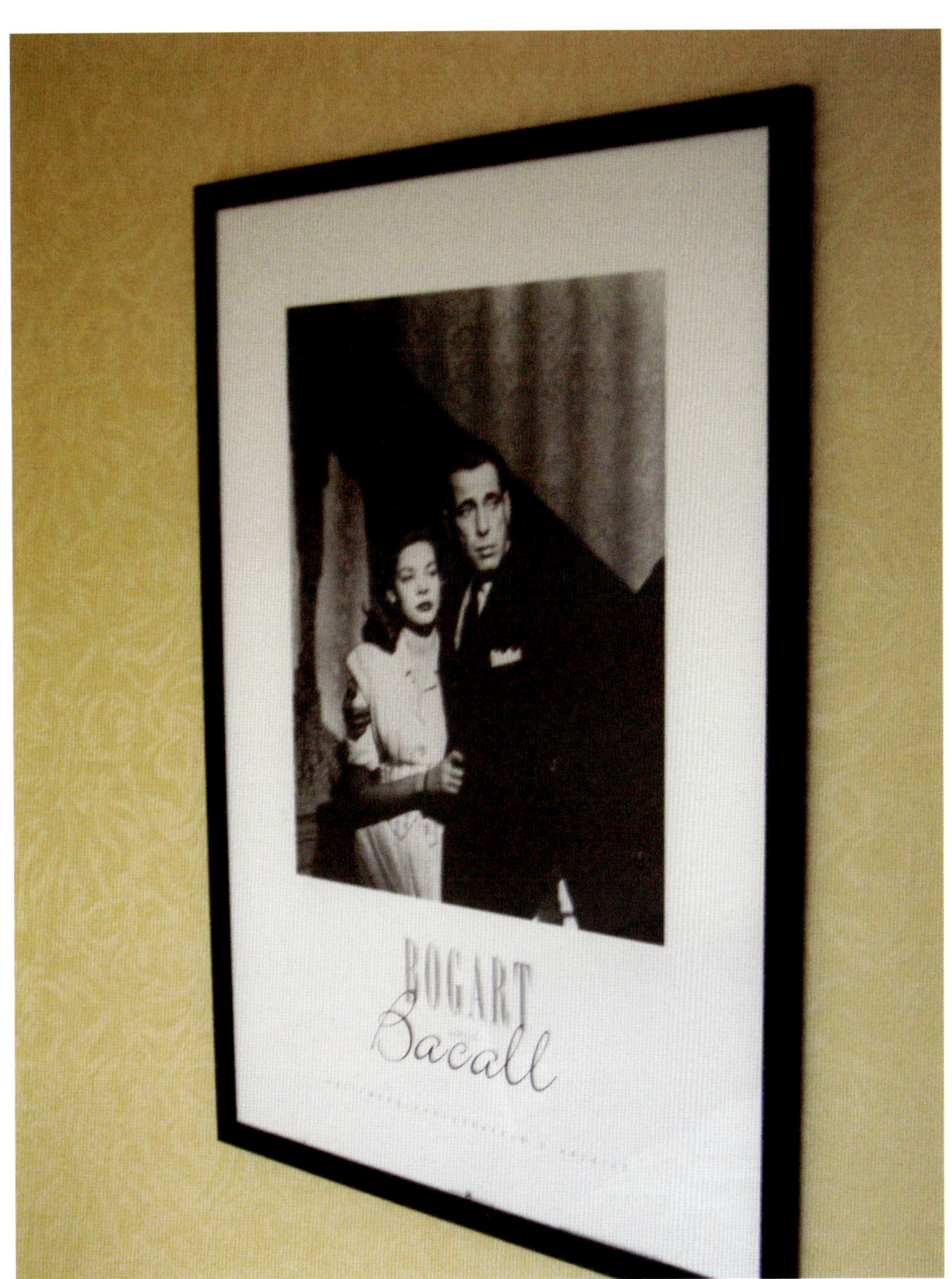

Cinema, After Douglas Gordon

Trocadero, After Jacques Villeglé

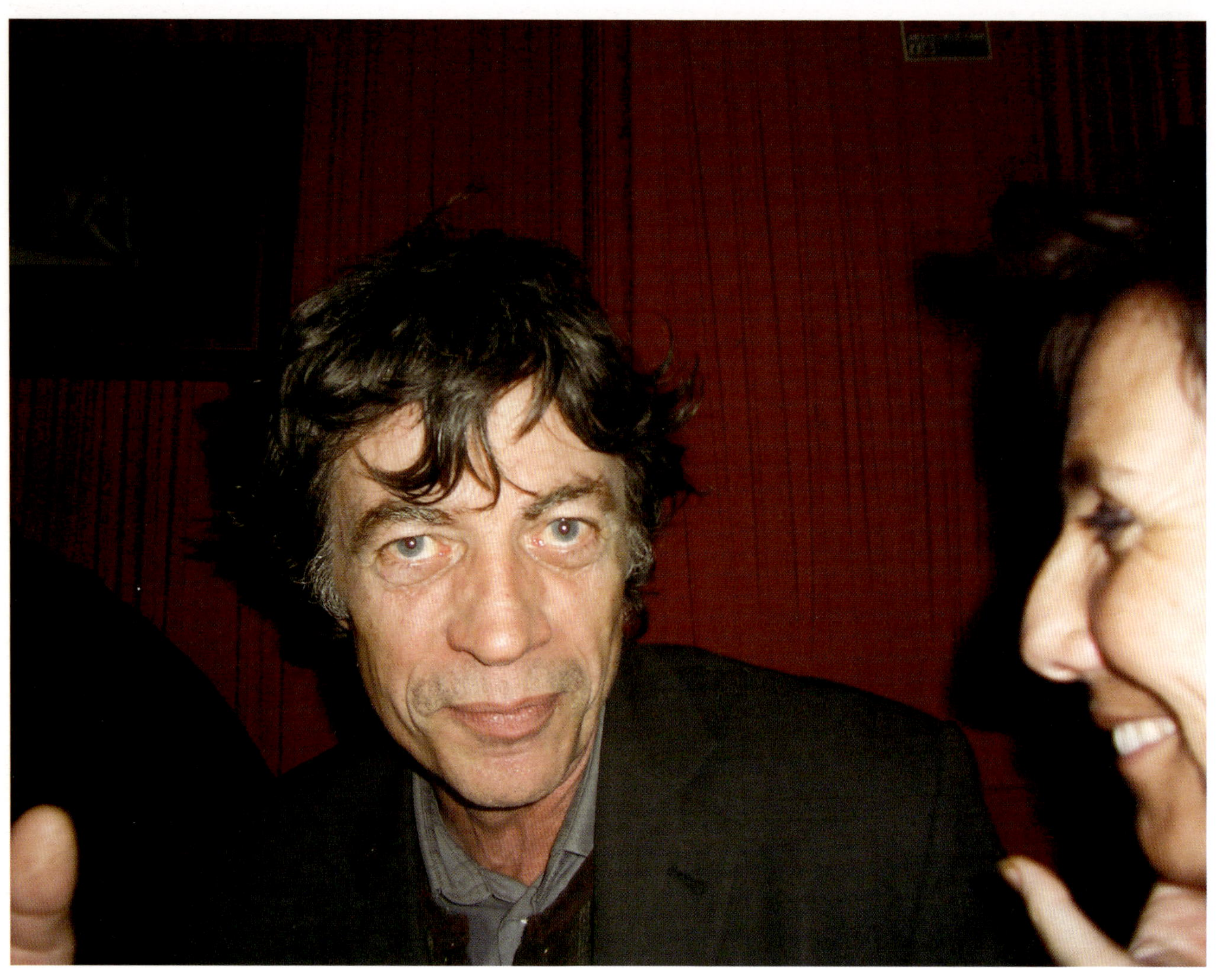

Yves et Sophie, Le Baron, Paris, After Matthieu Laurette

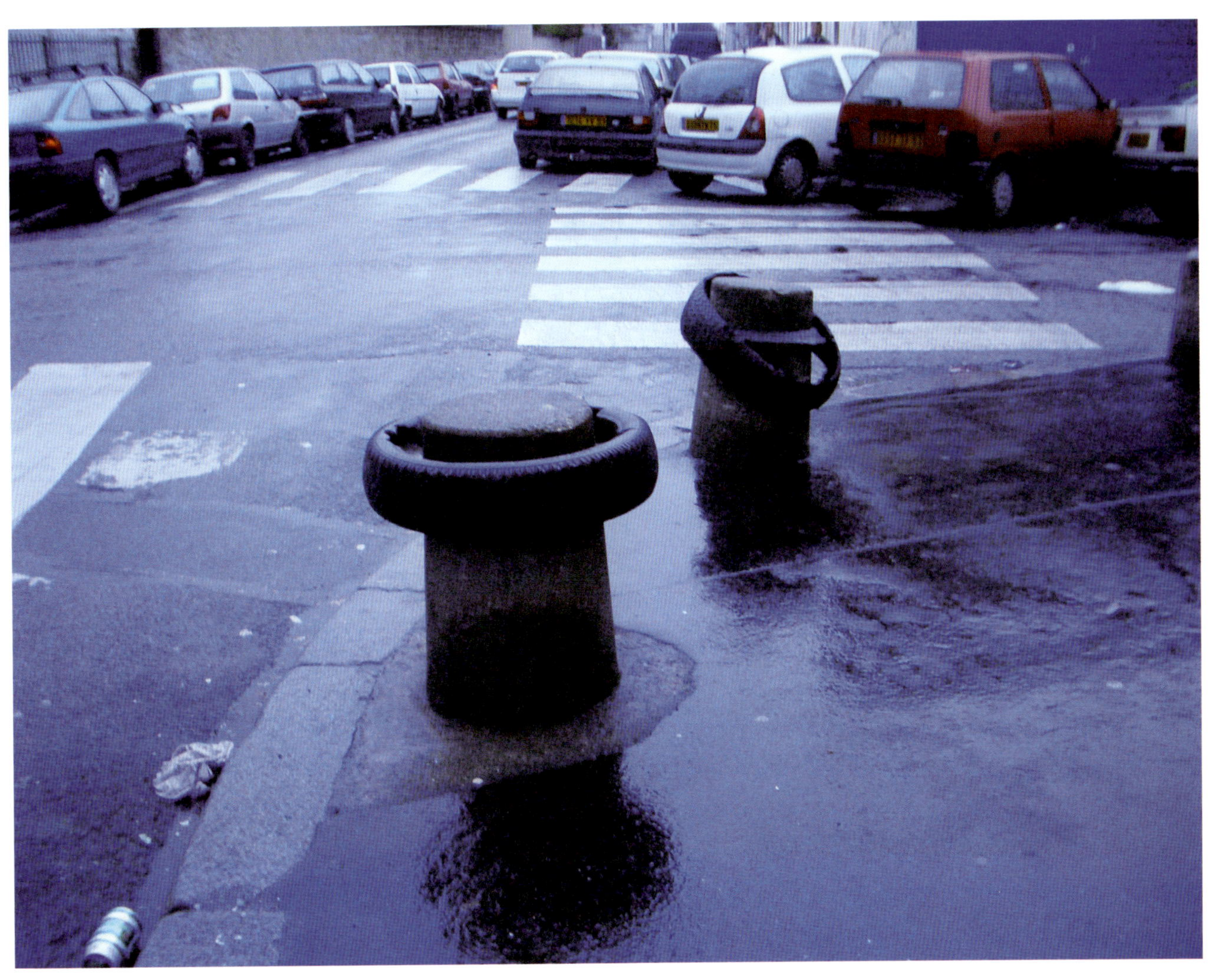

Aubervilliers, After Jean-Luc Moulène

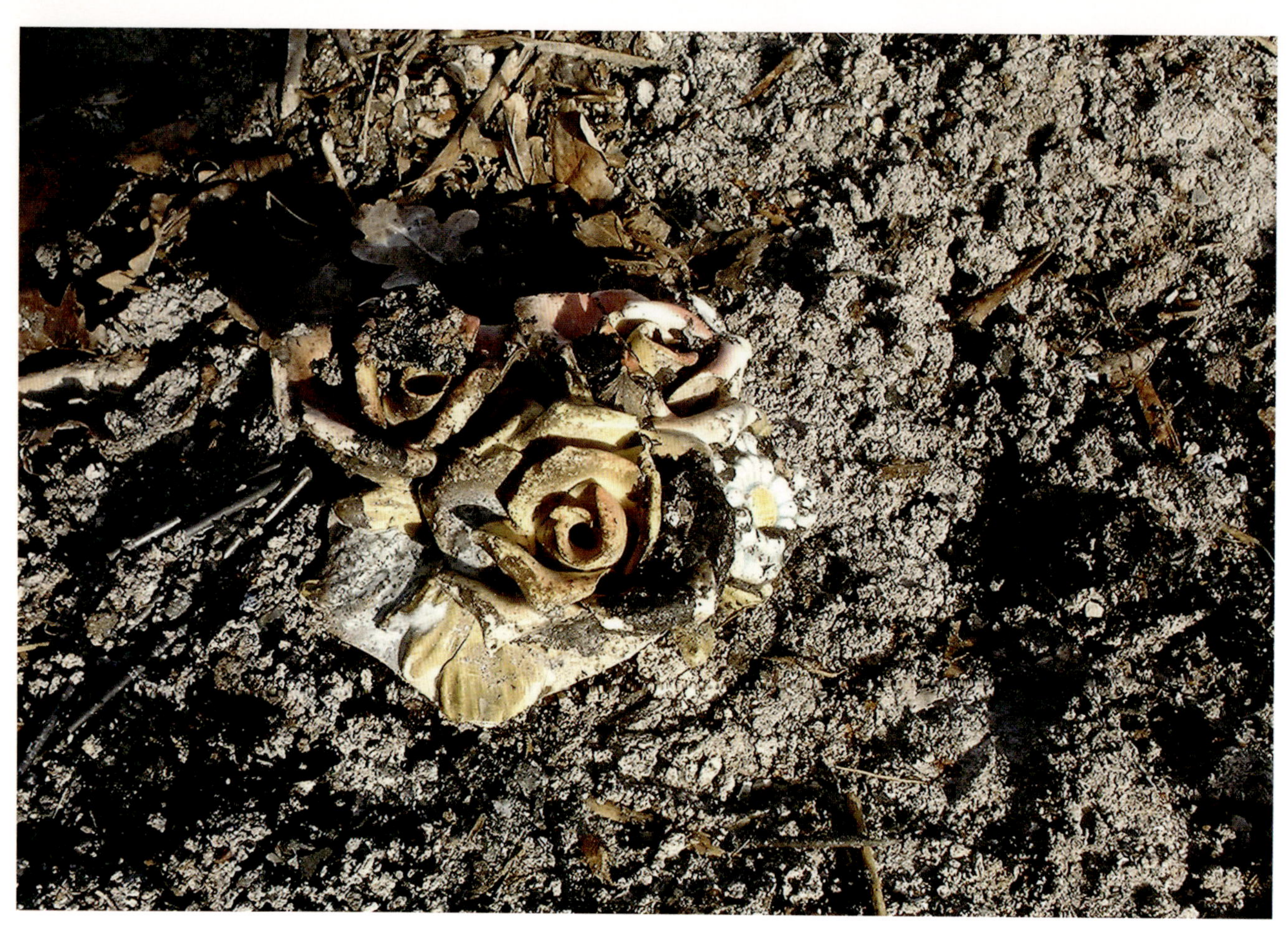

En chemin, After Gabriel Orozco

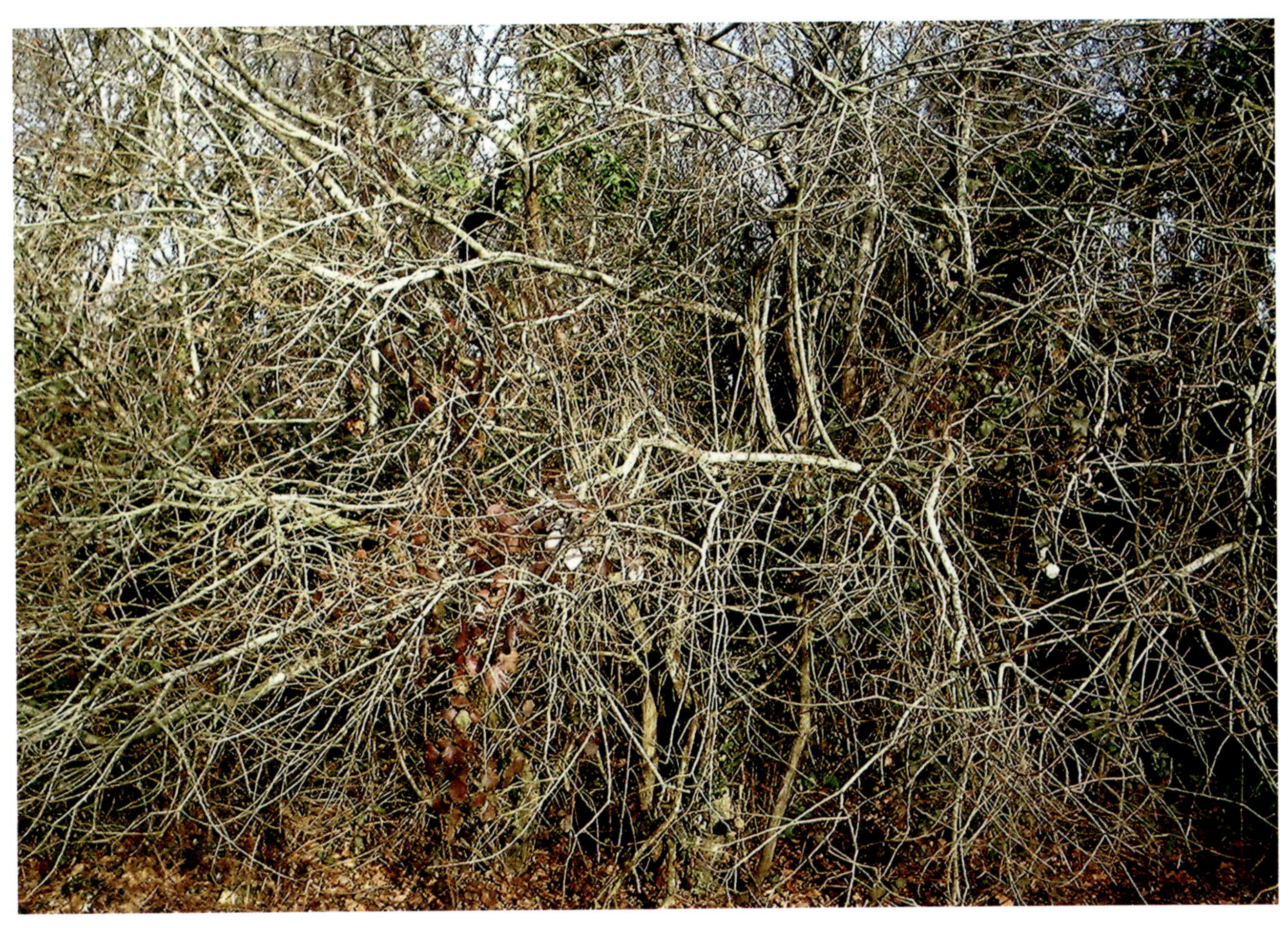

Forêt de Brocéliande, After Jackson Pollock

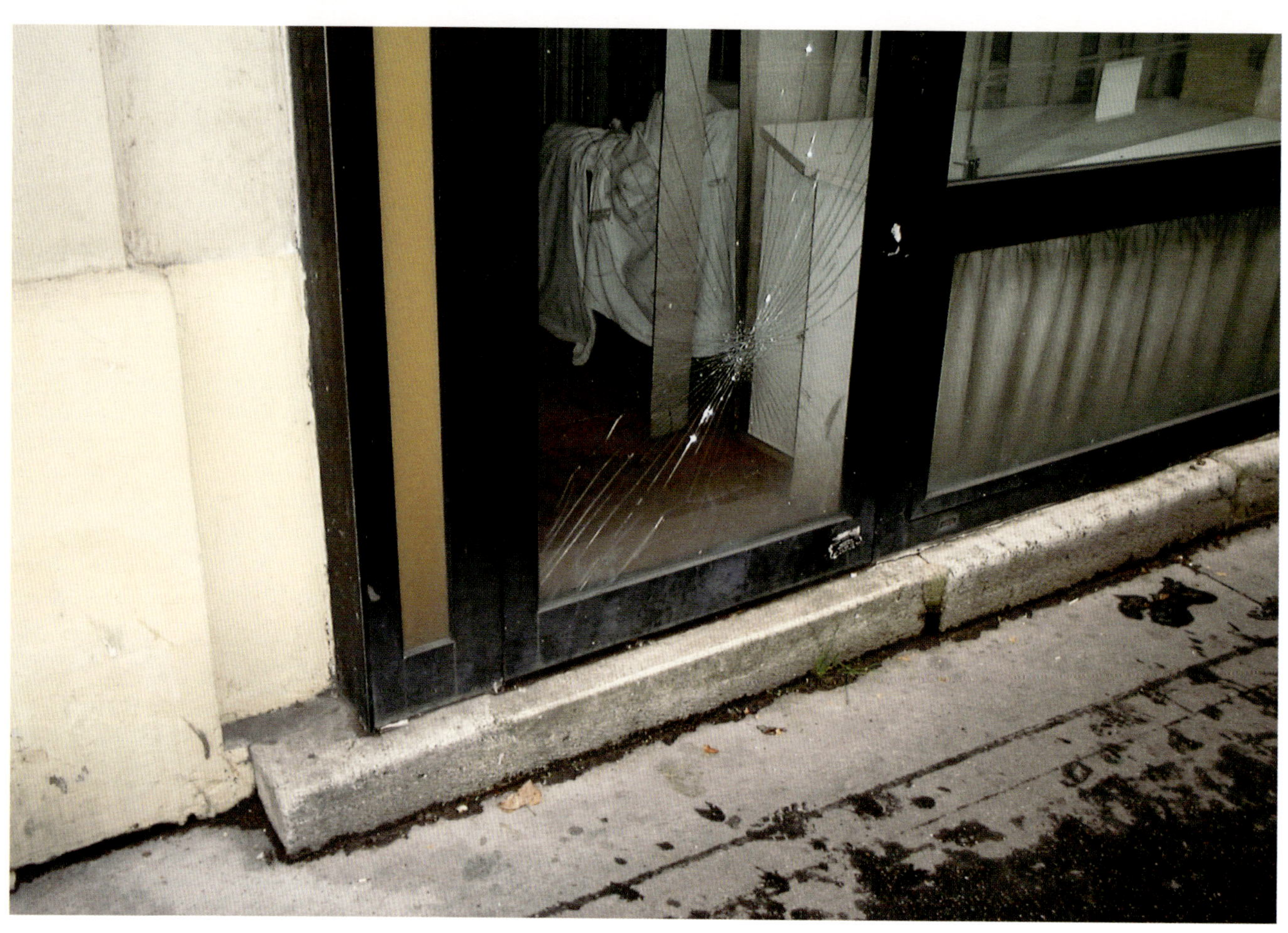

Verre brisé, After Marcel Duchamp

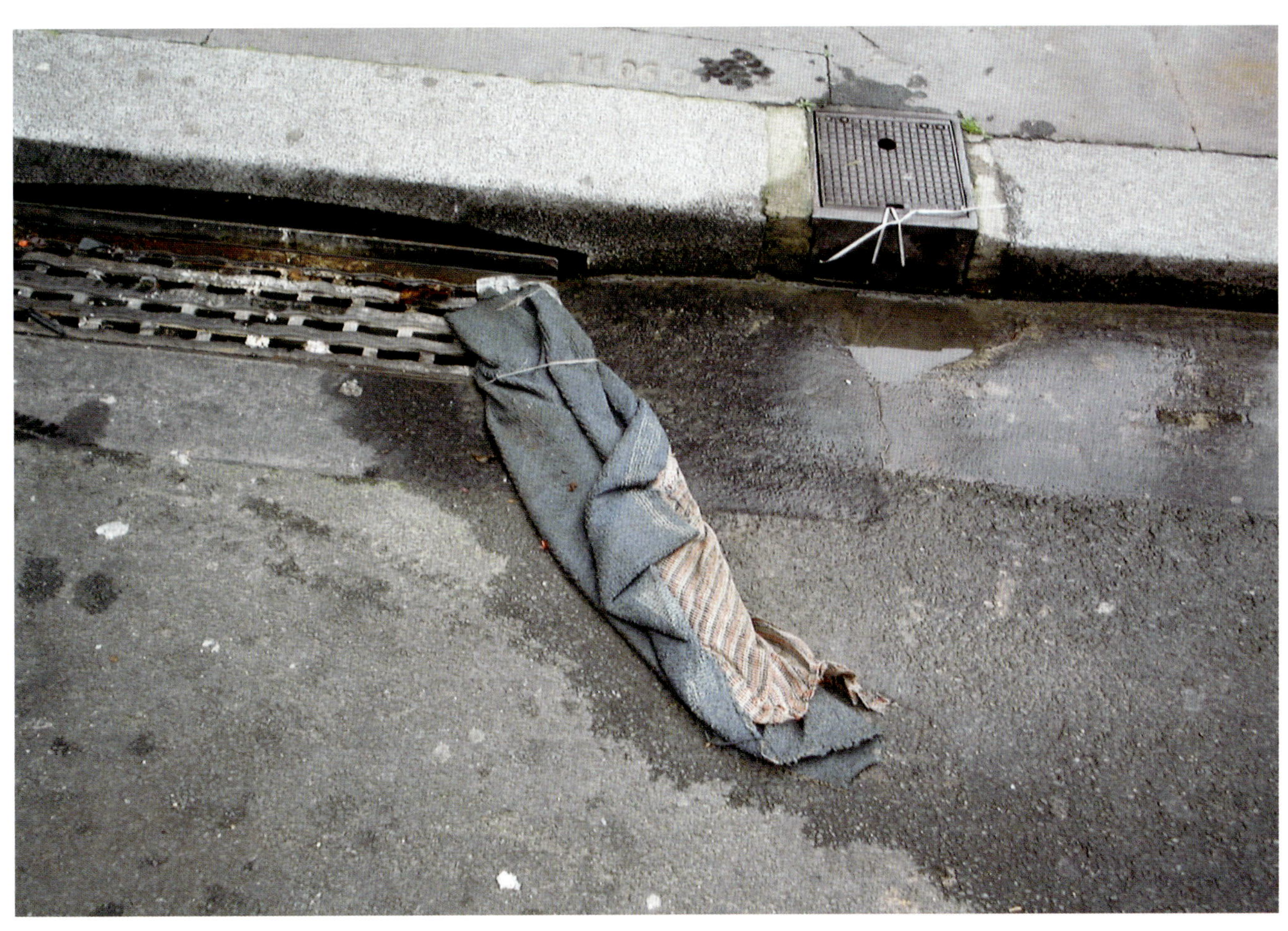

14e arrondissement, After Steeve Mac Queen

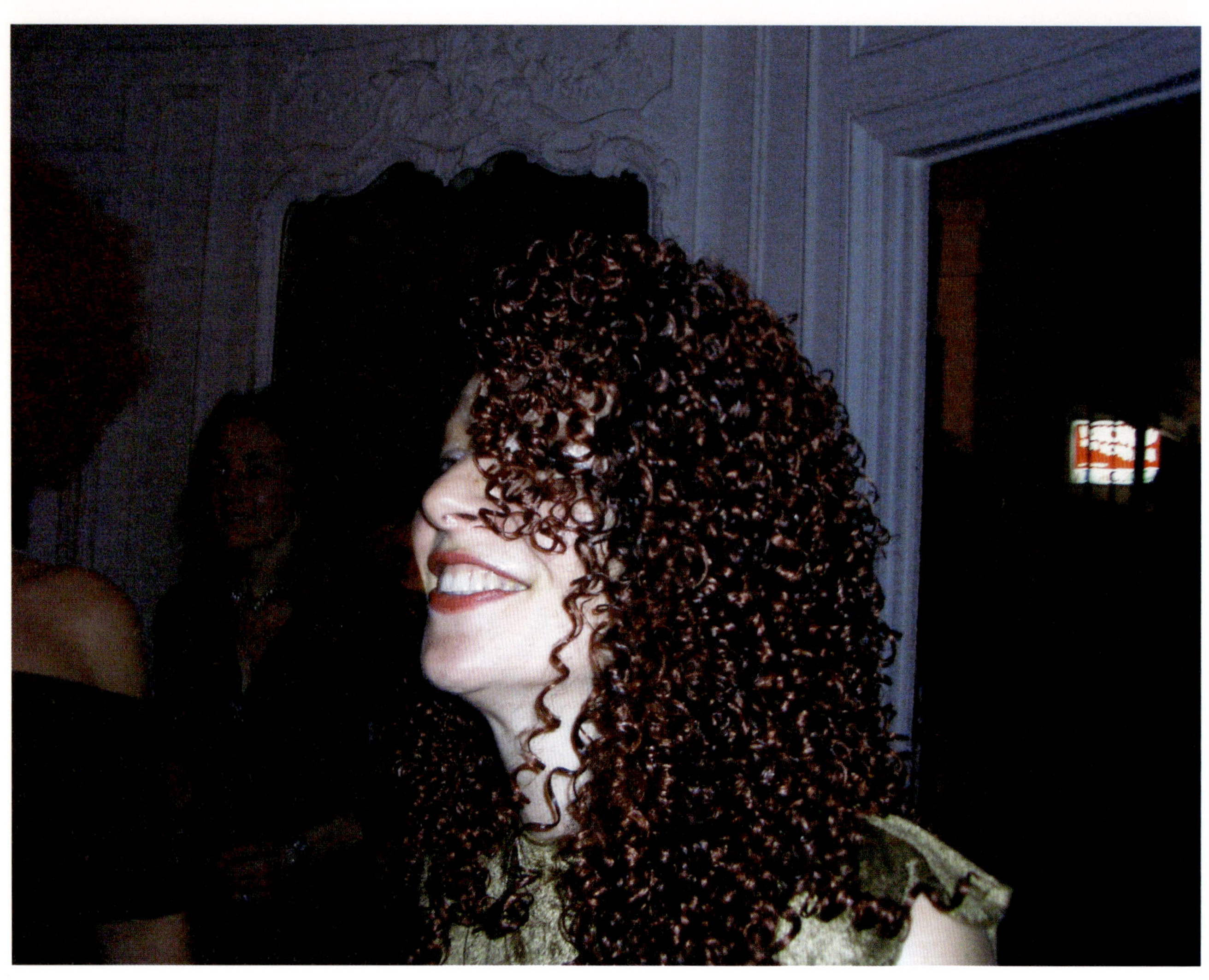

Nat, After Nan Goldin

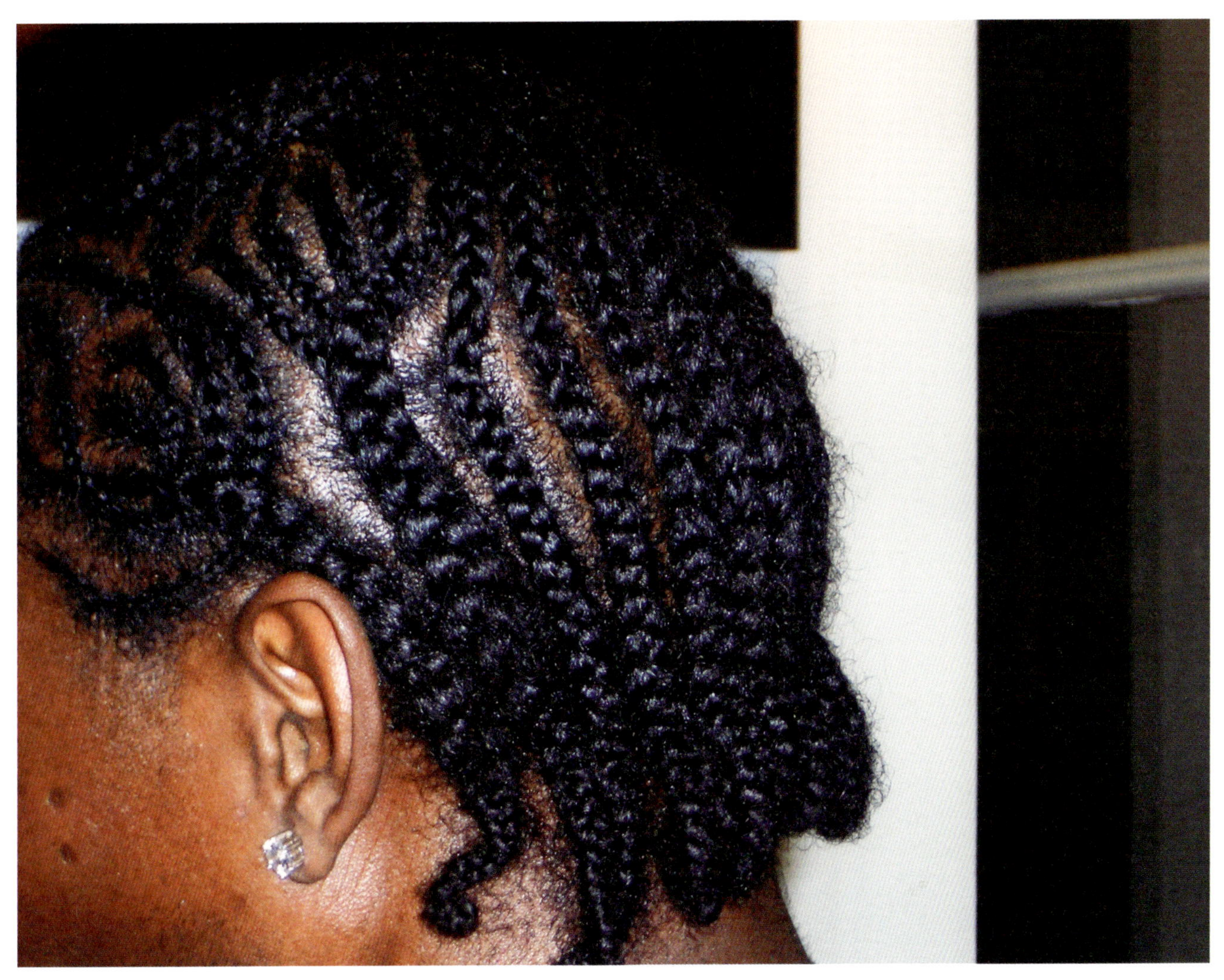

Magasin Colette, After Natacha Lesueur

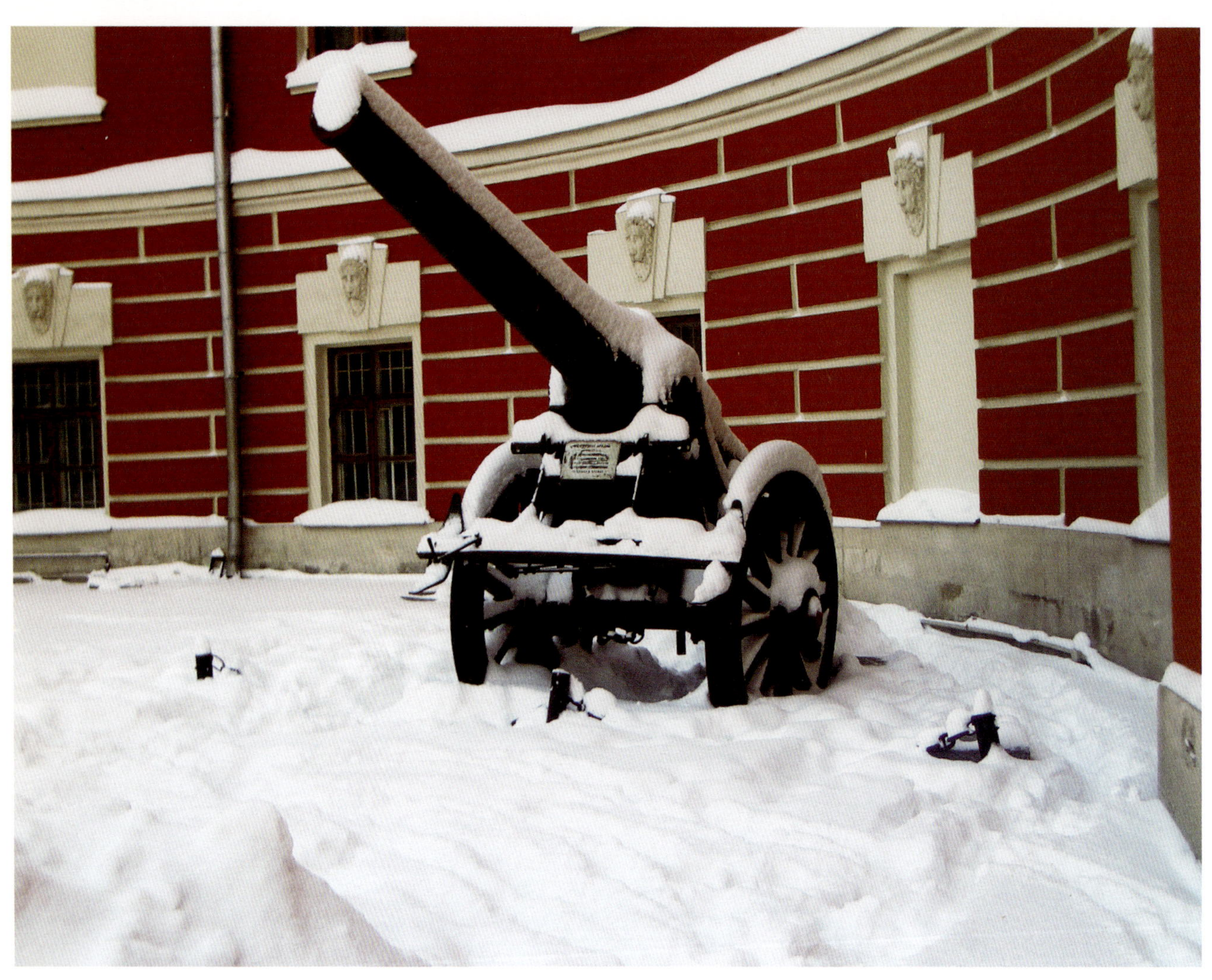

Moscou, After Pino Pascali

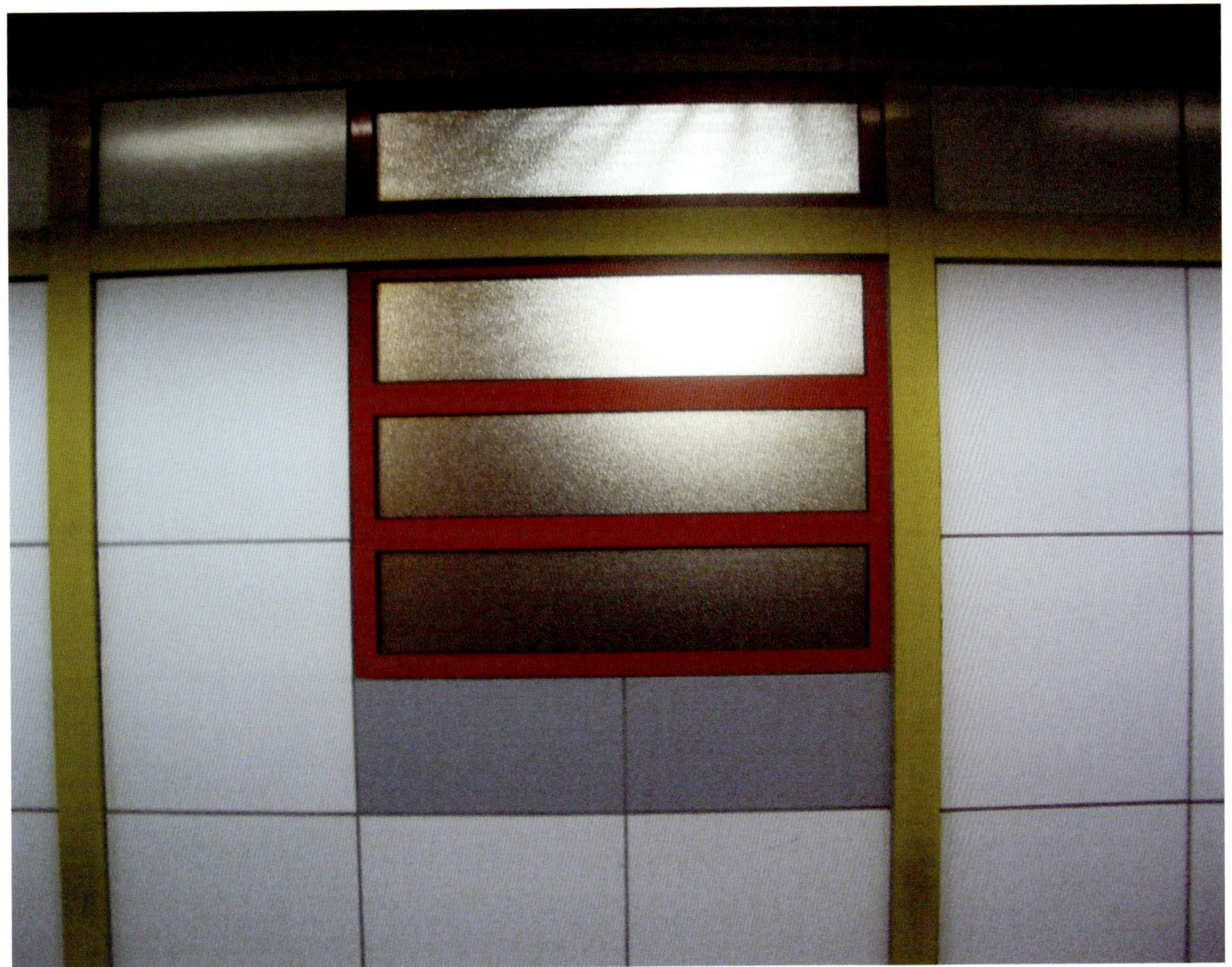

RATP, After Peter Halley

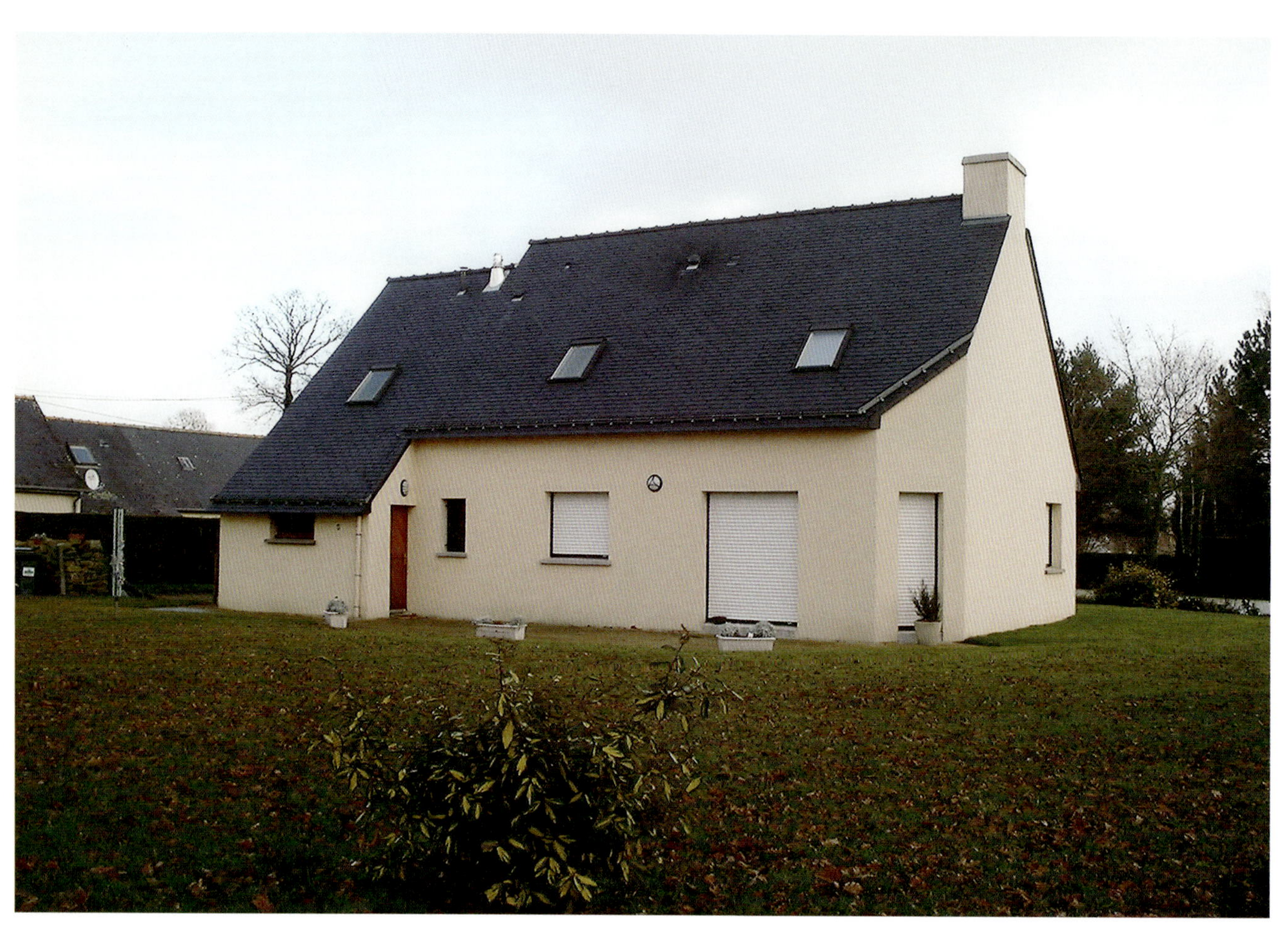

Ile et Vilaine, After Thomas Ruff

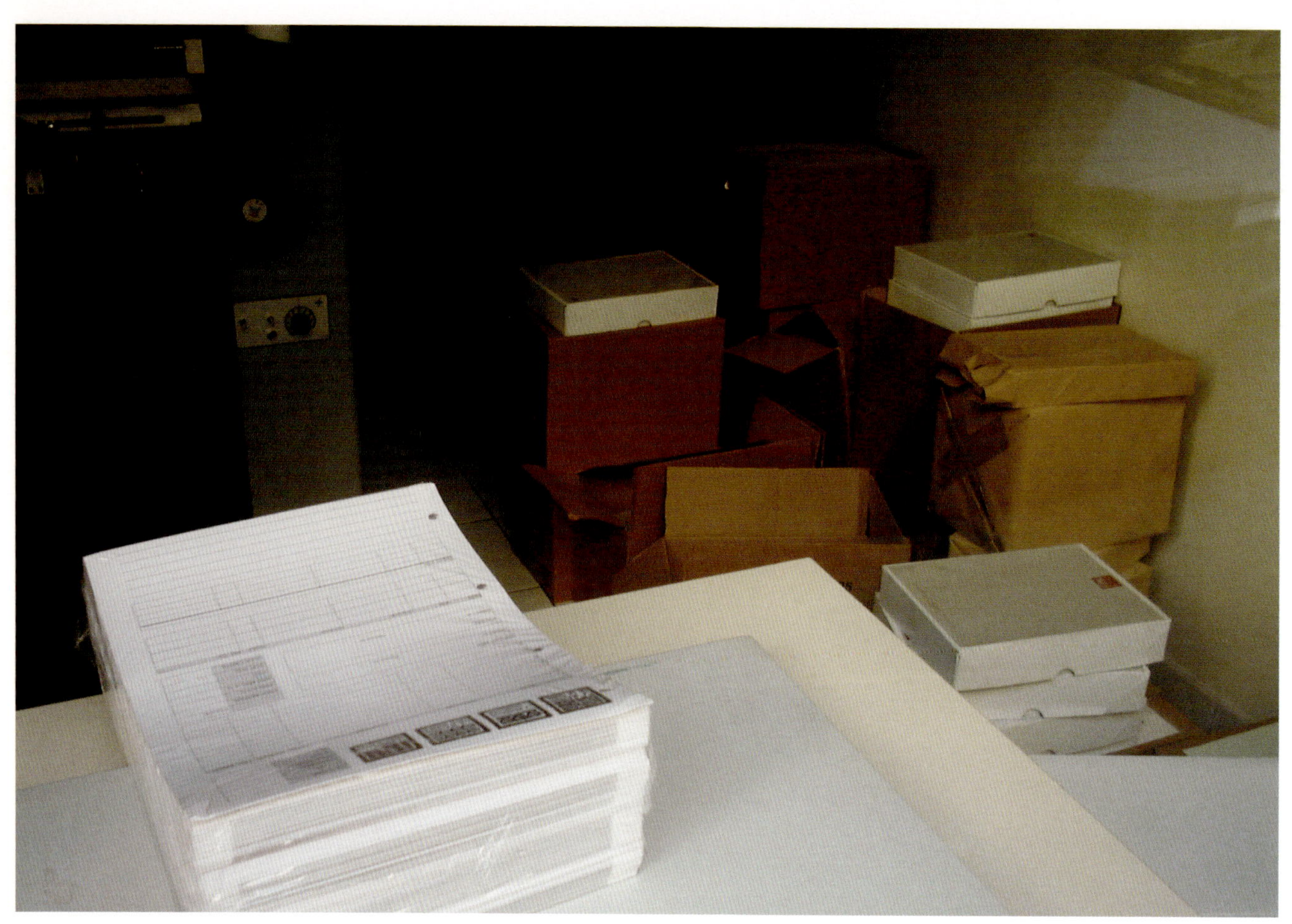

Imprimerie, After Thomas Demand

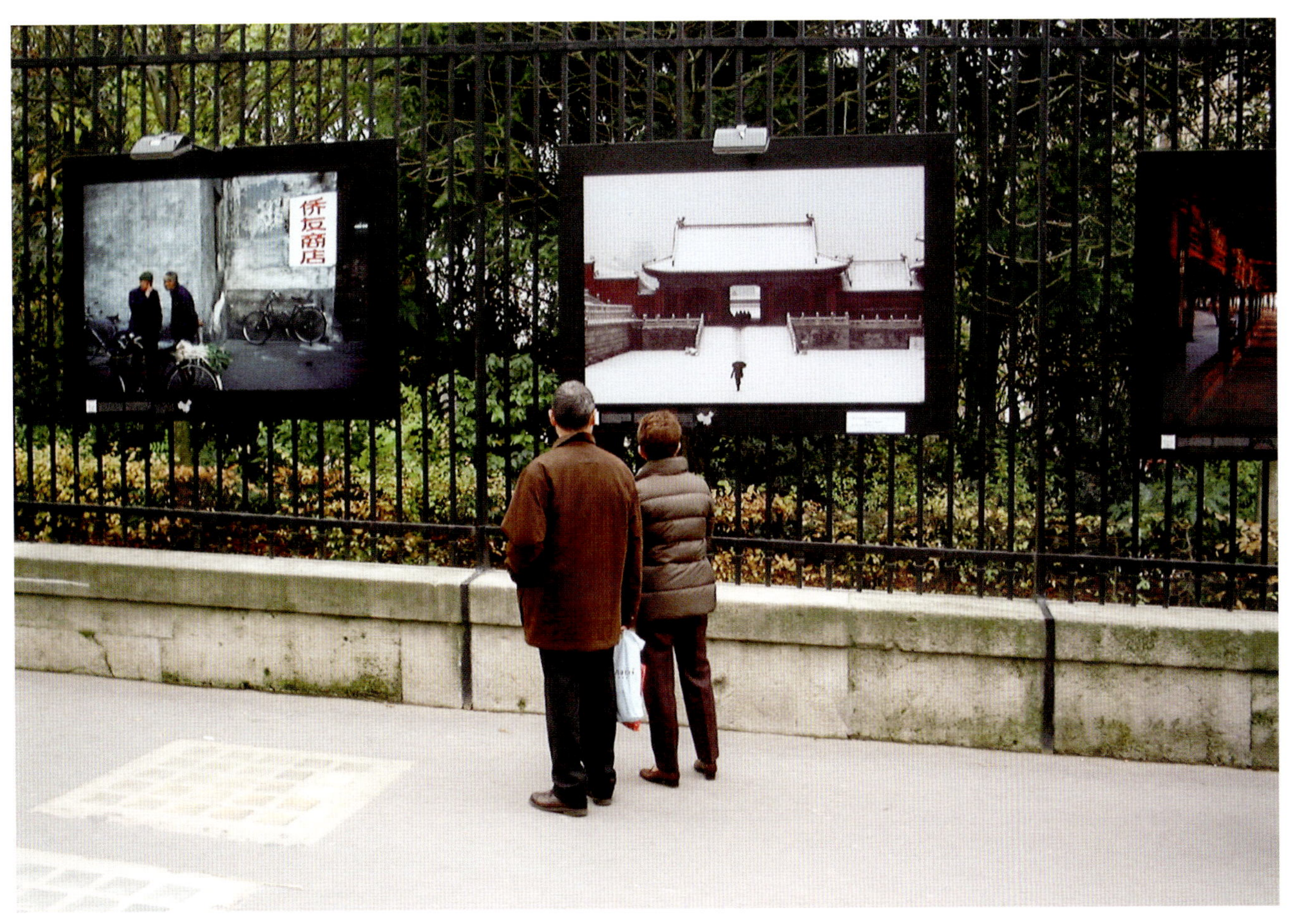

Jardin du Luxembourg, After Thomas Struth

After Christo & Jeanne Claude
After van Lieshout
After Hans-Peter Feldmann
After Bruno Serralongue
After Dan Graham
After Carsten Höller
After Claes Oldenburg
After Edward Hopper
After Jean-Luc Moulène
After Gordon Matta-Clark
After Ilya Kabakov
After Ben
After Hiroshi Sugimoto
After Jeff Wall
After Jacques-Henri Lartigue
After Jean-Pierre Raynaud
After Jeff Koons
After Joachim Mogarra
After John Baldessari
After Louise Lawler
After Michel Blazy
After Matthew Barney
After Peter Fischli & David Weiss
After Philippe Parreno
After Philip-Lorca di Corsia
After Robert Mapplethorp
After Richard Prince
After René Magritte
After Claude Viallat
After Rirkrit Tiravanija
After Robert Smithson
After Yayoi Kusama
After Thomas Hirschhorn
After Wim Delvoye
After Tony Oursler
After Wassily Kandinsky
After Valérie Mrejen

After Sol LeWitt
After Mike Kelley
After Wolfgang Tillmans
After Xavier Veilhan

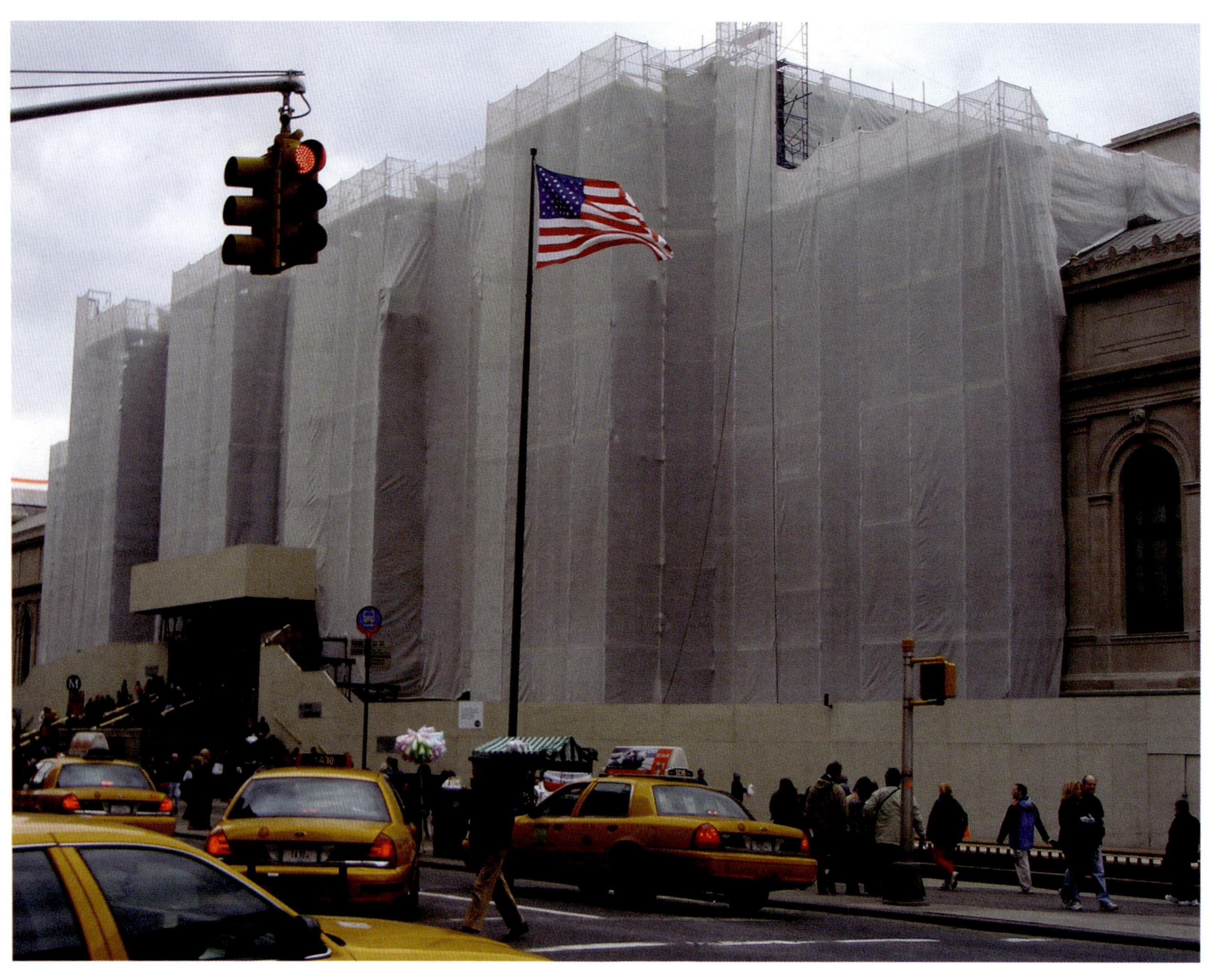

Metropolitan Museum, NY, After Christo & Jeanne Claude

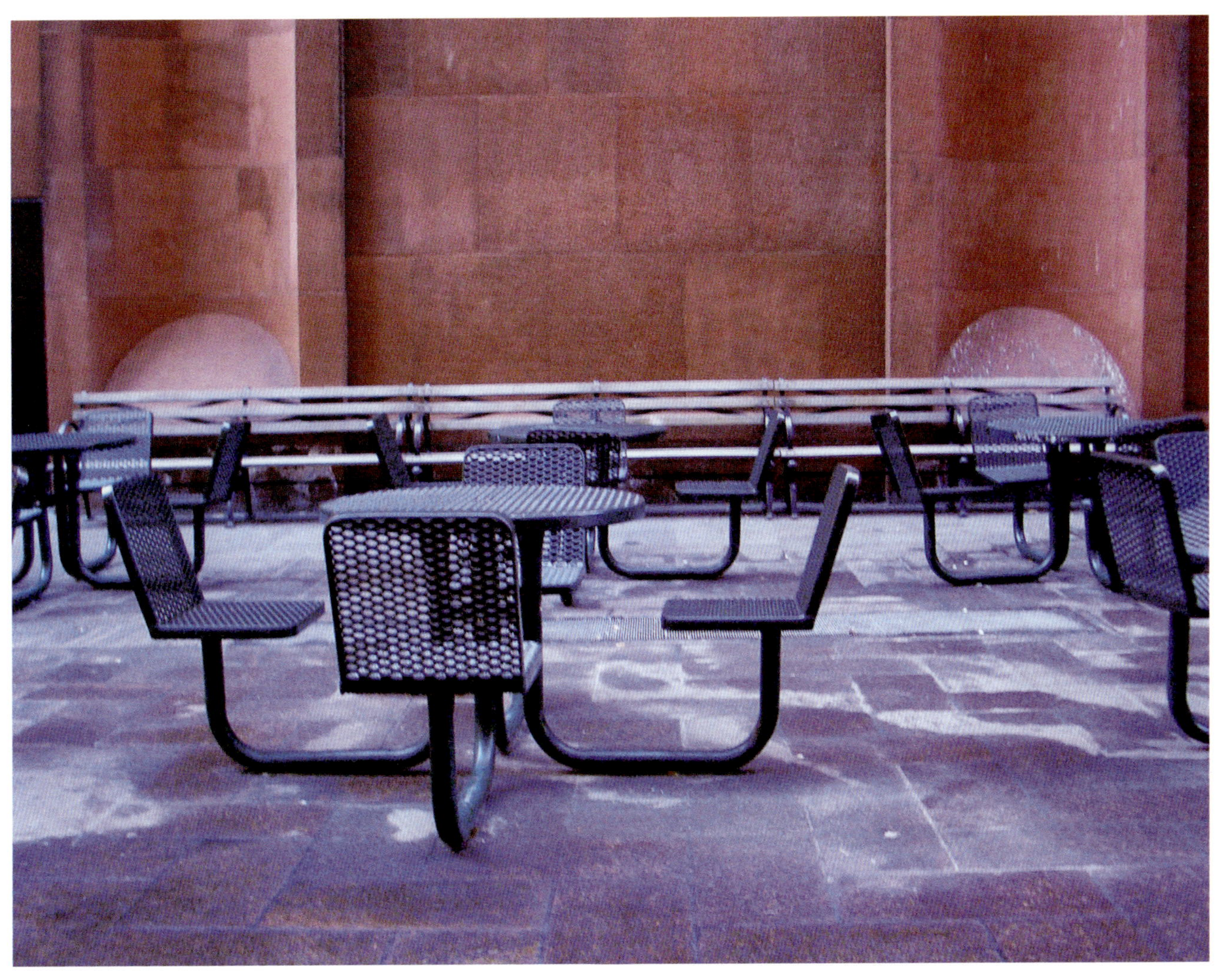

Square, NY, After van Lieshout

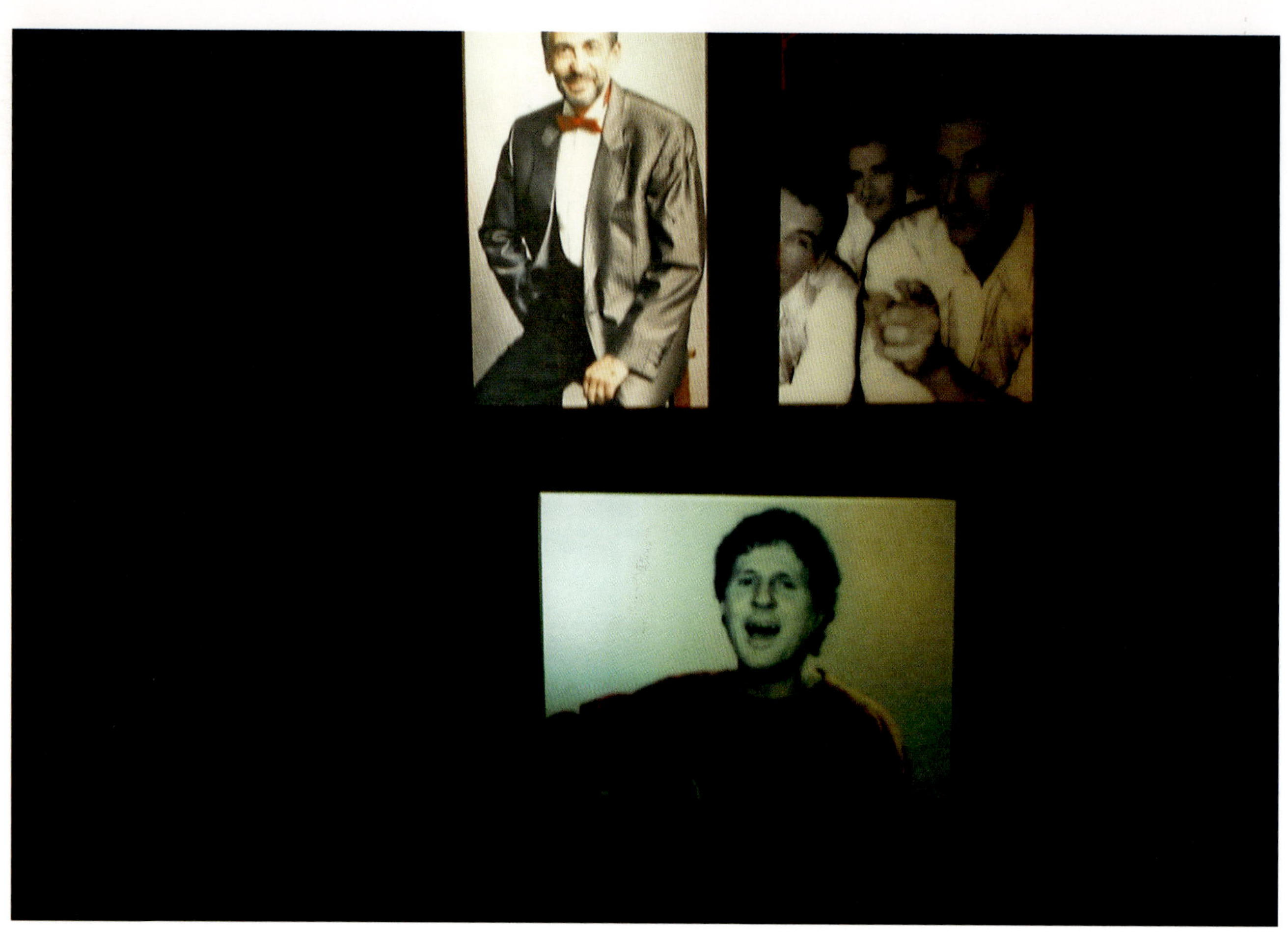

Club, After Hans-Peter Feldmann

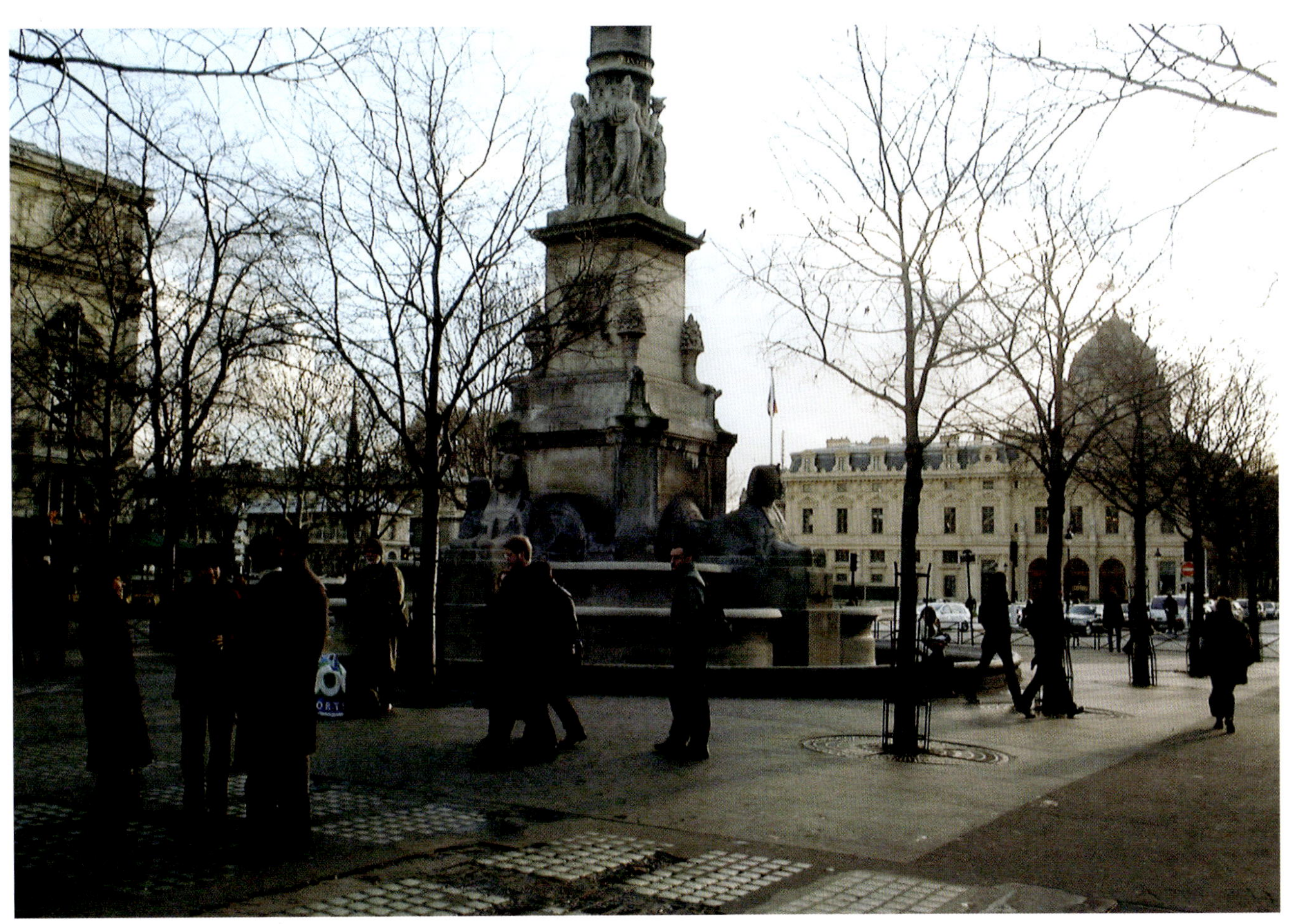

Place du Châtelet, After Bruno Serralongue

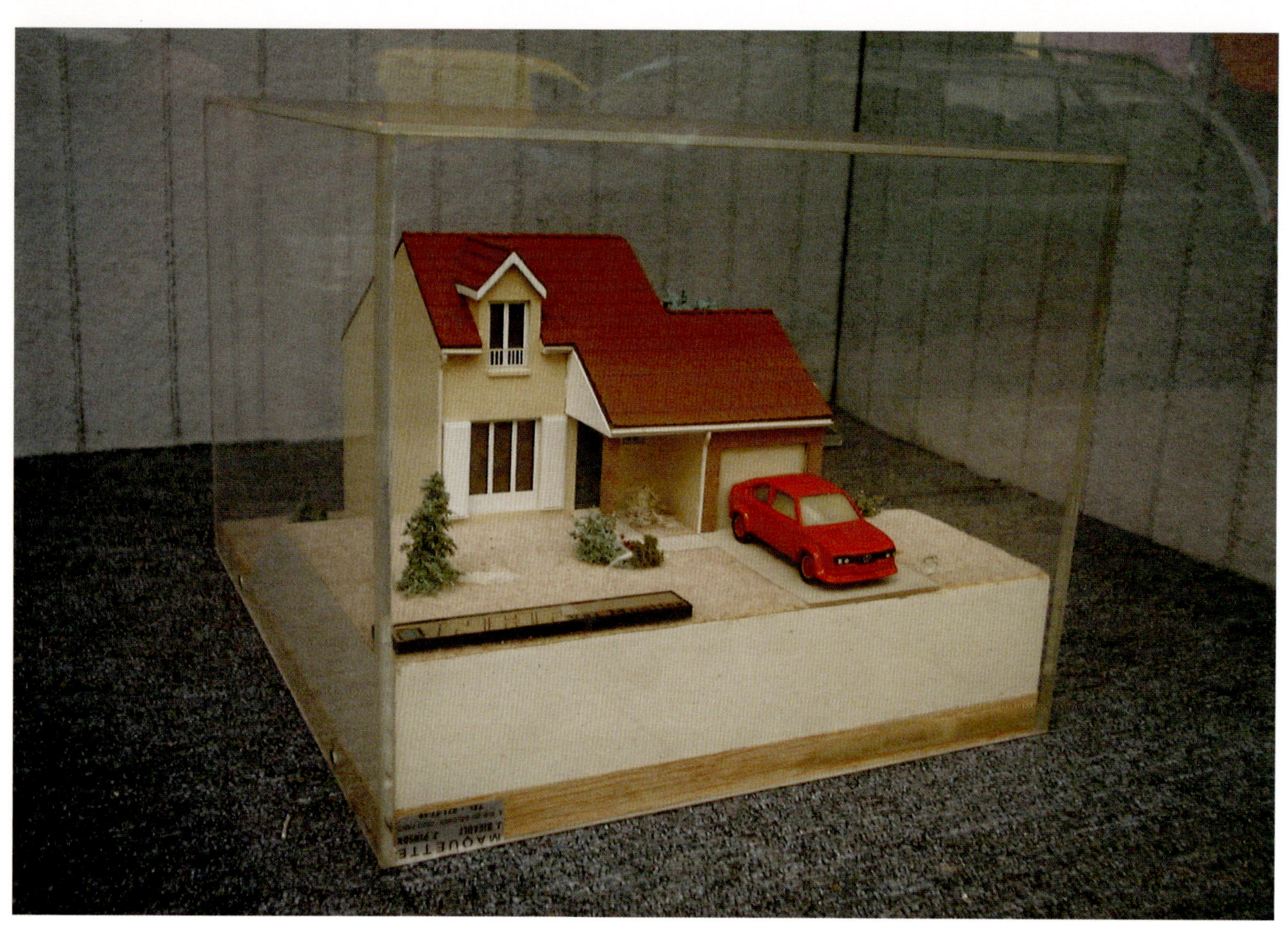

Pavillon, After Dan Graham

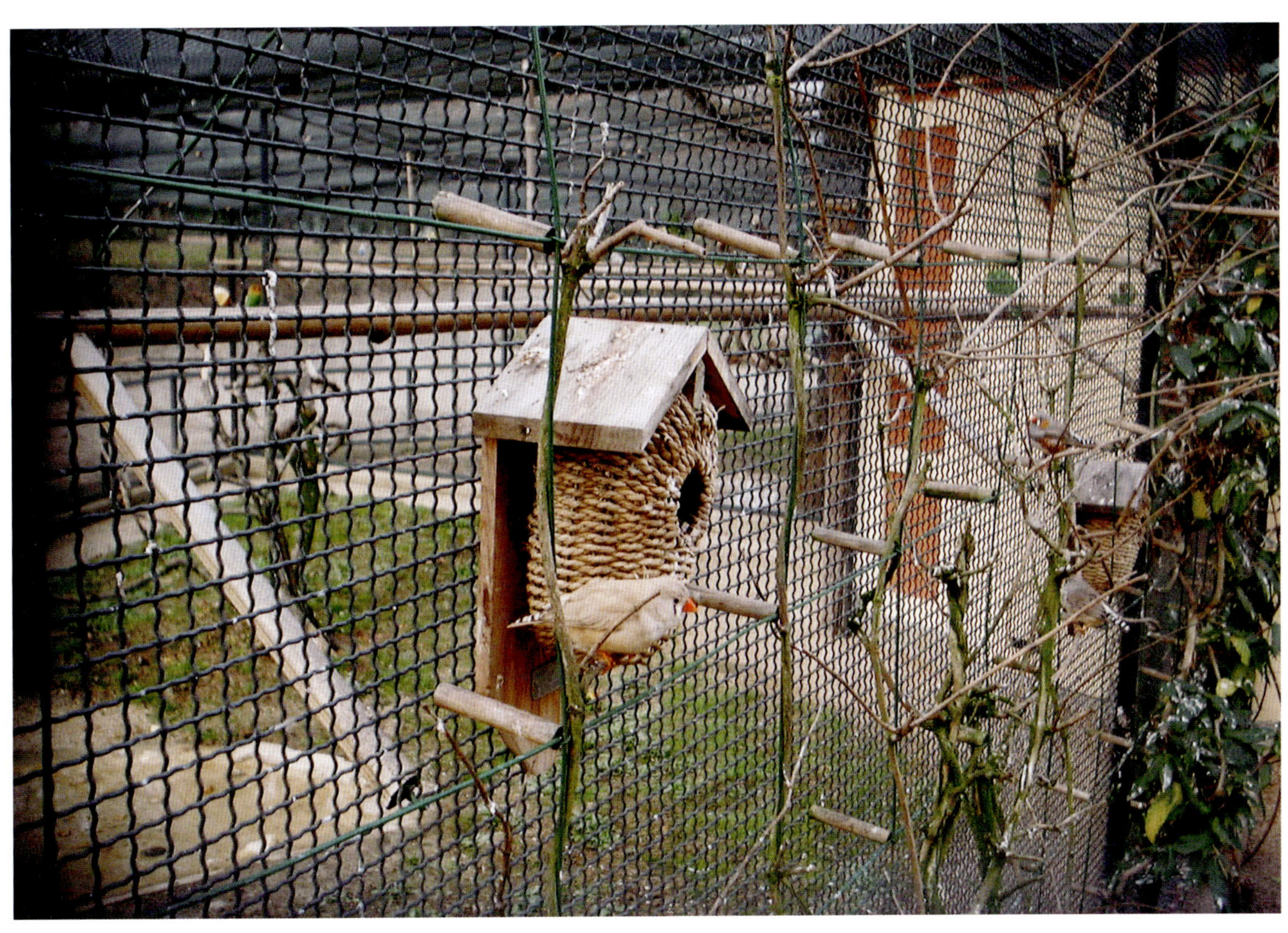

Jardin du Thabor, Rennes, After Carsten Höller

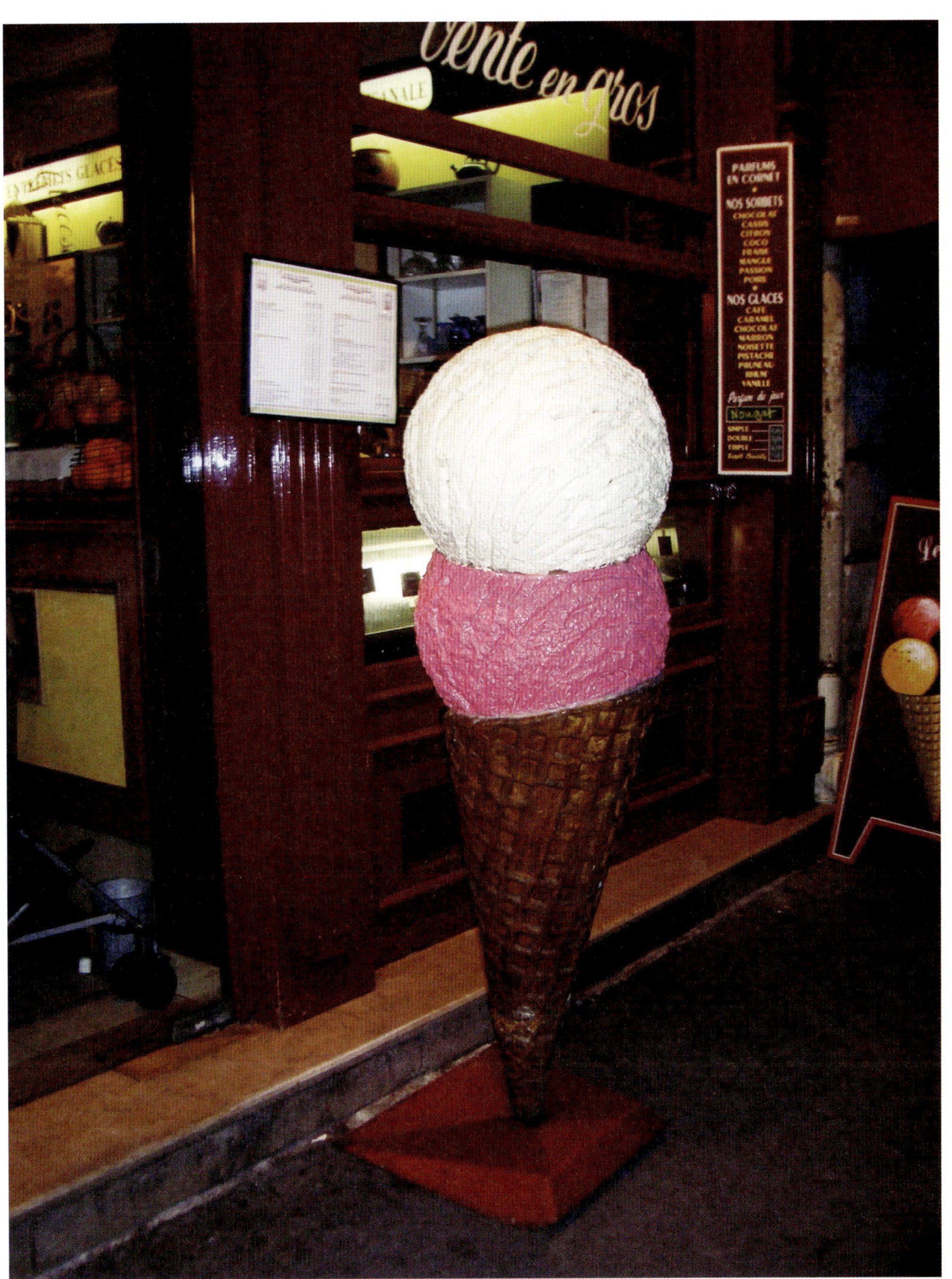

Ice cream, After Claes Oldenburg

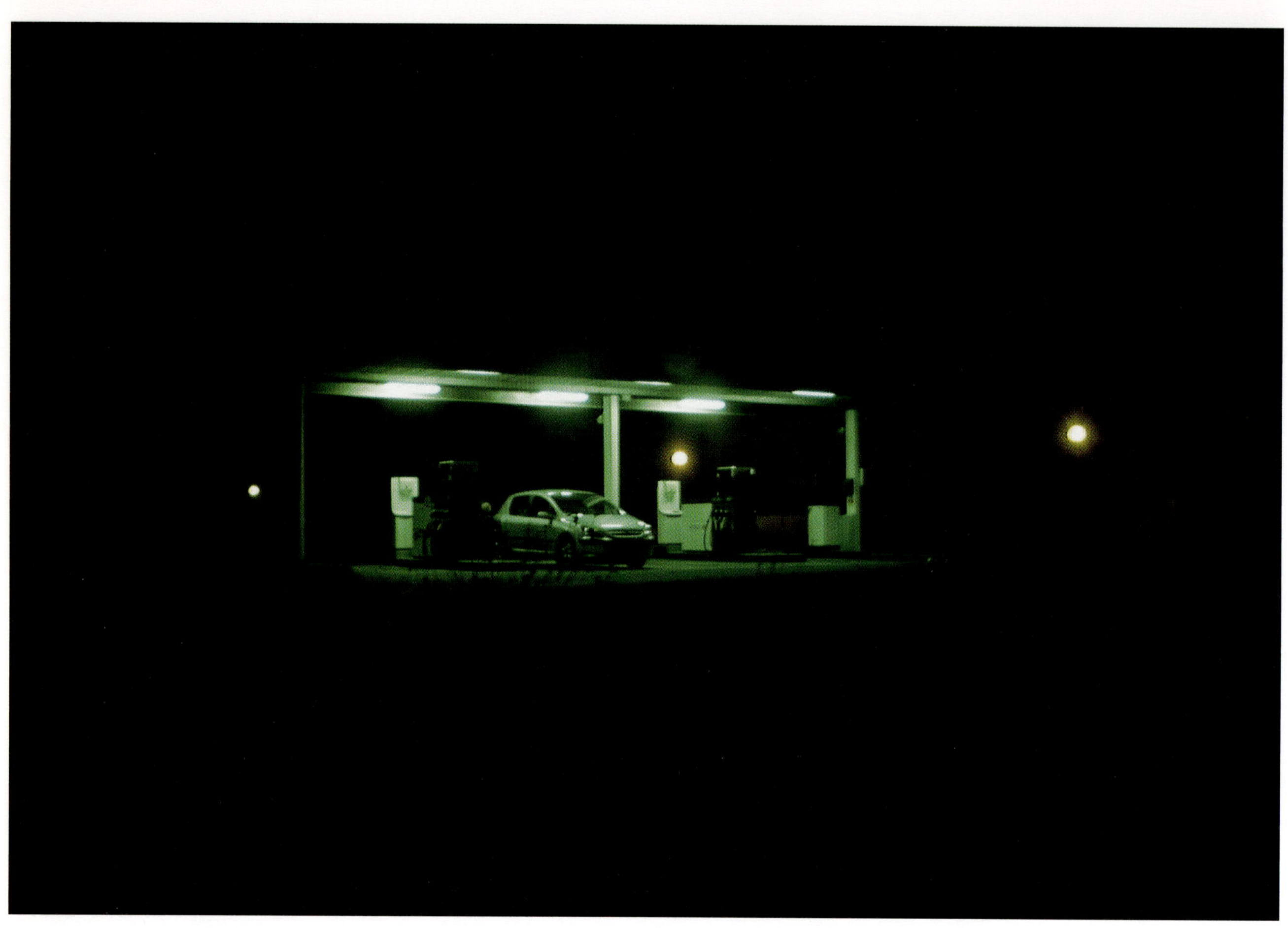

Station service, After Edward Hopper

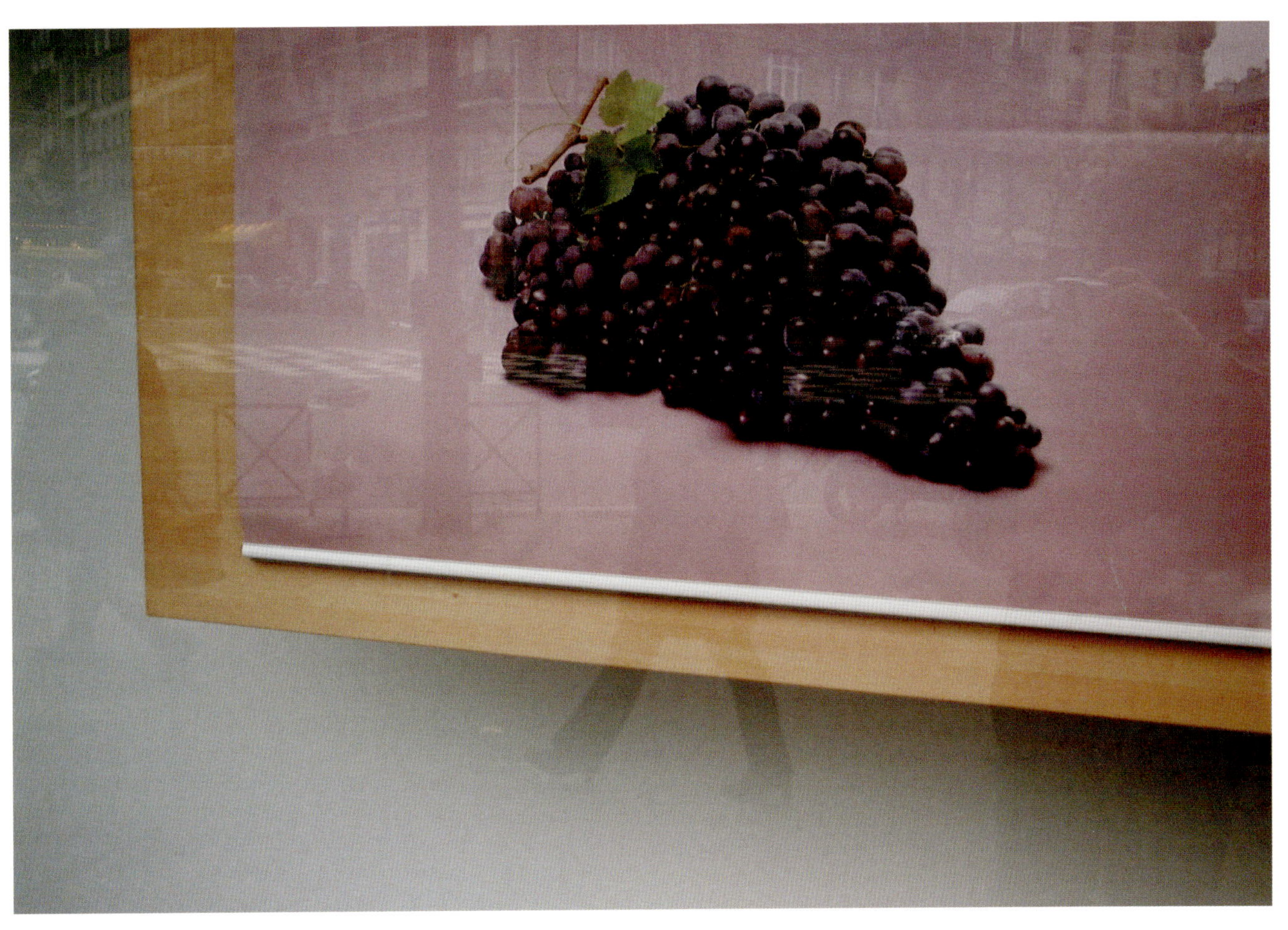

Publicité, After Jean-Luc Moulène

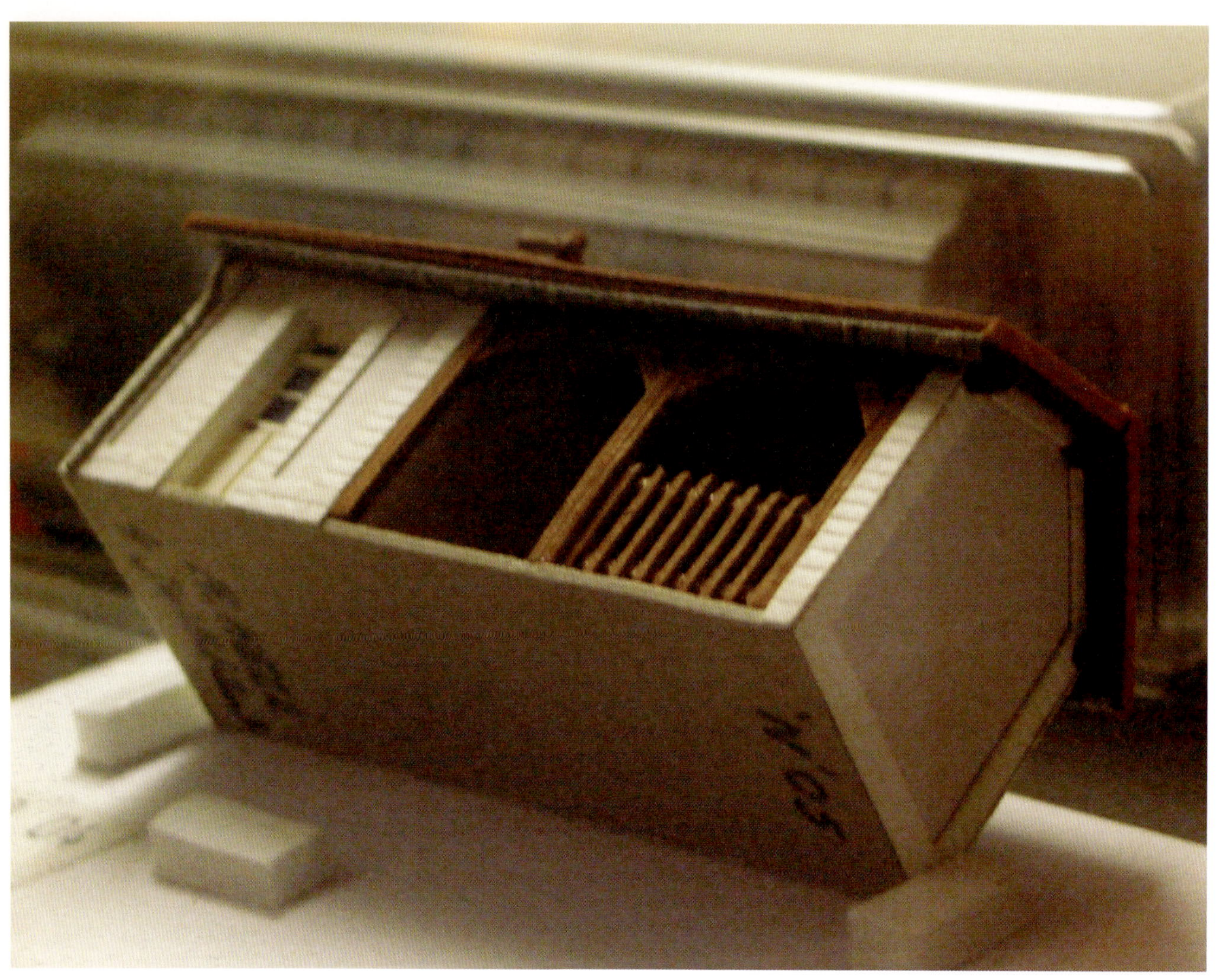

Maquette, After Gordon Matta-Clark

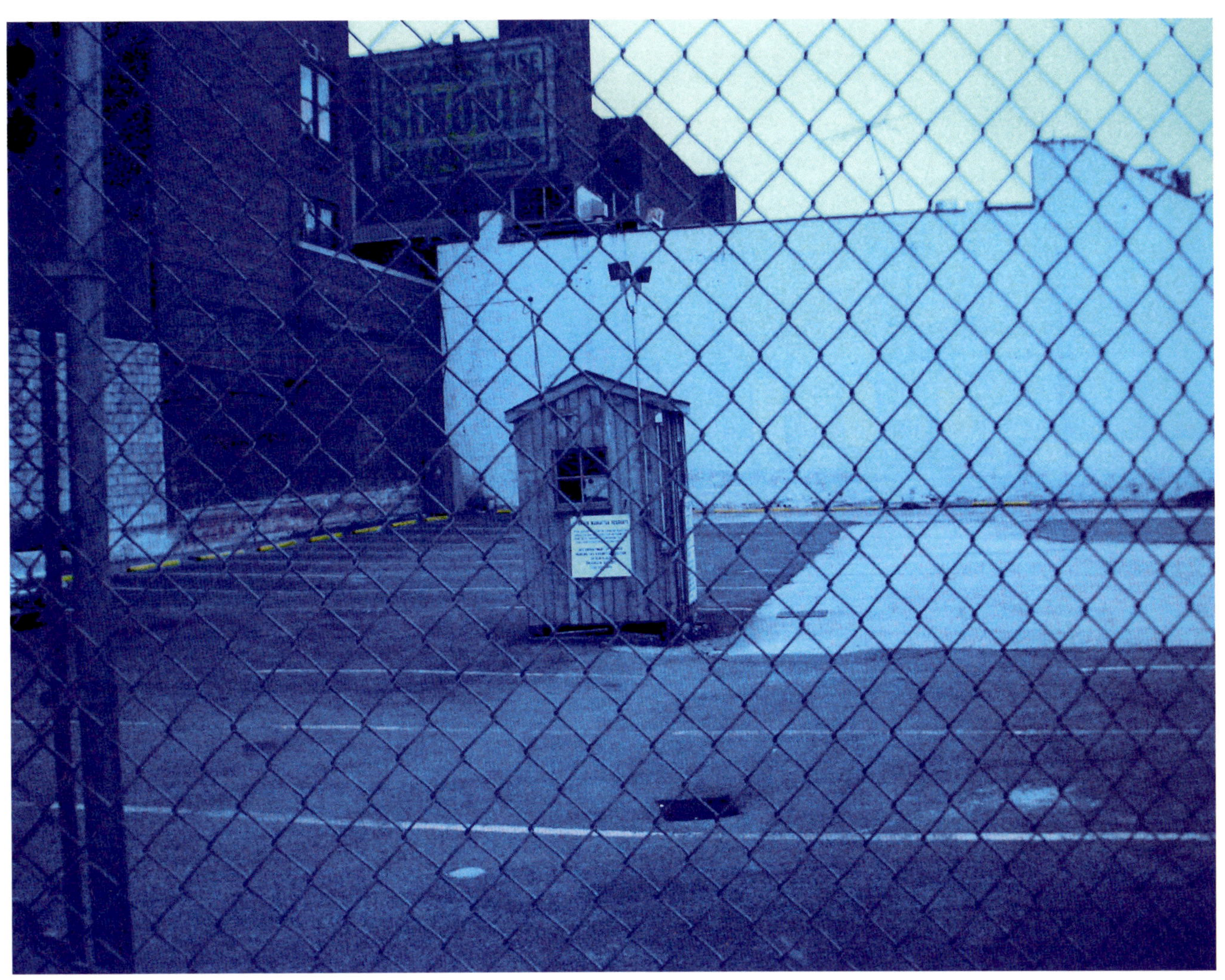

Downtown, After Ilya Kabakov

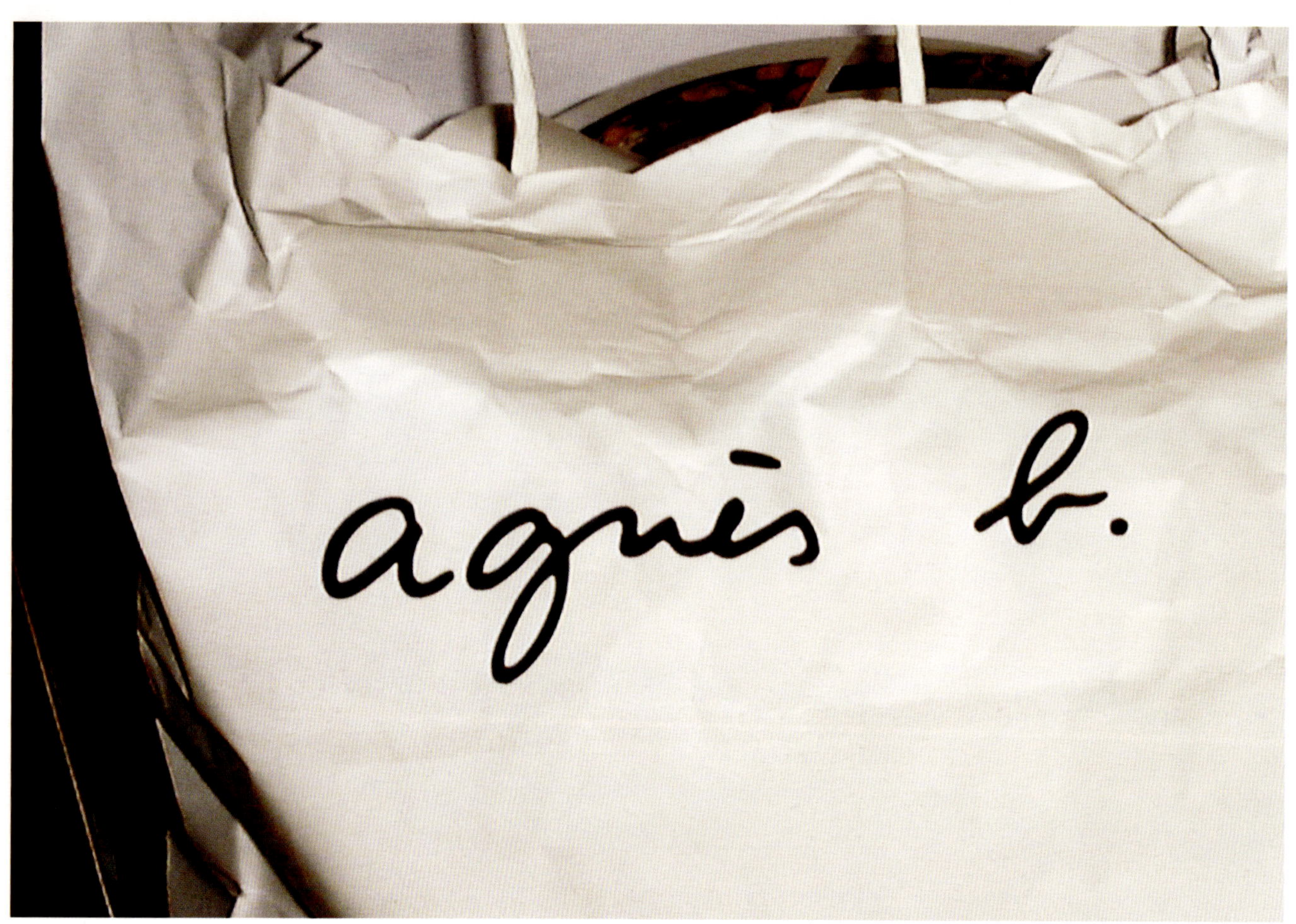

Logo, After Ben

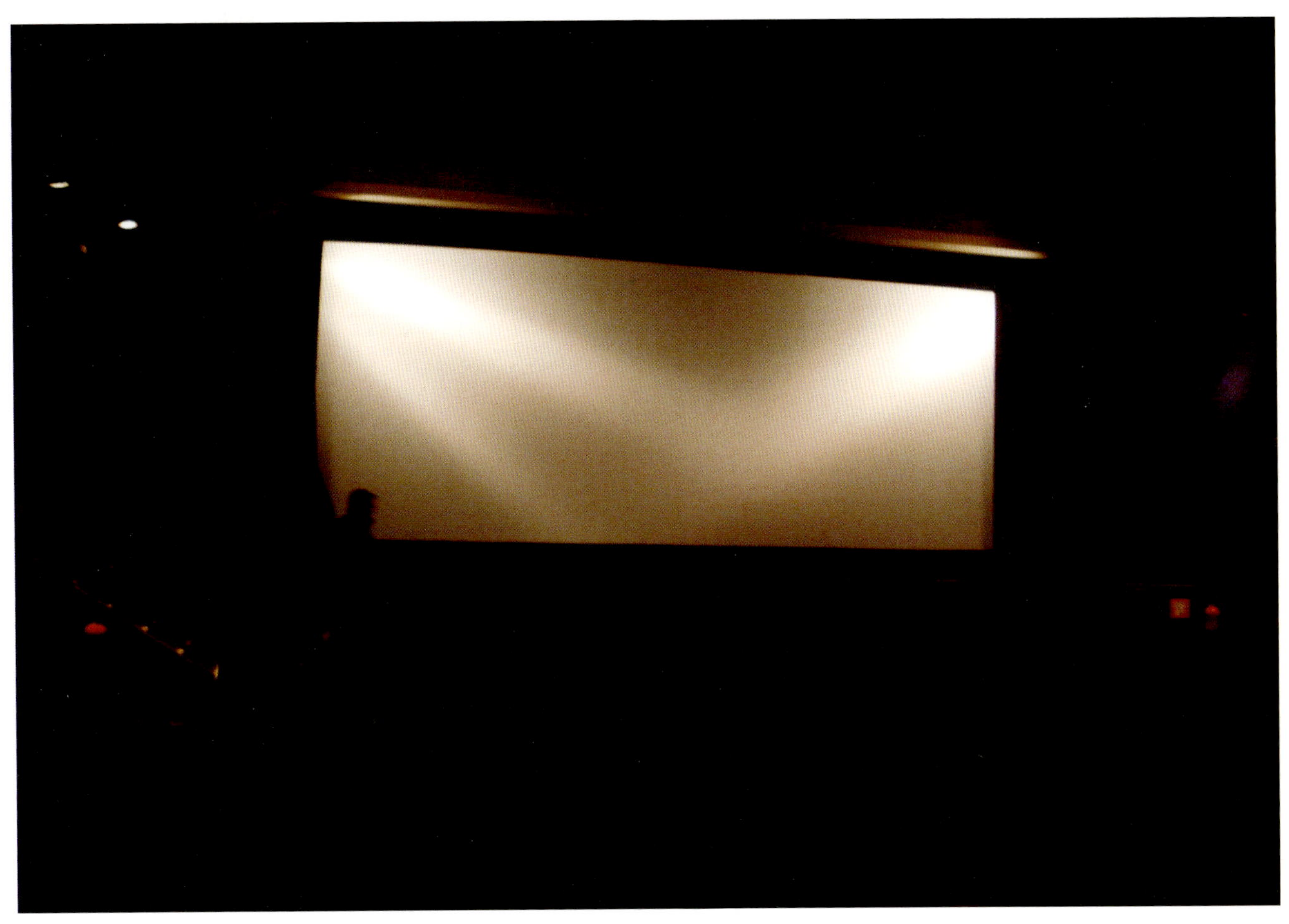

UGC les Halles, Paris, After Hiroshi Sugimoto

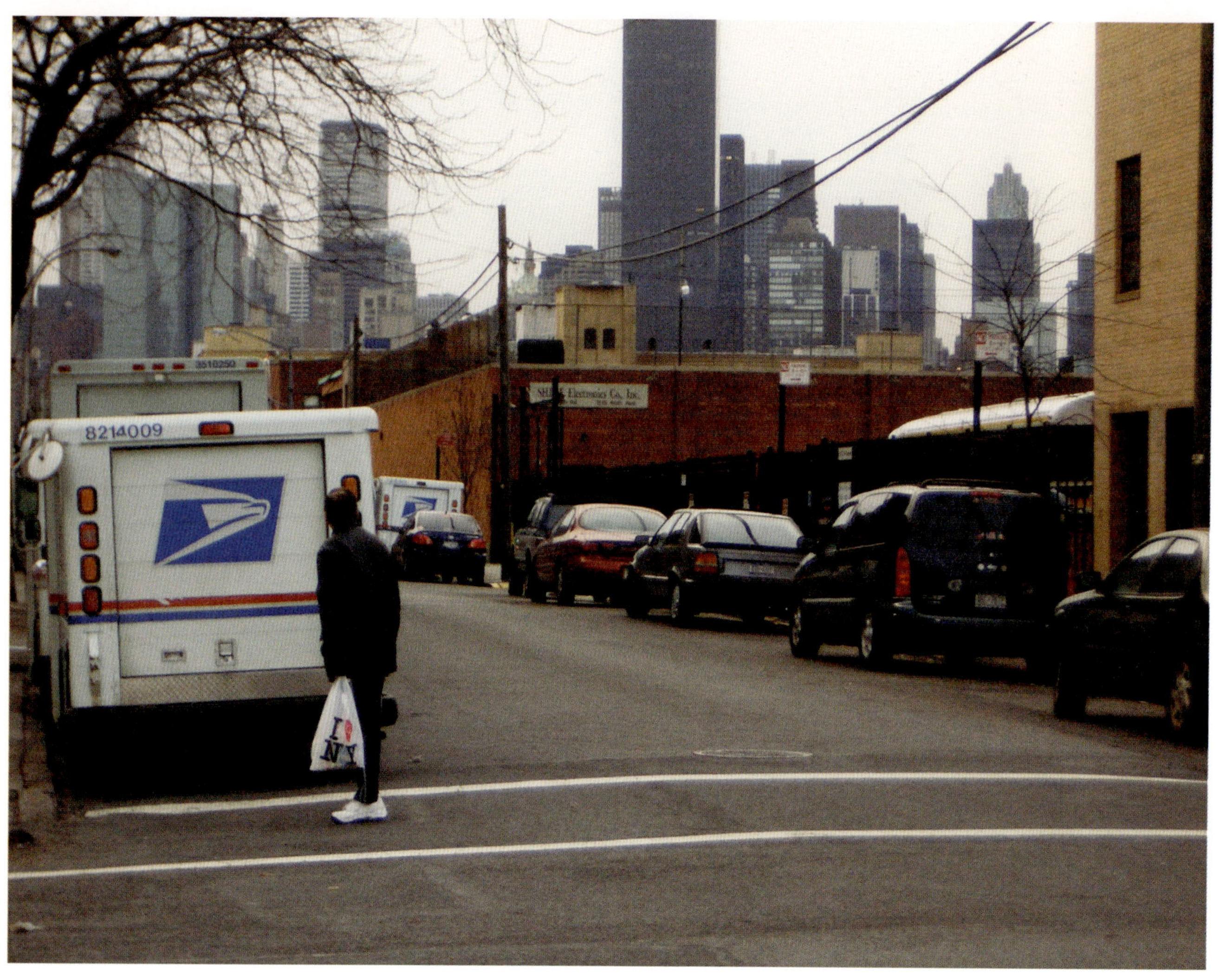

I love NY, After Jeff Wall

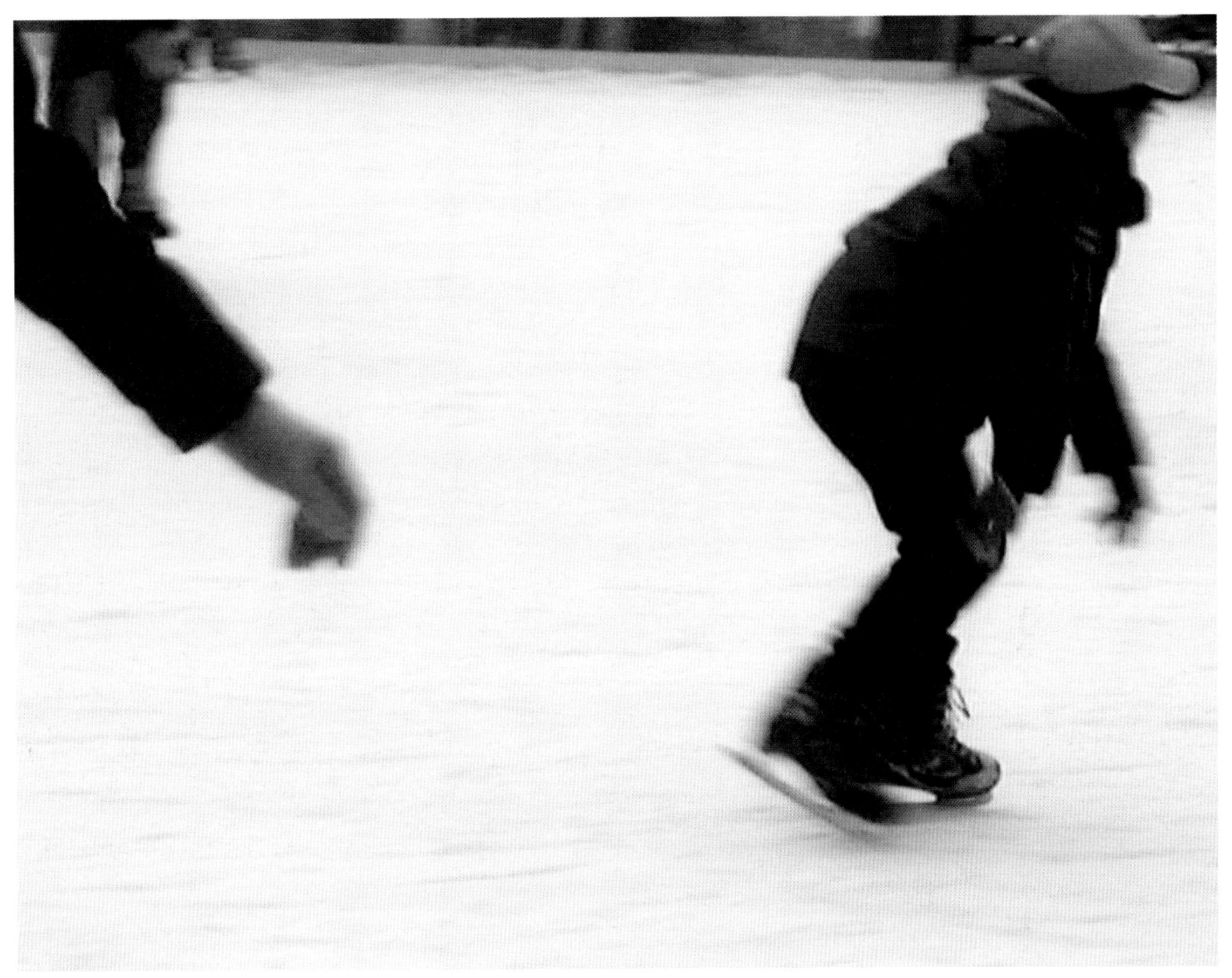

1°, After Jacques-Henri Lartigue

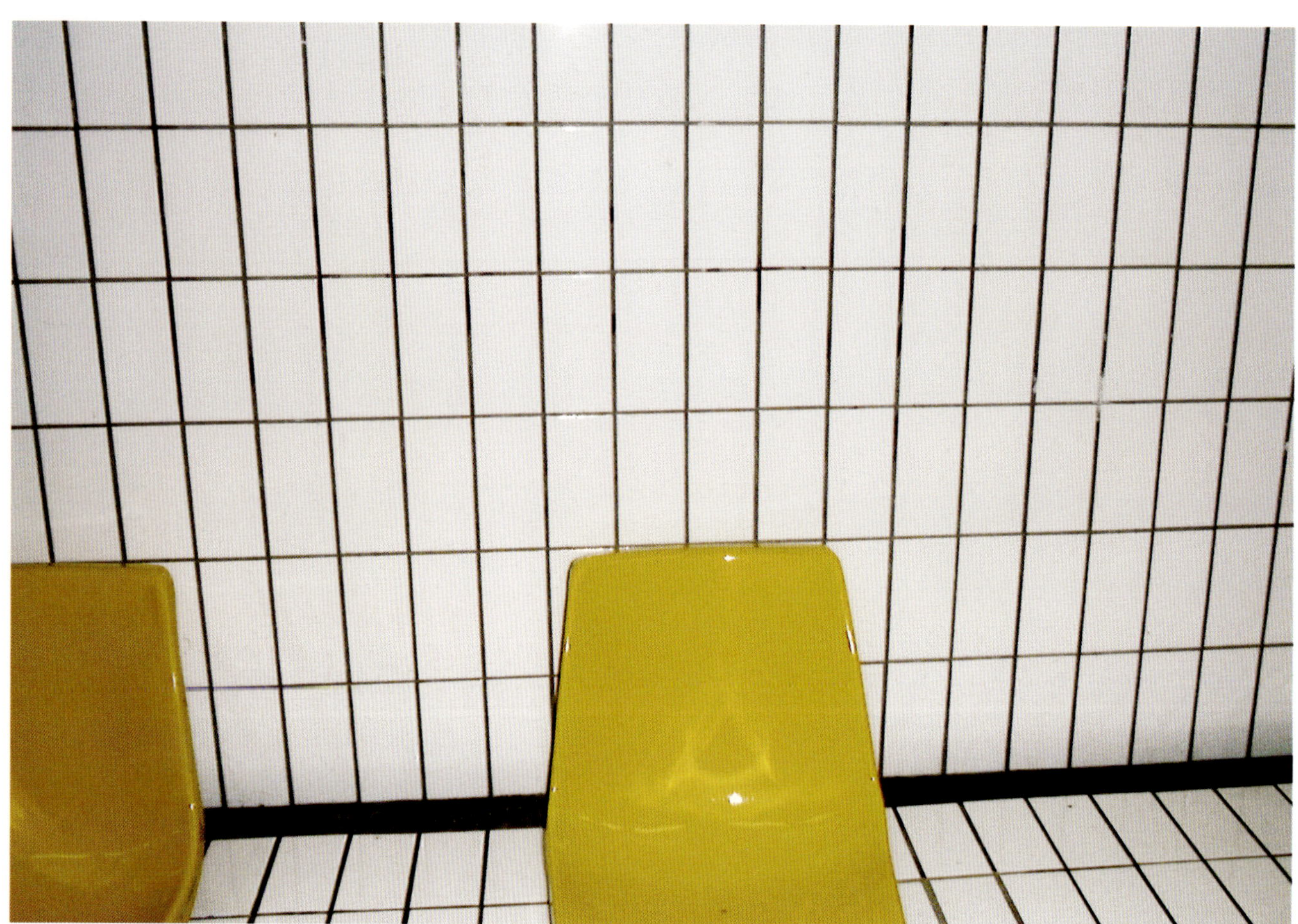

Strasbourg St Denis, After Jean-Pierre Raynaud

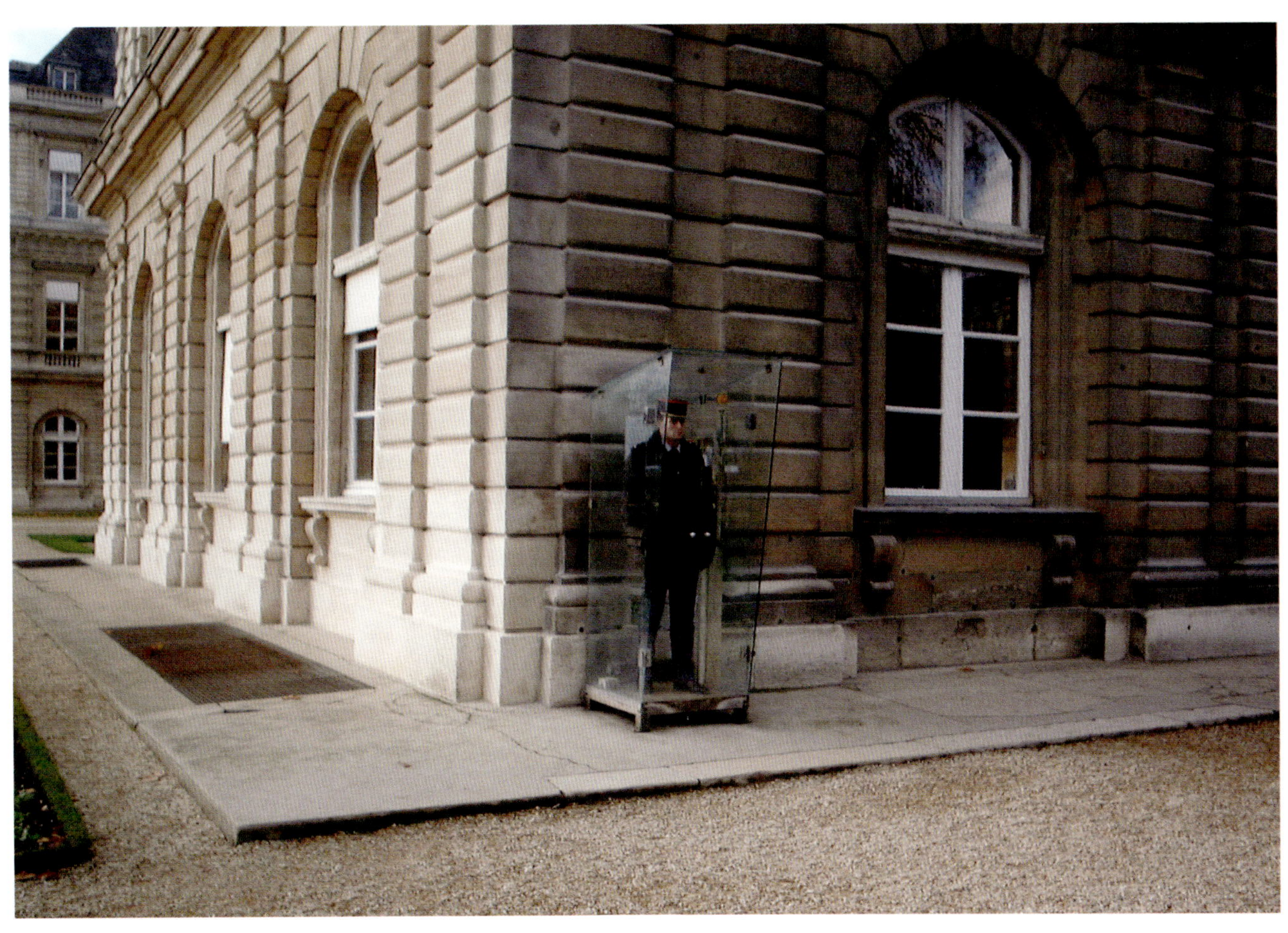

Senat, After Jeff Koons

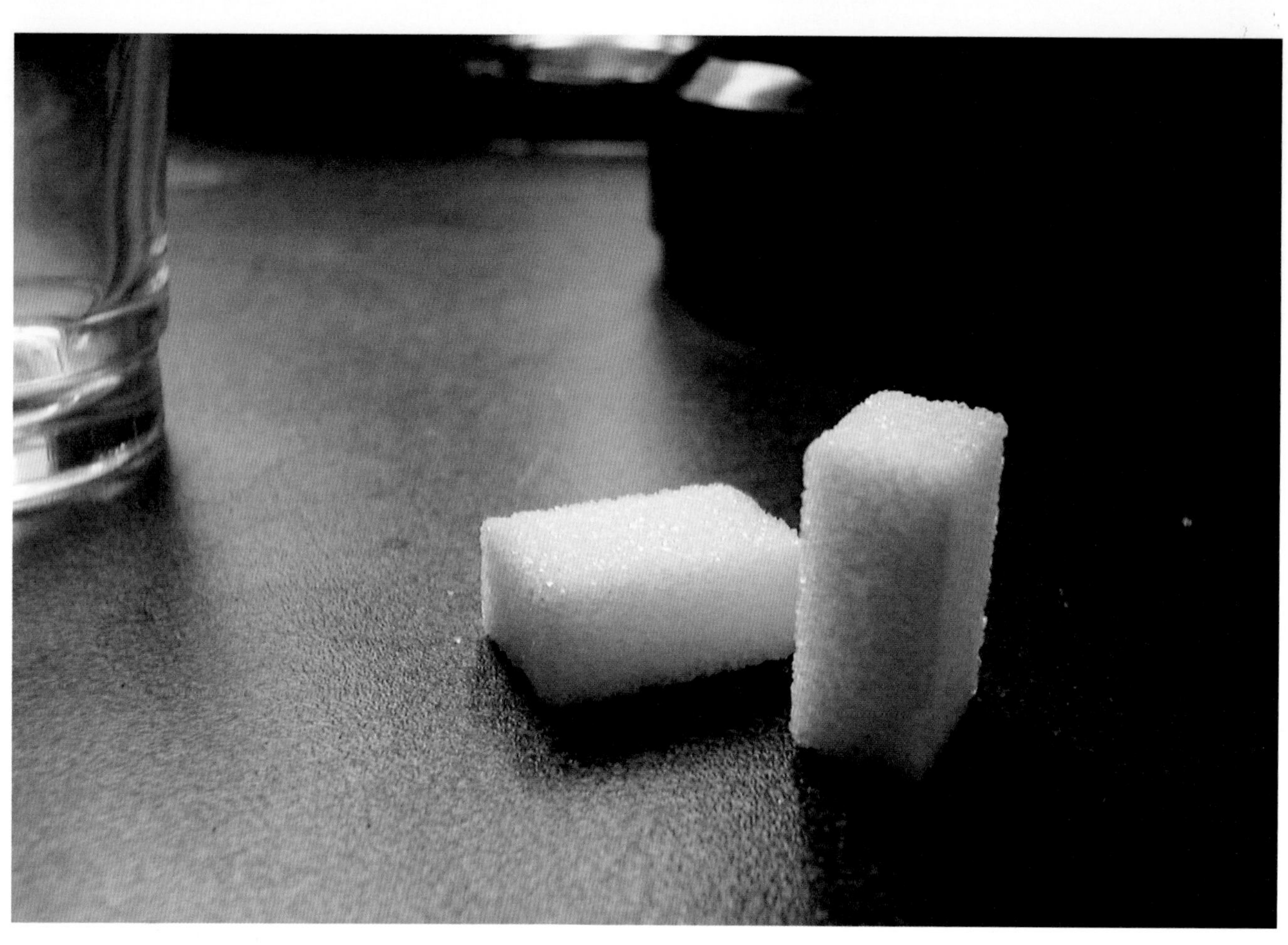

7 rue Flatters, After Joachim Mogarra

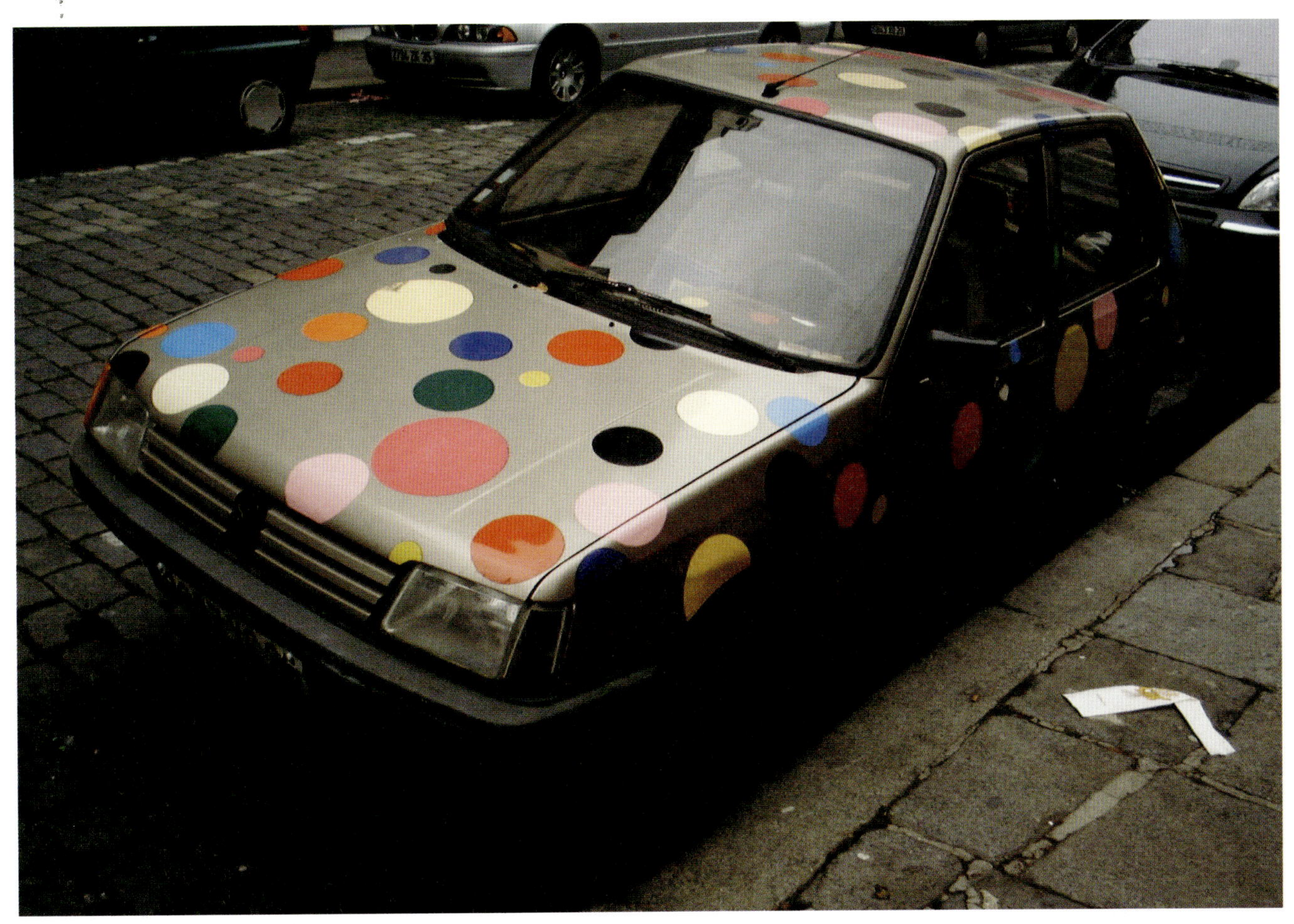

Peugeot 205, After John Baldessari

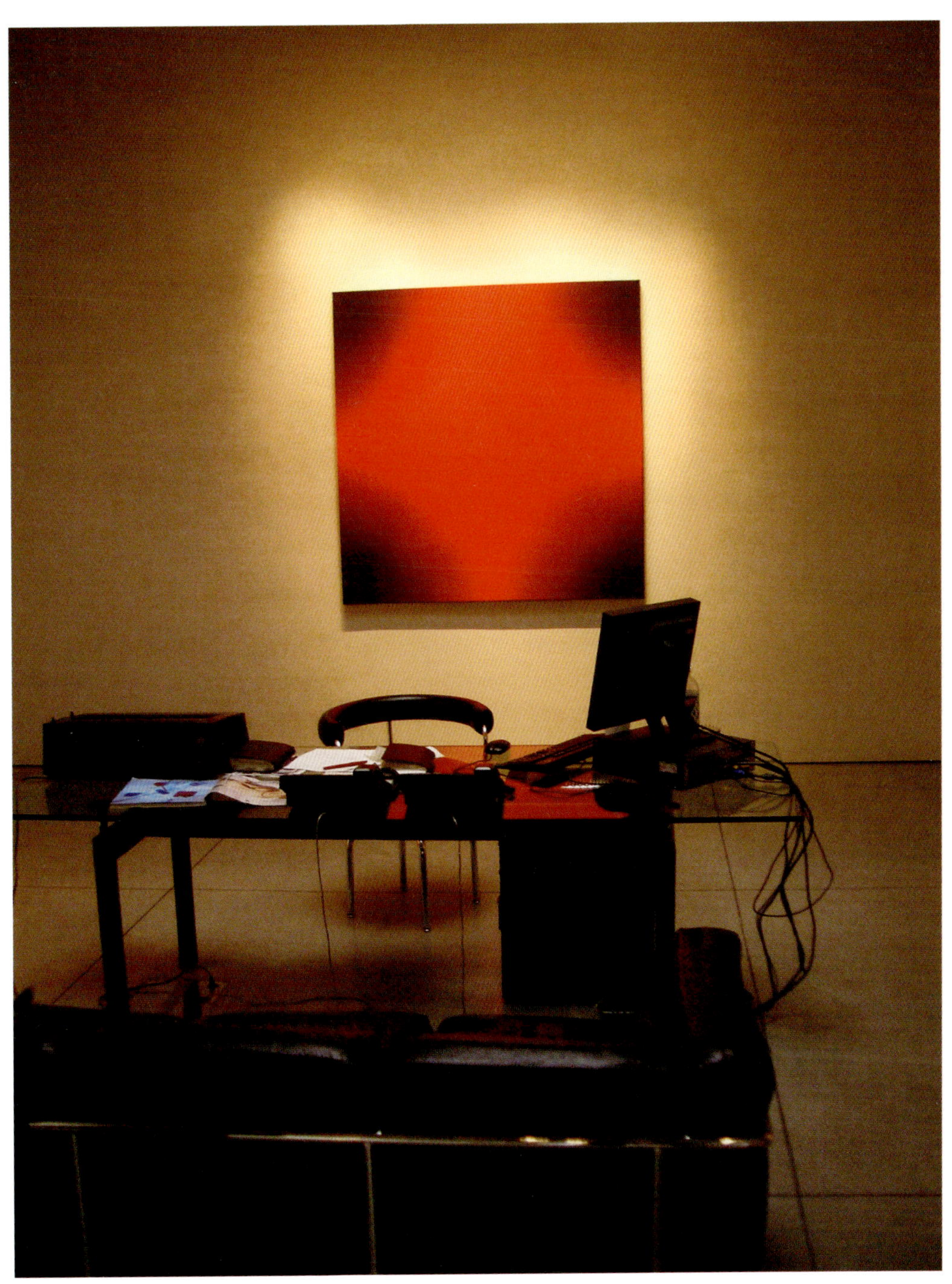

Gallery, NY, After Louise Lawler

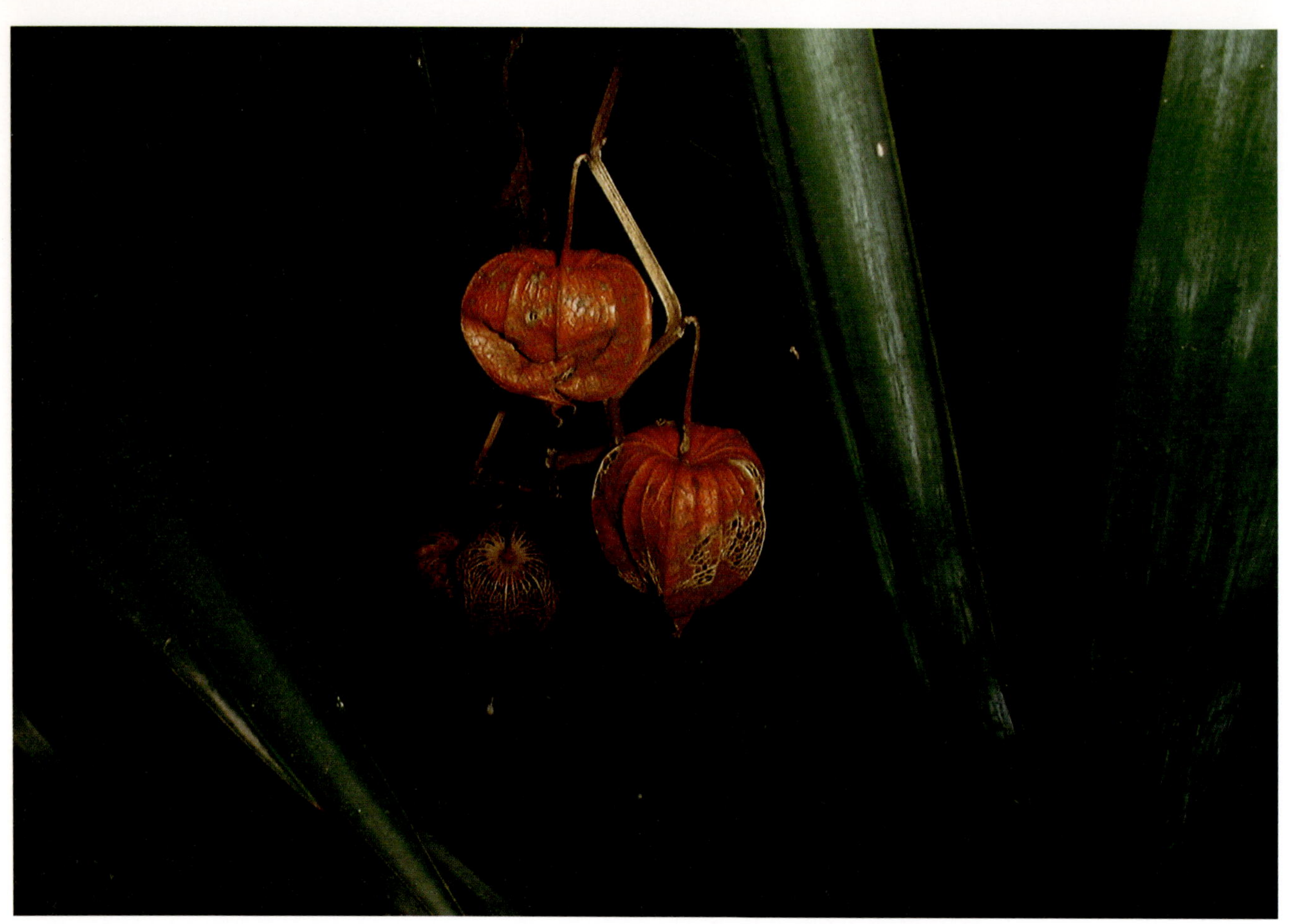

Physalis, After Michel Blazy

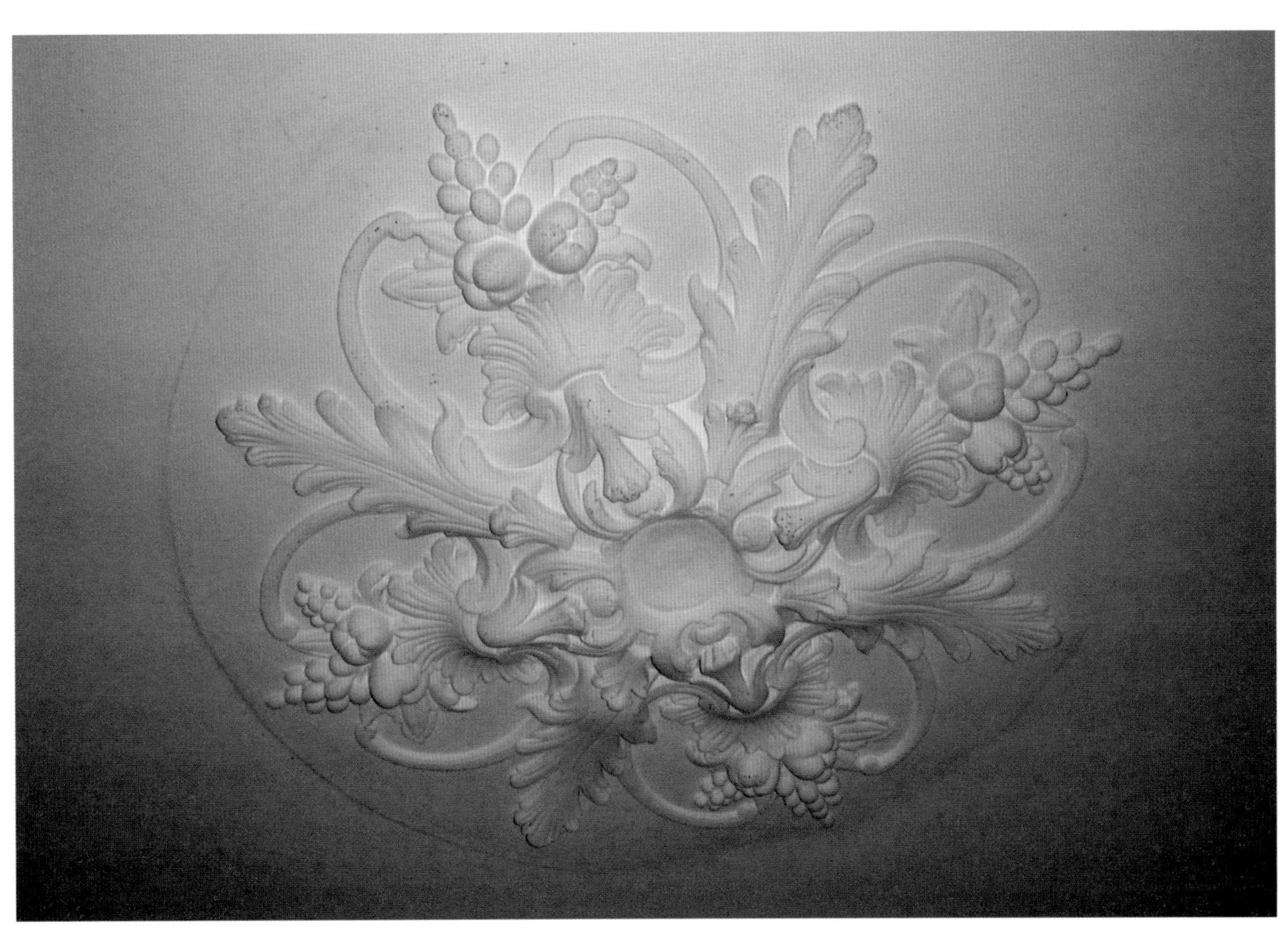

l'Hermitage, After Matthew Barney

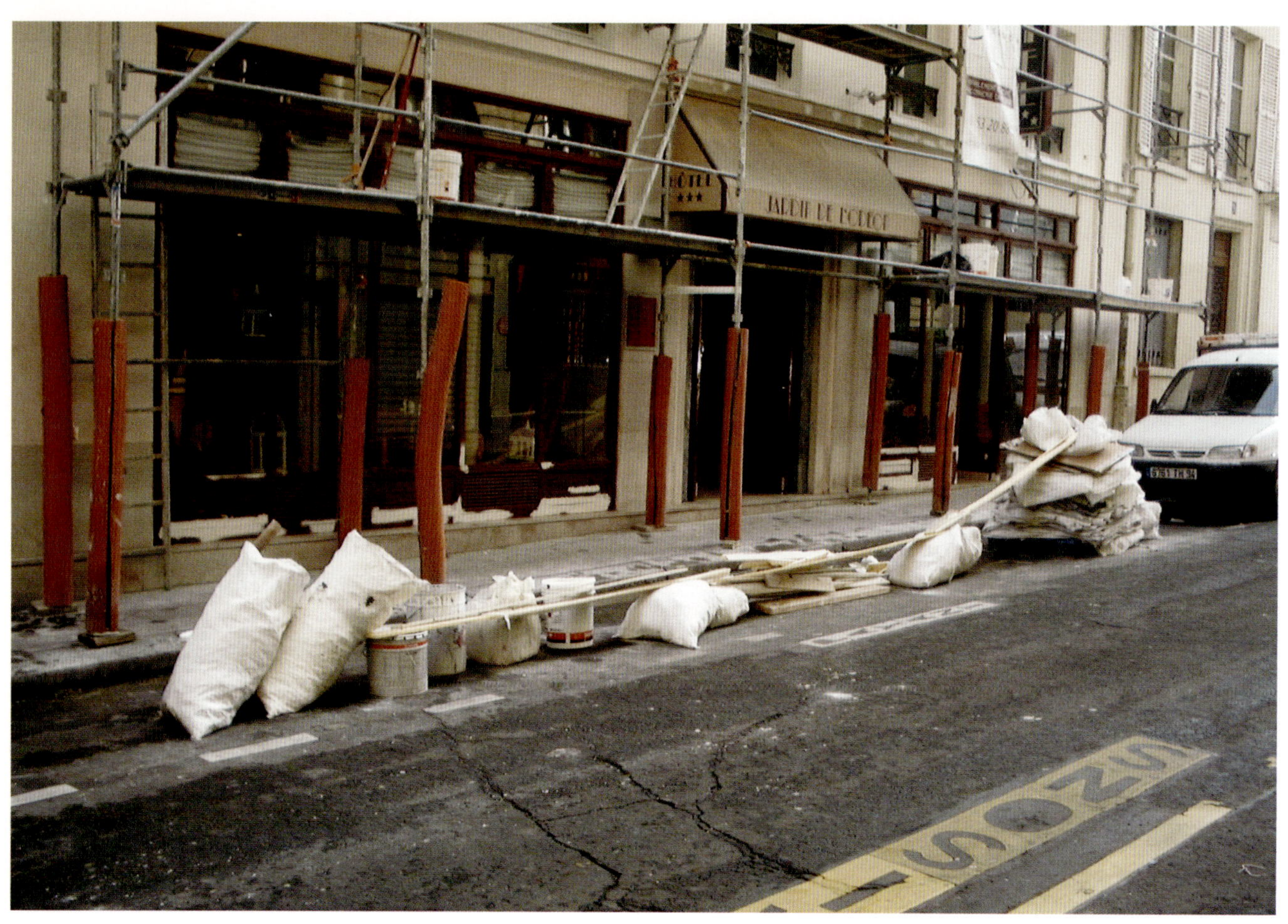

Échafaudages, After Peter Fischli & David Weiss

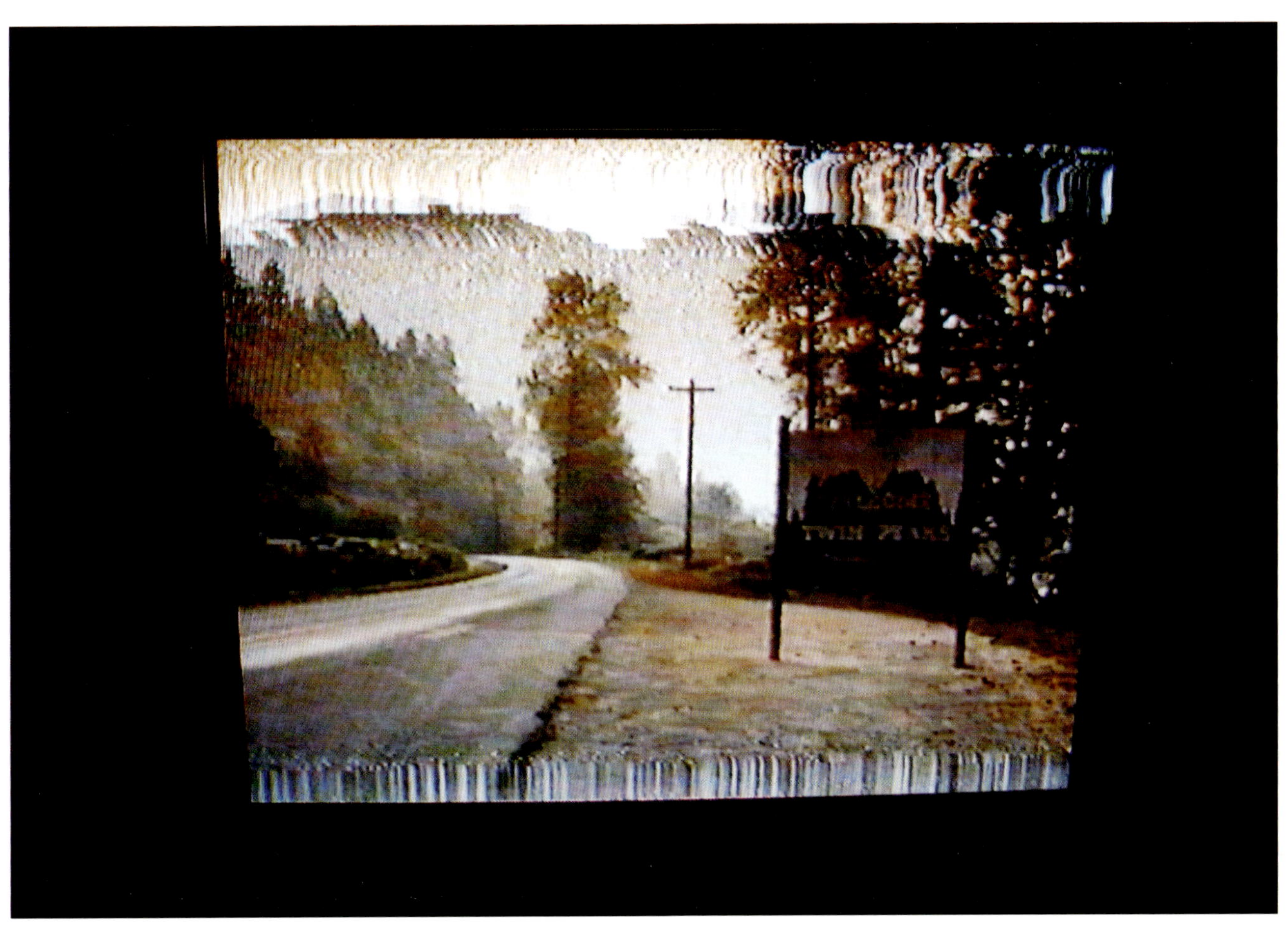

Television, After Philippe Parreno

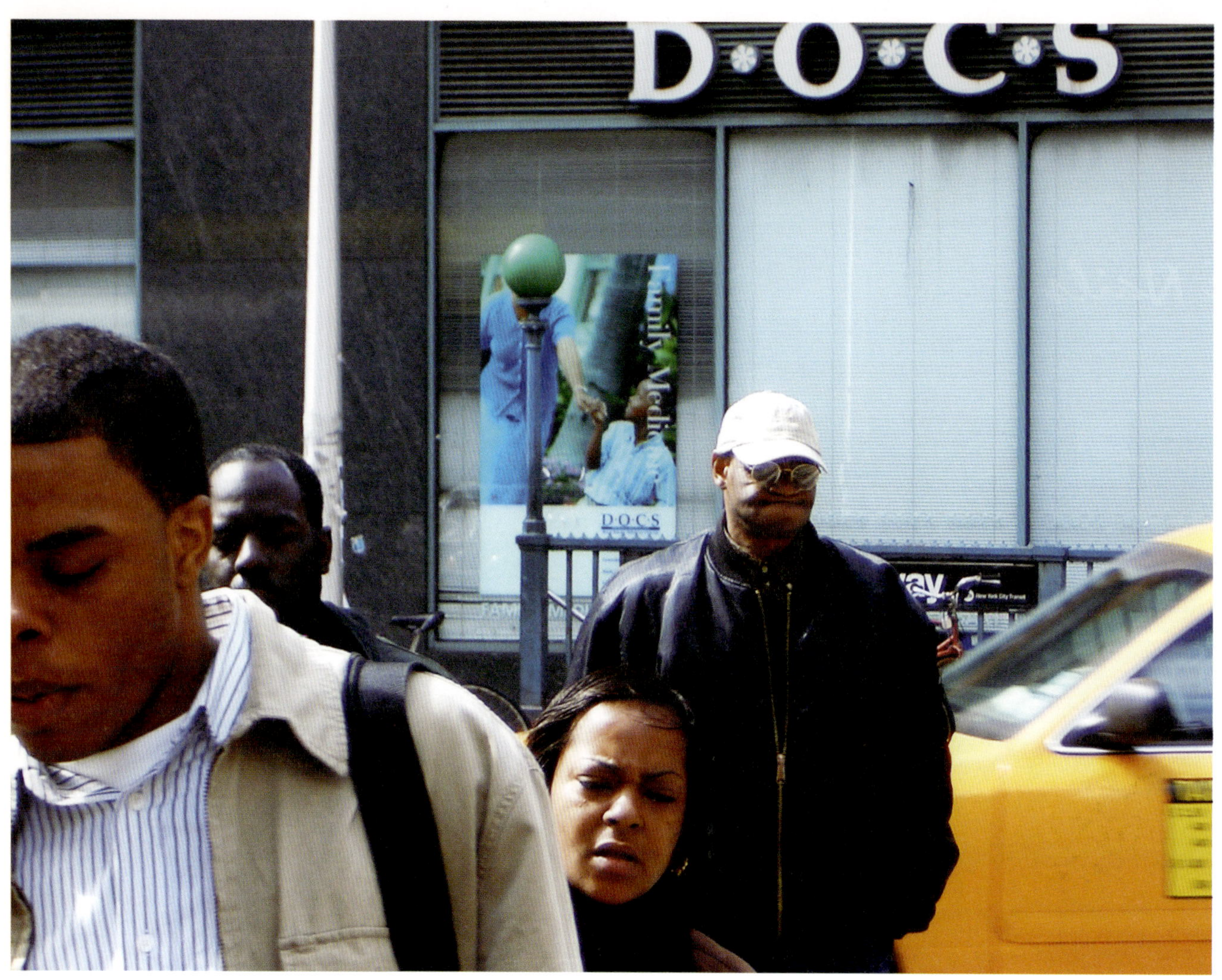

5e avenue, NY, After Philip-Lorca di Corsia

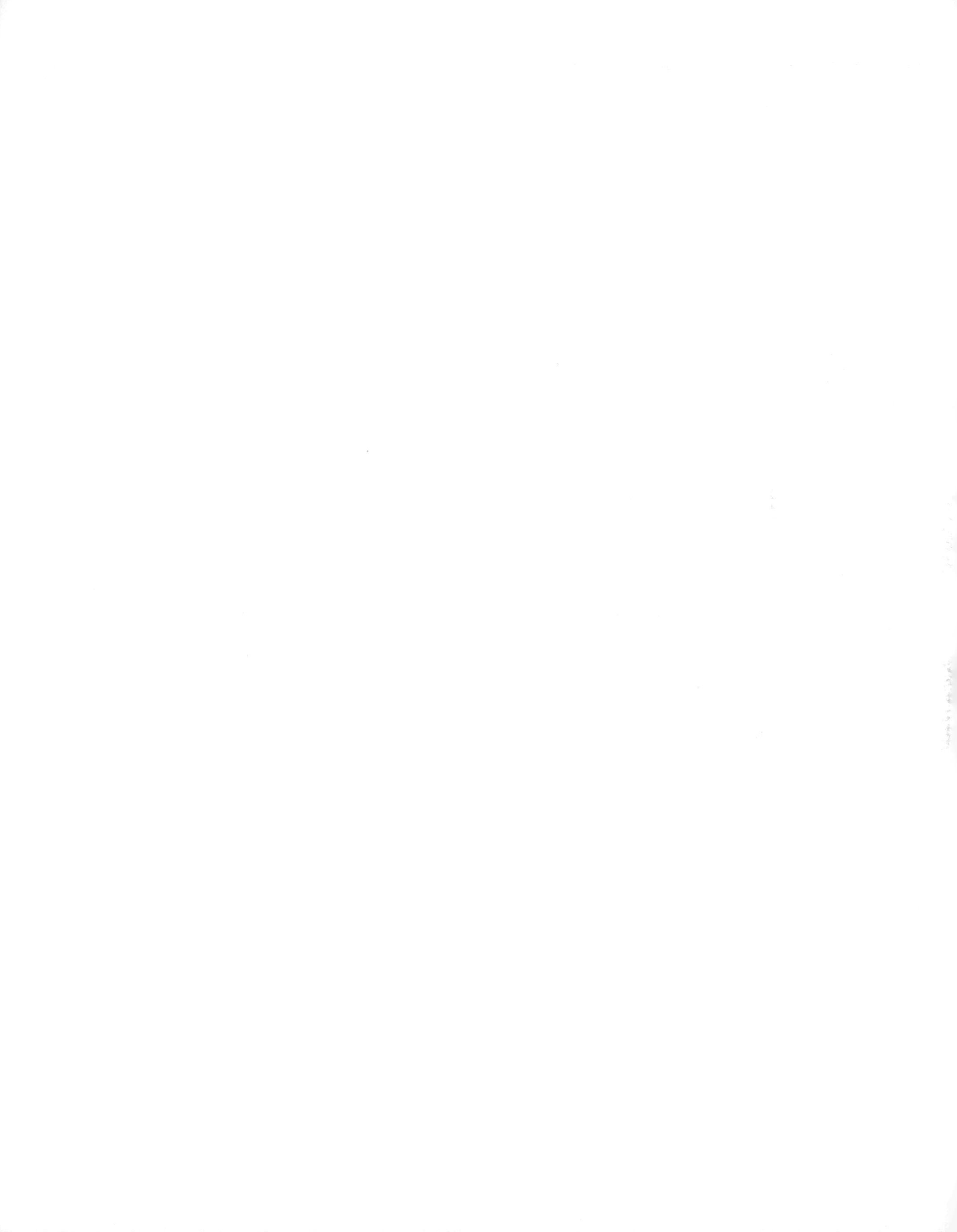

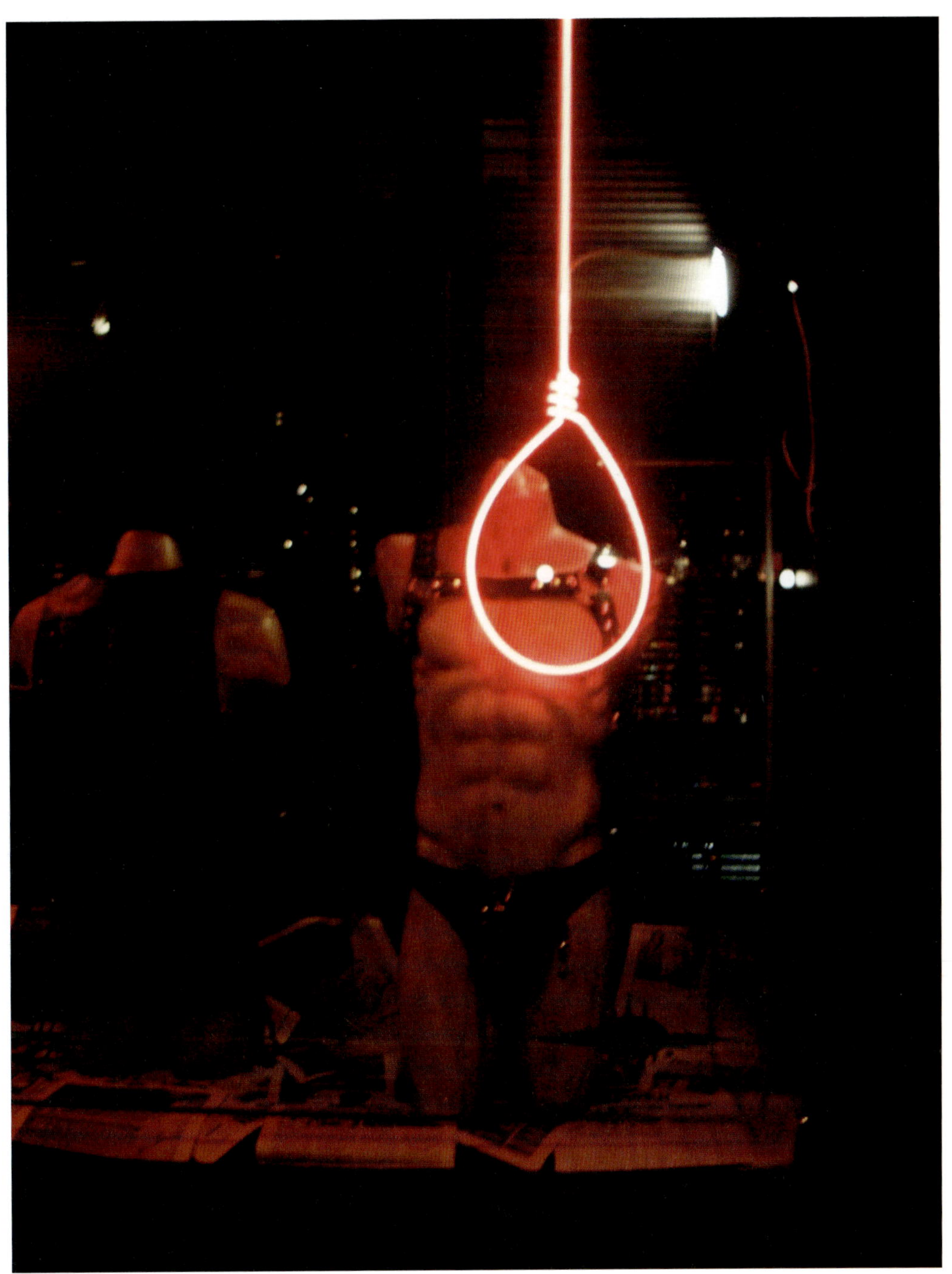

Sex shop, NY, After Robert Mapplethorp

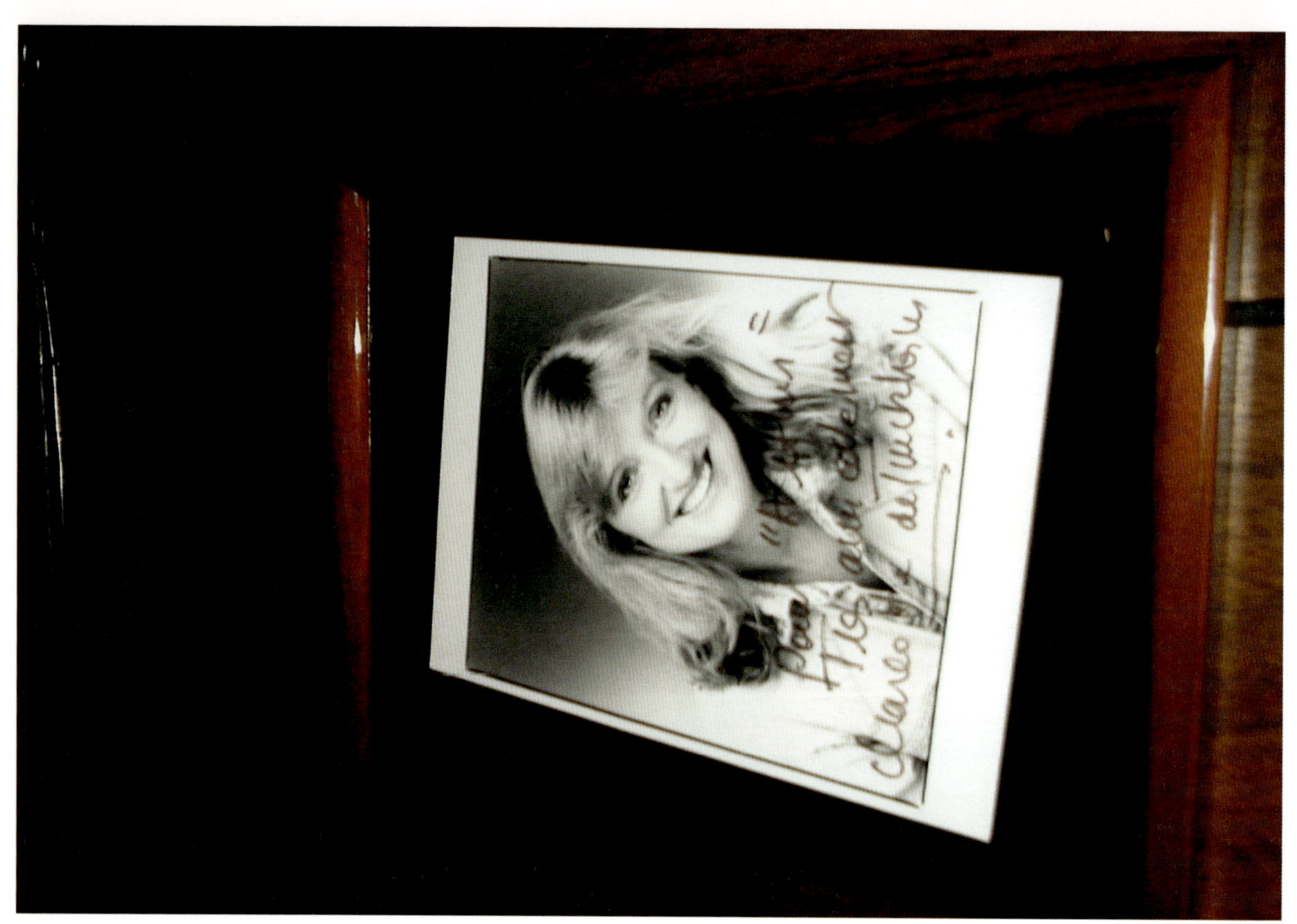

Charlotte de Turckheim, After Richard Prince

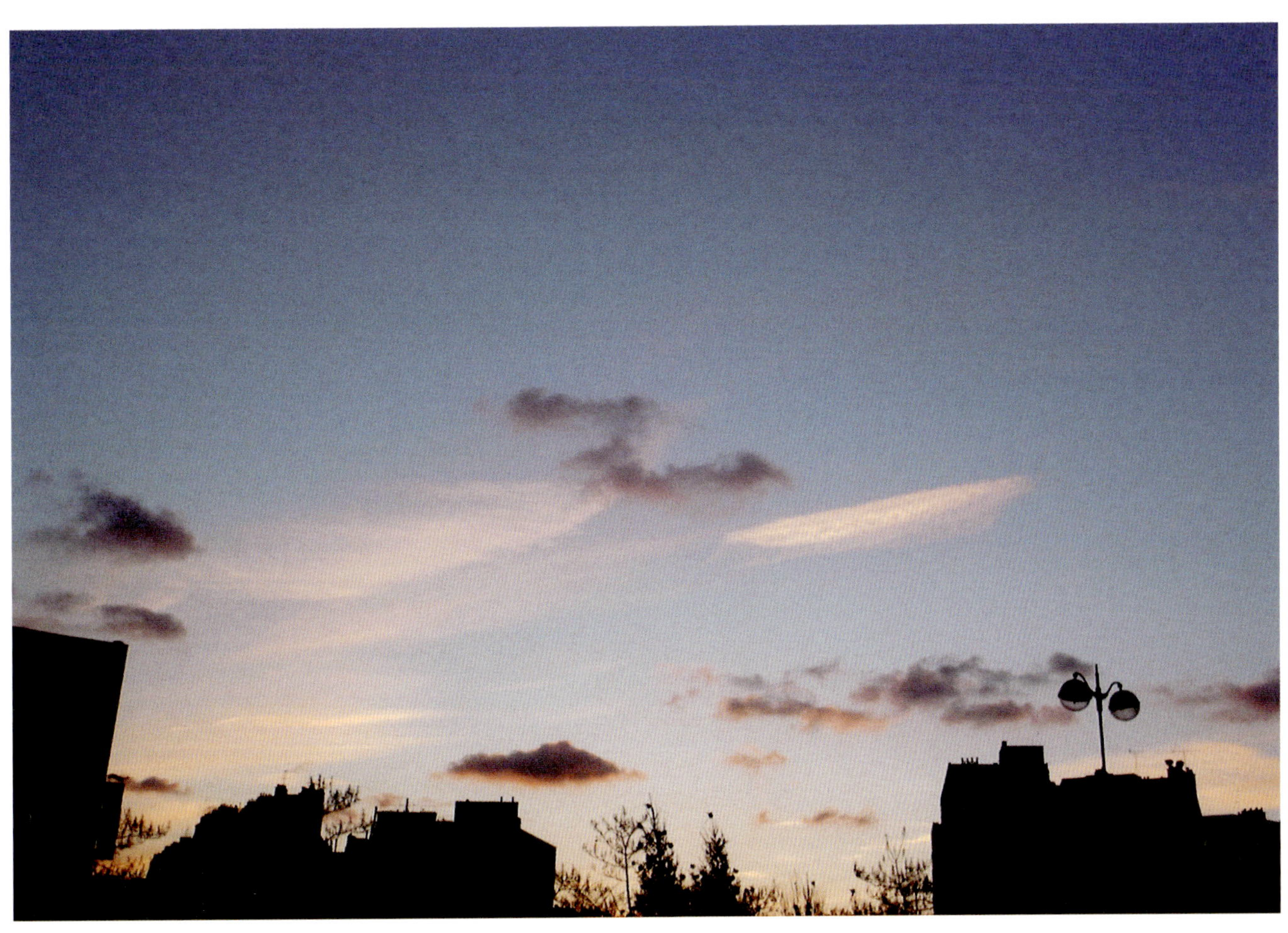

Île St-Louis, After René Magritte

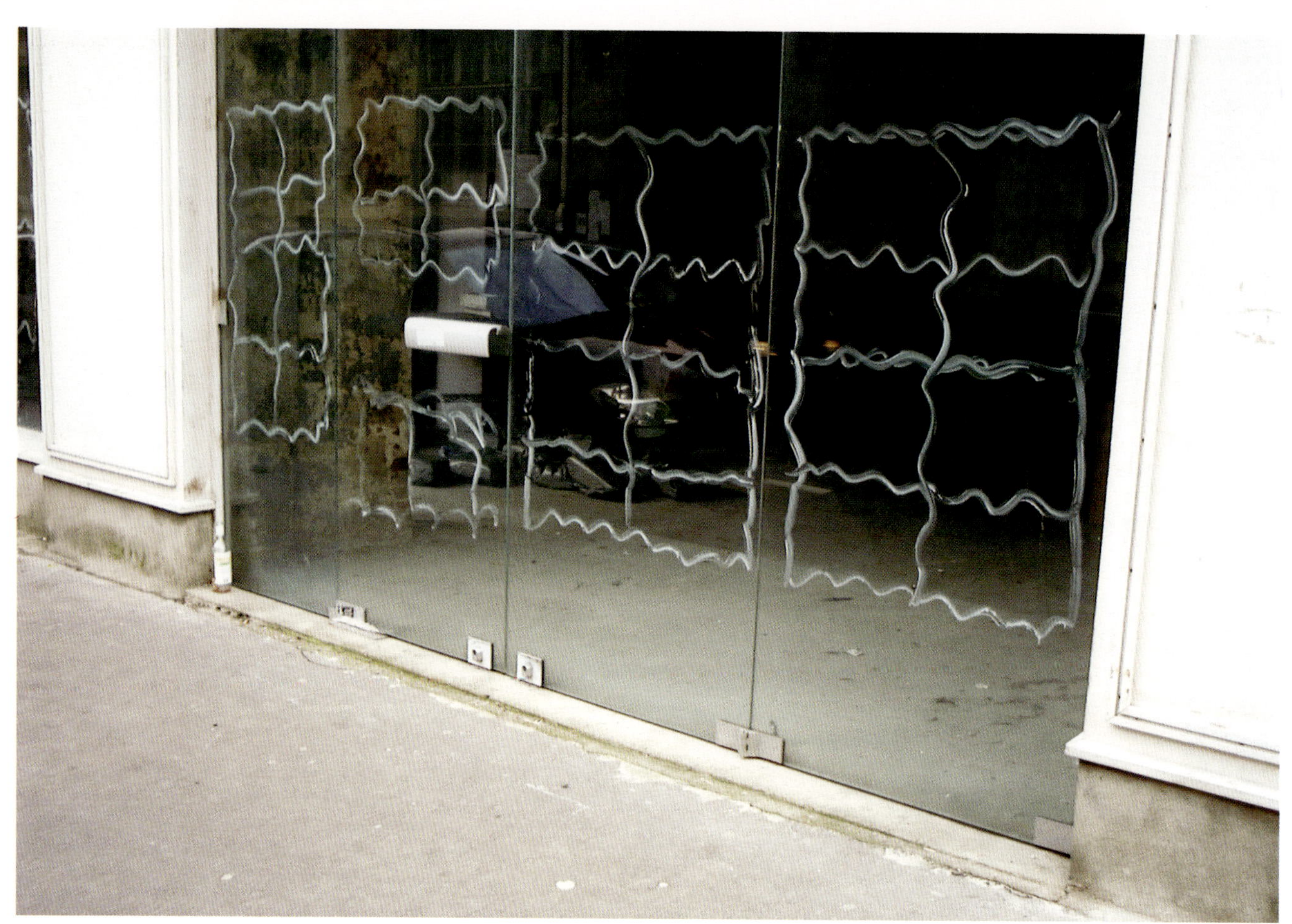

Fermé pour travaux, After Claude Viallat

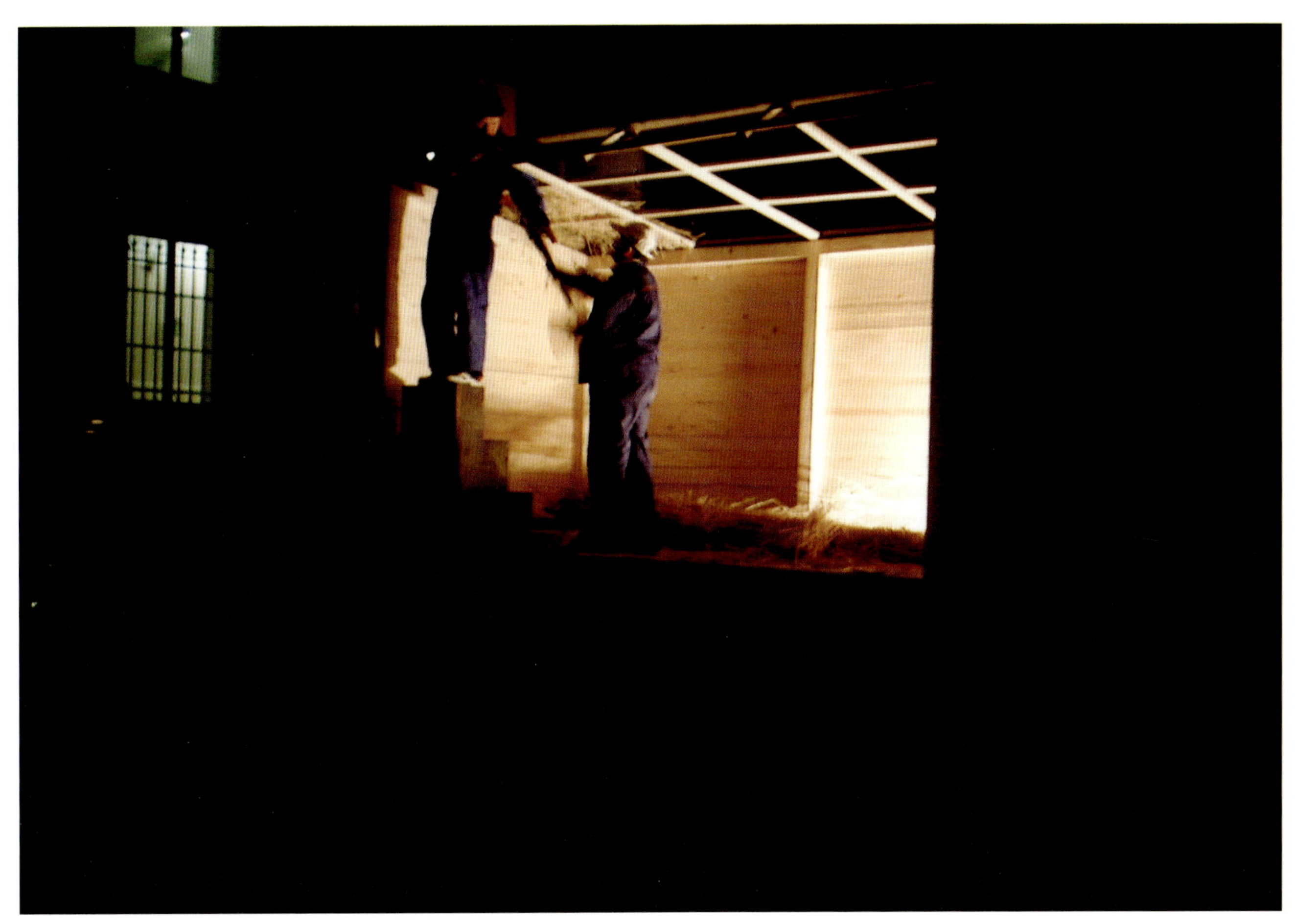

Rue St Honoré, Paris, After Rirkrit Tiravanija

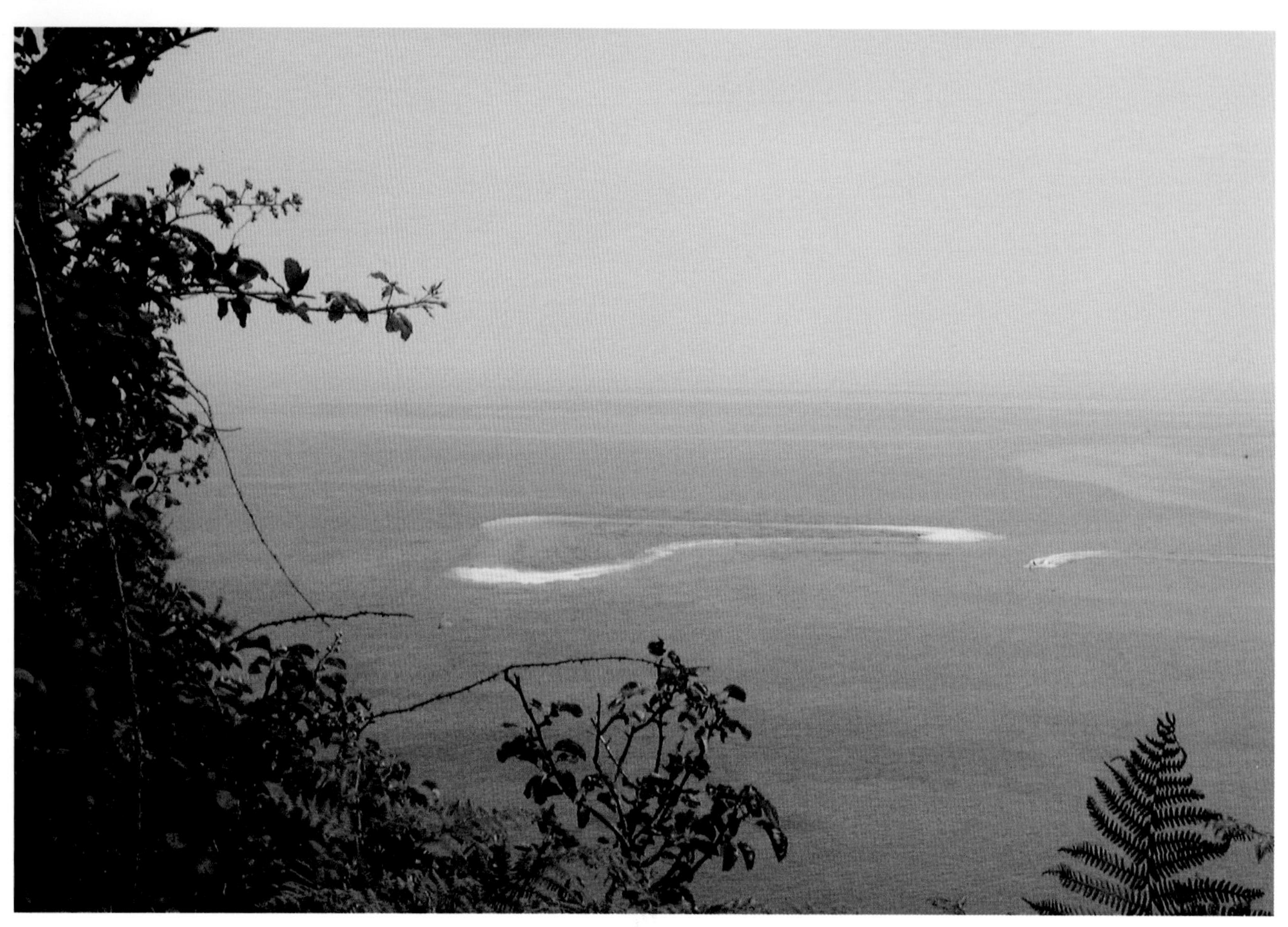

Vezin le coquet, After Robert Smithson

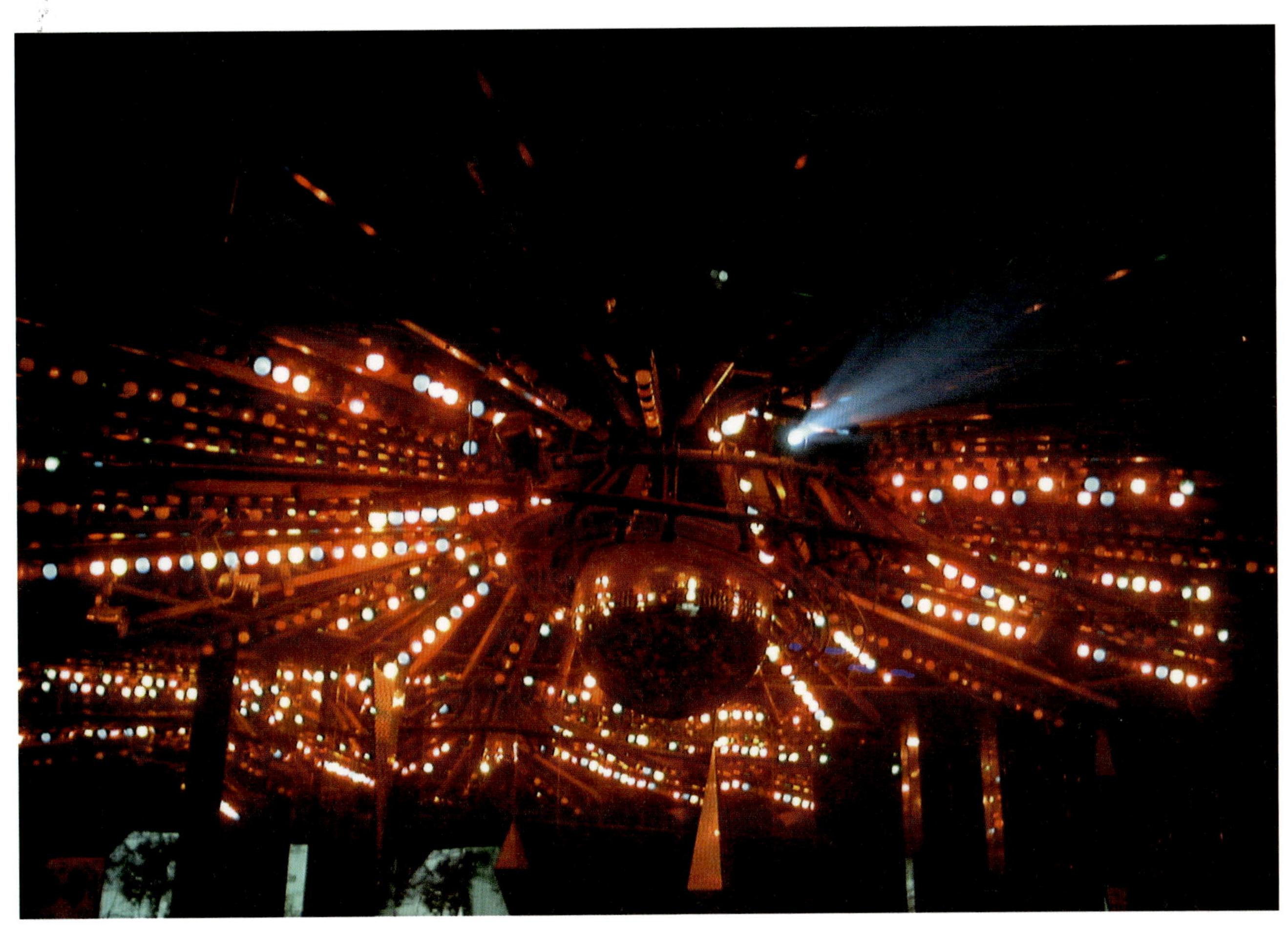

Plaza Athénée, After Yayoi Kusama

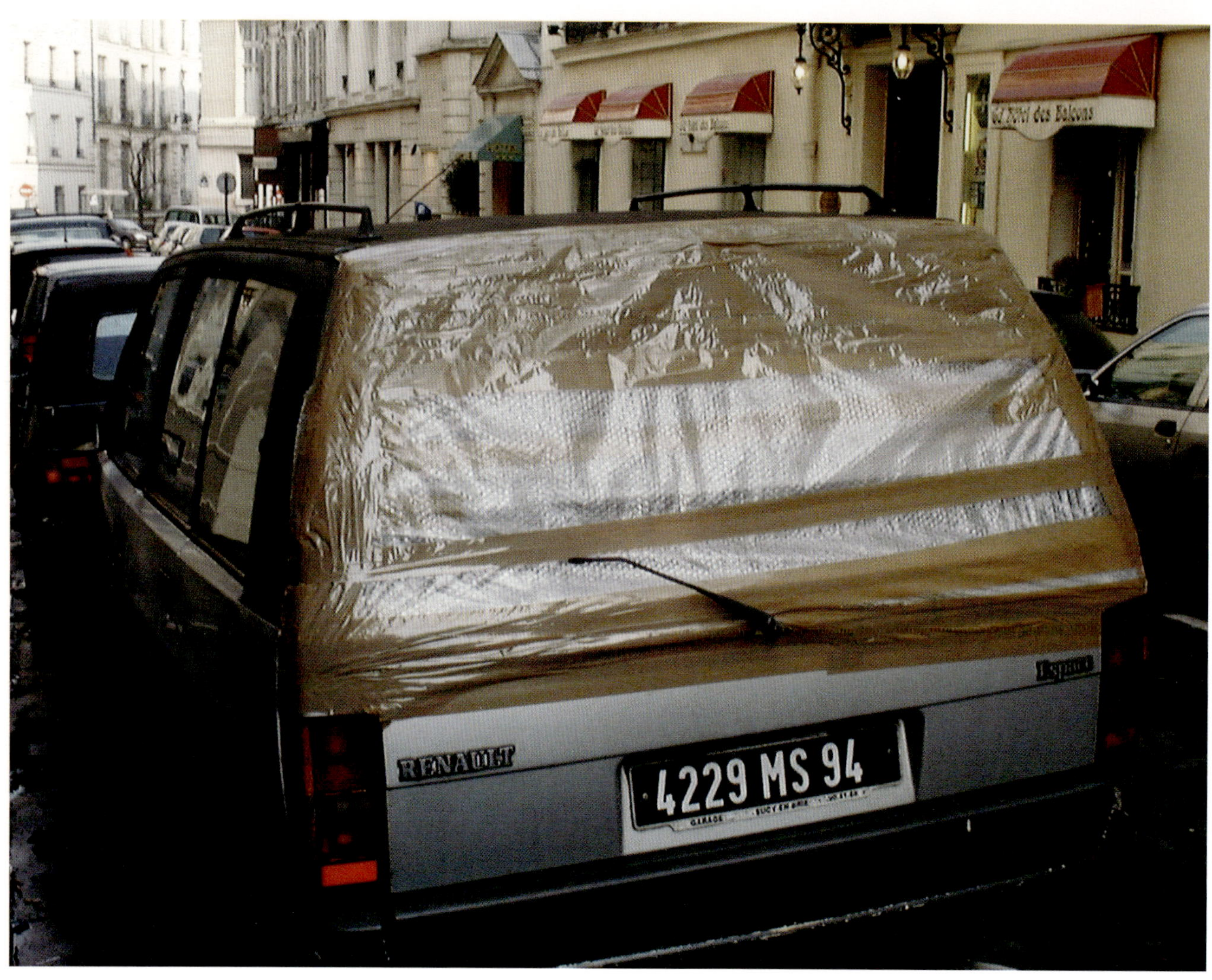

Renault Espace, After Thomas Hirschhorn

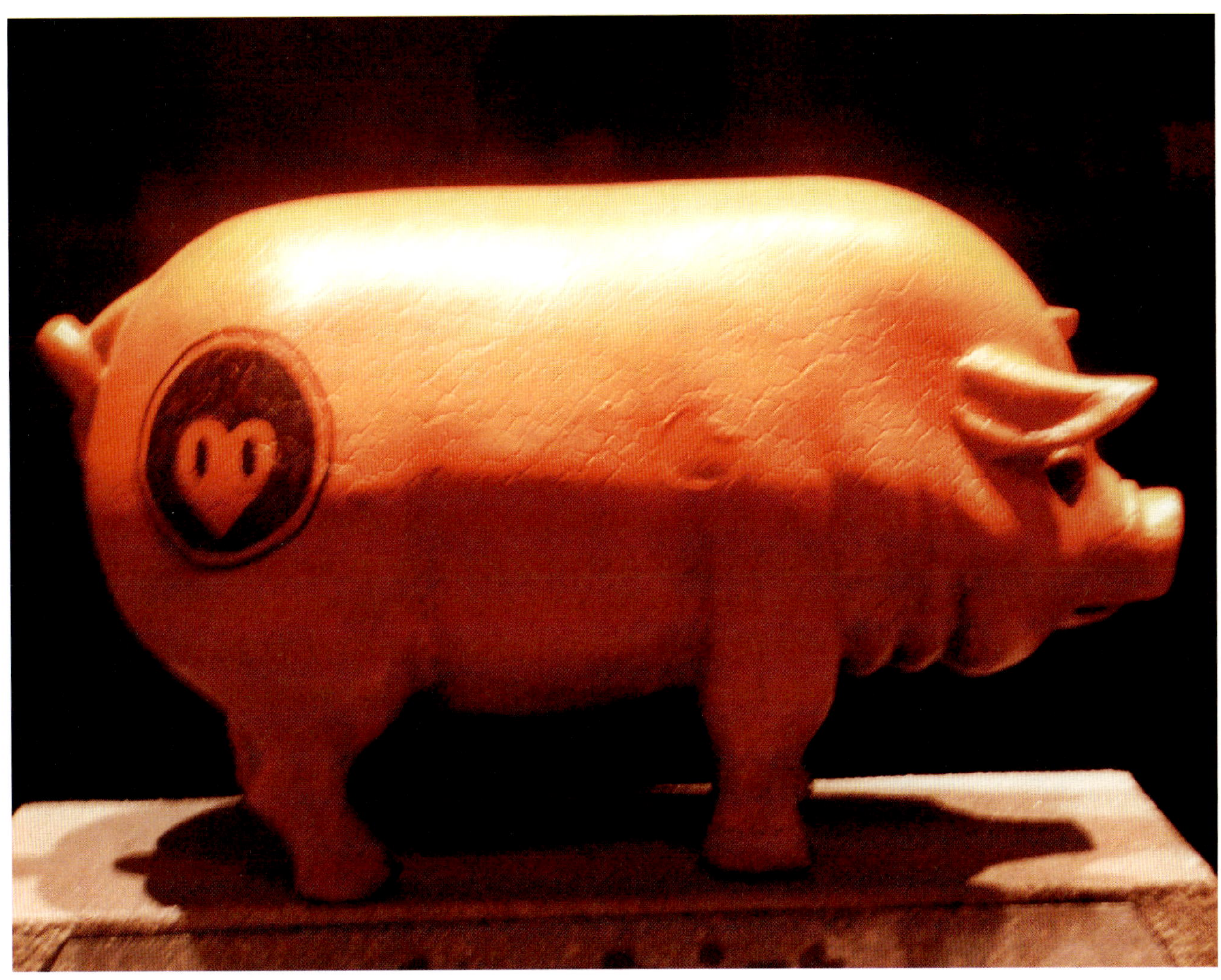

Boucherie, After Wim Delvoy

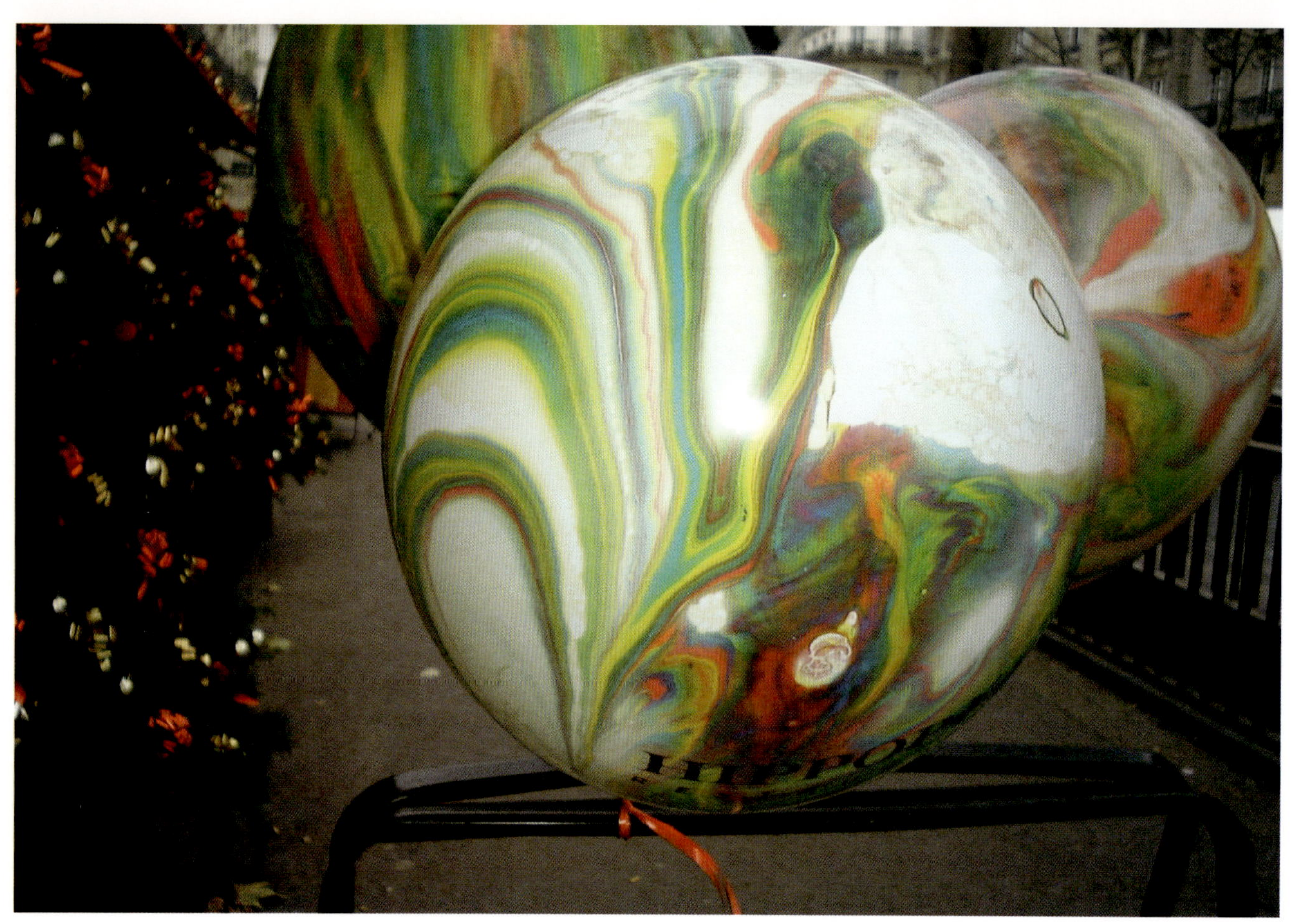

Hippopotamus, After Tony Oursler

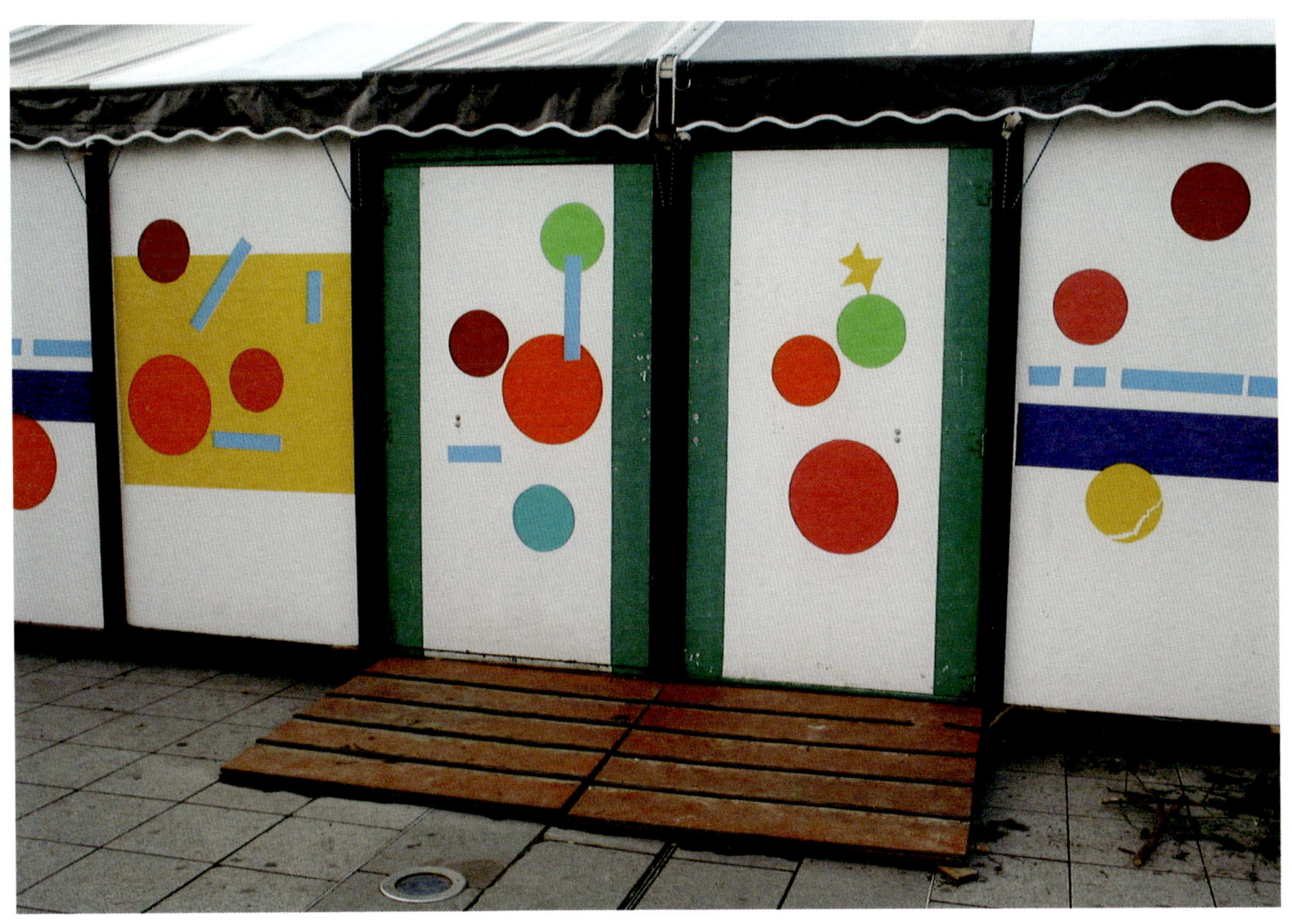

Place du marché, Rennes, After Wassily Kandinsky

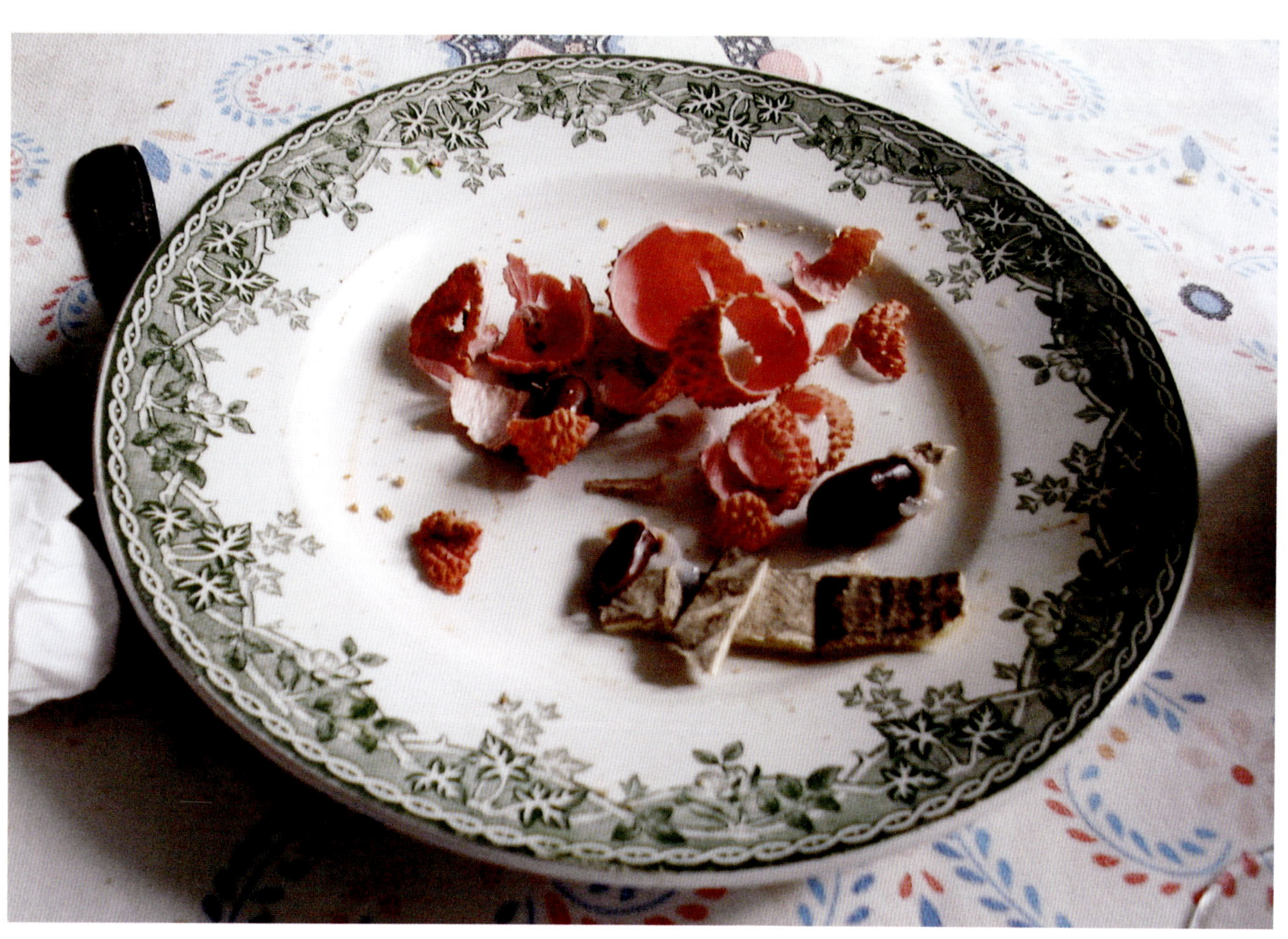

Litchis, After Valérie Mrejen

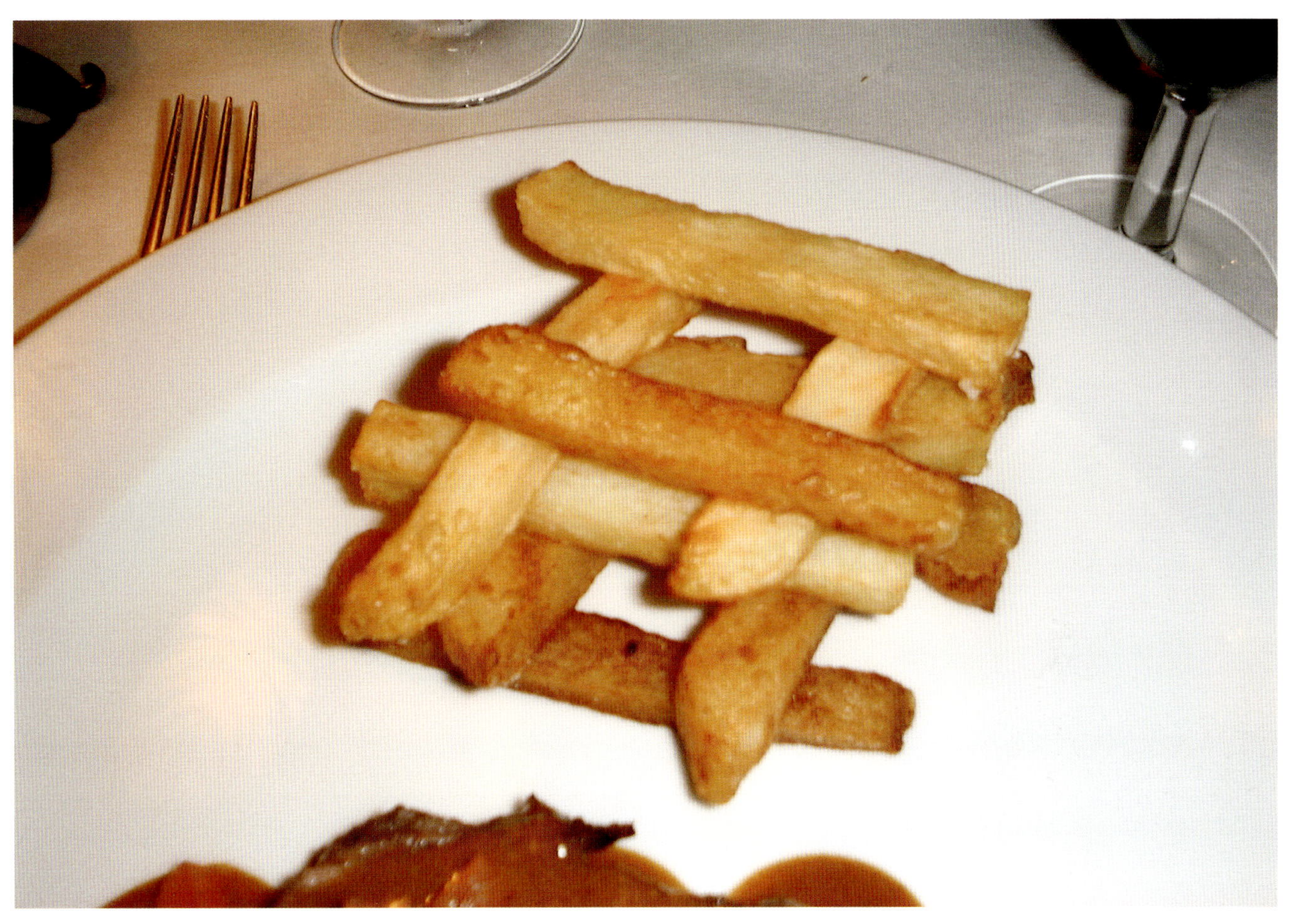

Frites, After Sol Lewitt

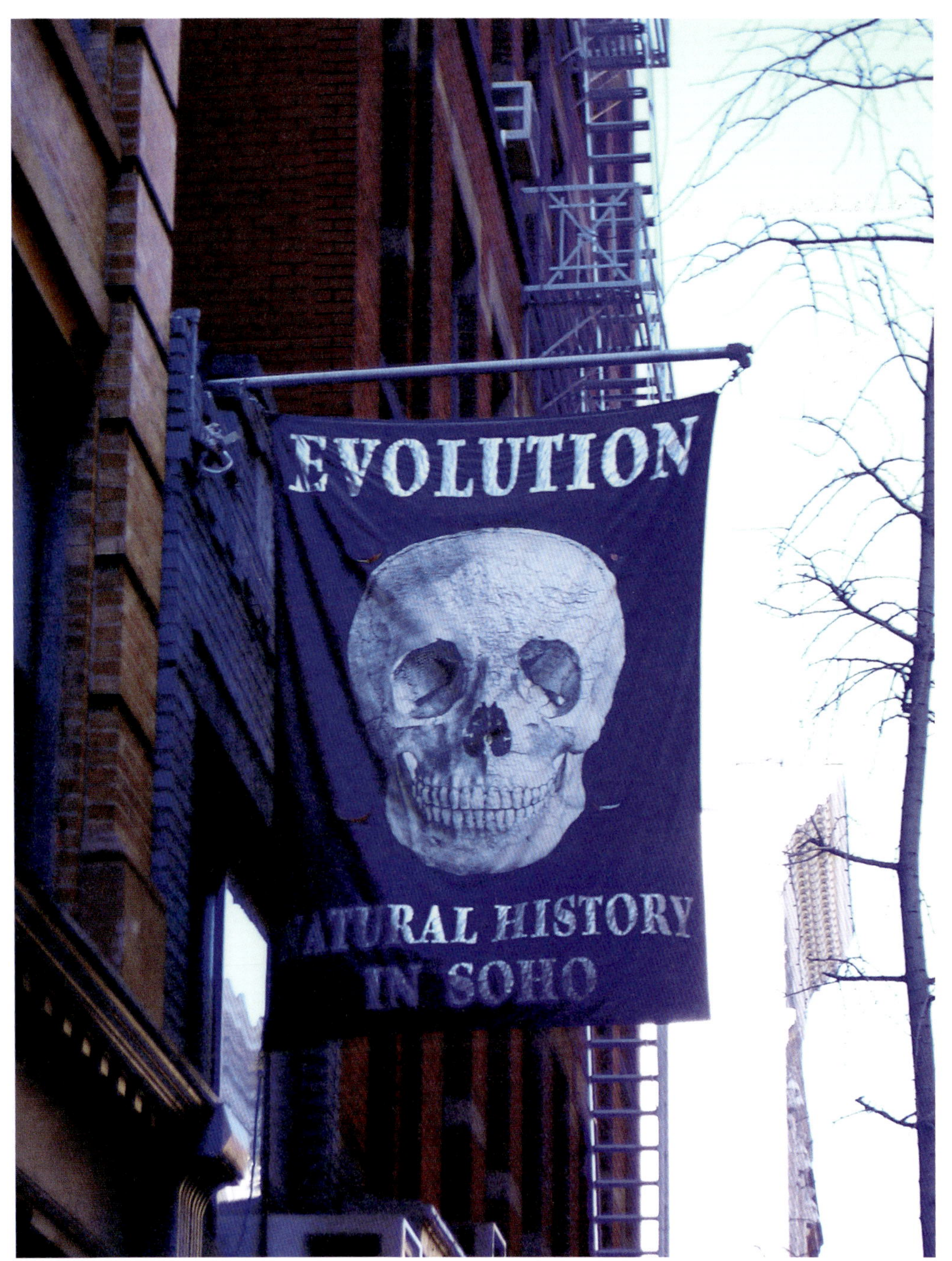

Flag, After Mike Kelley

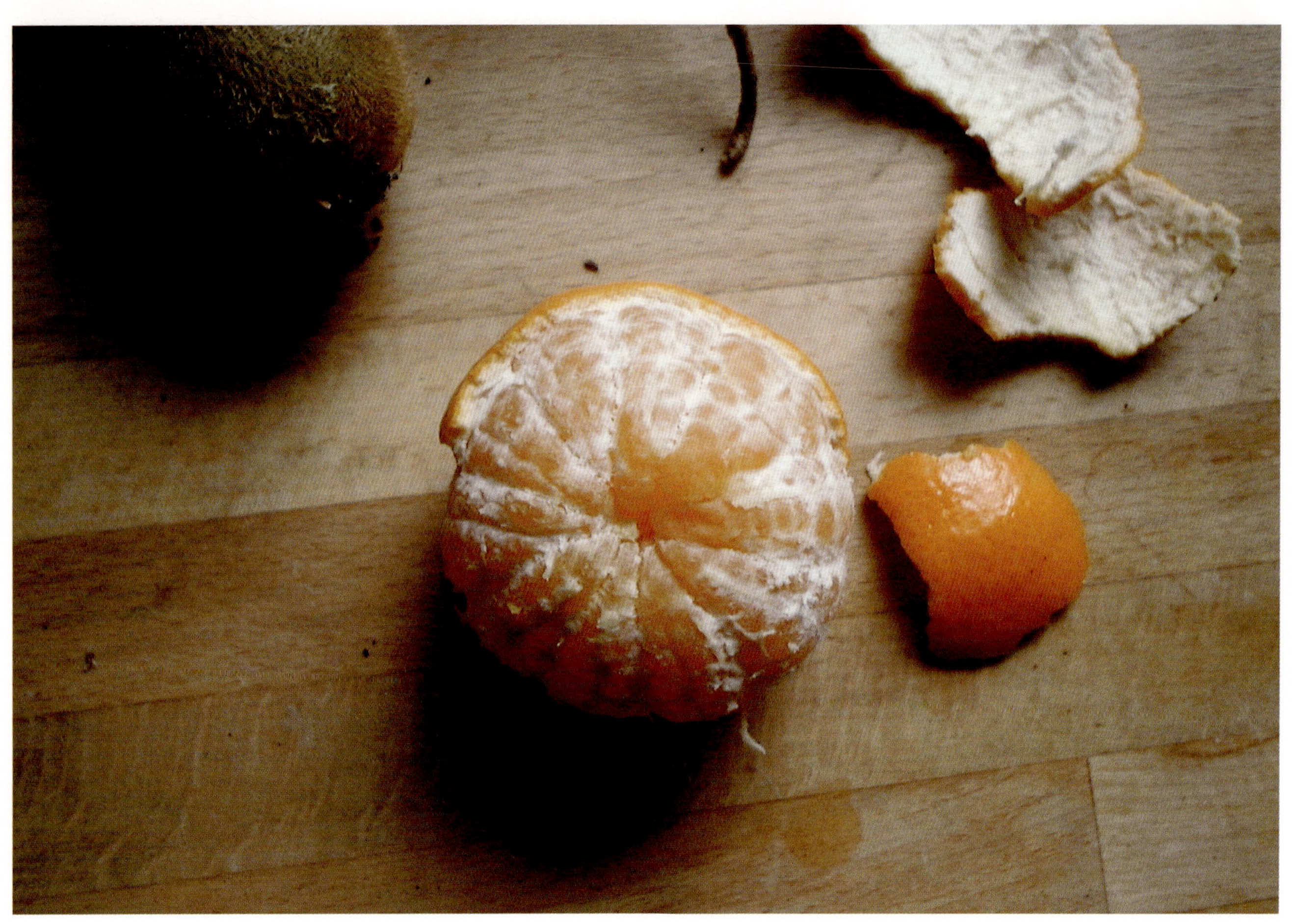

Clementine, After Wolfgang Tillmans

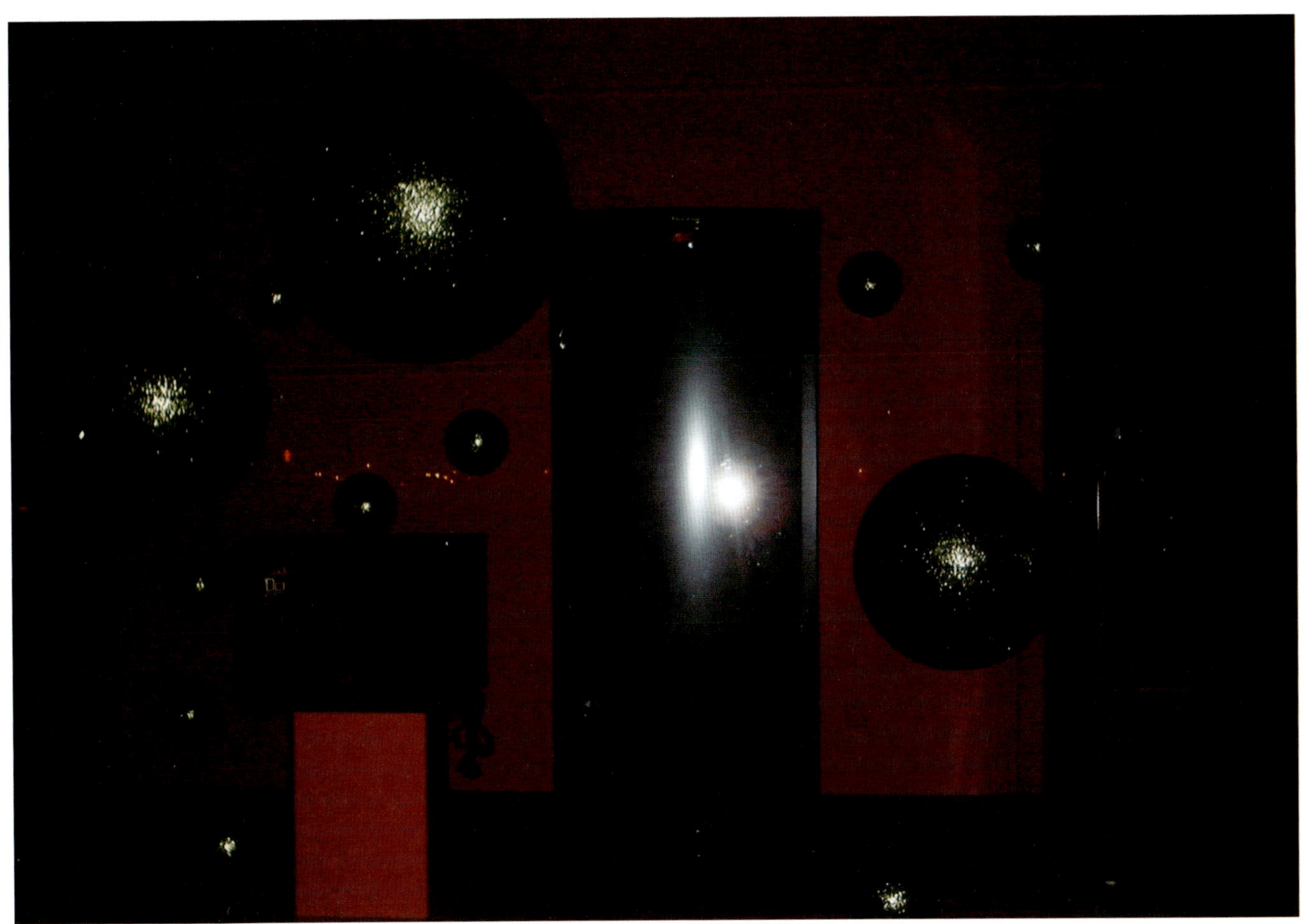

Bricorama, After Xavier Veilhan

After Lucio Fontana
After Cindy Sherman
After James Lee Byars
After Martin Kippenberger
After Terry Richardson
After Jackson Pollock

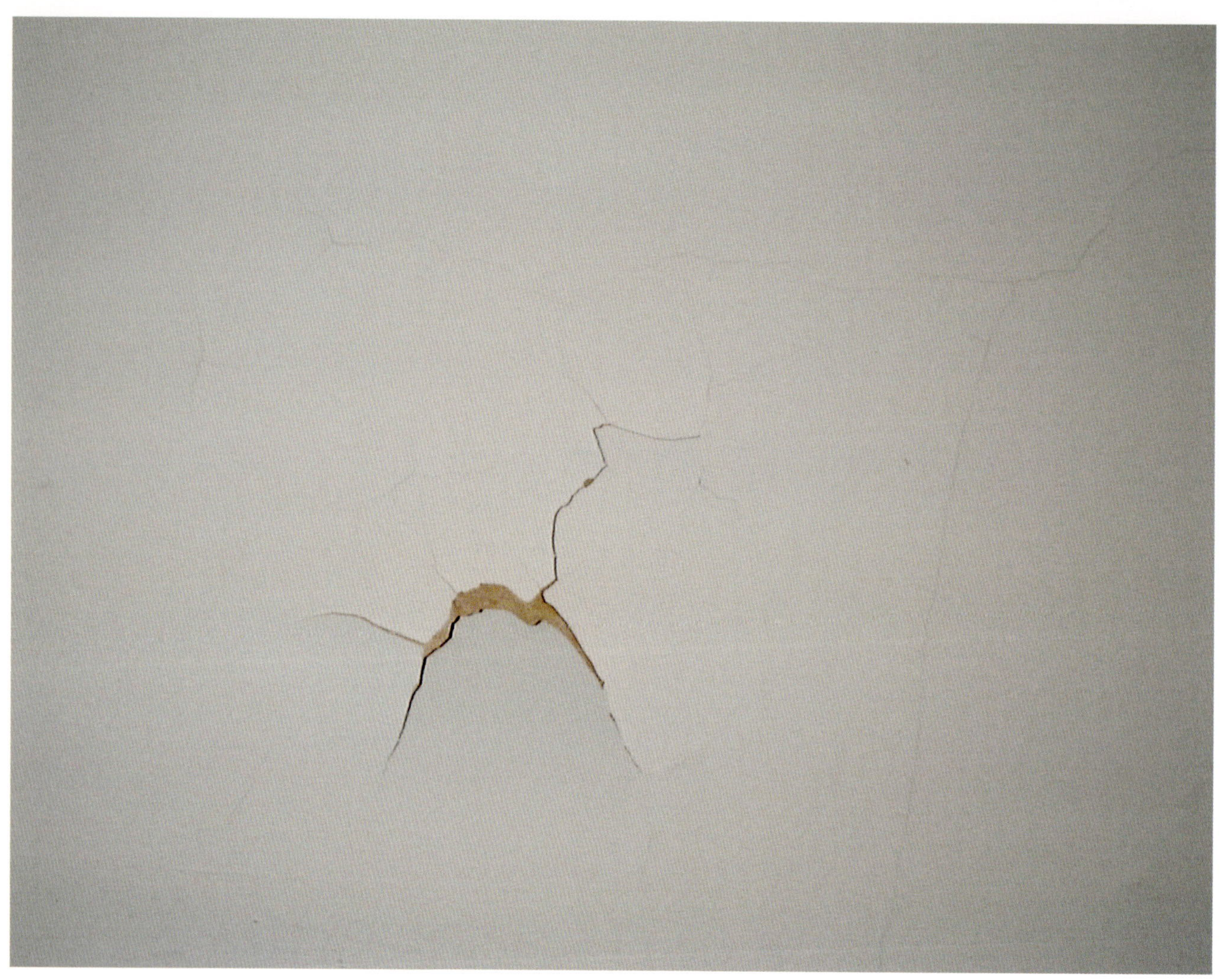

Fissure, After Lucio Fontana

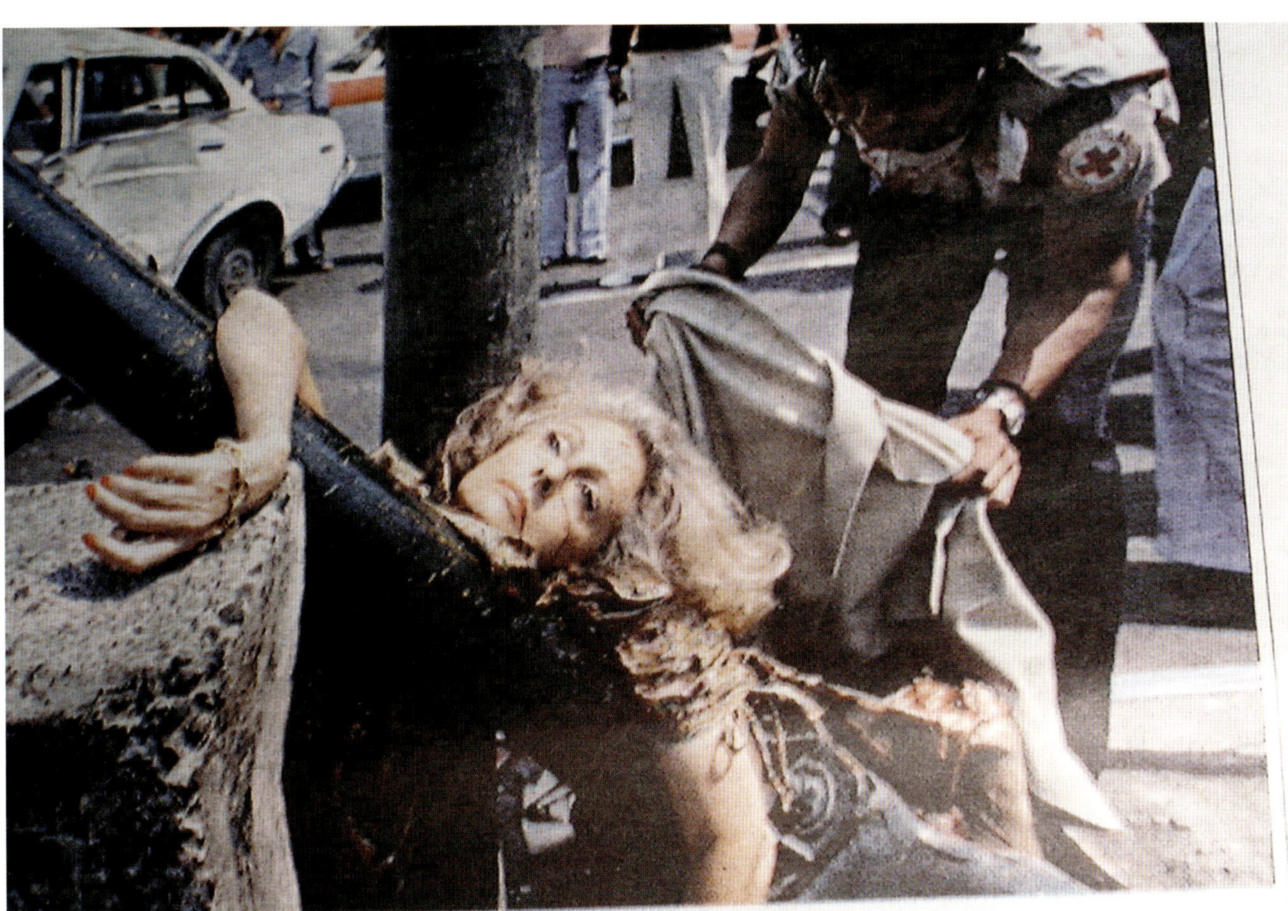

risques et les effets de l'accident. Mais, s'il est écouté, il a l'impression de ne pas être entendu. Or, ce qu'il veut, ce n'est pas qu'on prenne au sérieux ce qu'il écrit par l'emballement du progrès scientifique, industriel, économique, militaire, terroriste... puisque substances et éléments naturels ne sont pas en res-

Libération, After Cindy Sherman

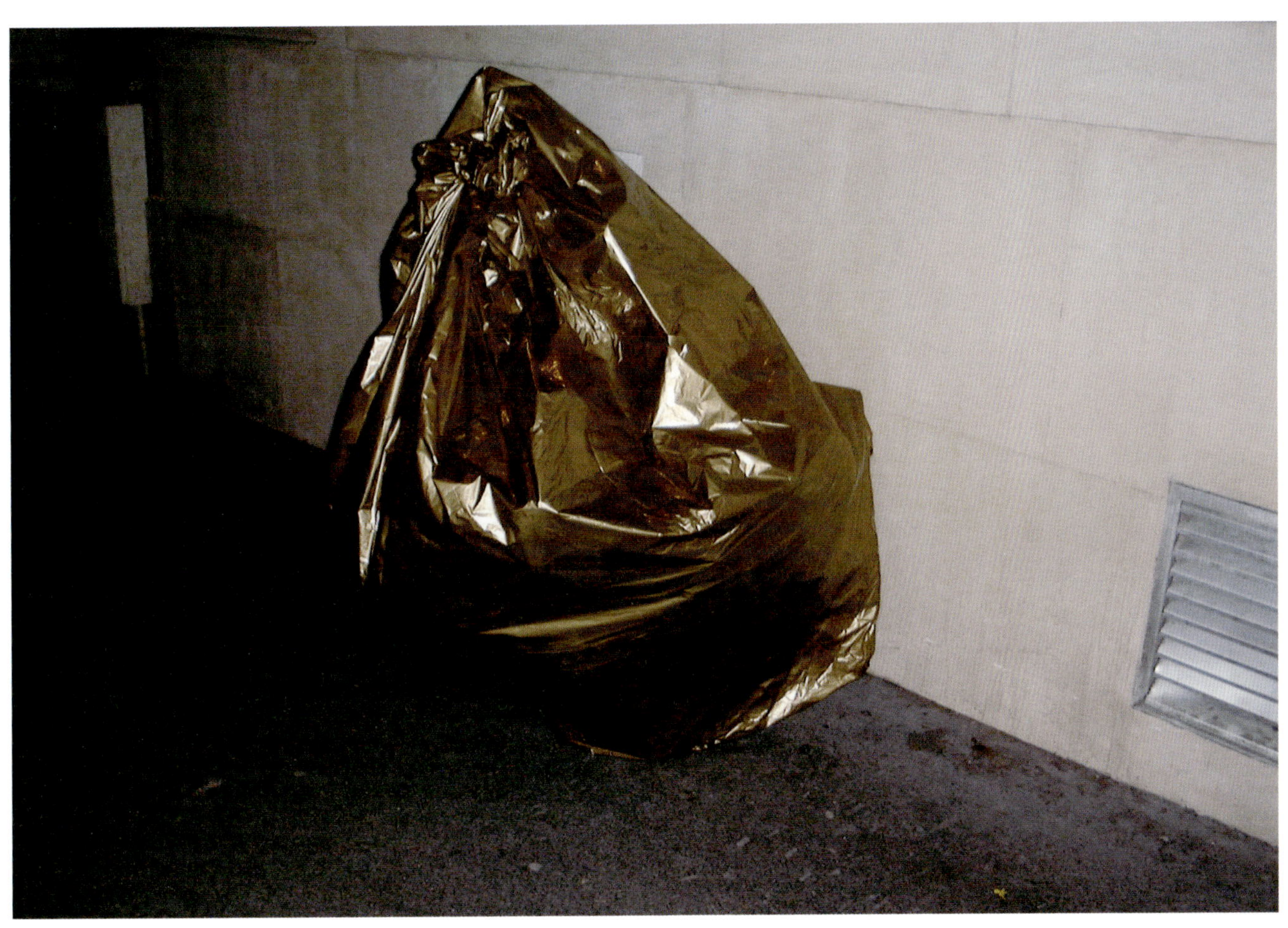

Rue Claude Bernard, mars 2005, After James Lee Byars

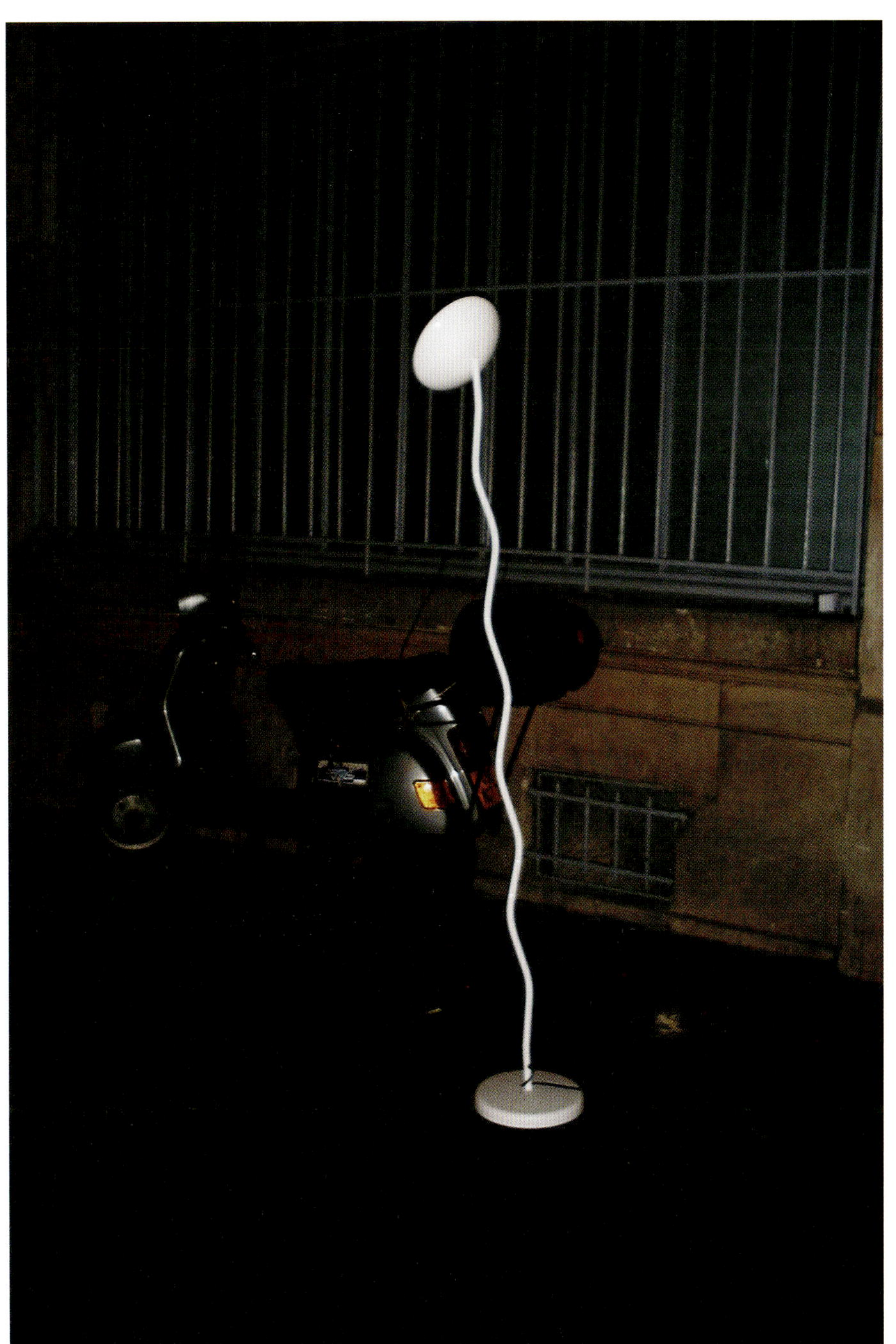

Dimanche soir, After Martin Kippenberger

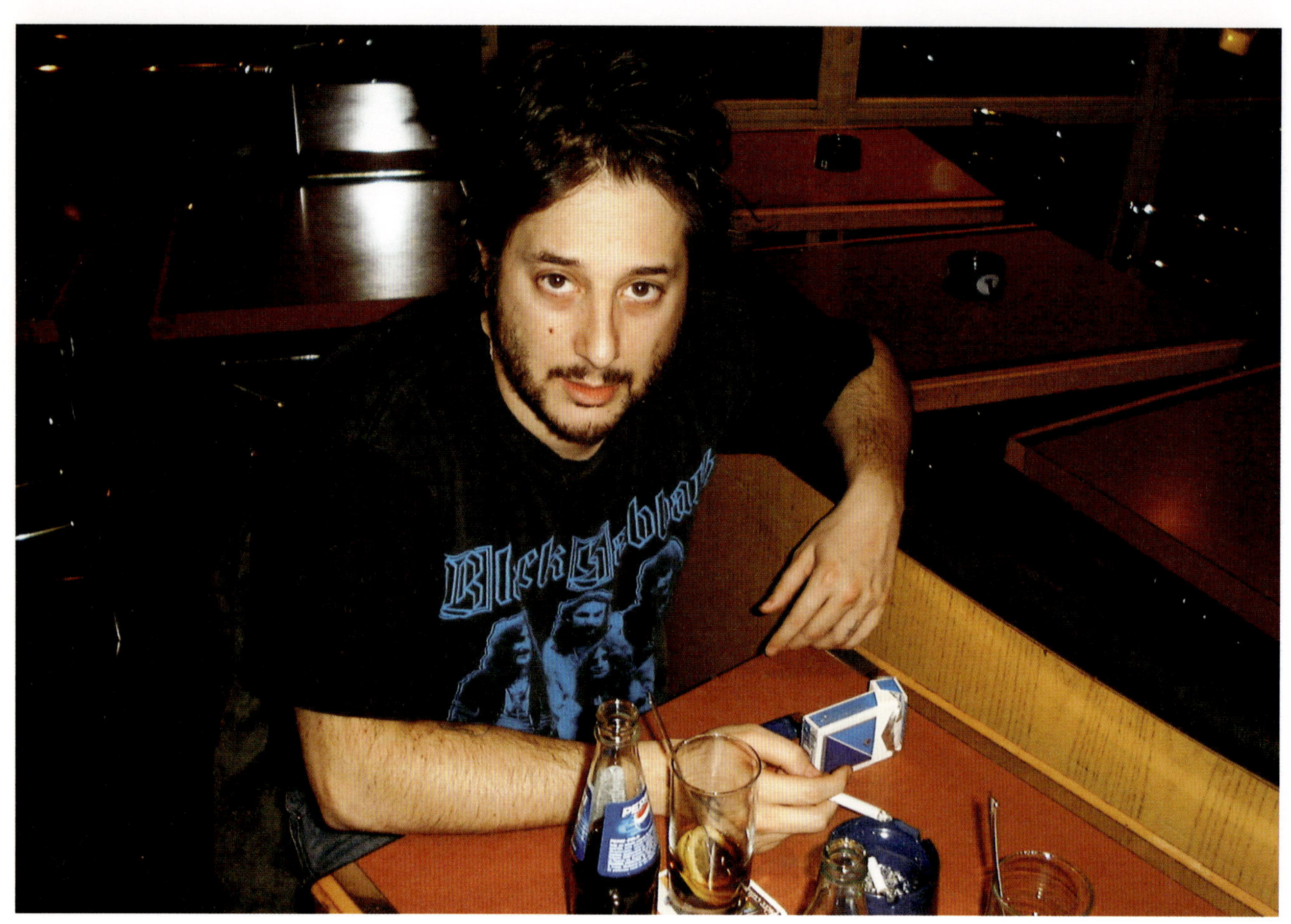

Harmony Korine, After Terry Richardson

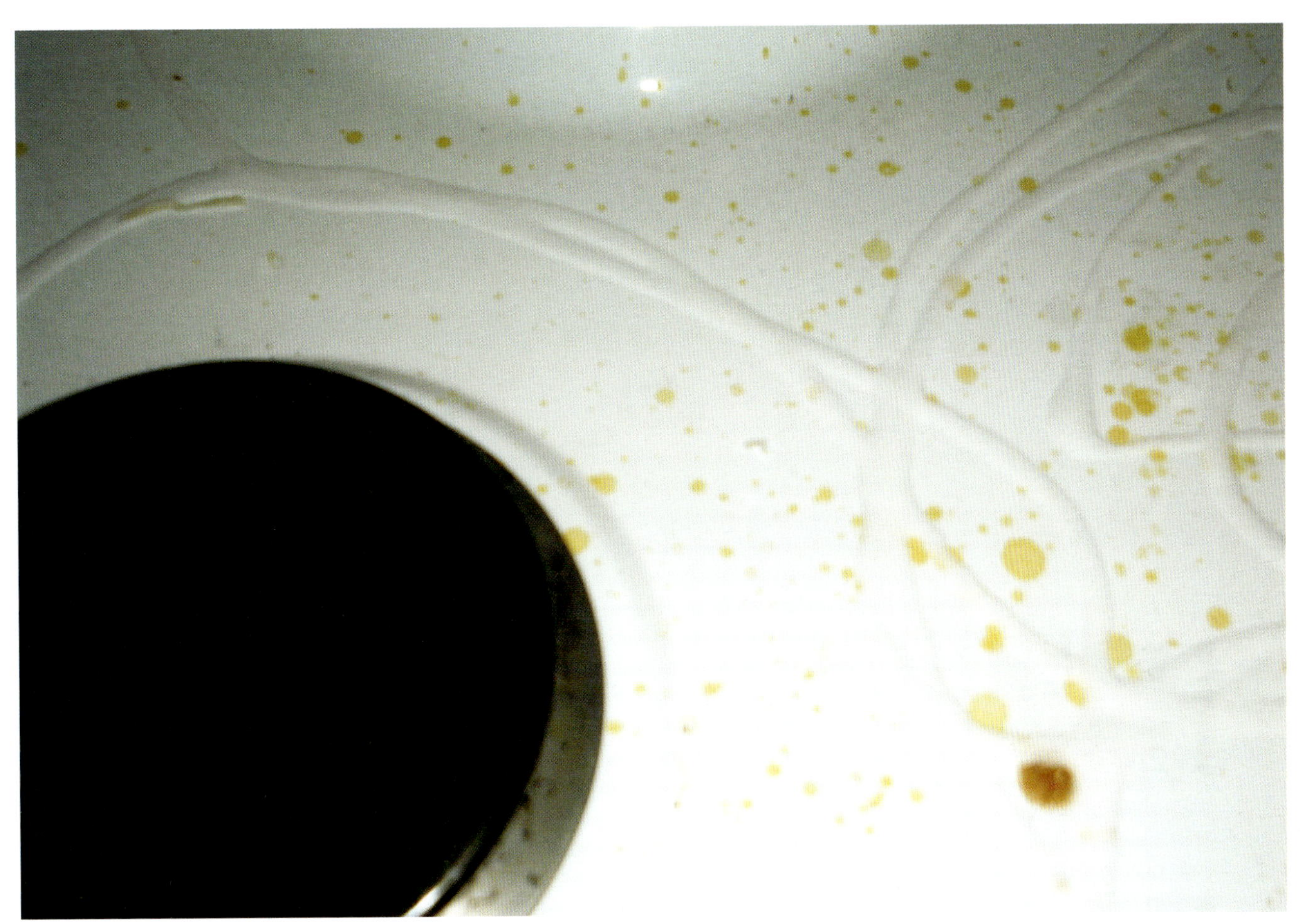

Cuisine, After Jackson Pollock

After Gerwald Rockenschaub
After Bertrand Lavier
After Claude Rutault
After Duan Hanson
After Jean-Marc Bustamante
After Jean-Michel Basquiat
After Juergen Teller
After Paul Cézanne
After Maurizio Cattelan
After Sylvie Fleury
After Marcel Duchamp
After Wim Delvoye
After Thomas Struth
After Vanessa Beecroft

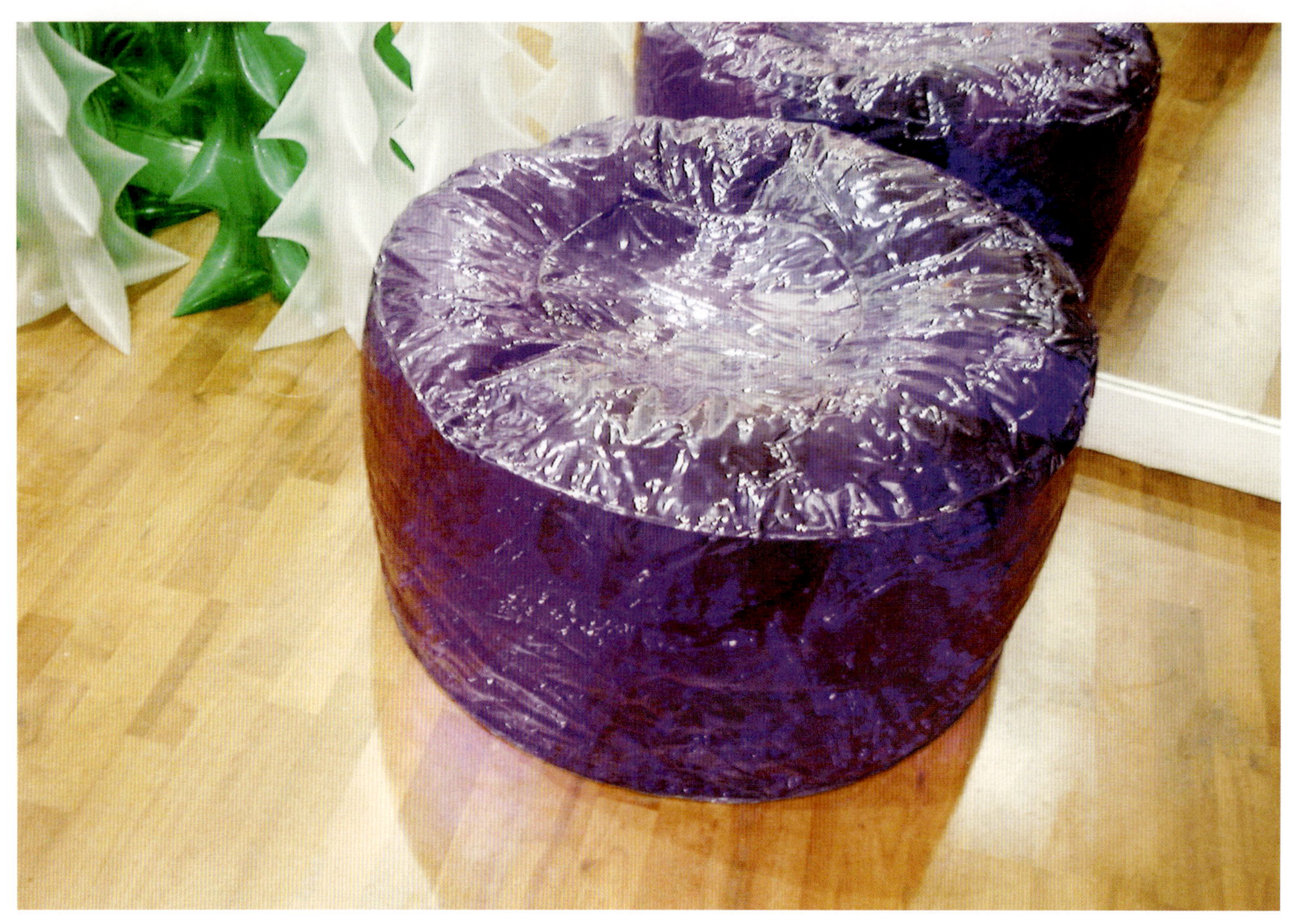

Magasin Why, After Gerwald Rockenschaub

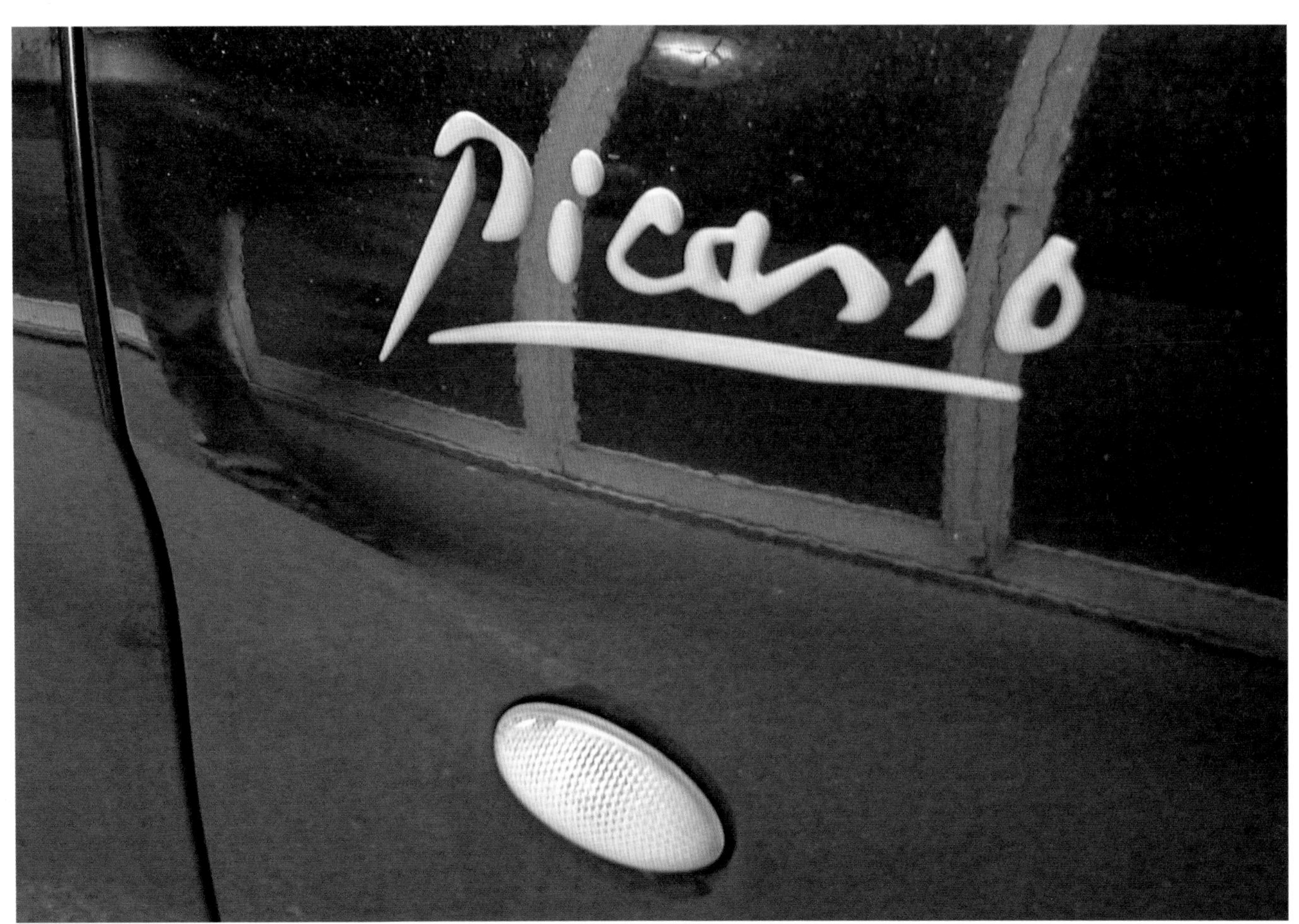

Picasso, After Bertrand Lavier

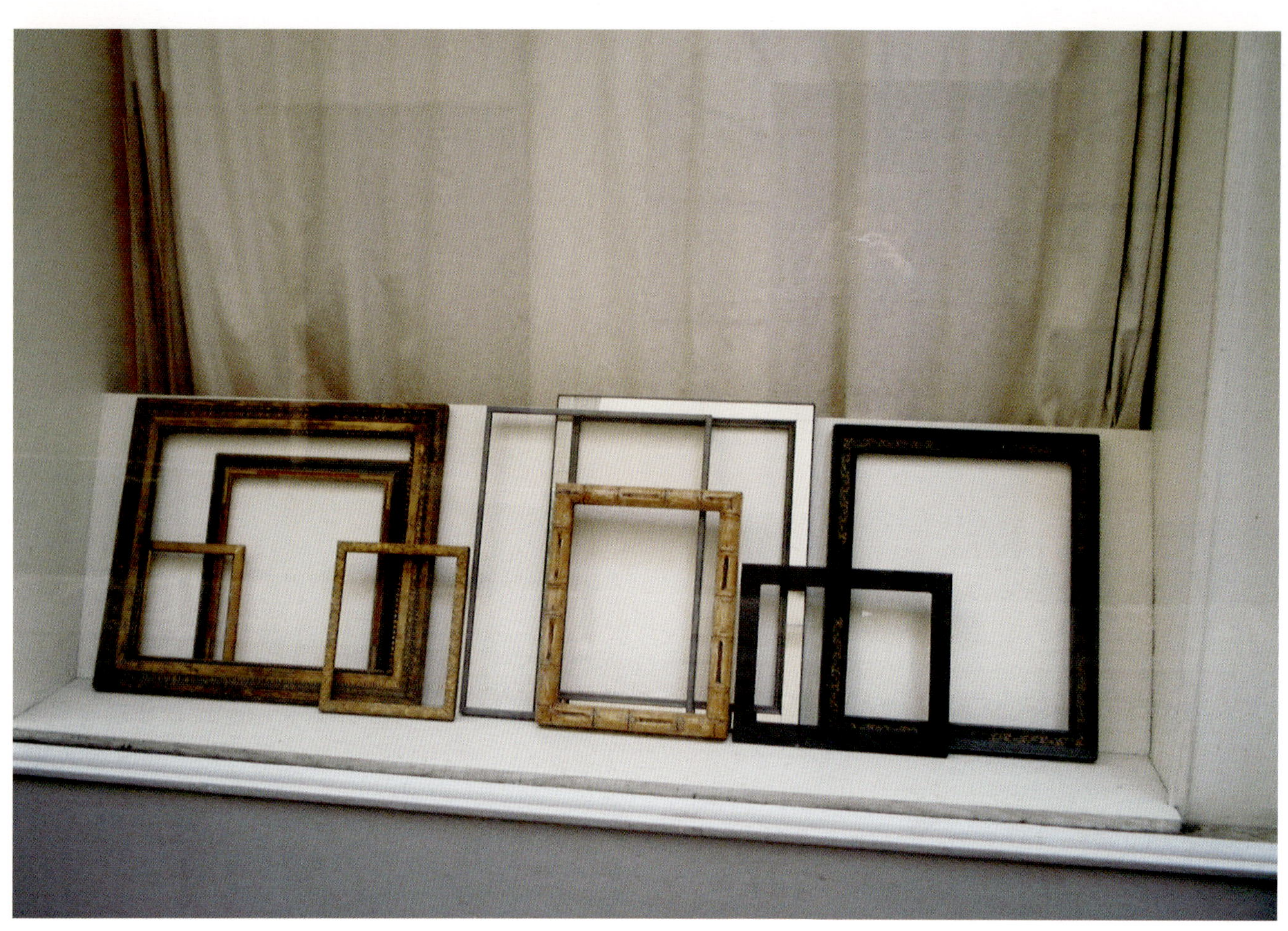

Avril 2005, After Claude Rutault

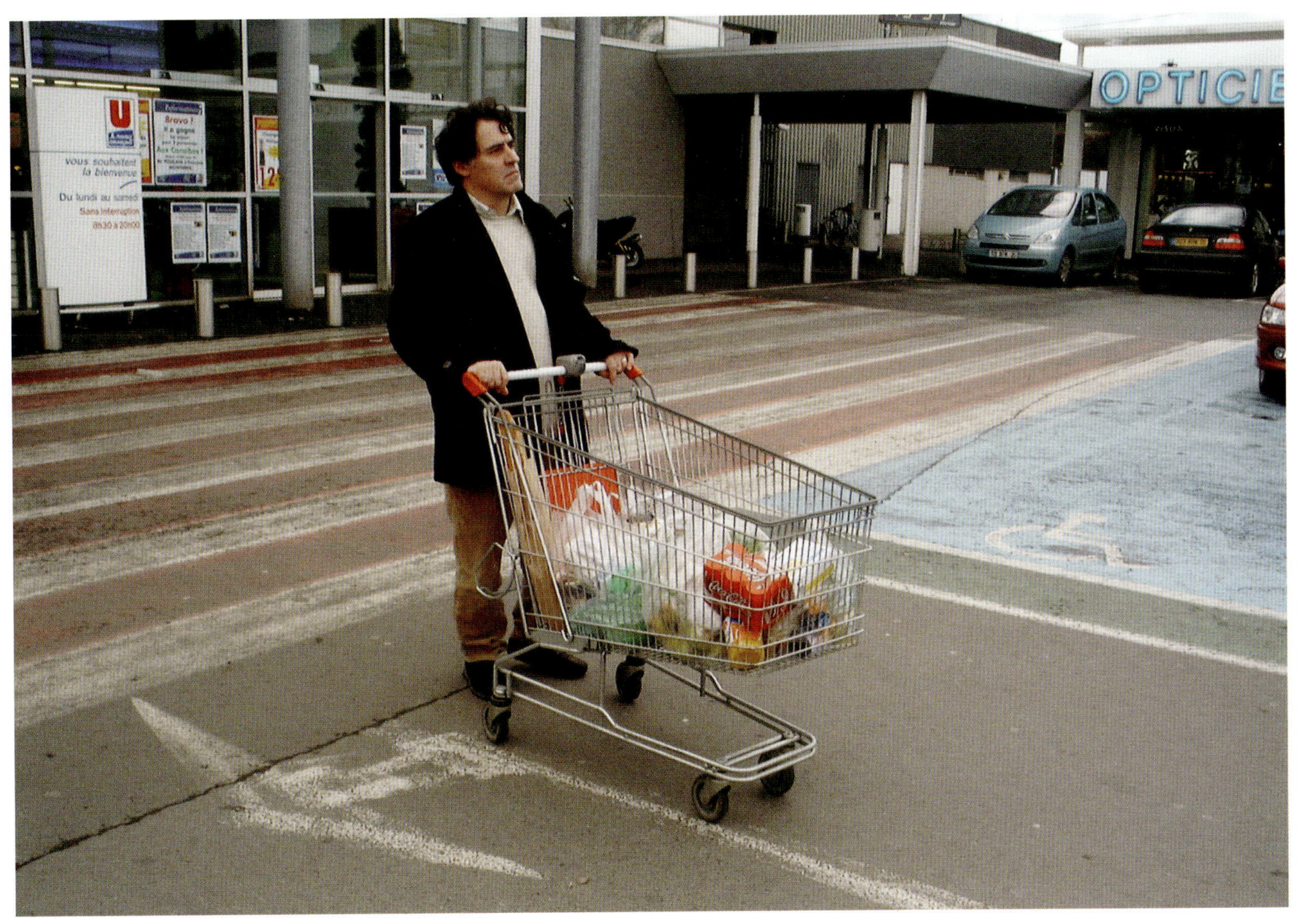

Super U, After Duane Hanson

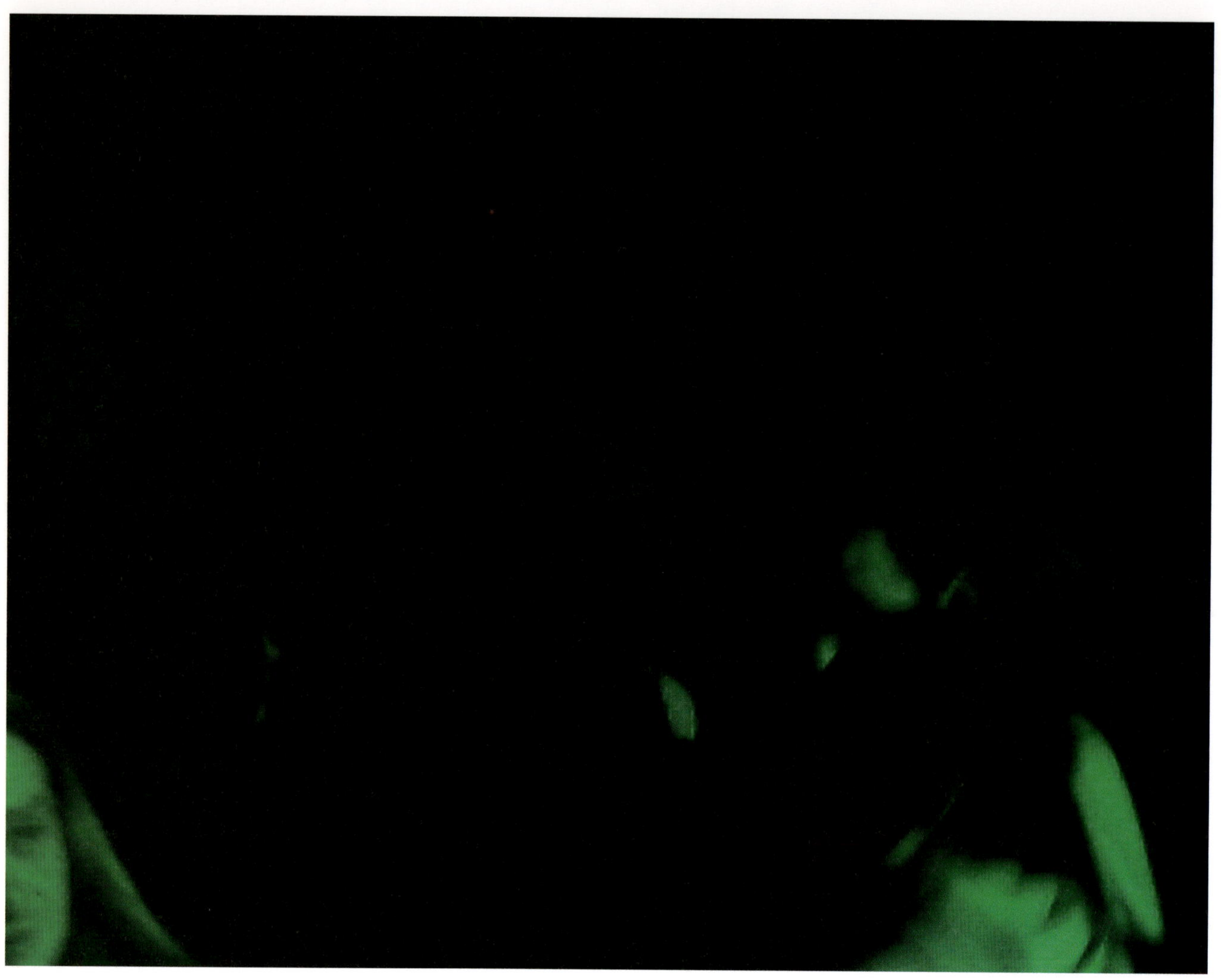

L'UBU Rennes, After Jean-Marc Bustamante

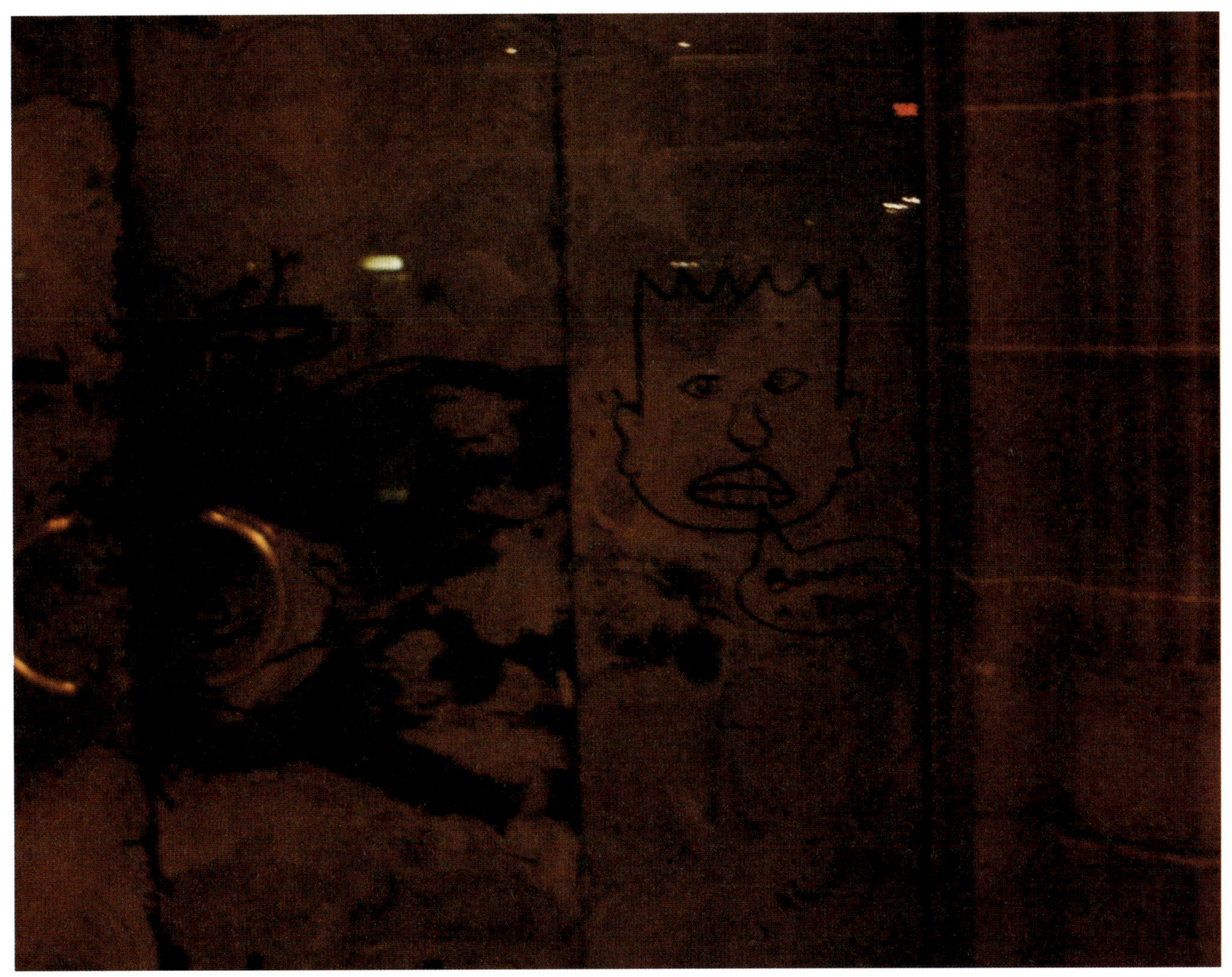

Chez Prune, Paris, After Jean-Michel Basquiat

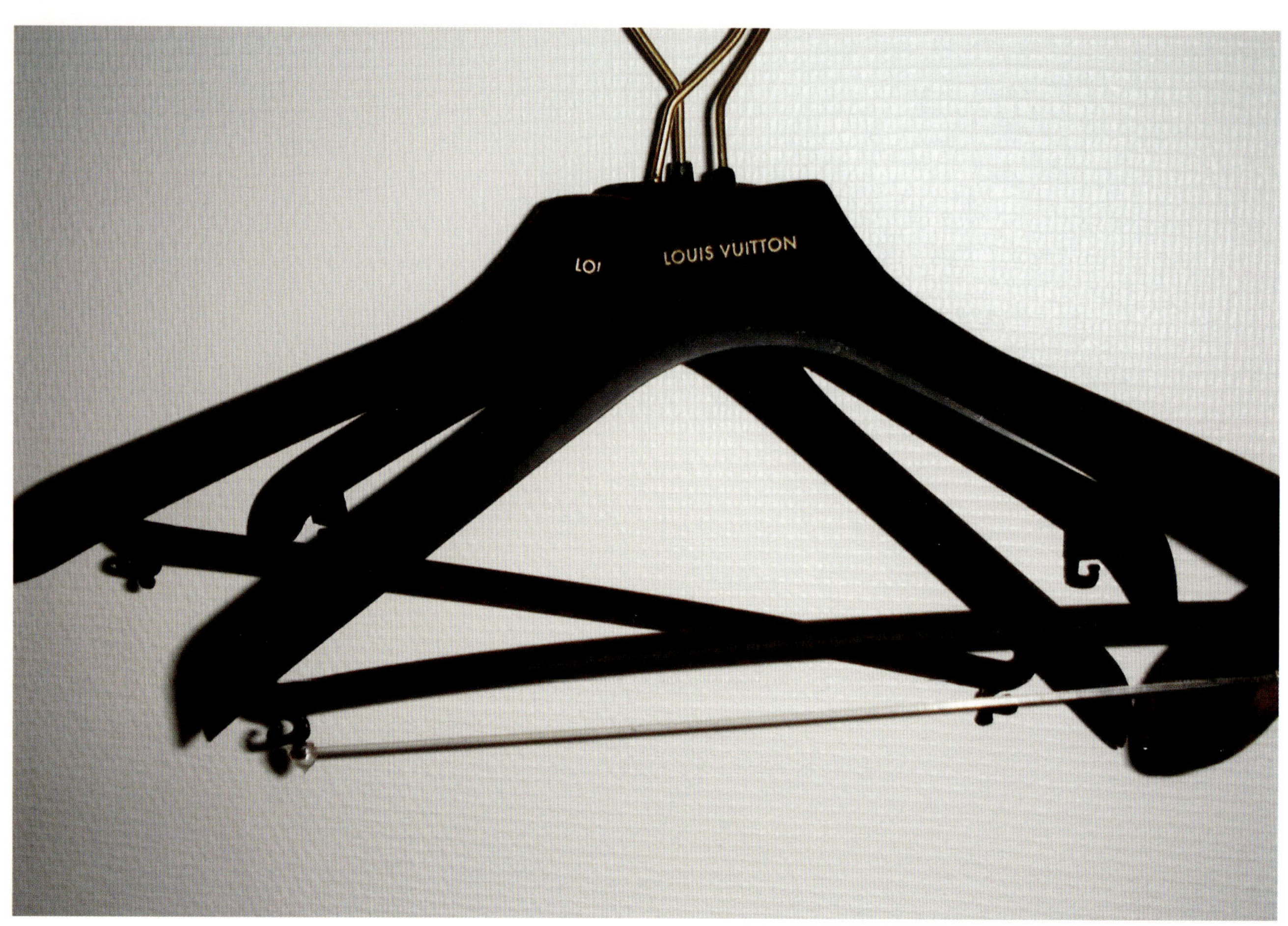

Shooting, After Juergen Teller

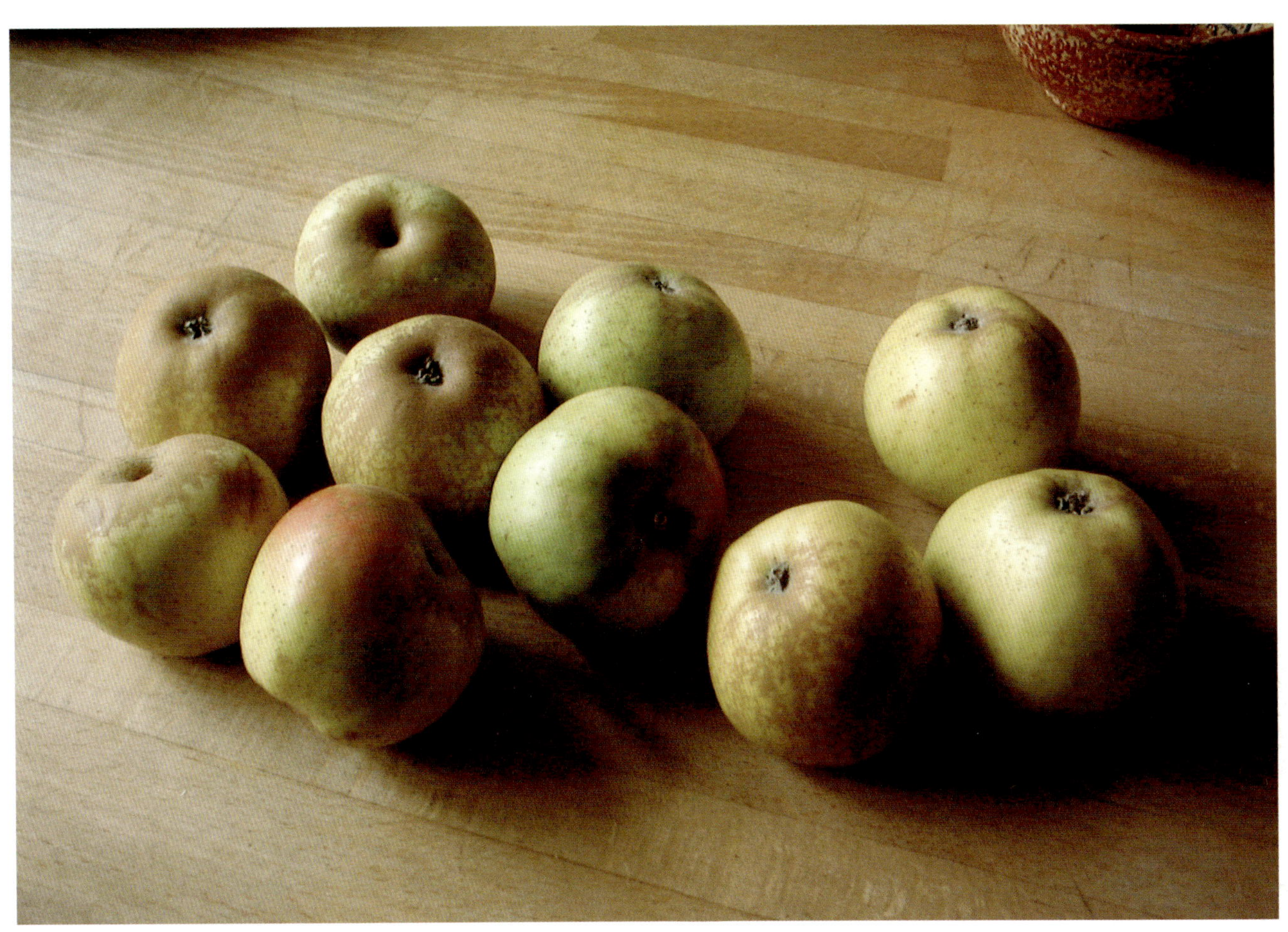

Pommes, After Paul Cézanne

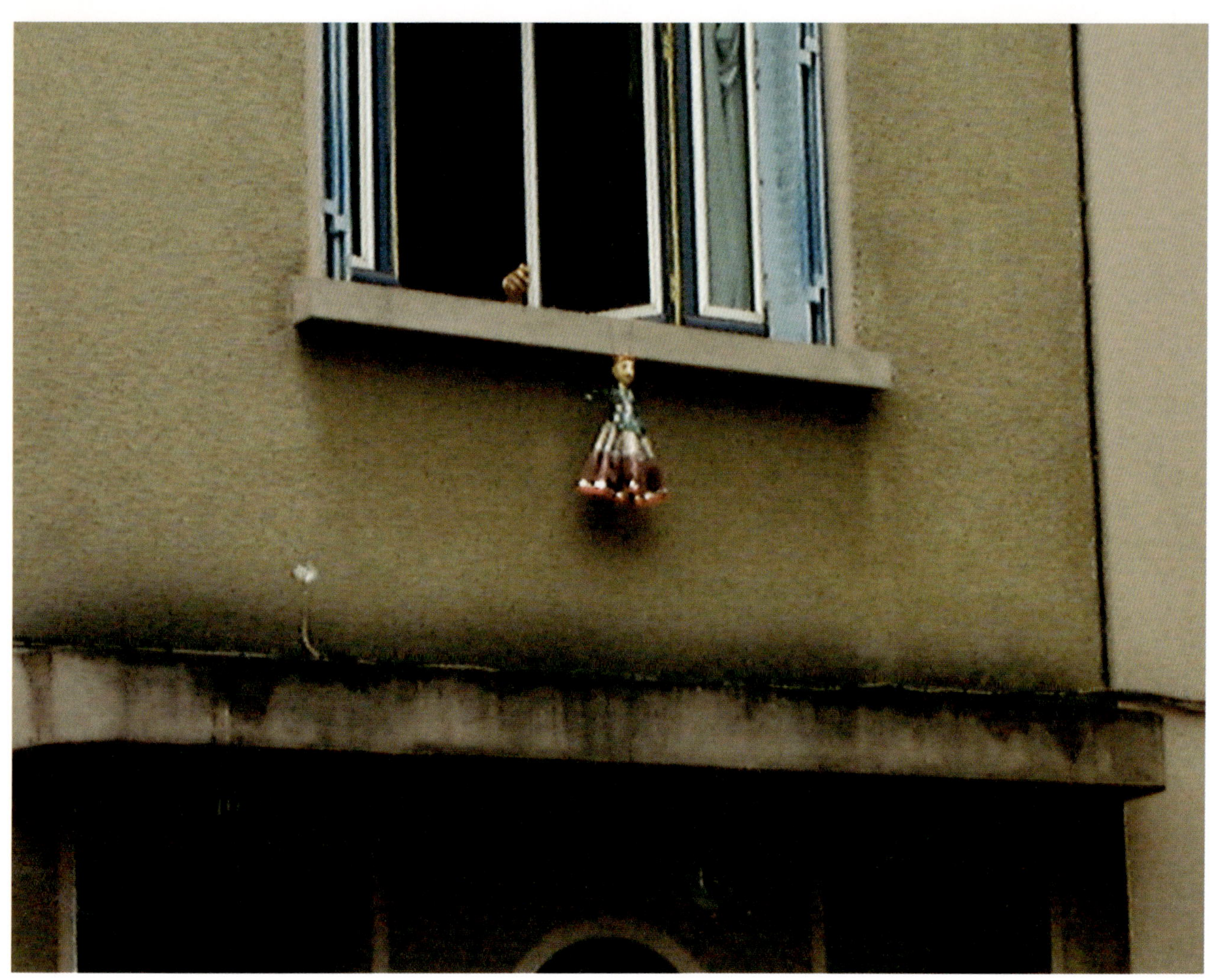

Marionnette, After Maurizio Cattelan

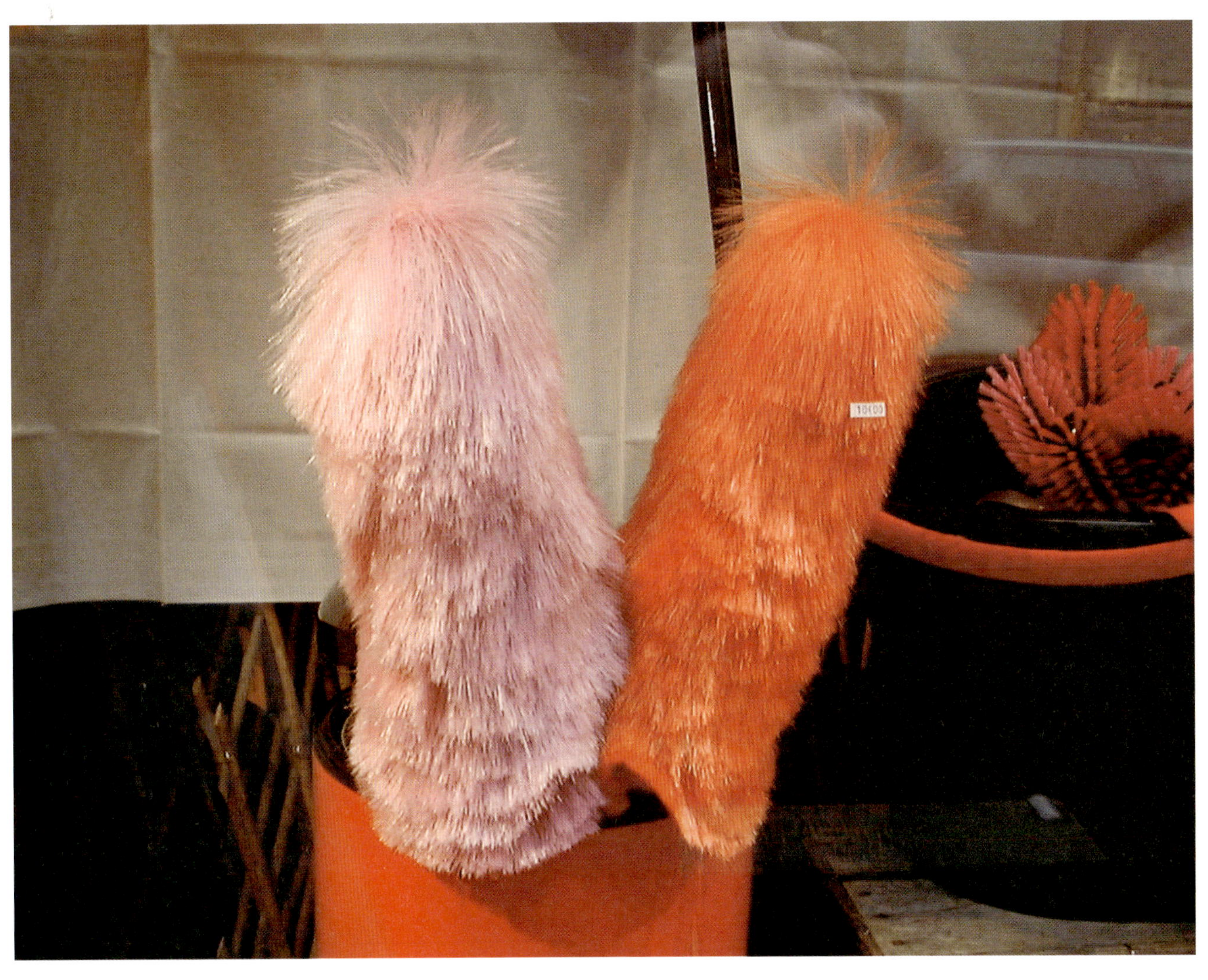

Clean, After Sylvie Fleury

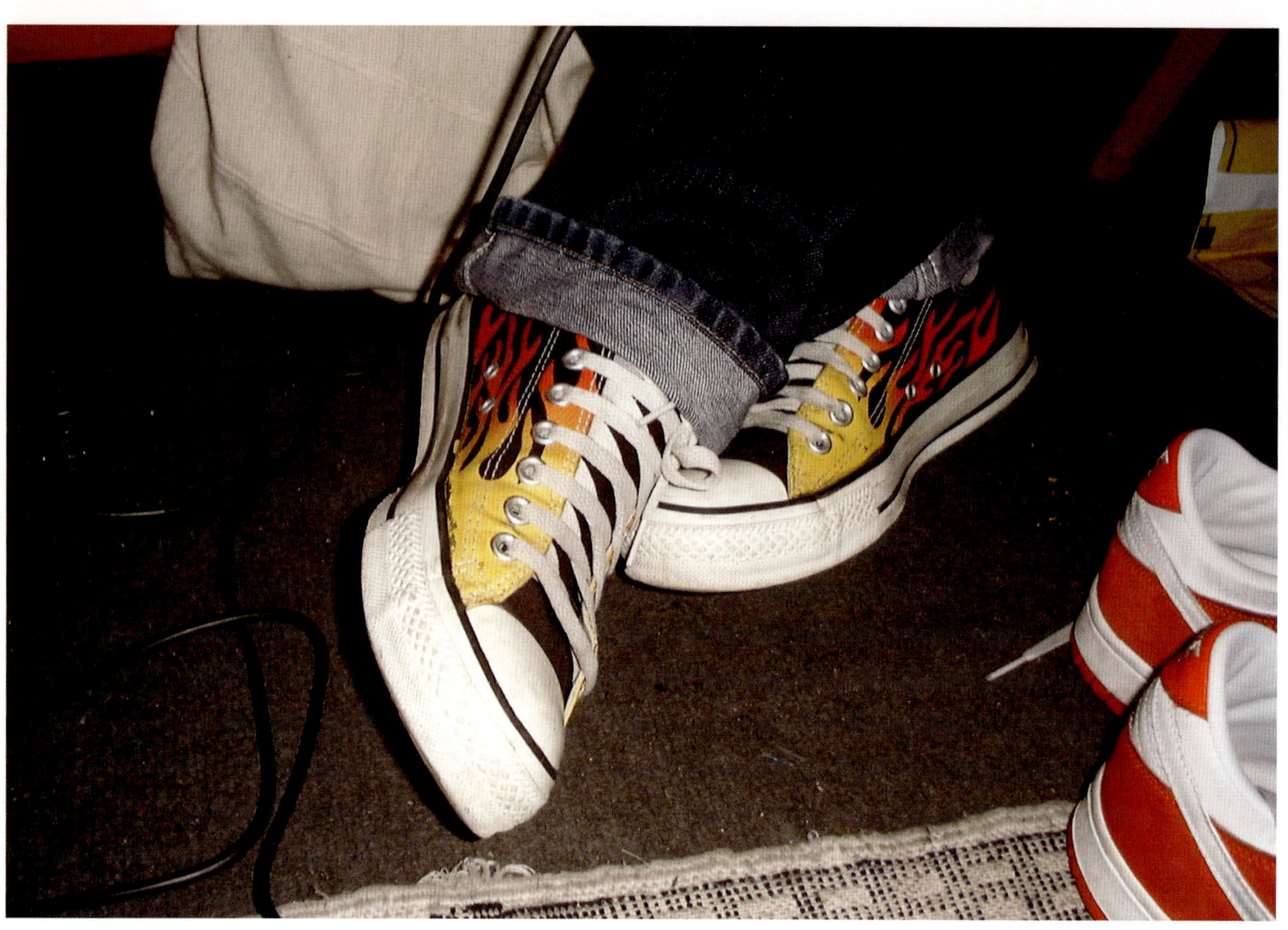

Converse, After Sylvie Fleury

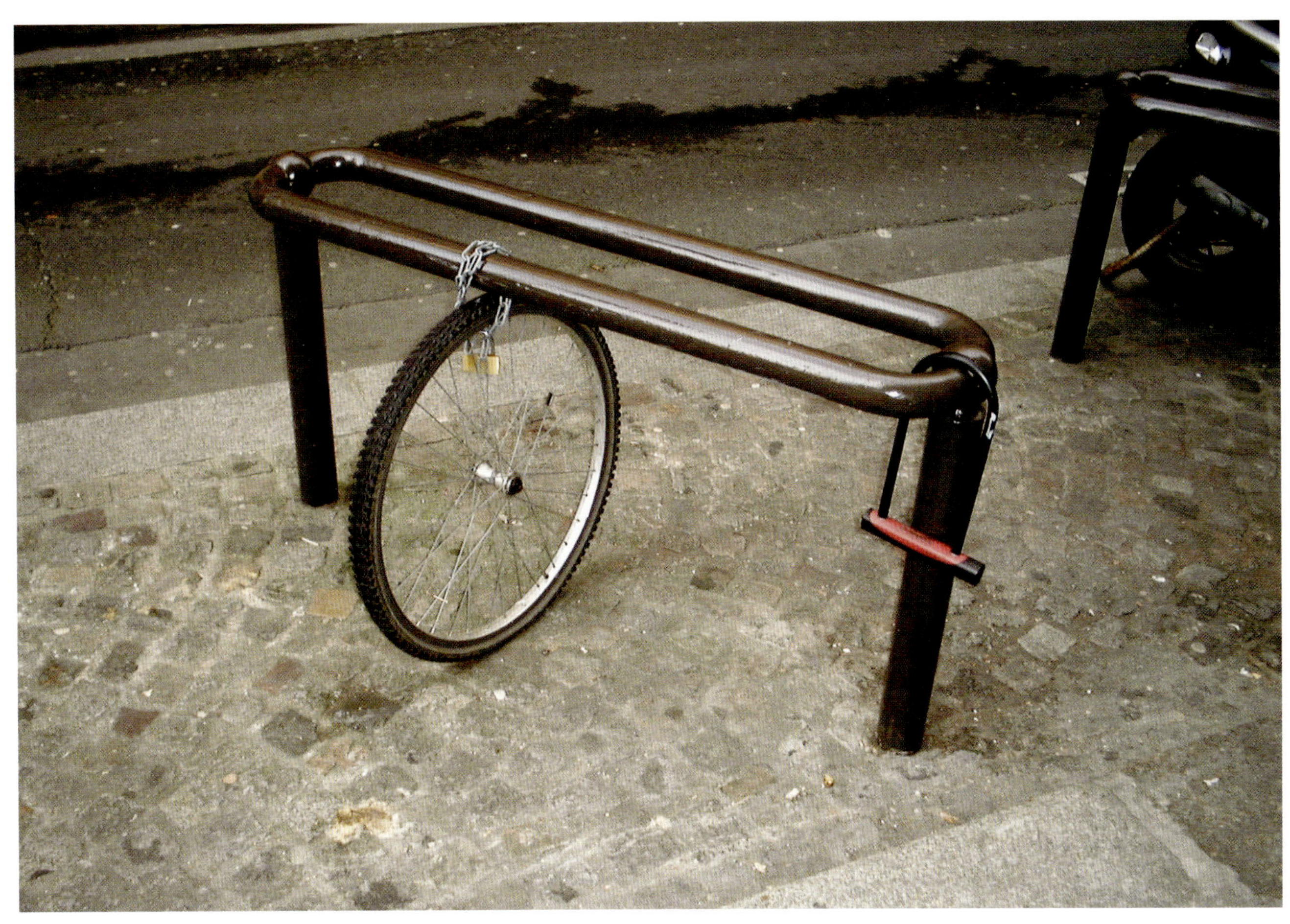

Roue de vélo, After Marcel Duchamp

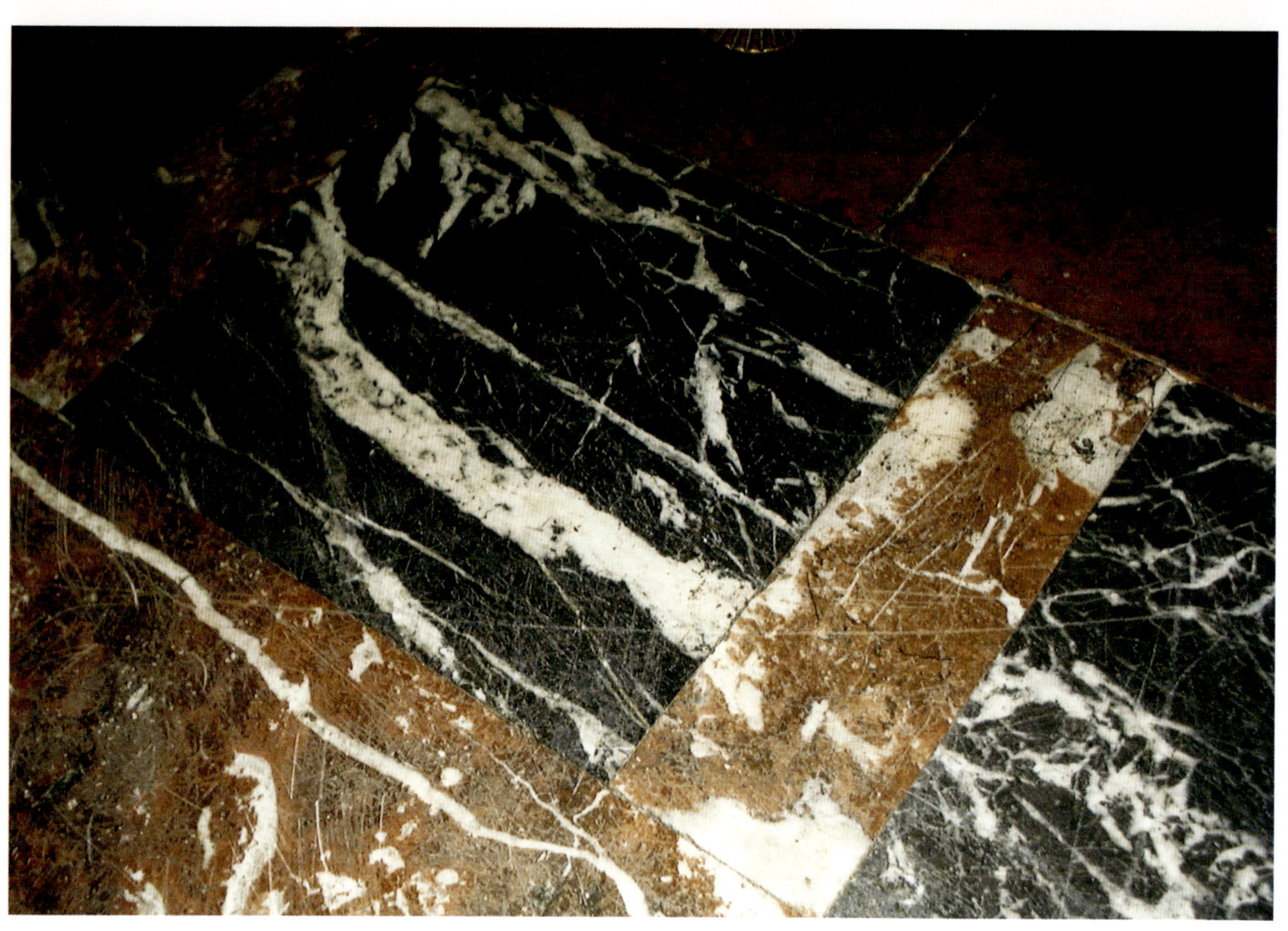

Marbre, After Wim Delvoye

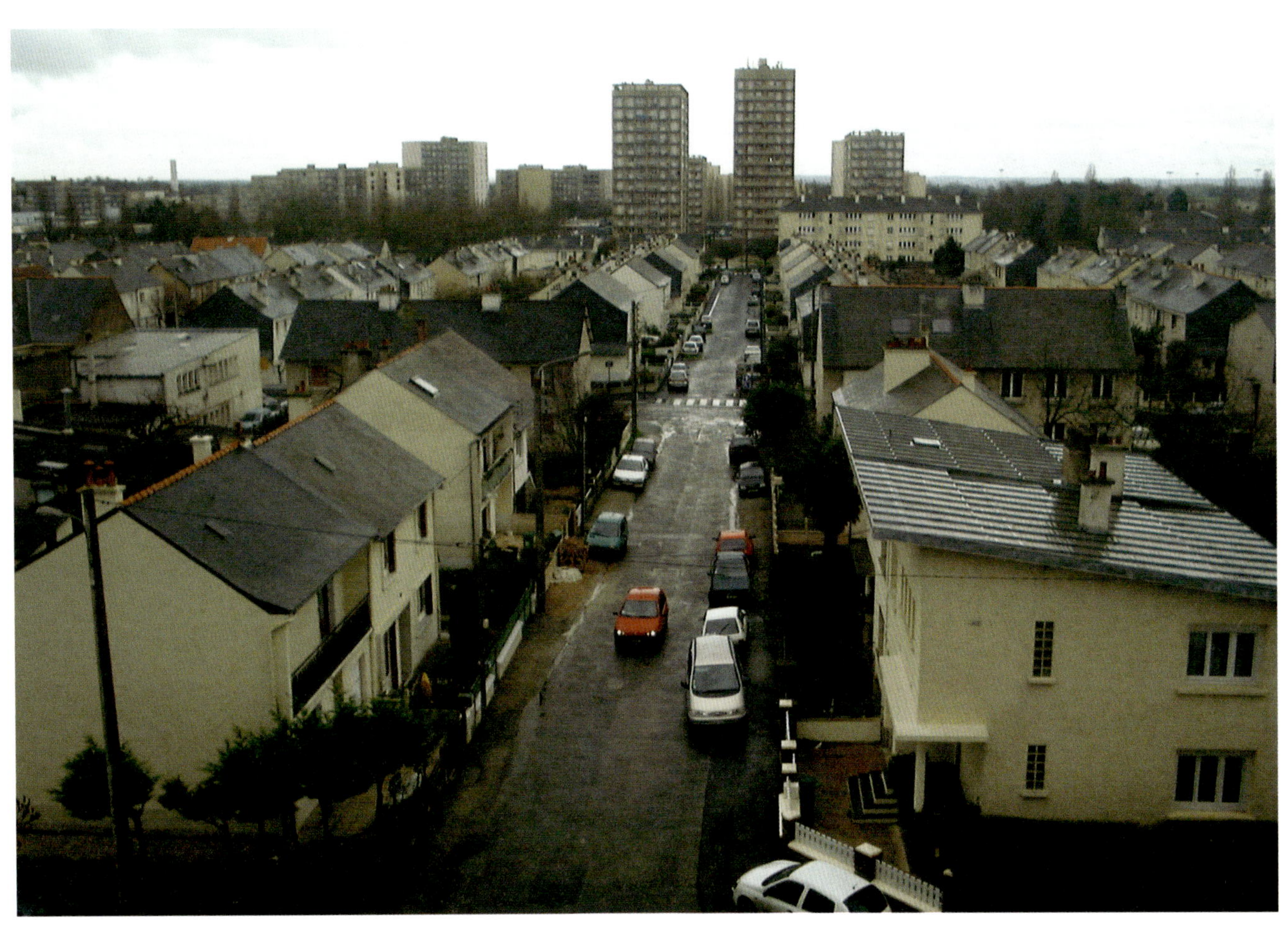

Rennes, After Thomas Struth

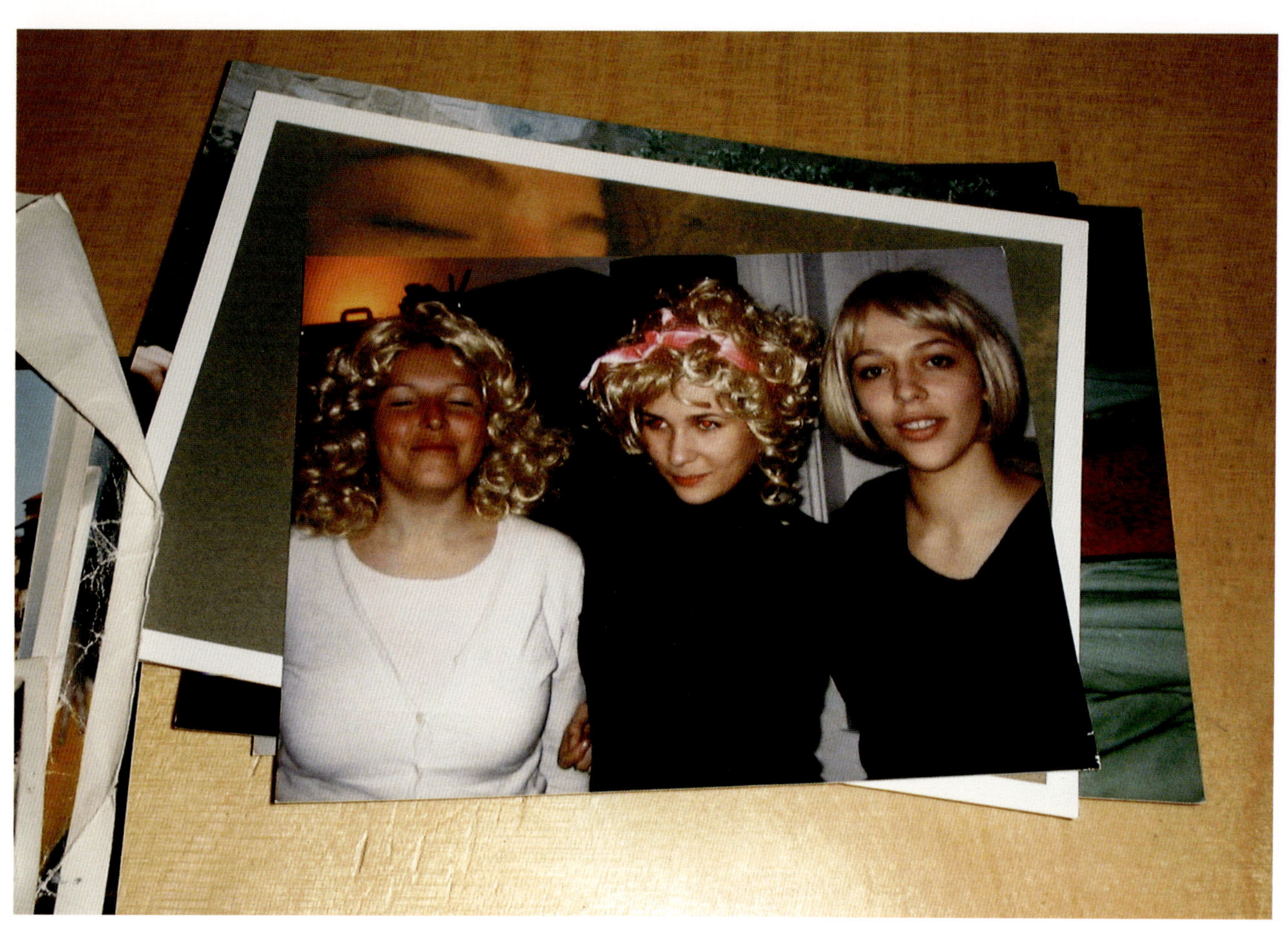

3 copines, After Vanessa Beecroft

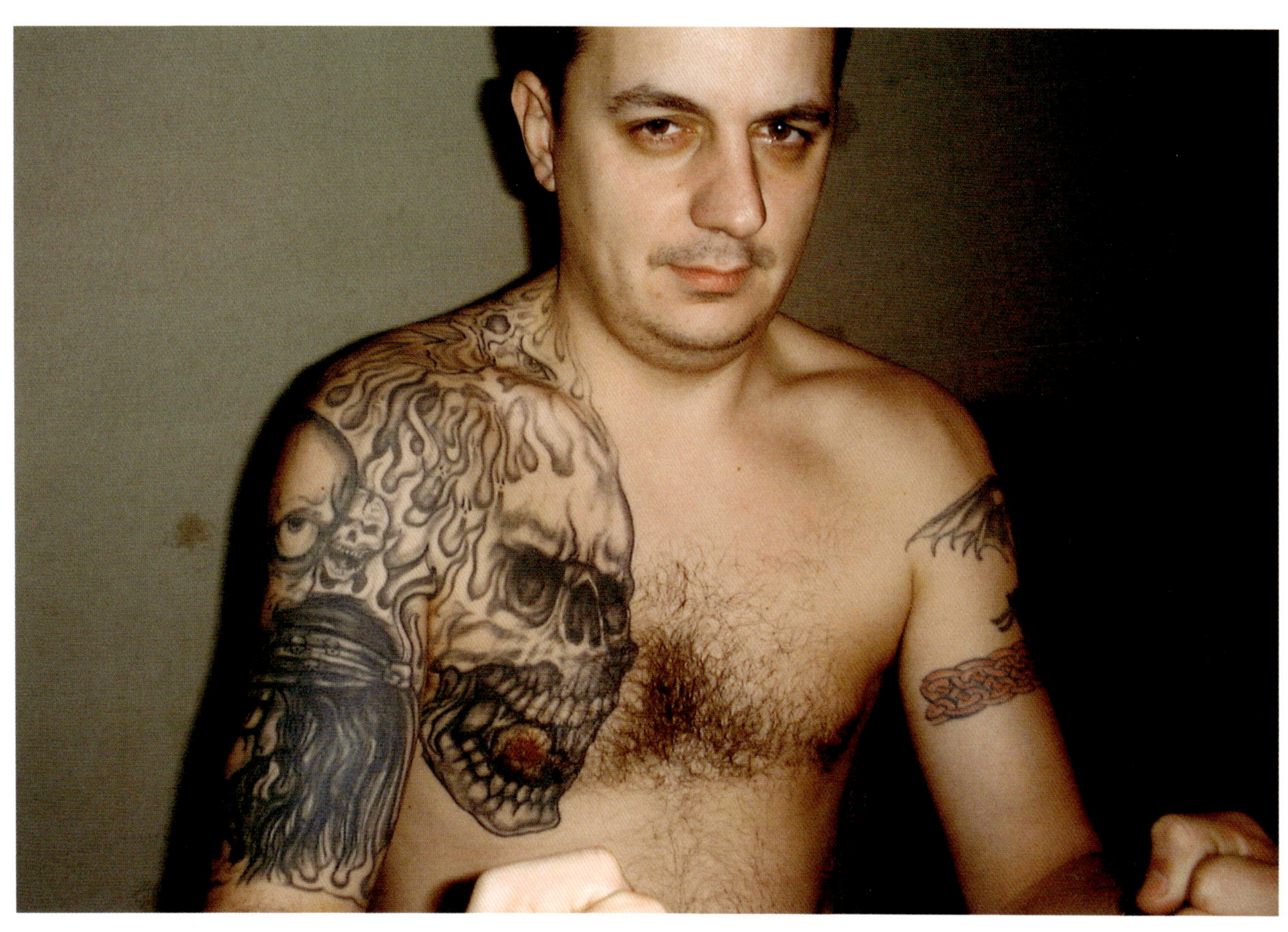

Renaud, After Wim Delvoy

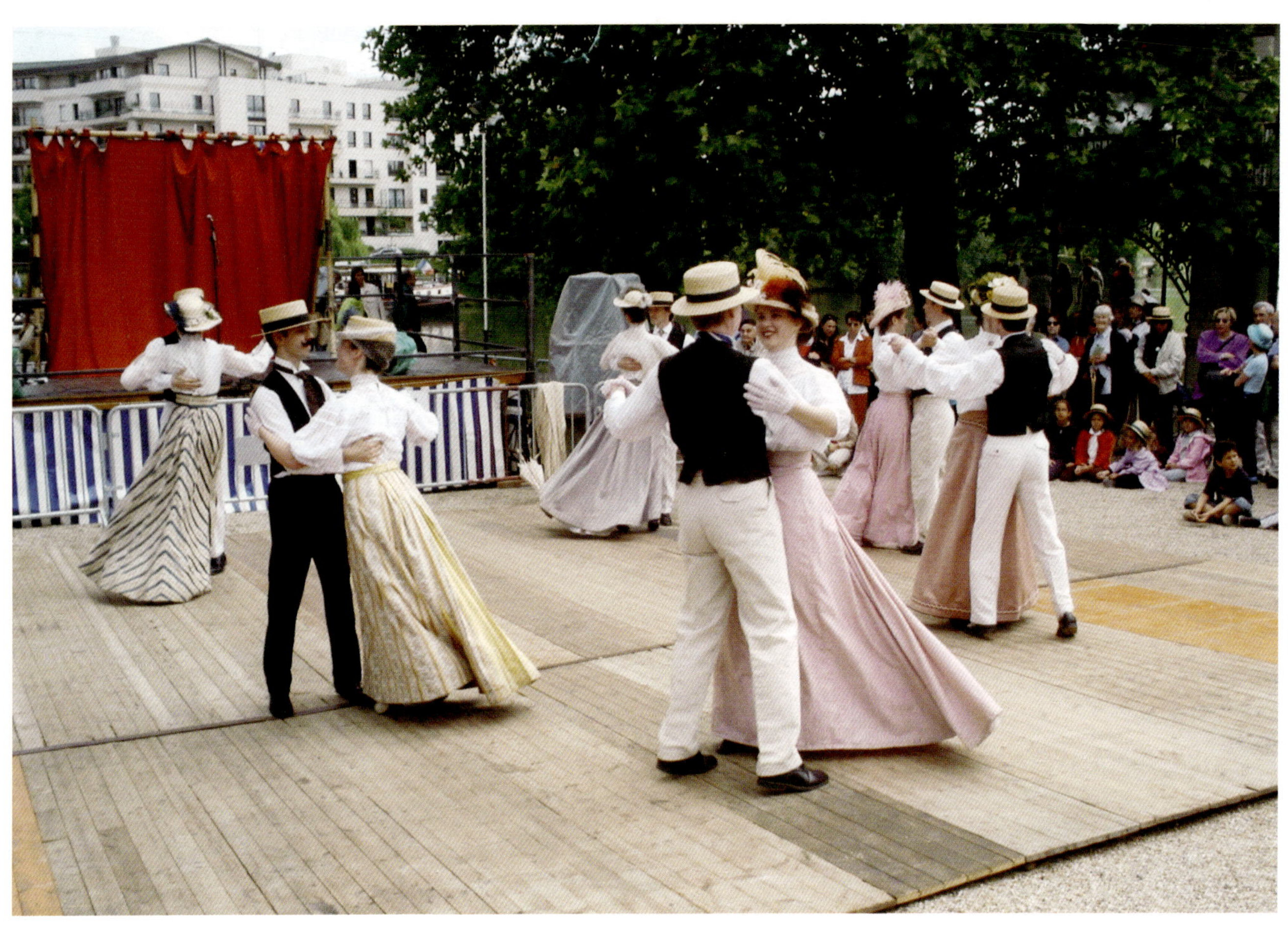

Ile des Impressionnistes, Chatou, After Pierre-Auguste Renoir

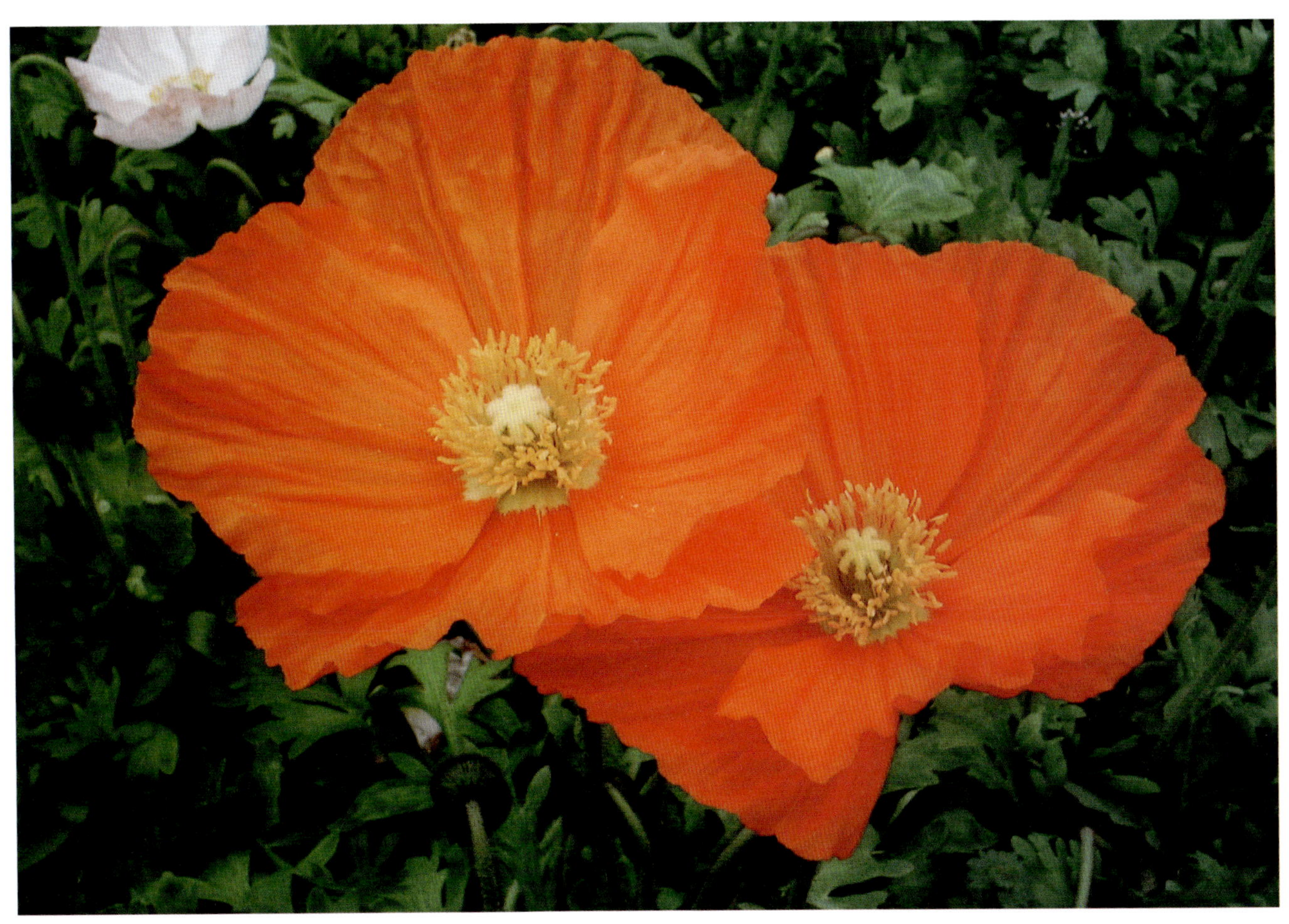

Flower, After Andy Warhol

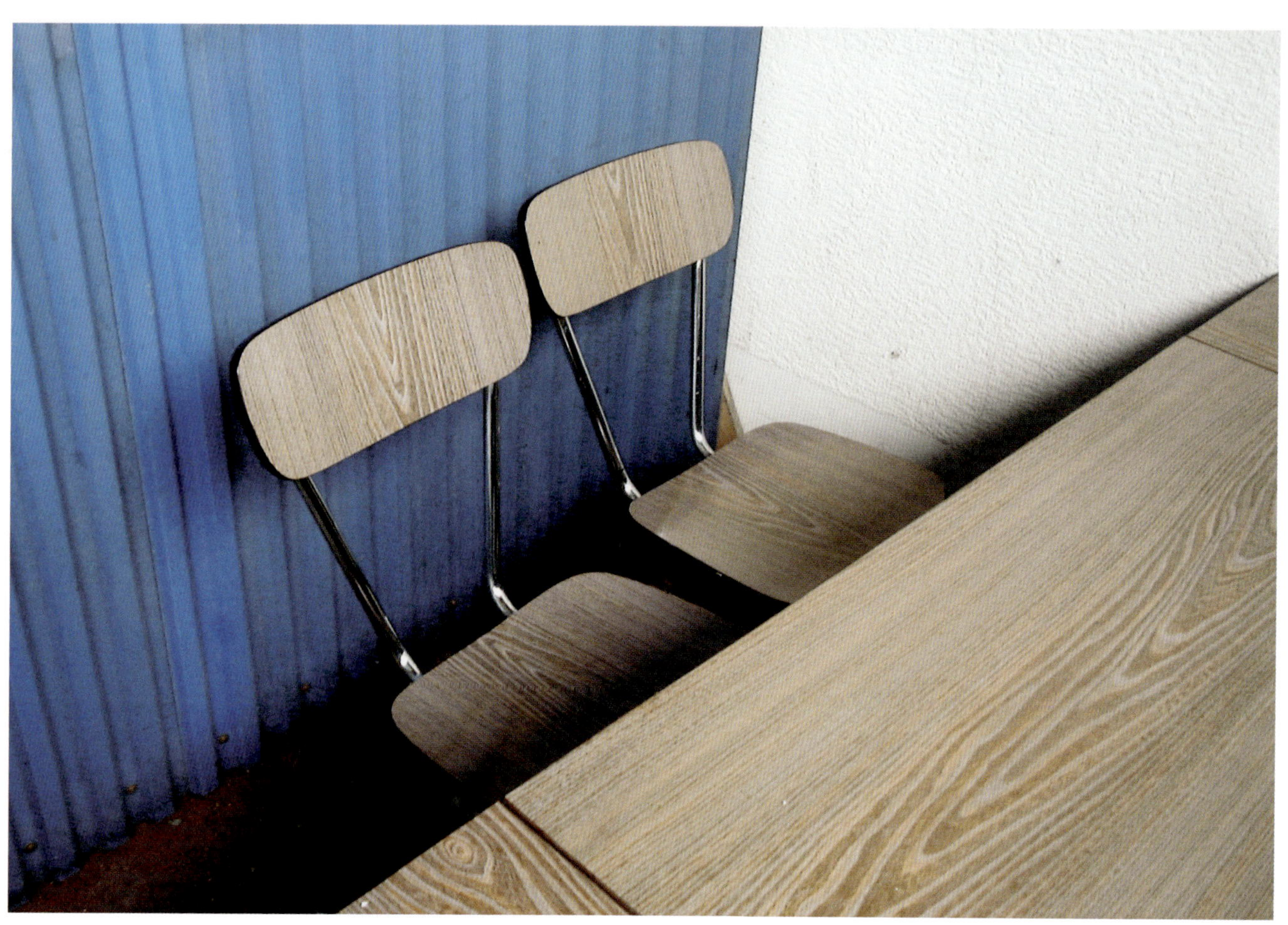

Chaises, After Felix Gonzales-Torres

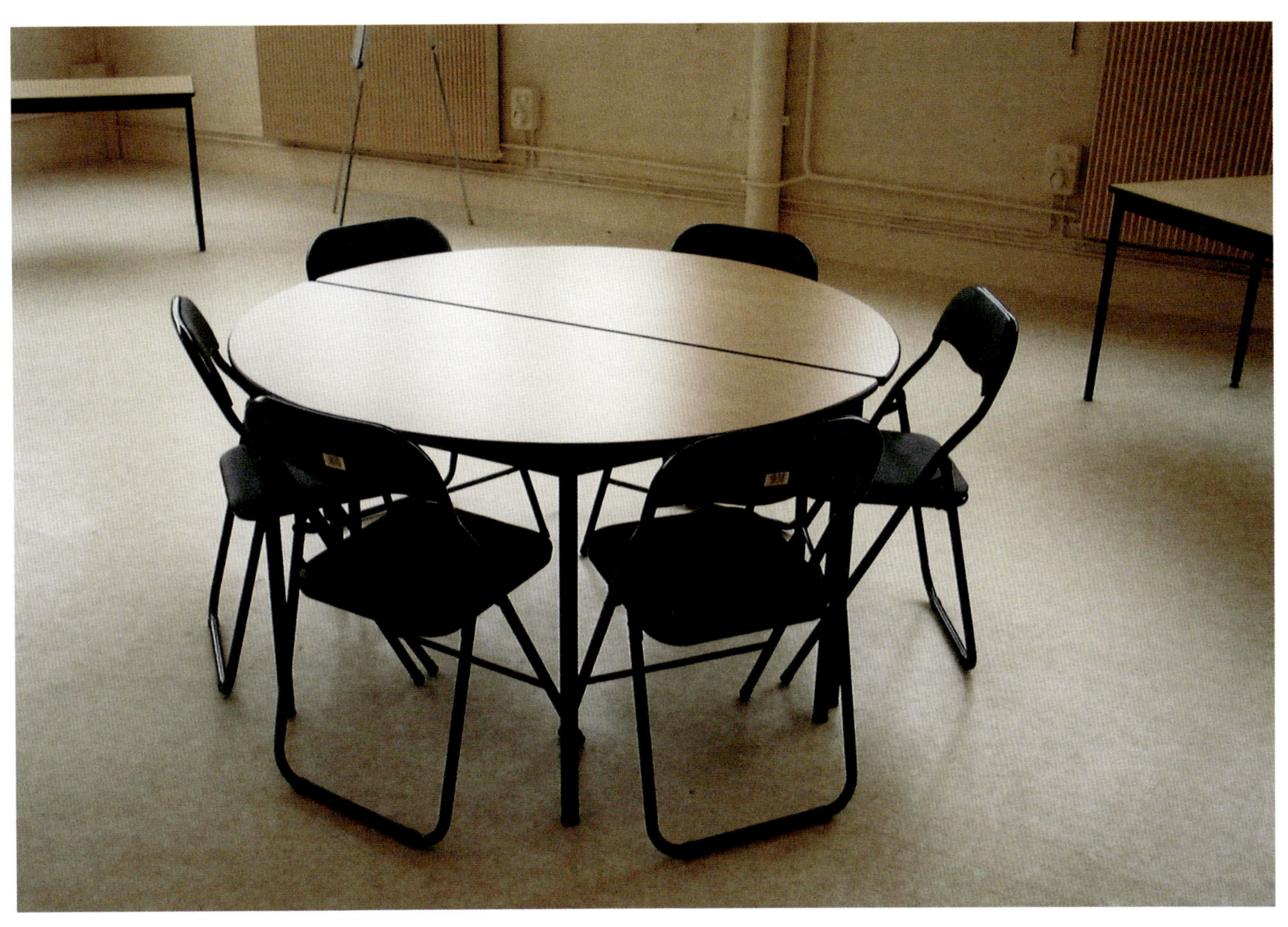

Bureau, After Candida Höfer

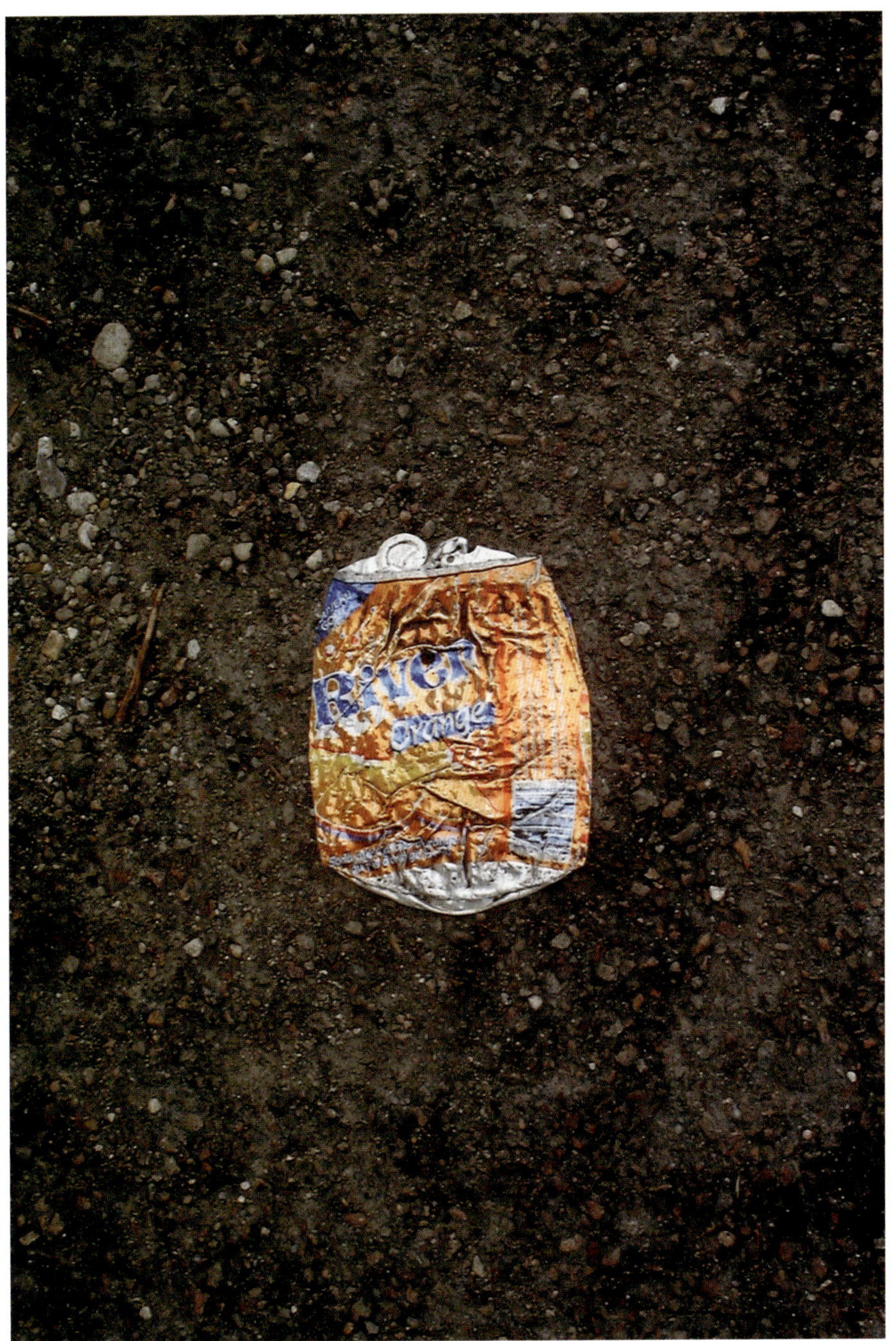

Oasis, After César

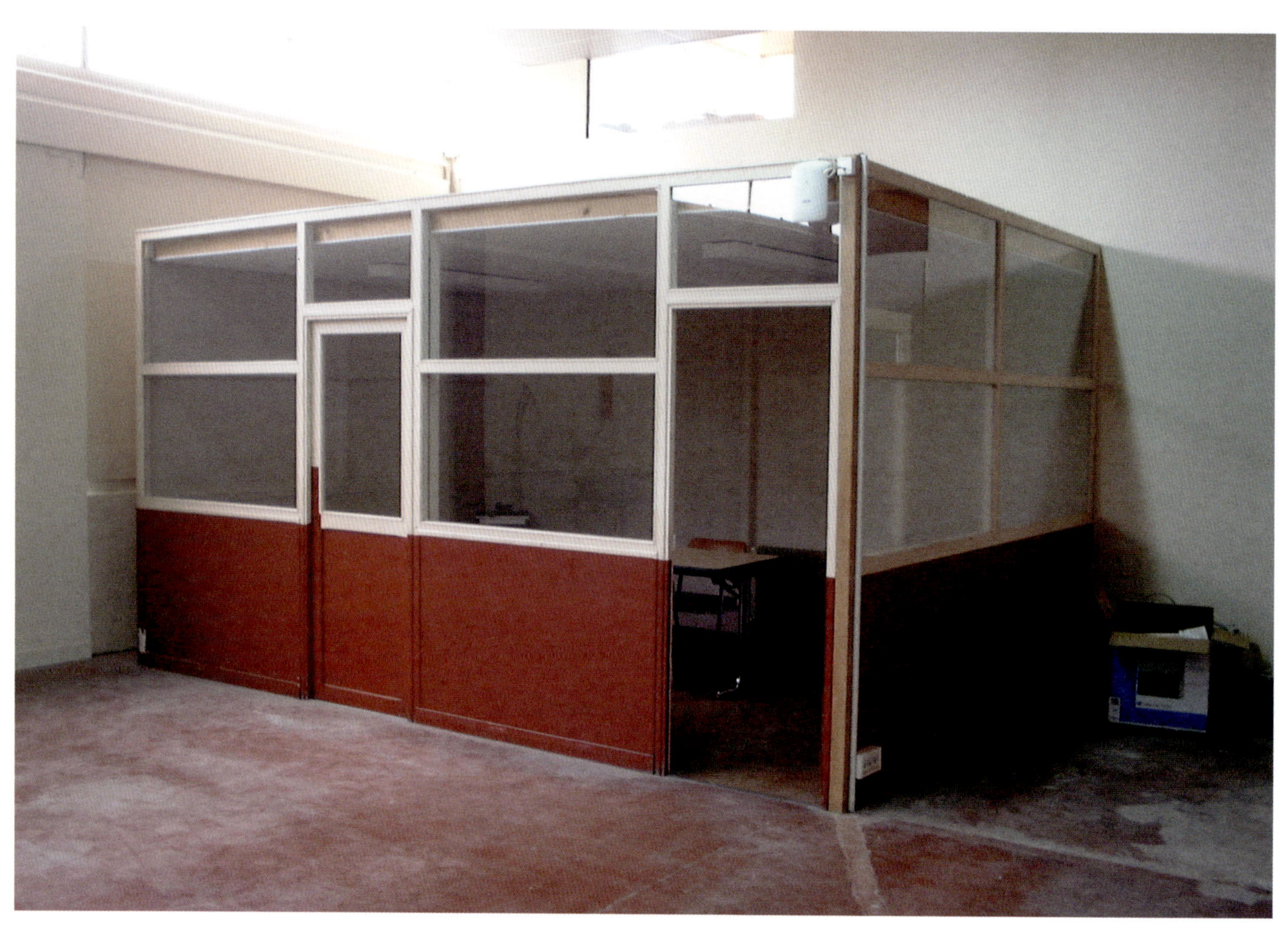

Local, After Liam Gillick

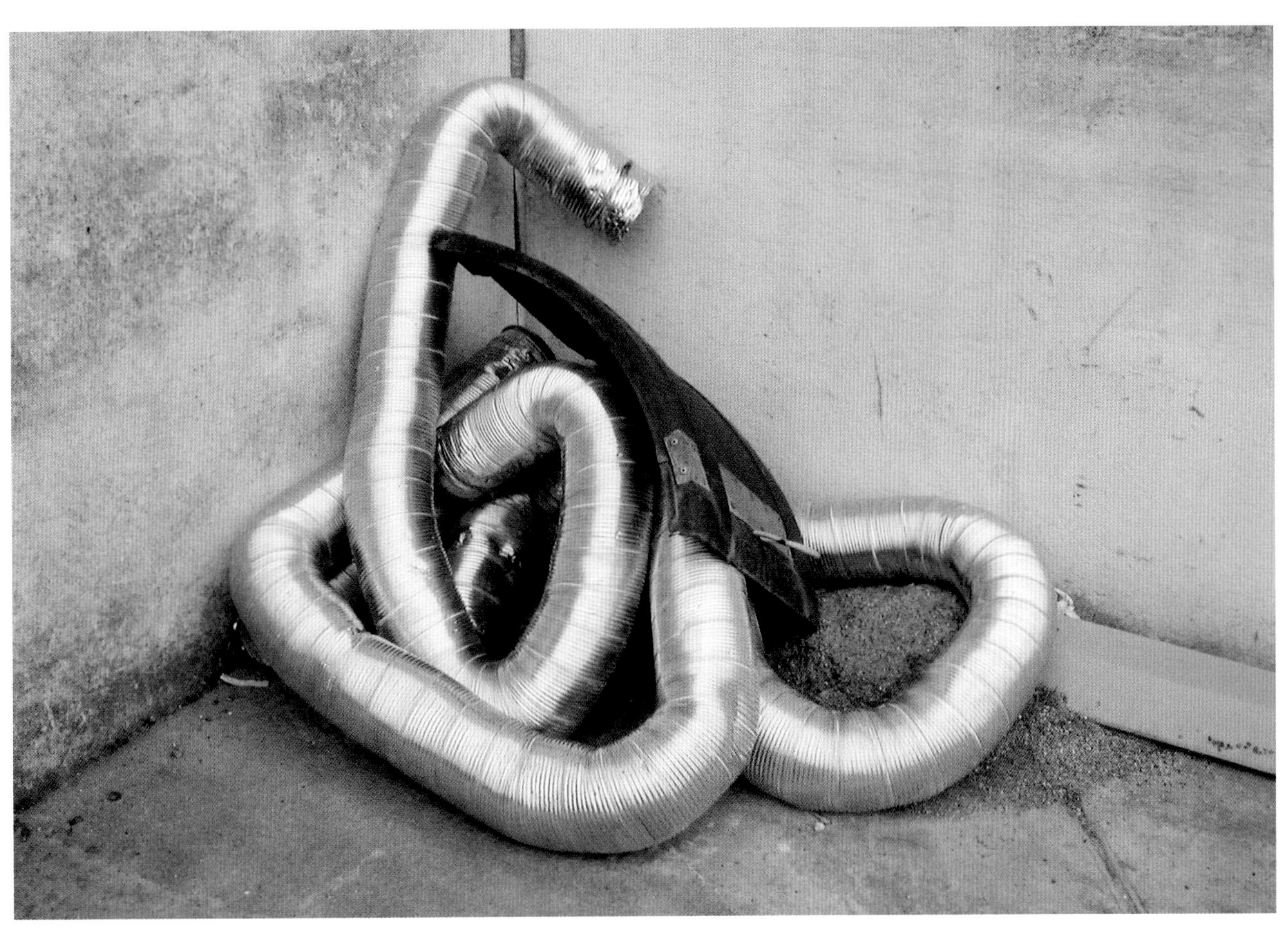

Tuyaux, After Peter Kogler

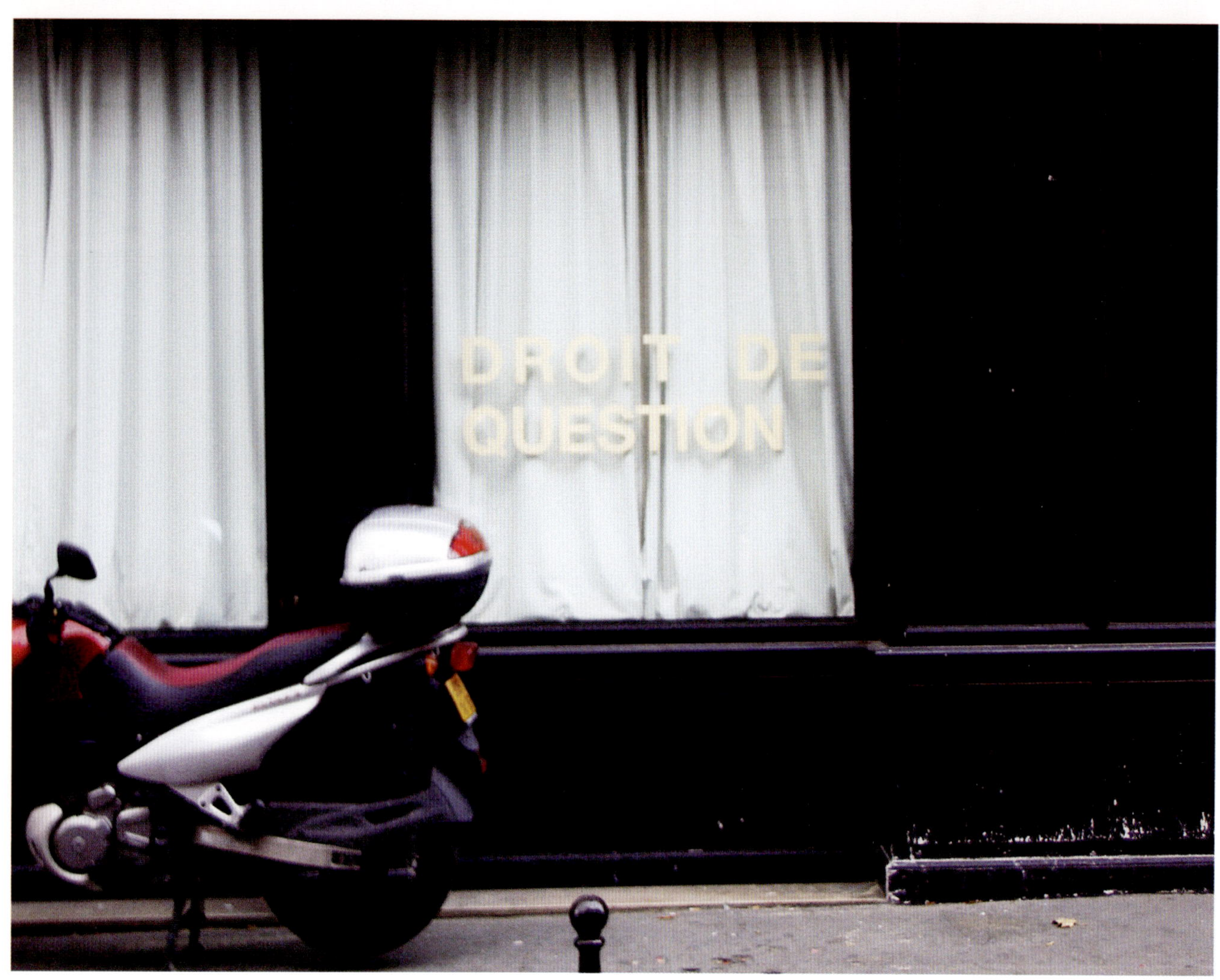

Droit de question, After Rémy Zaugg

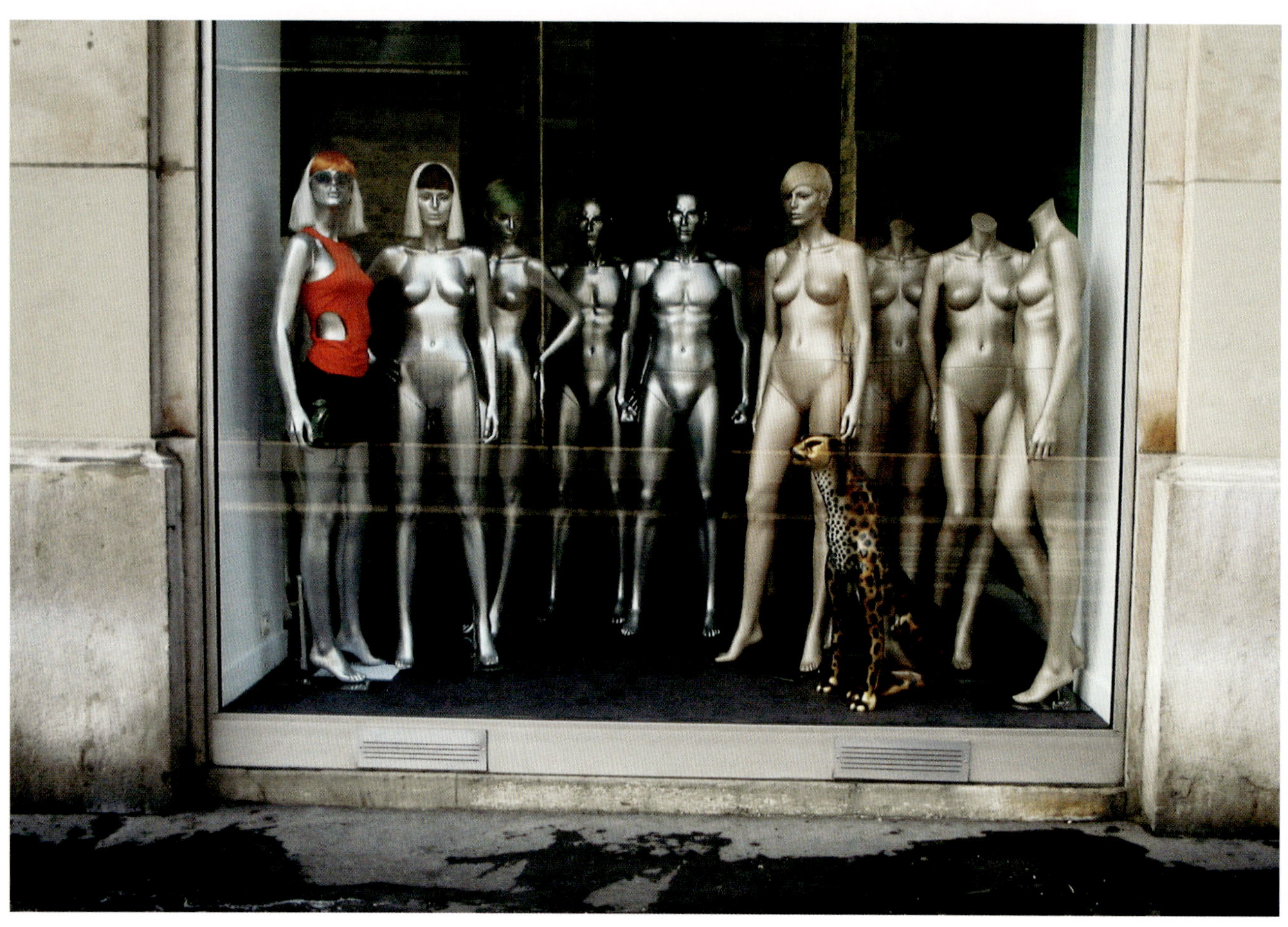

Manequins, After Vanessa Beecroft

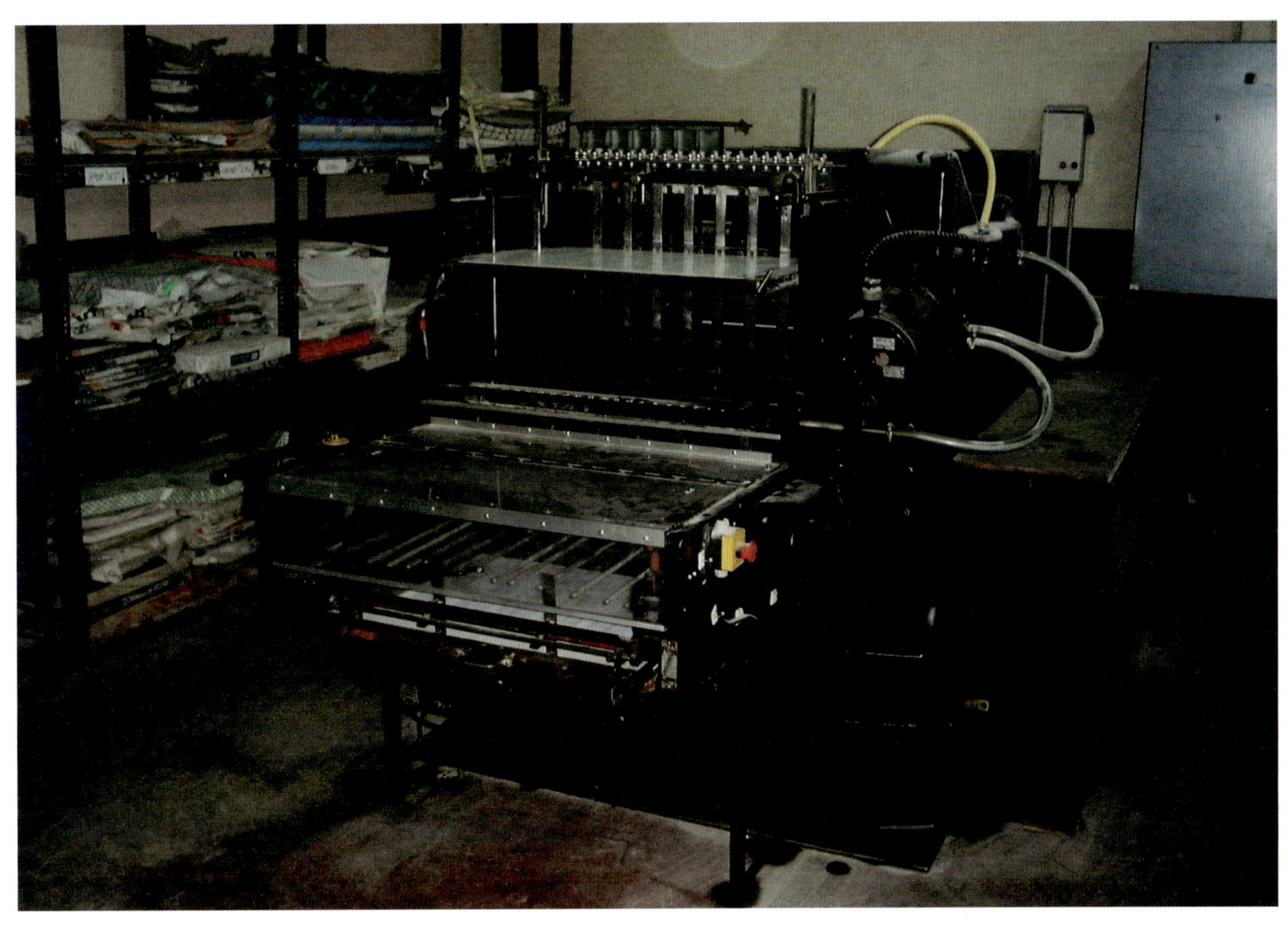

Machine, After Thomas Ruff

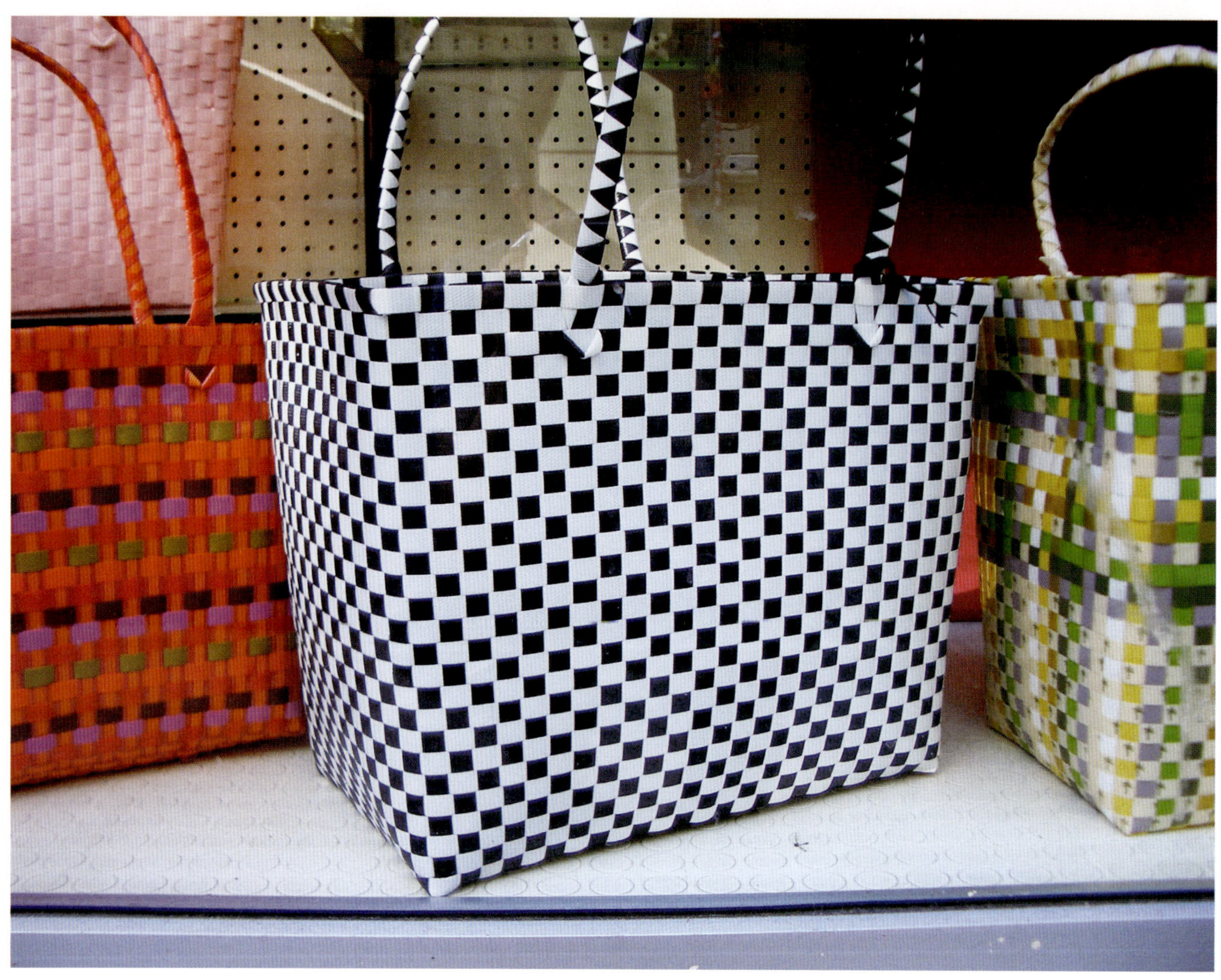

Aix en Provence, After Victor Vasarely

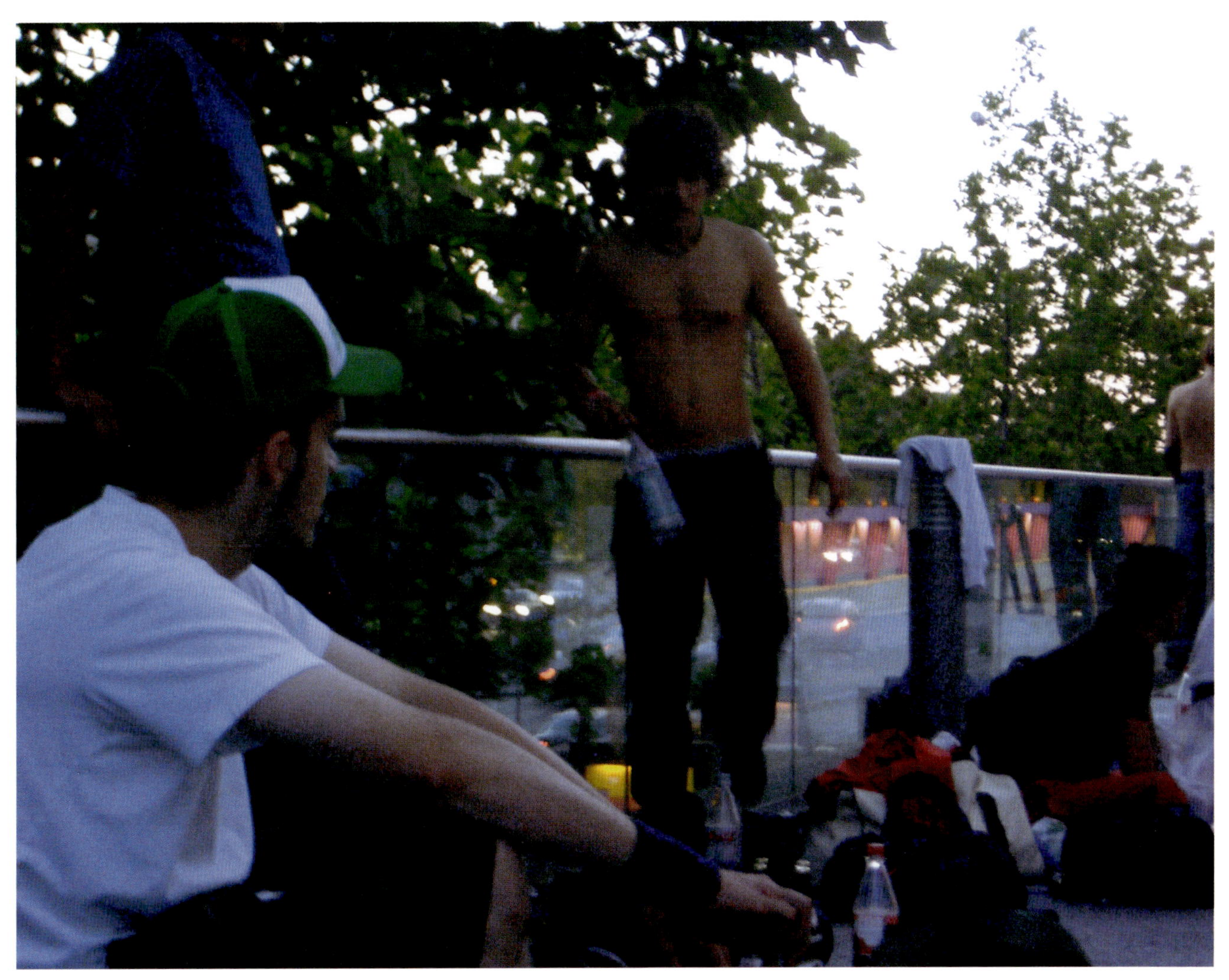

Stuttgart, juillet 2005, After Larry Clark

After Alain Bublex
After Bernard Frize
After Bruce Nauman
After Claude Lévêque
After Dan Flavin
After Gordon Matta-Clark
After Fabrice Hybert
After John Armleder
After Lee Friedlander
After Martin Parr
After Maurizio Cattelan
After Botticelli
After Salvador Dali

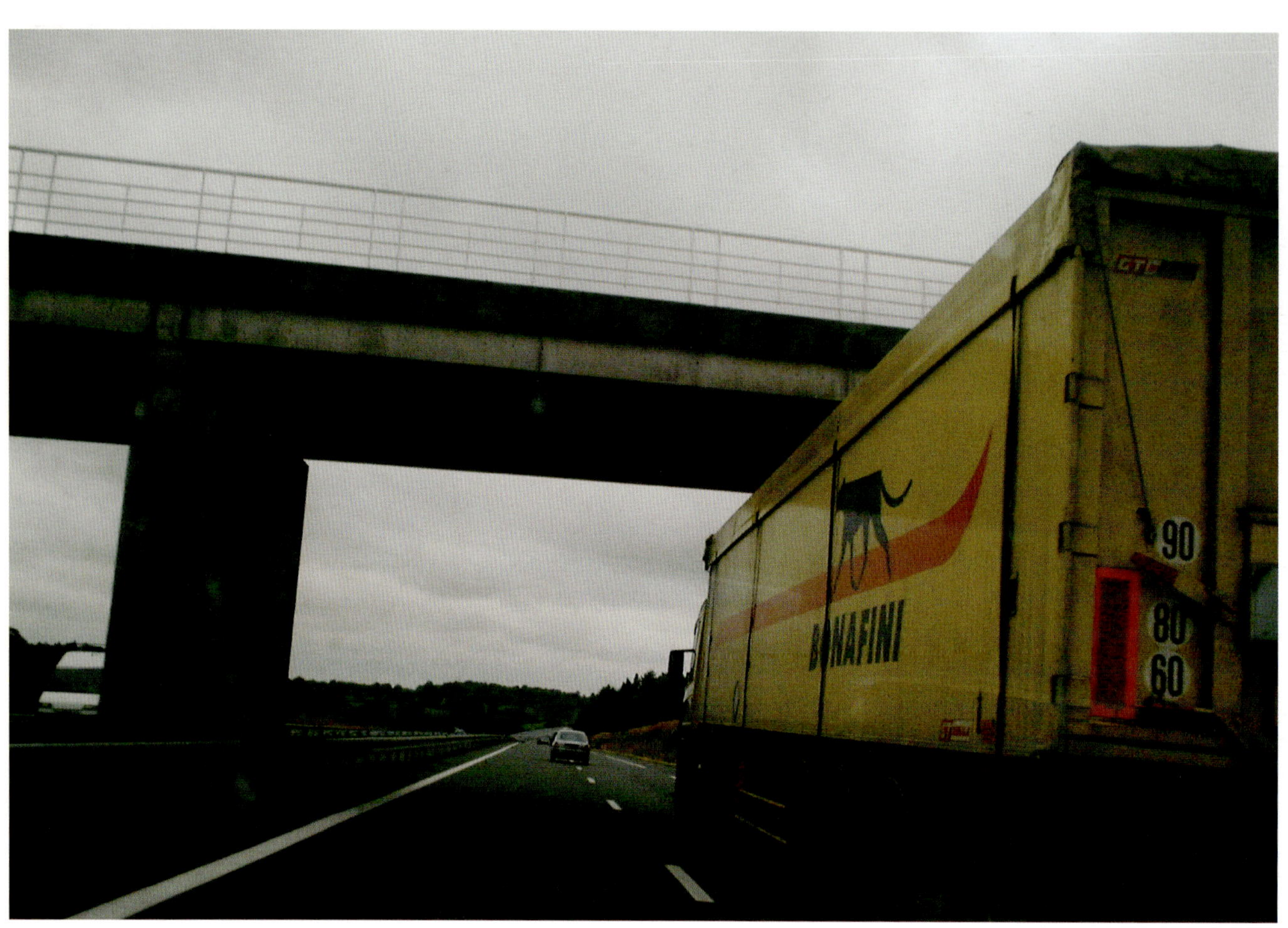

Autoroute, After Alain Bublex

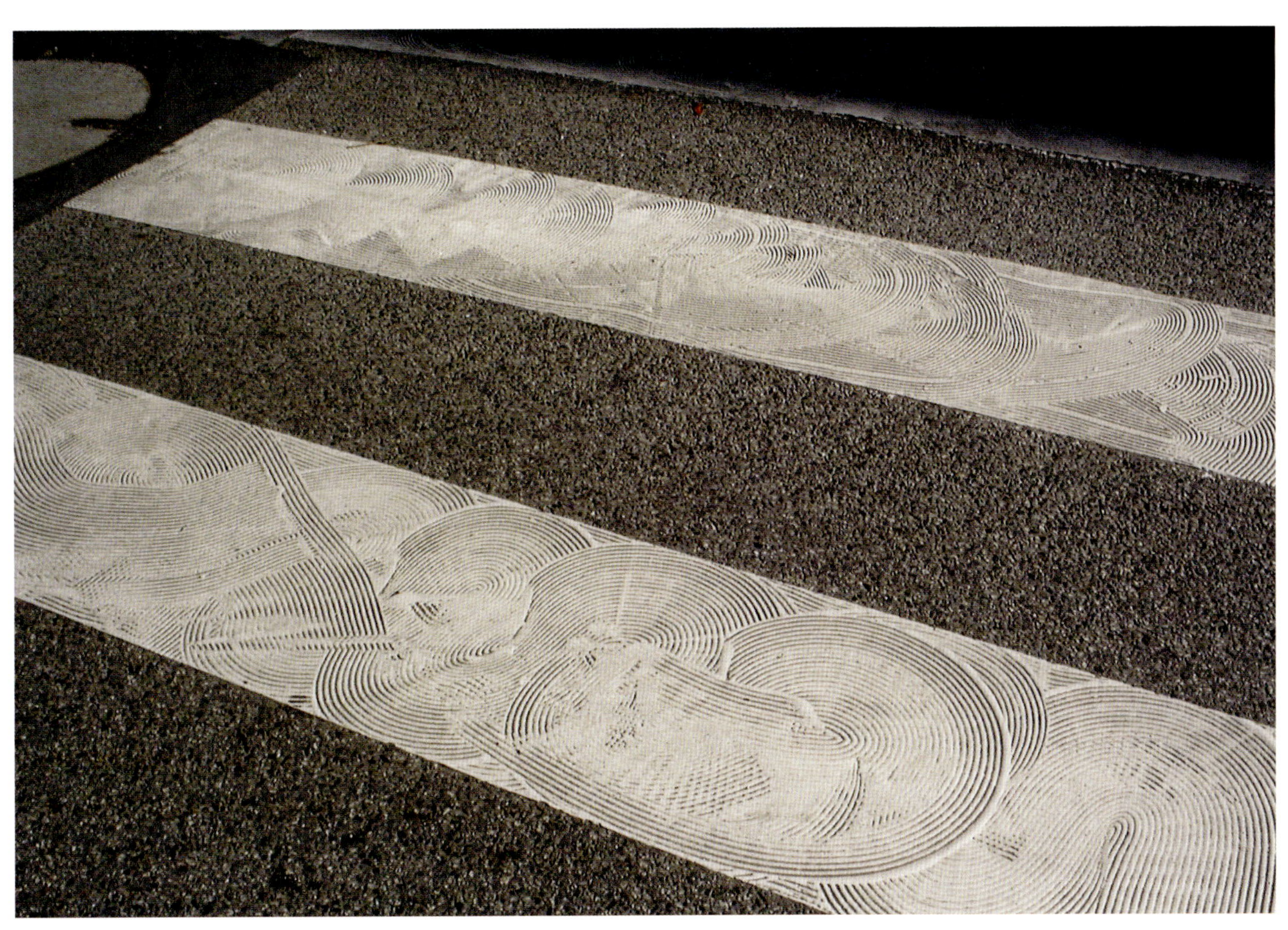

Passage piéton, After Bernard Frize

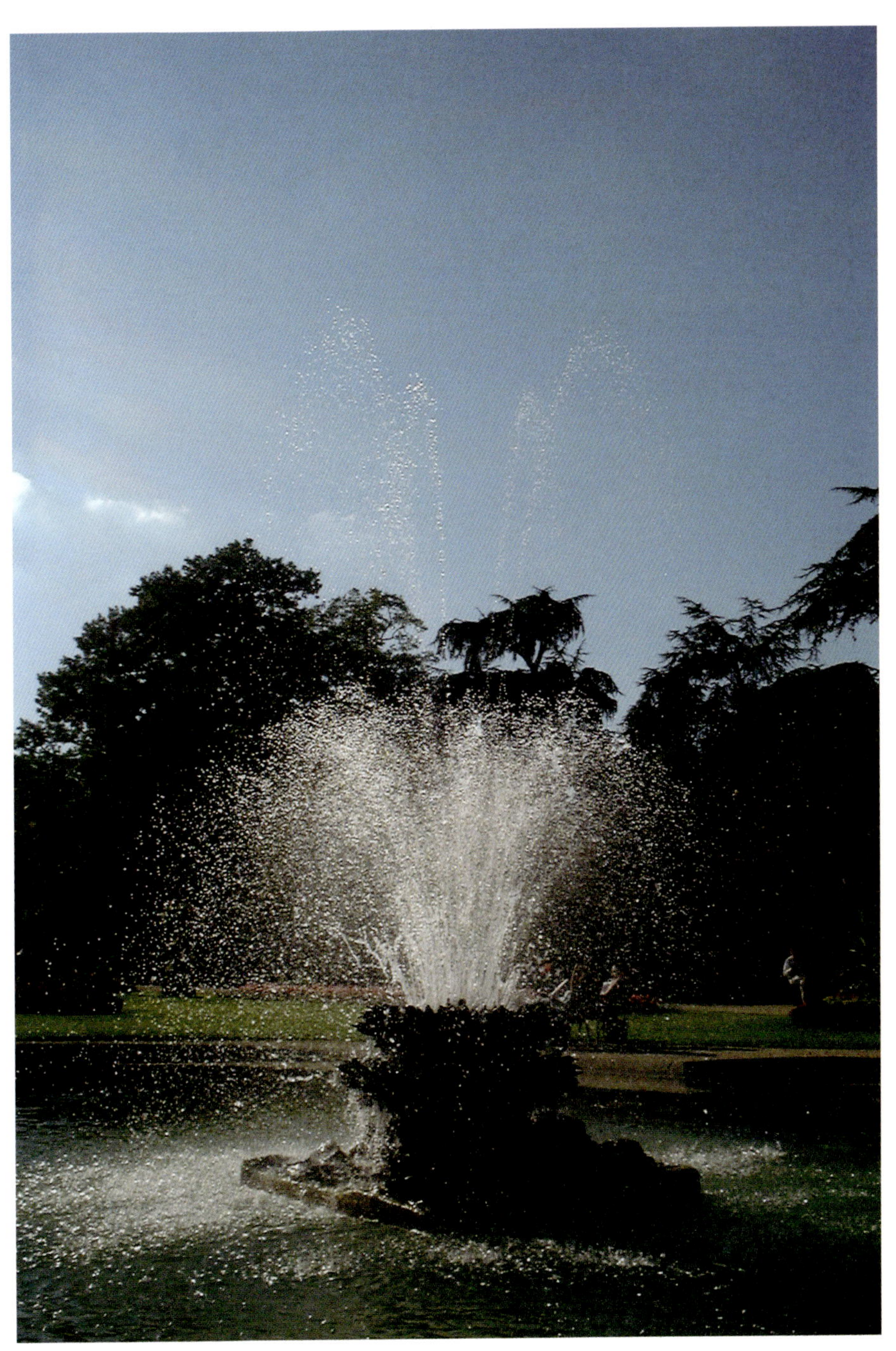

Fontaine, After Bruce Nauman

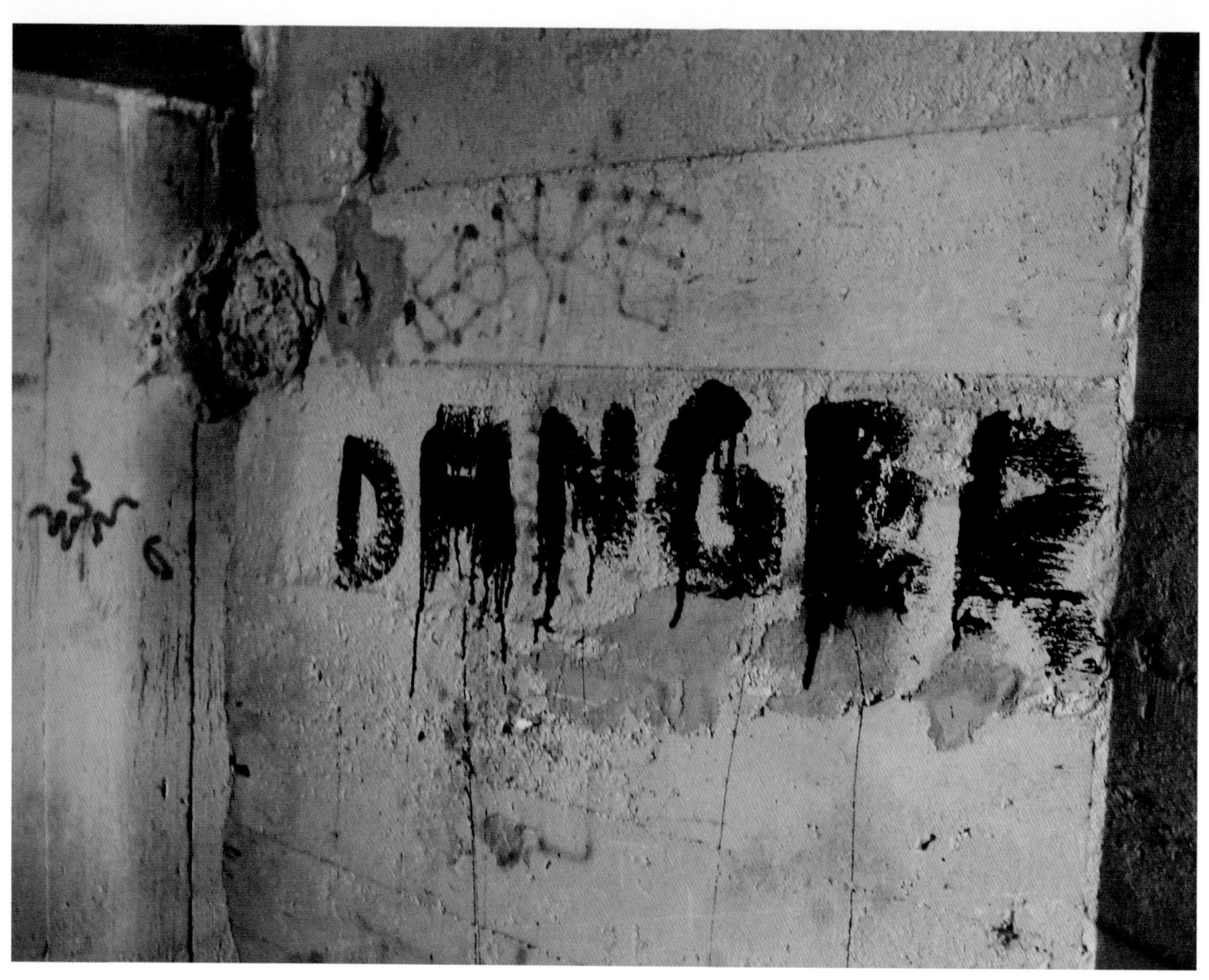

Blocos, After Claude Lévêque

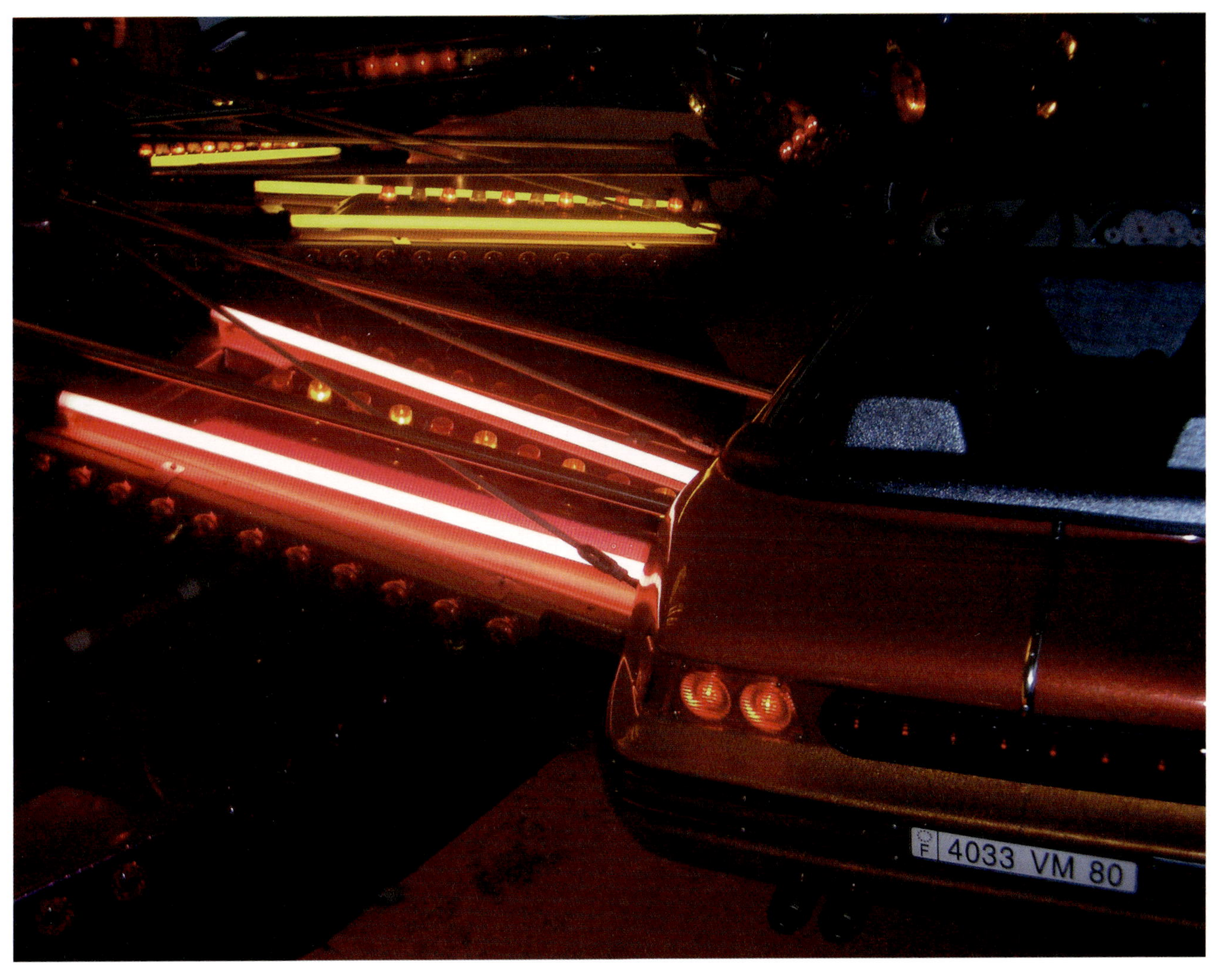

Place de la Madeleine, Paris, After Dan Flavin

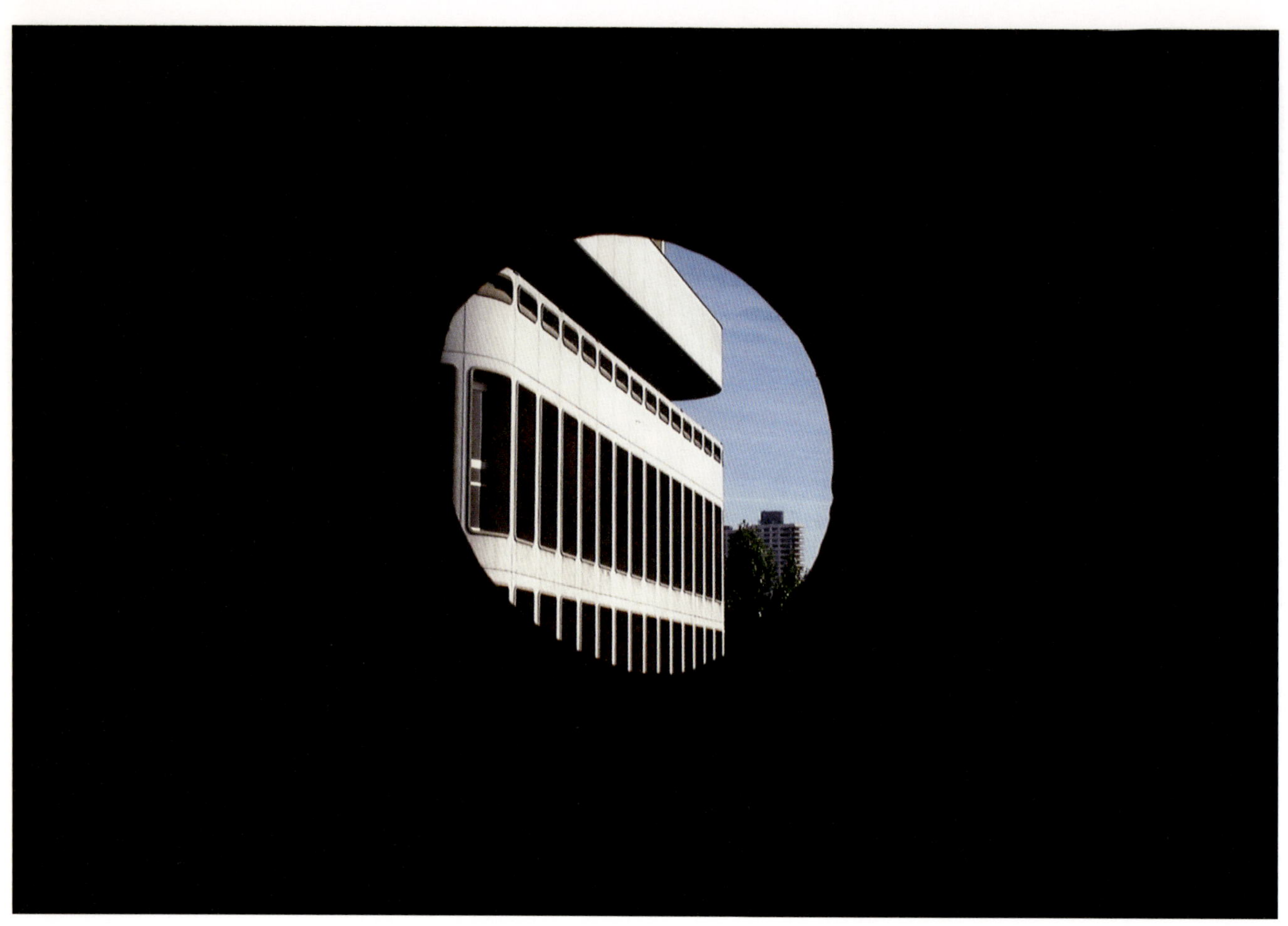

Immeuble France Telecom, After Gordon Matta-Clark

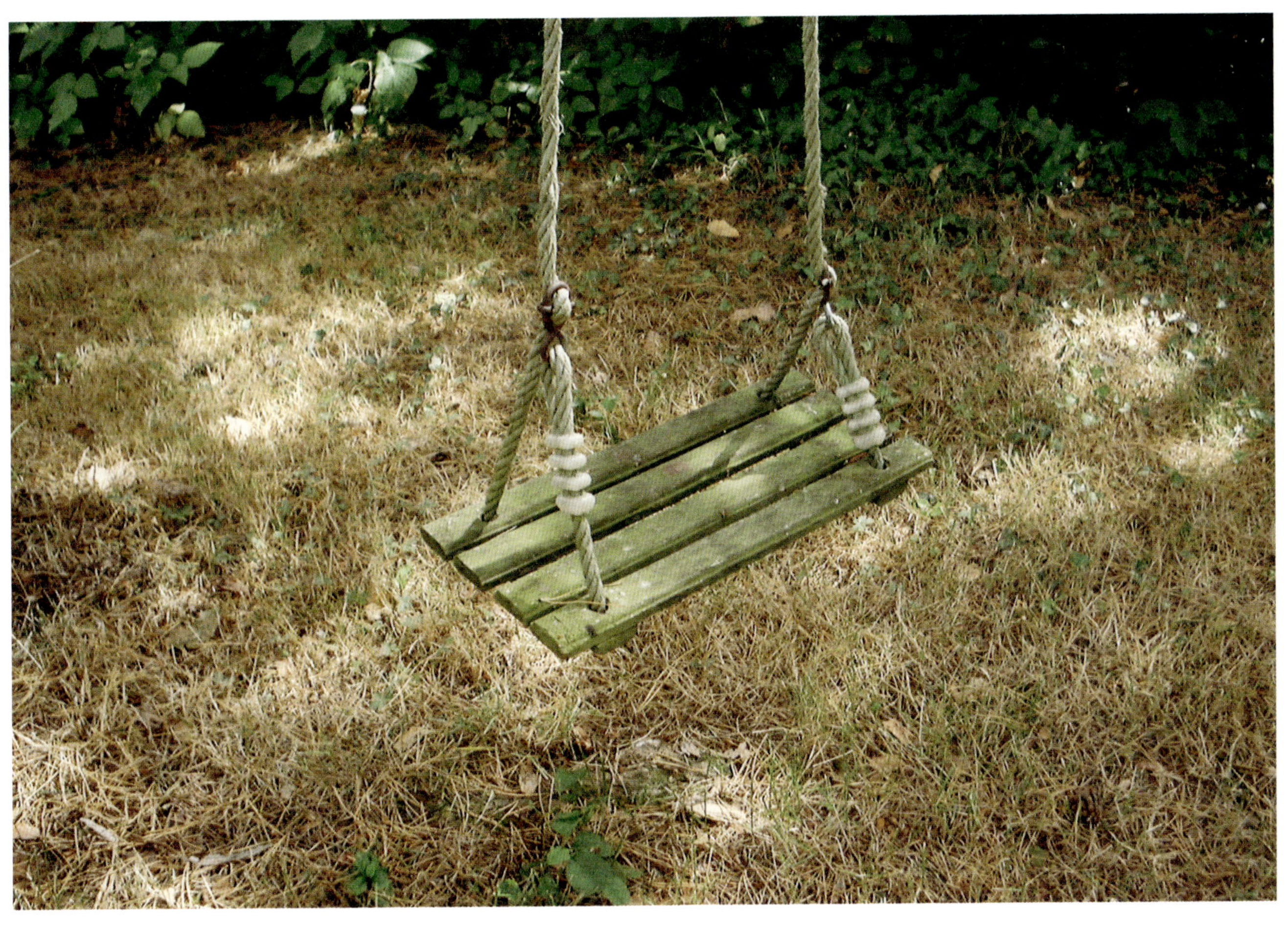

Balançoire, After Fabrice Hybert

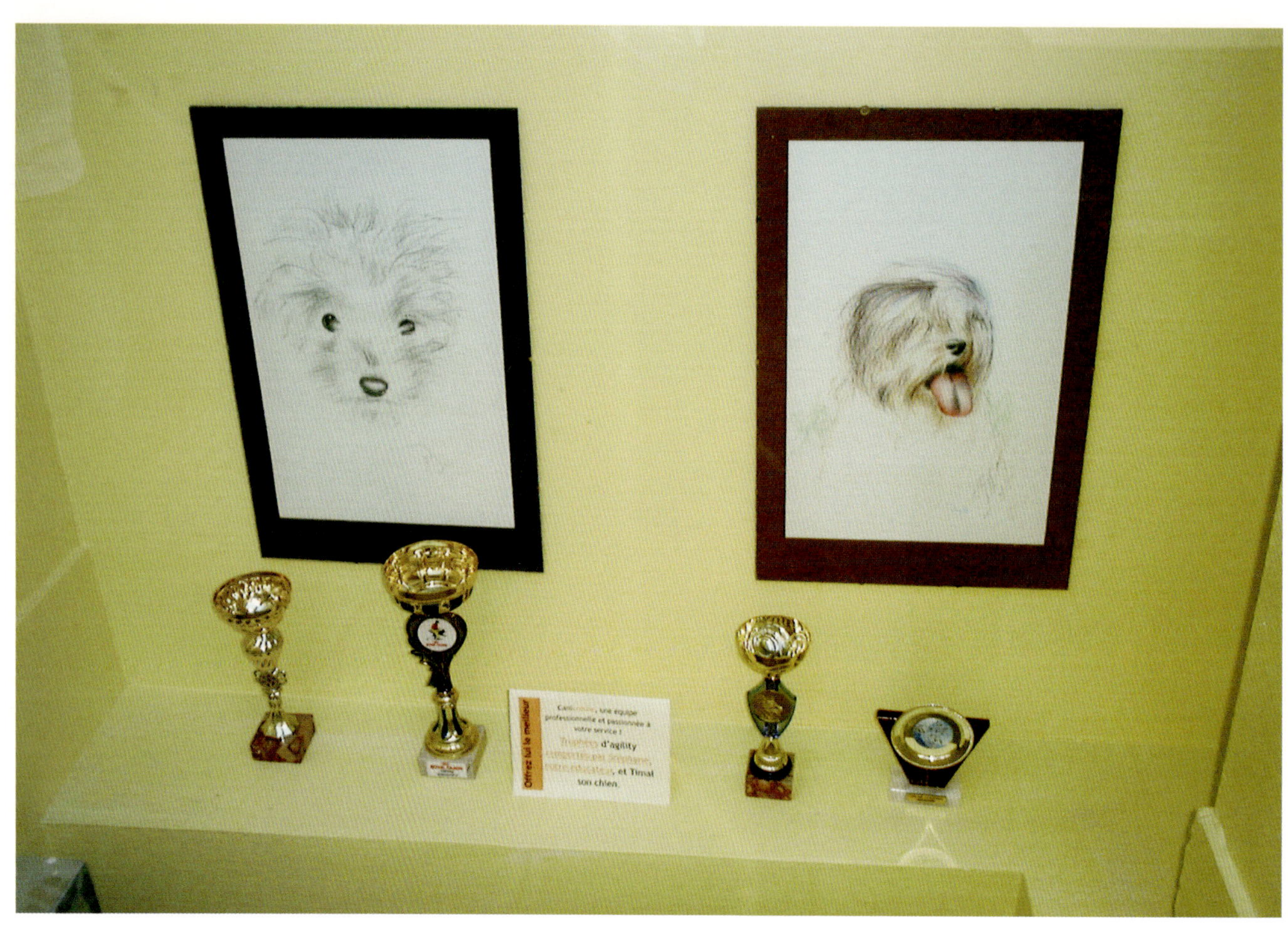

Dogs & cups, After John Armleder

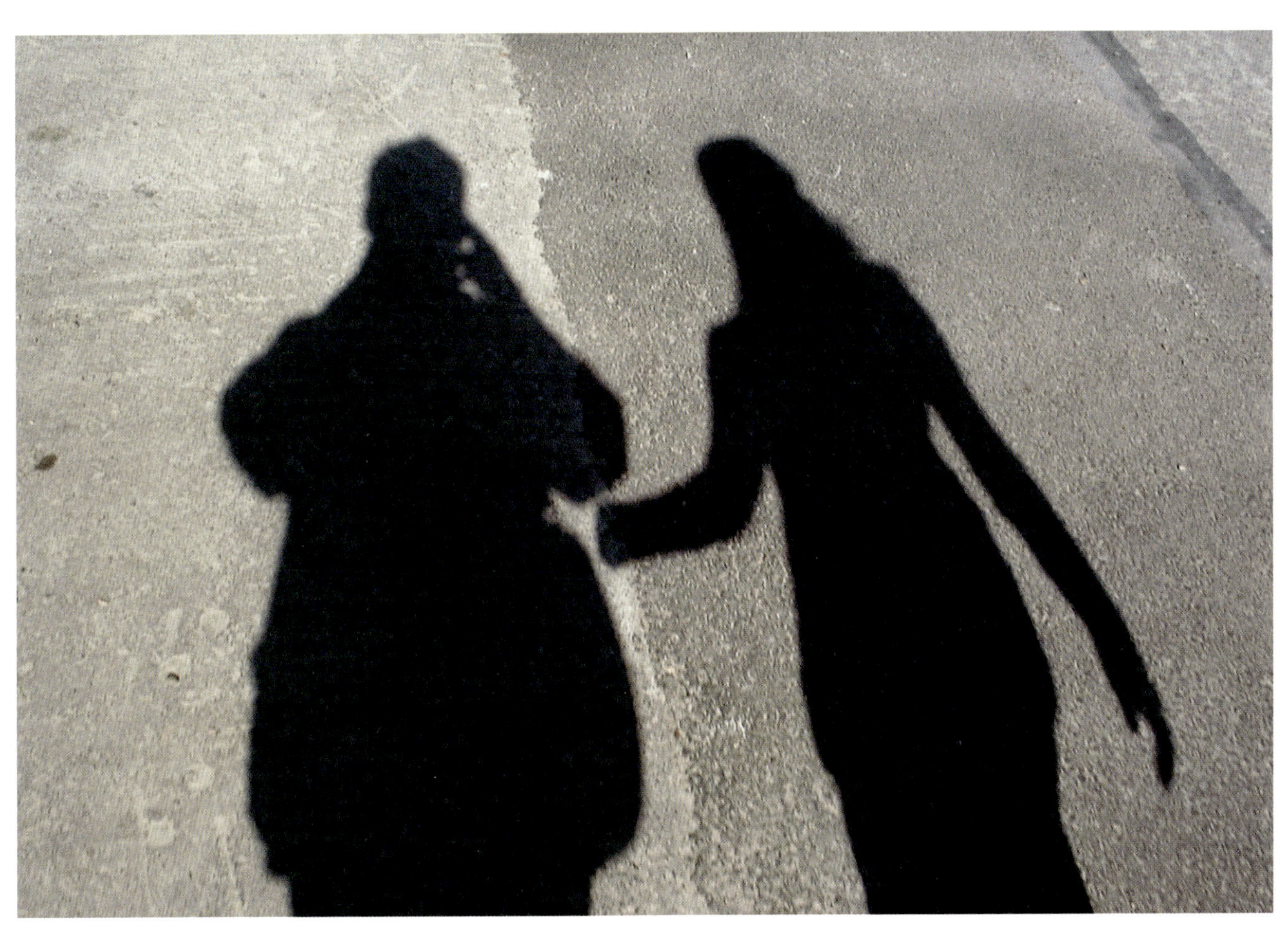

Camille, After Lee Friedlander

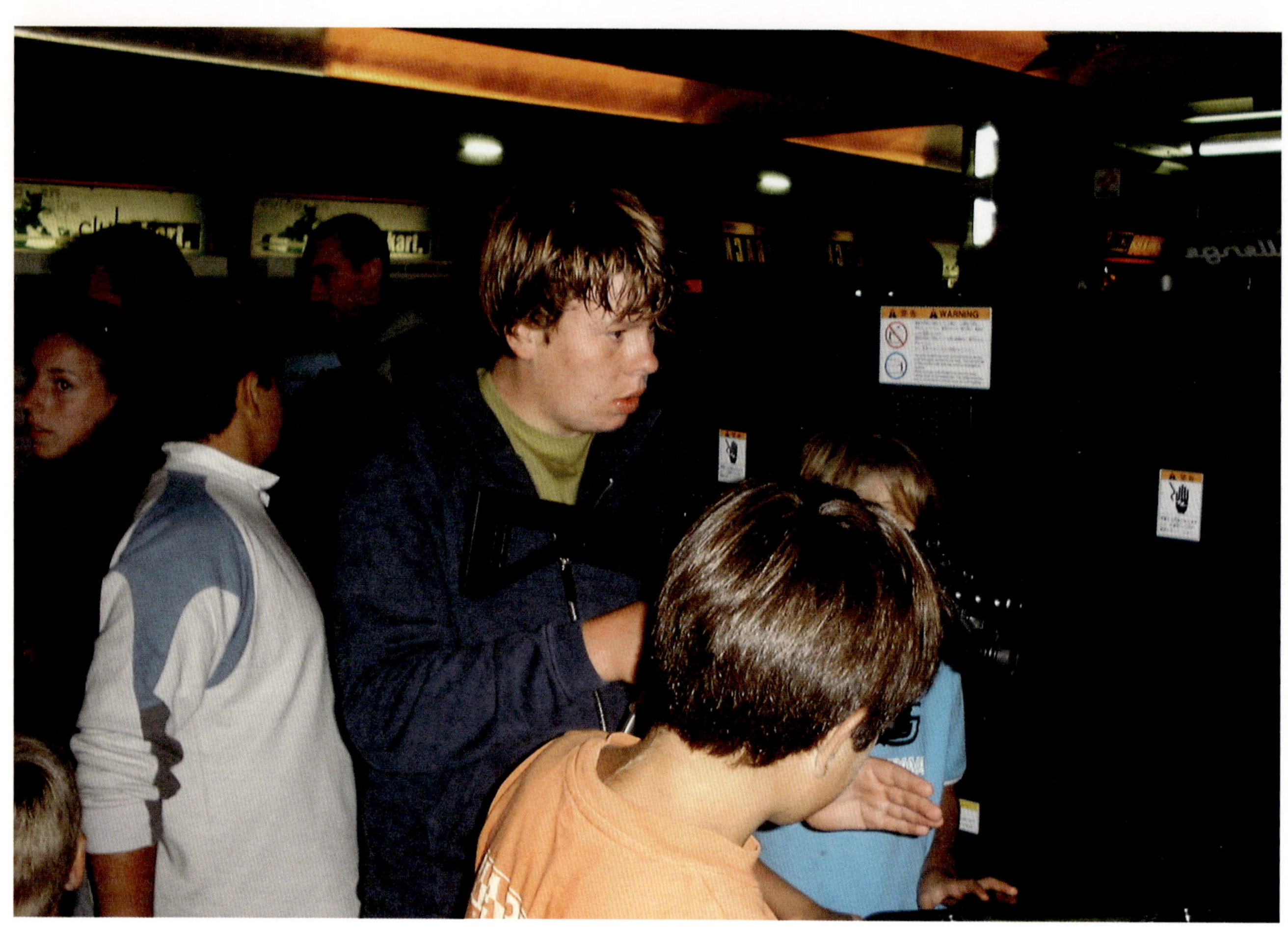

Lunapark, Carnac, Aout 2005, After Martin Parr

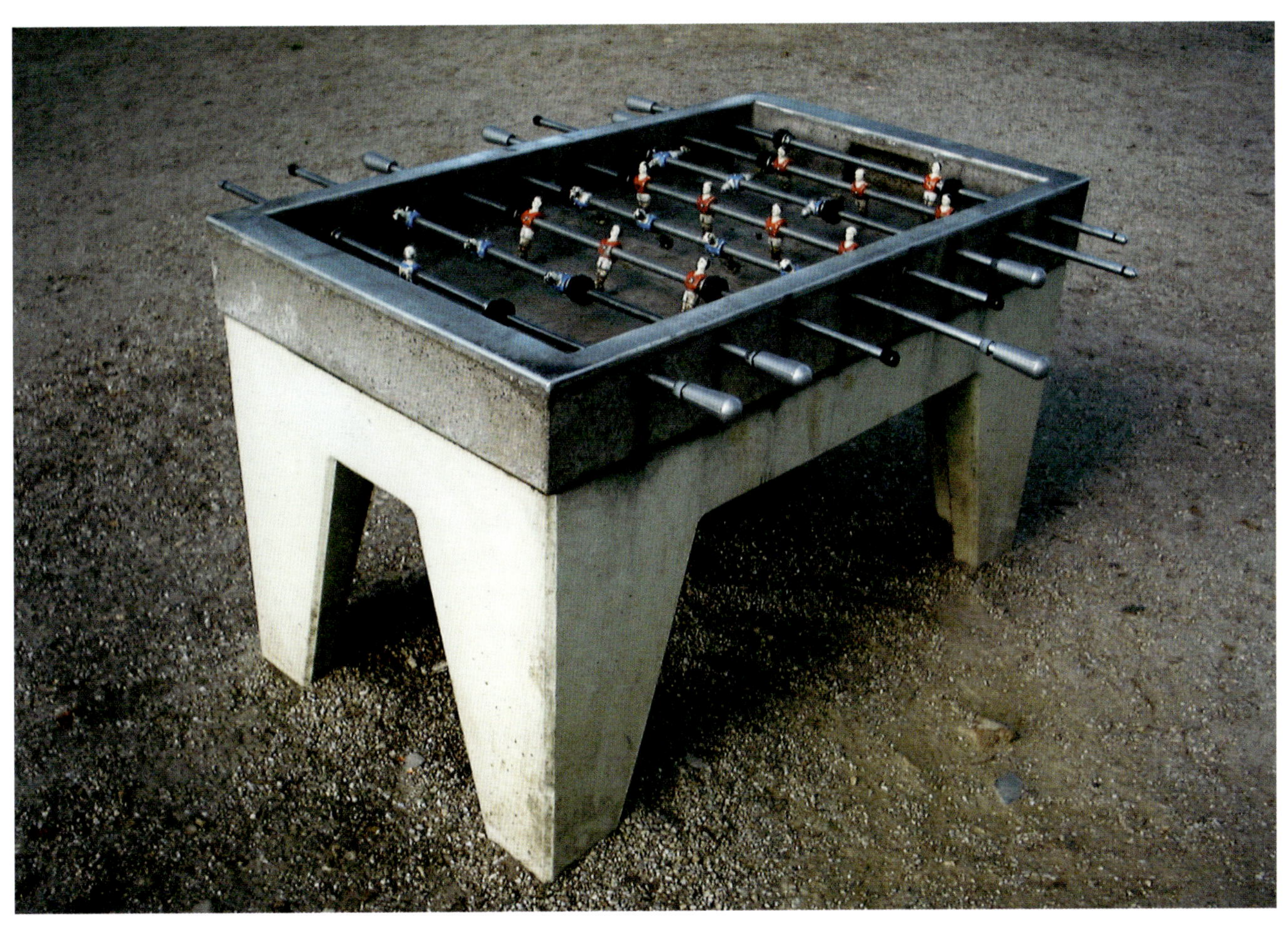

Baby foot, After Maurizio Cattelan

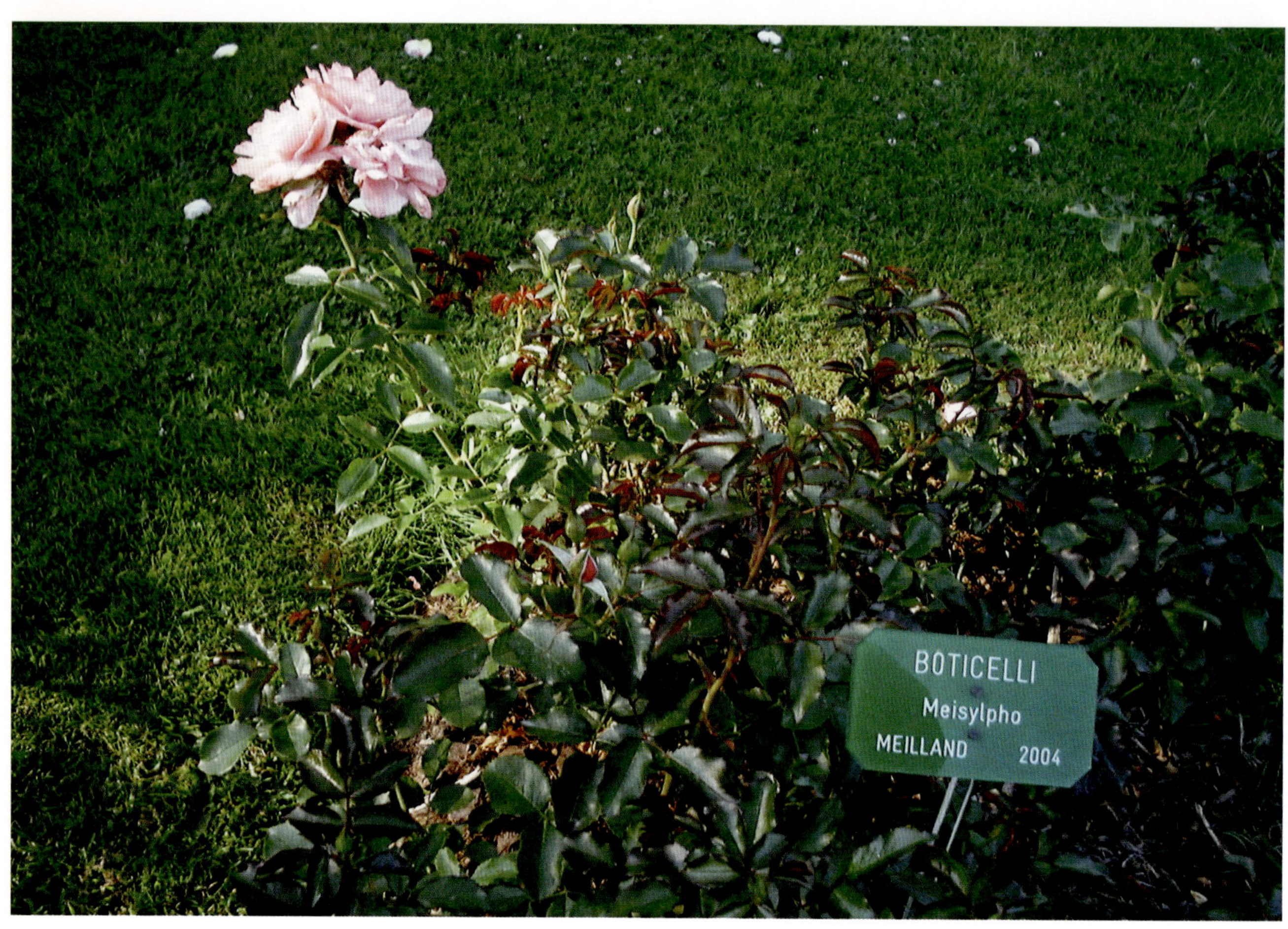

Roses, After Boticelli

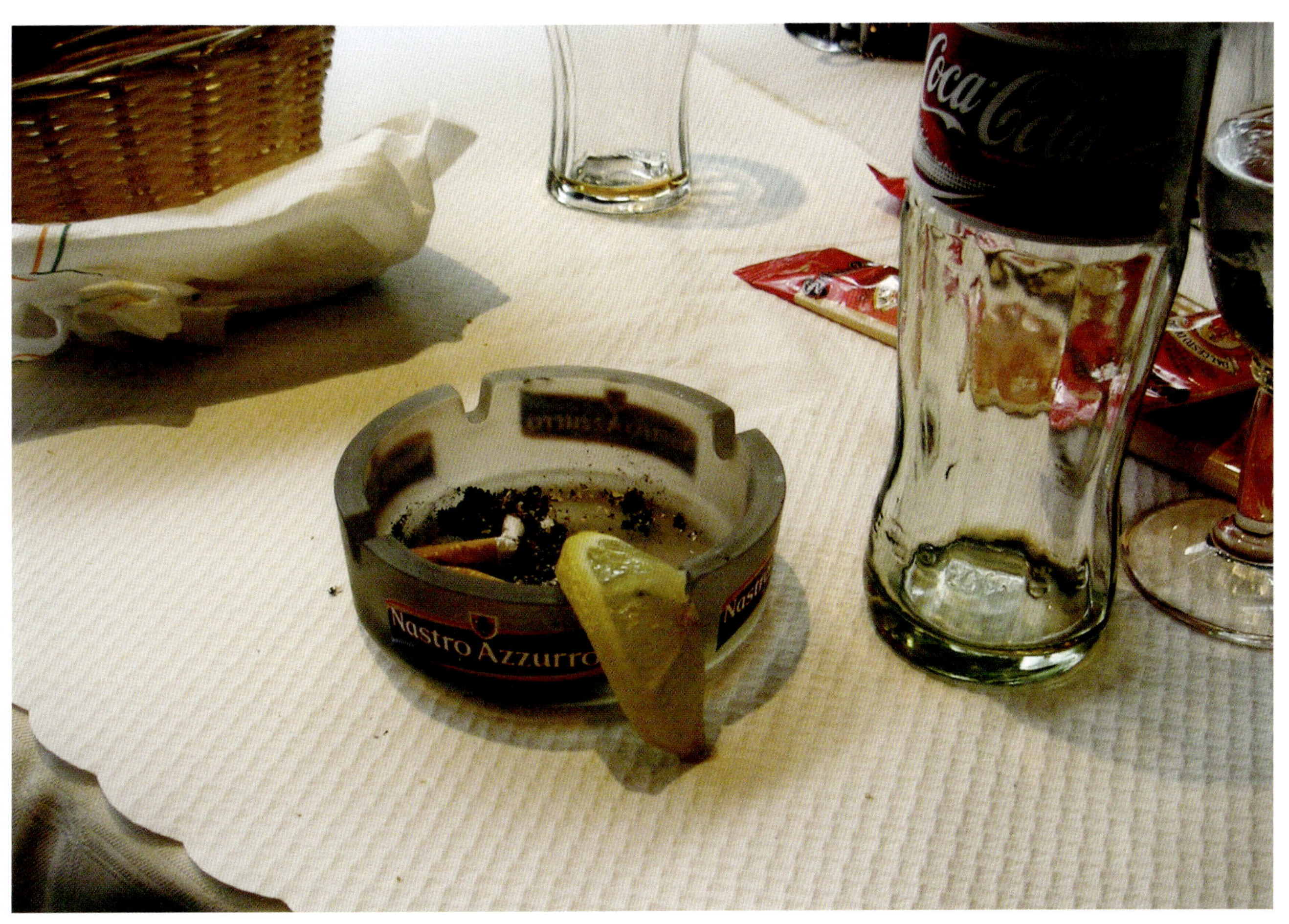

Pizzeria, After Salvador Dali

After Bruno Serralongue
After André Cadere
After Douglas Gordon
After Christo
After Douglas Gordon
After Carsten Höller
After Pierre Huyghe
After Joseph Beuys
After Pablo Picasso
After Pierre Huyghe & Philippe Parreno
After Thomas Demand
After Yves Tanguy

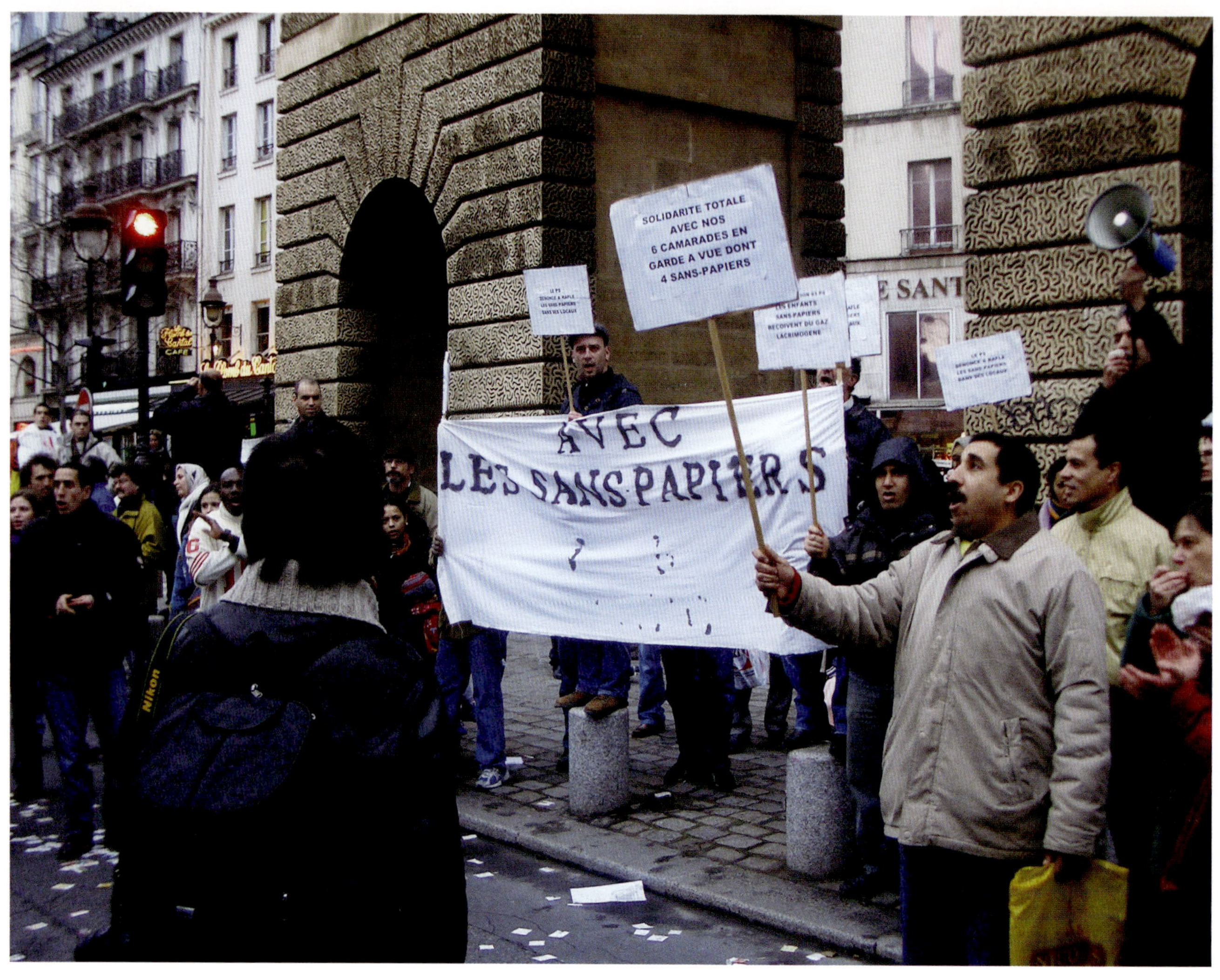

Porte St Martin, After Bruno Serralongue

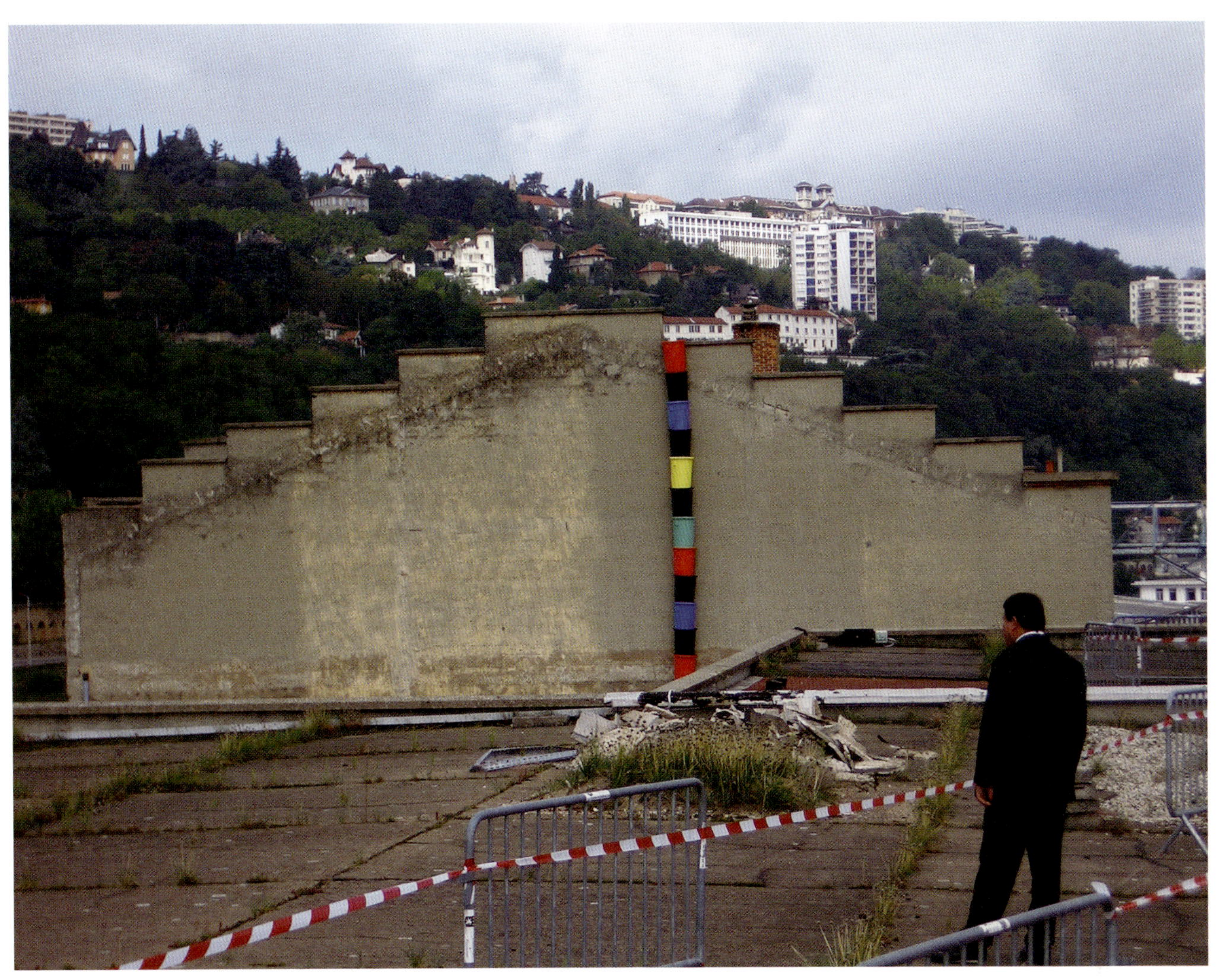

Venise, After André Cadere

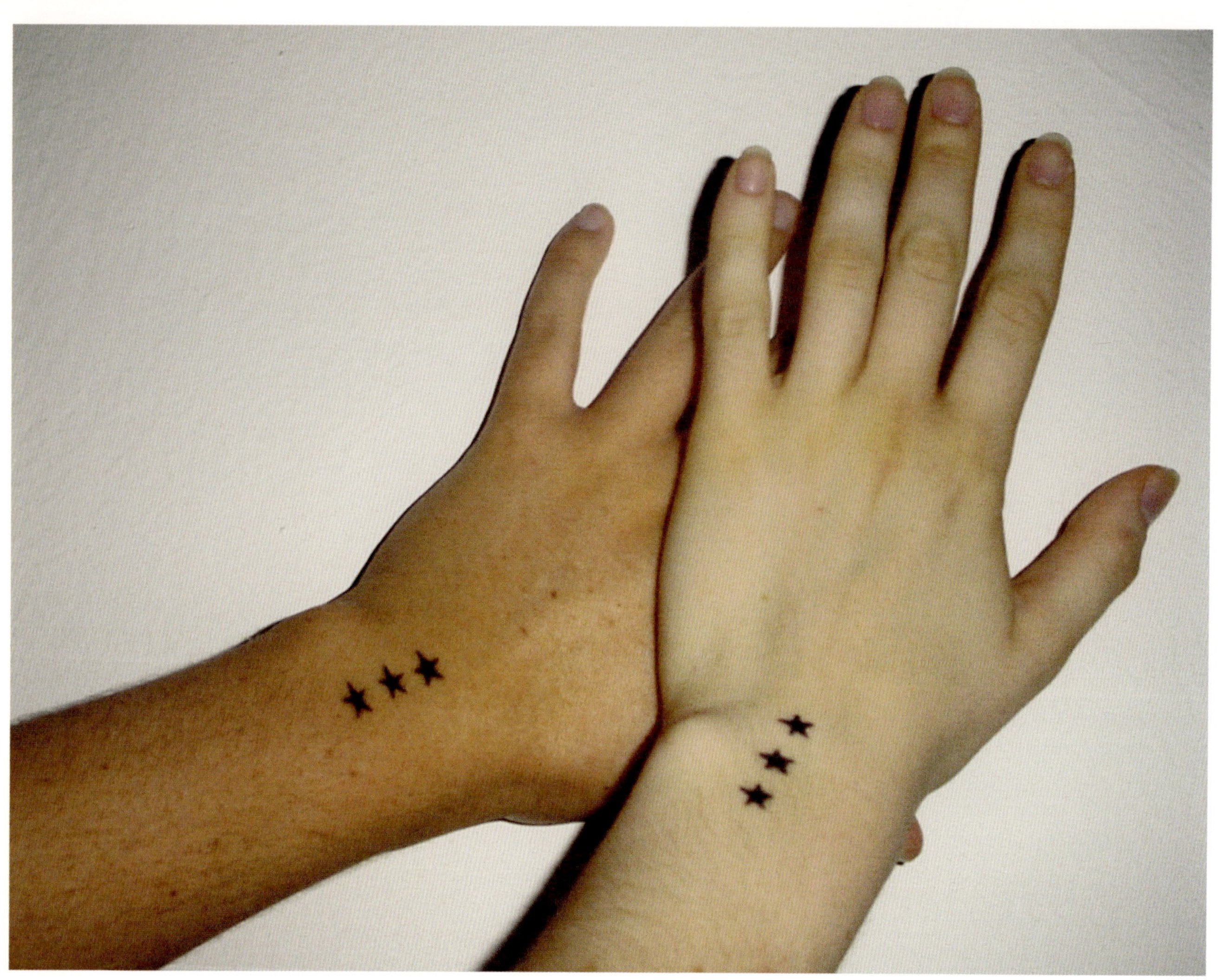

Wanda, After Douglas Gordon

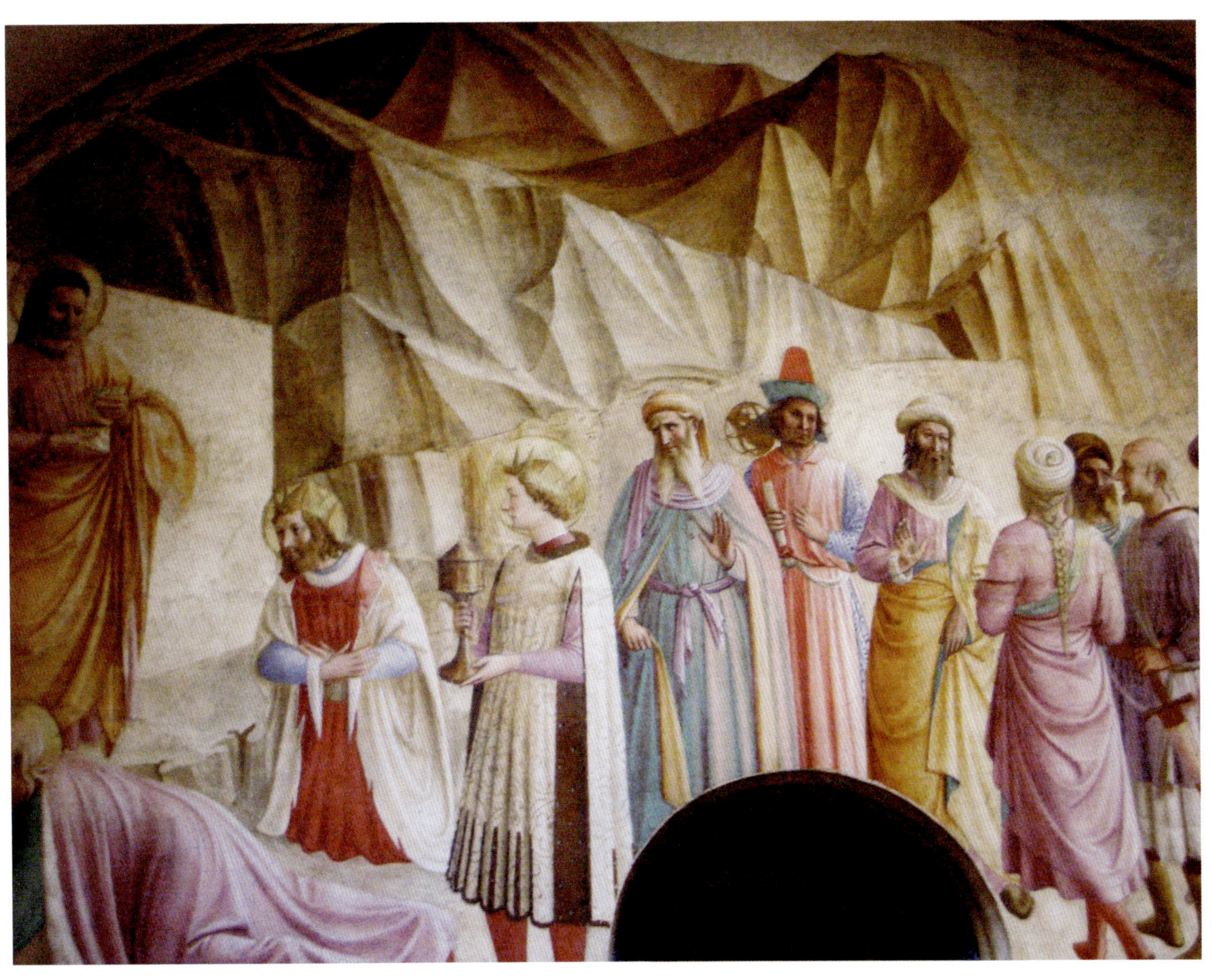

San Marco, Florence, After Christo

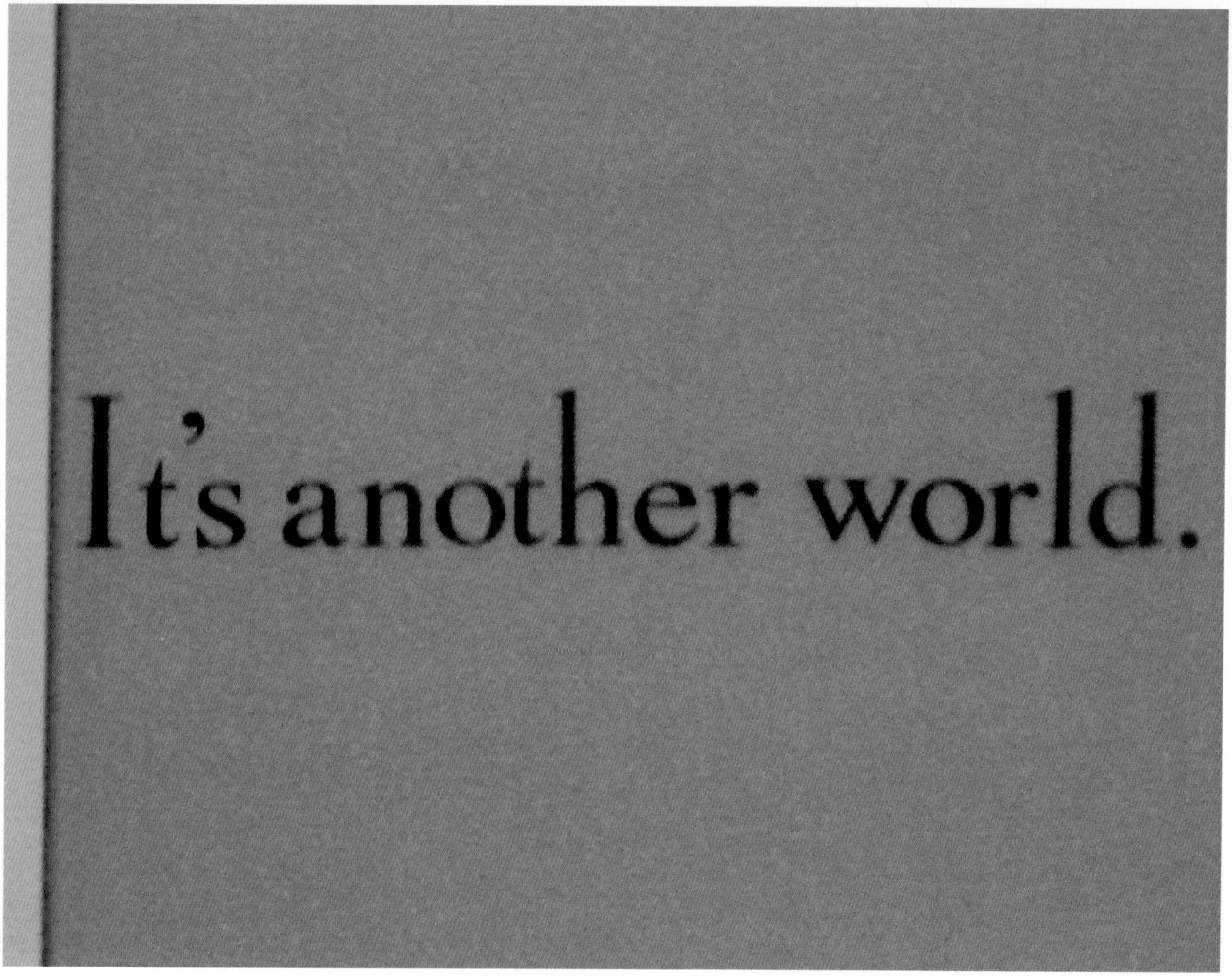

It's another world.

It's another world, After Douglas Gordon

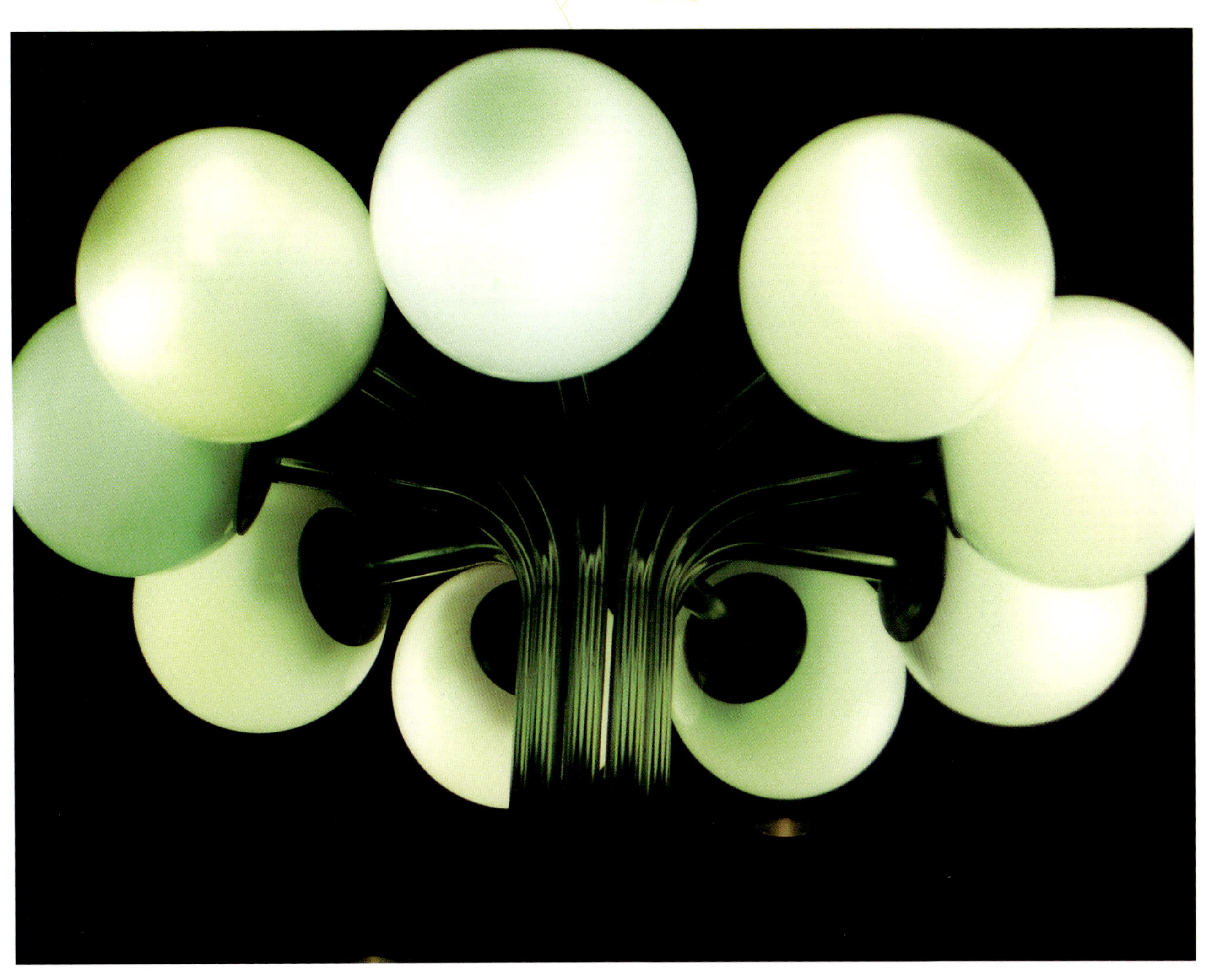

Orly, After Carsten Höller

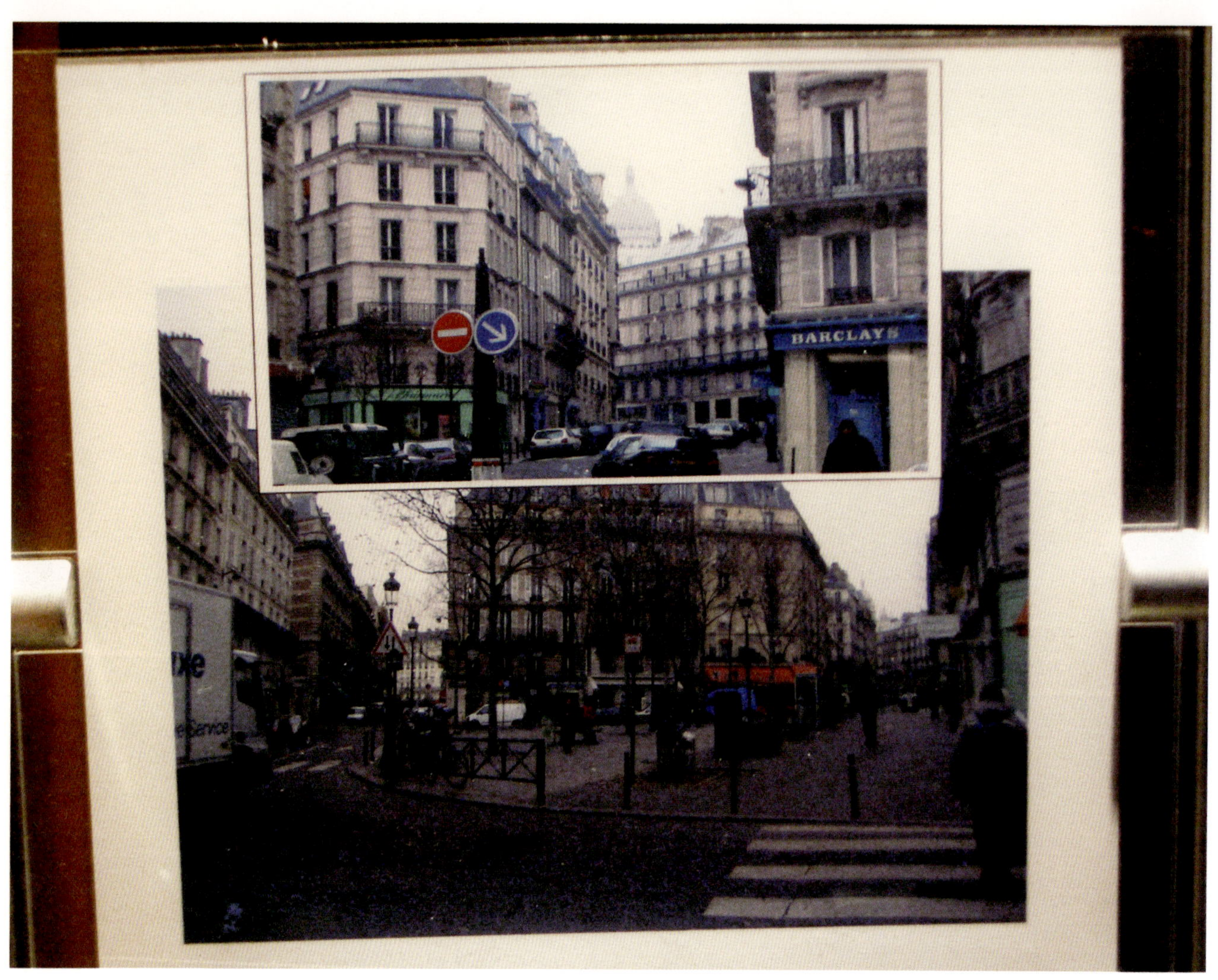

Agence Immobilière, After Pierre Huyghe

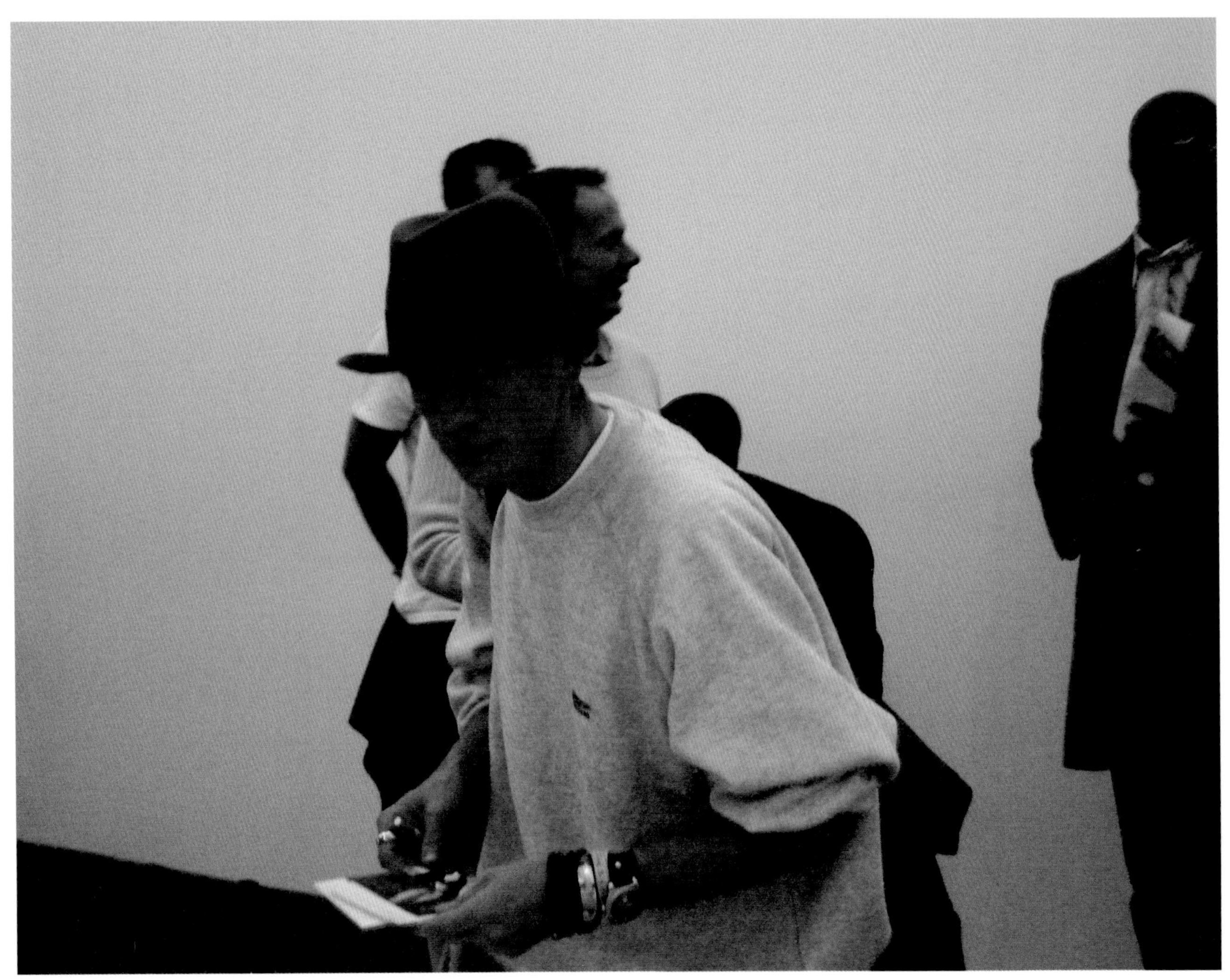

Frieze art fair, london 2005, After Joseph Beuys

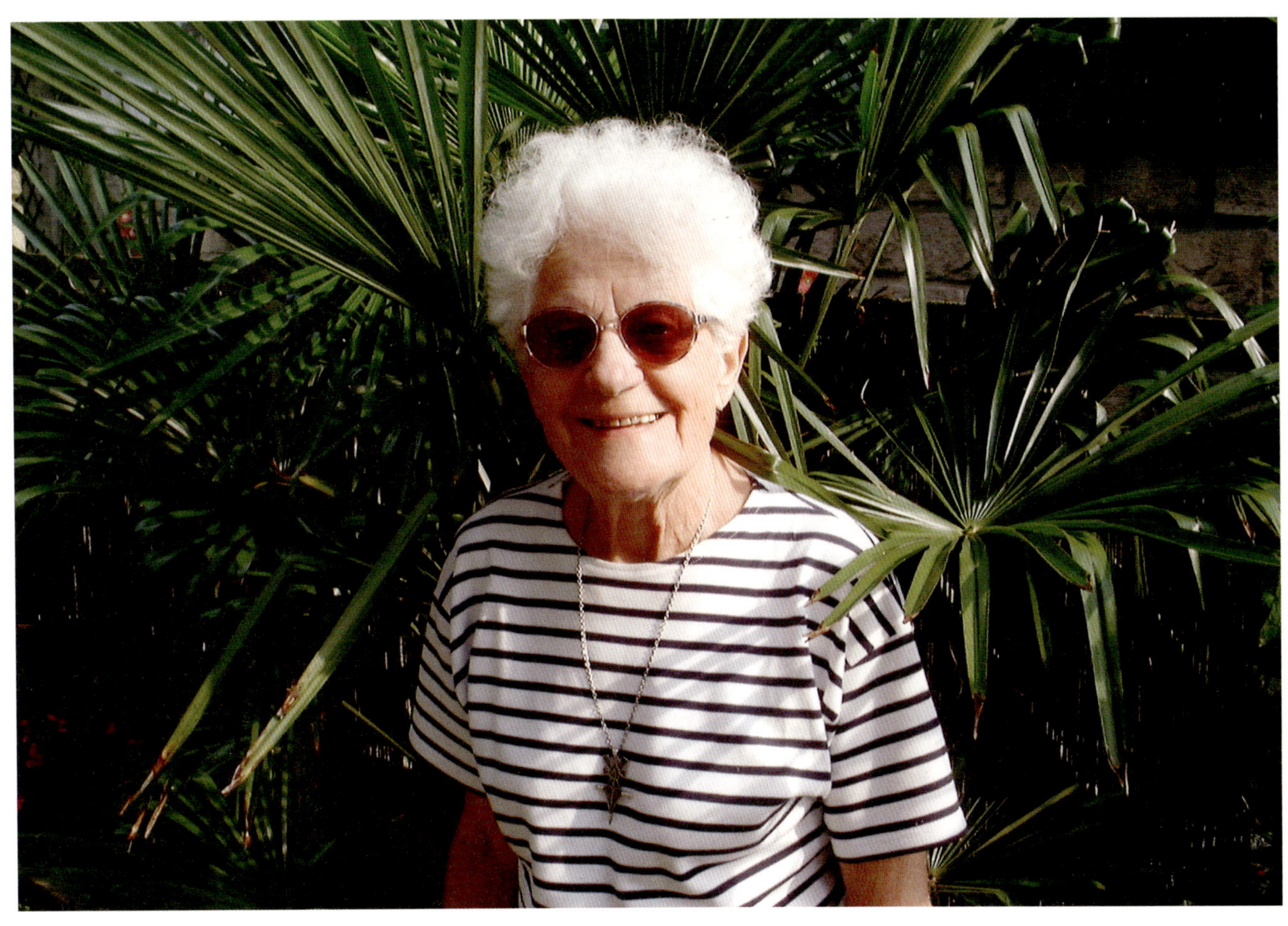

Mamie, After Pablo Picasso

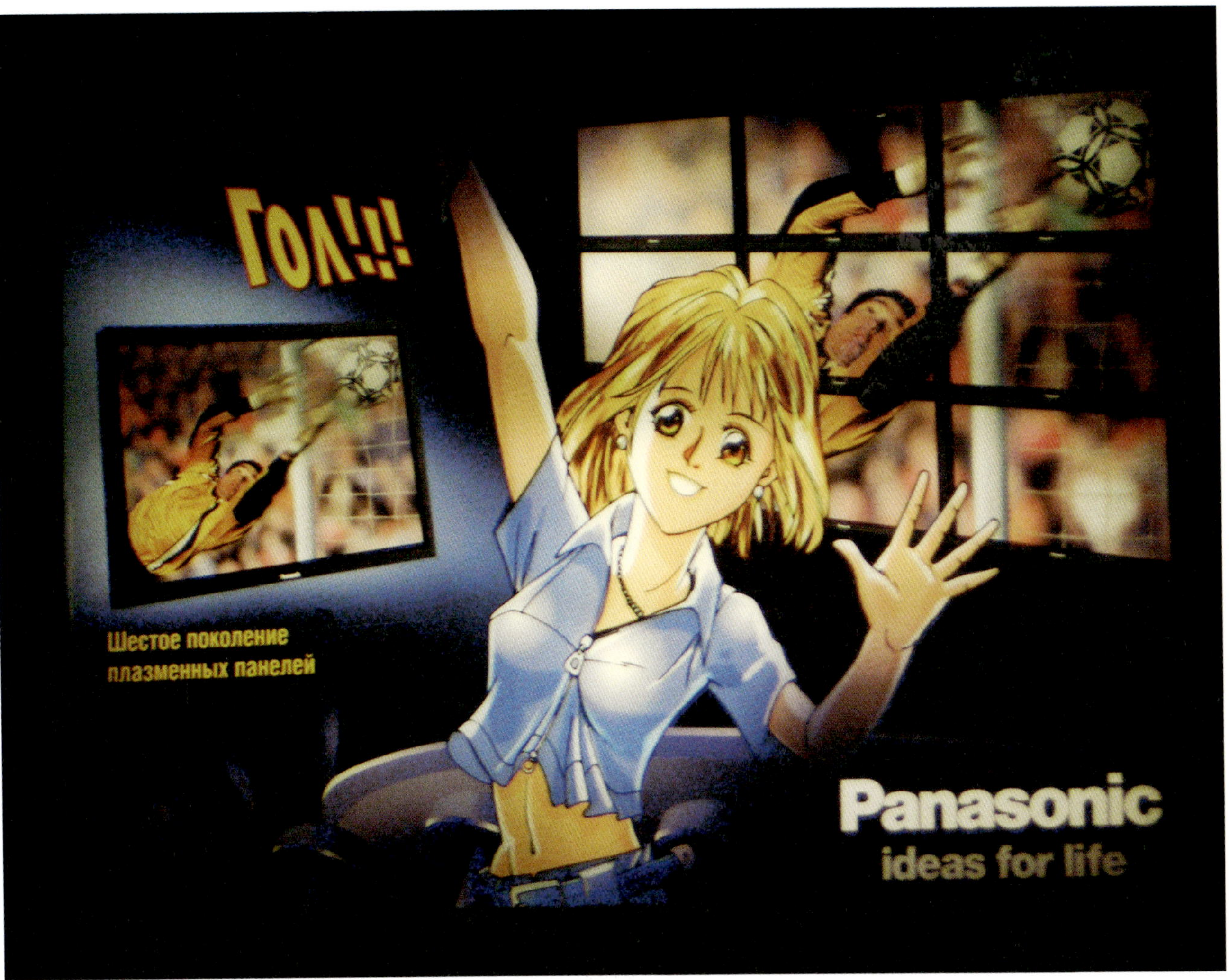

Ideas for life, After Pierre Huyghe & Philippe Parreno

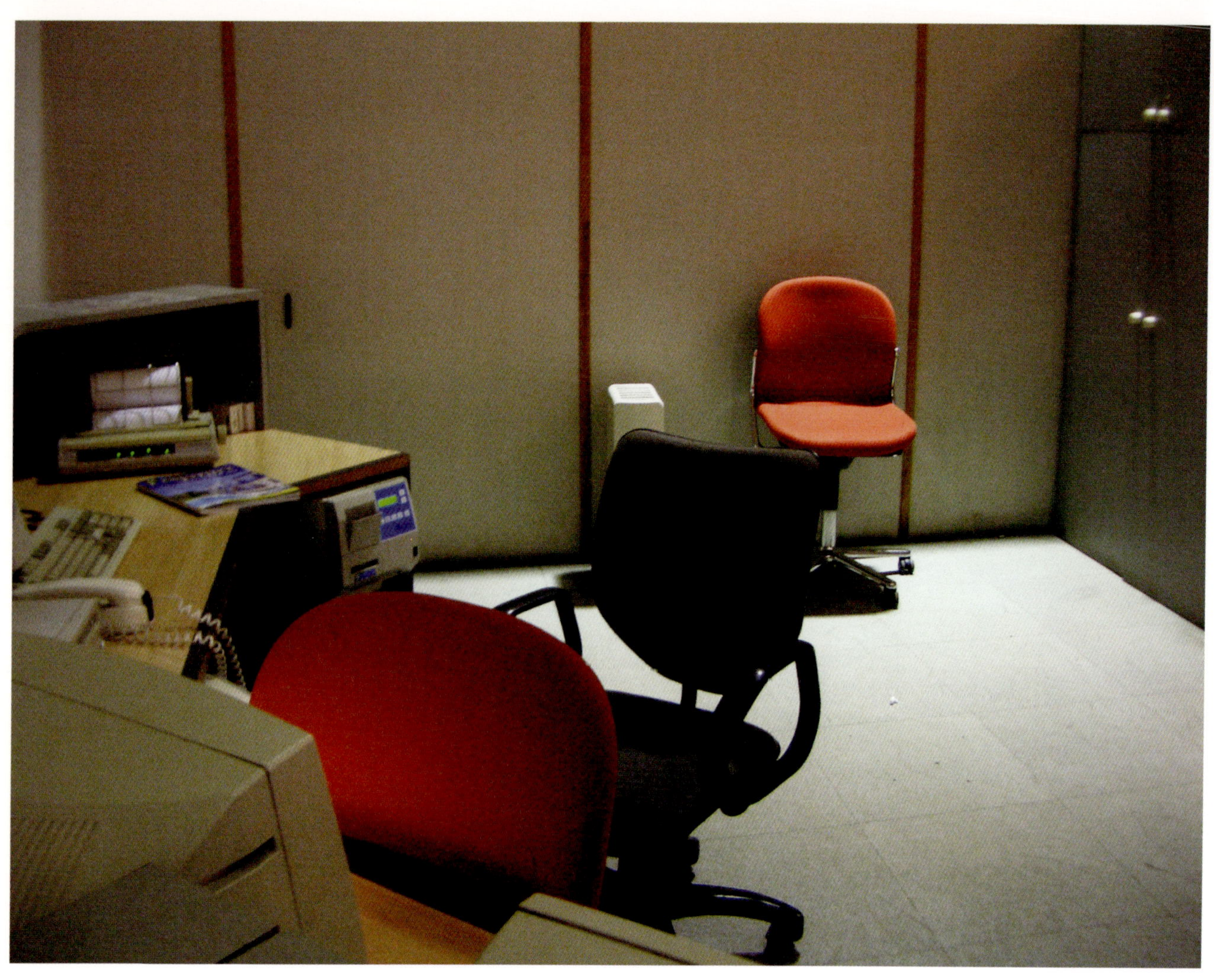

Aéroport Roissy Charles de Gaulle, After Thomas Demand

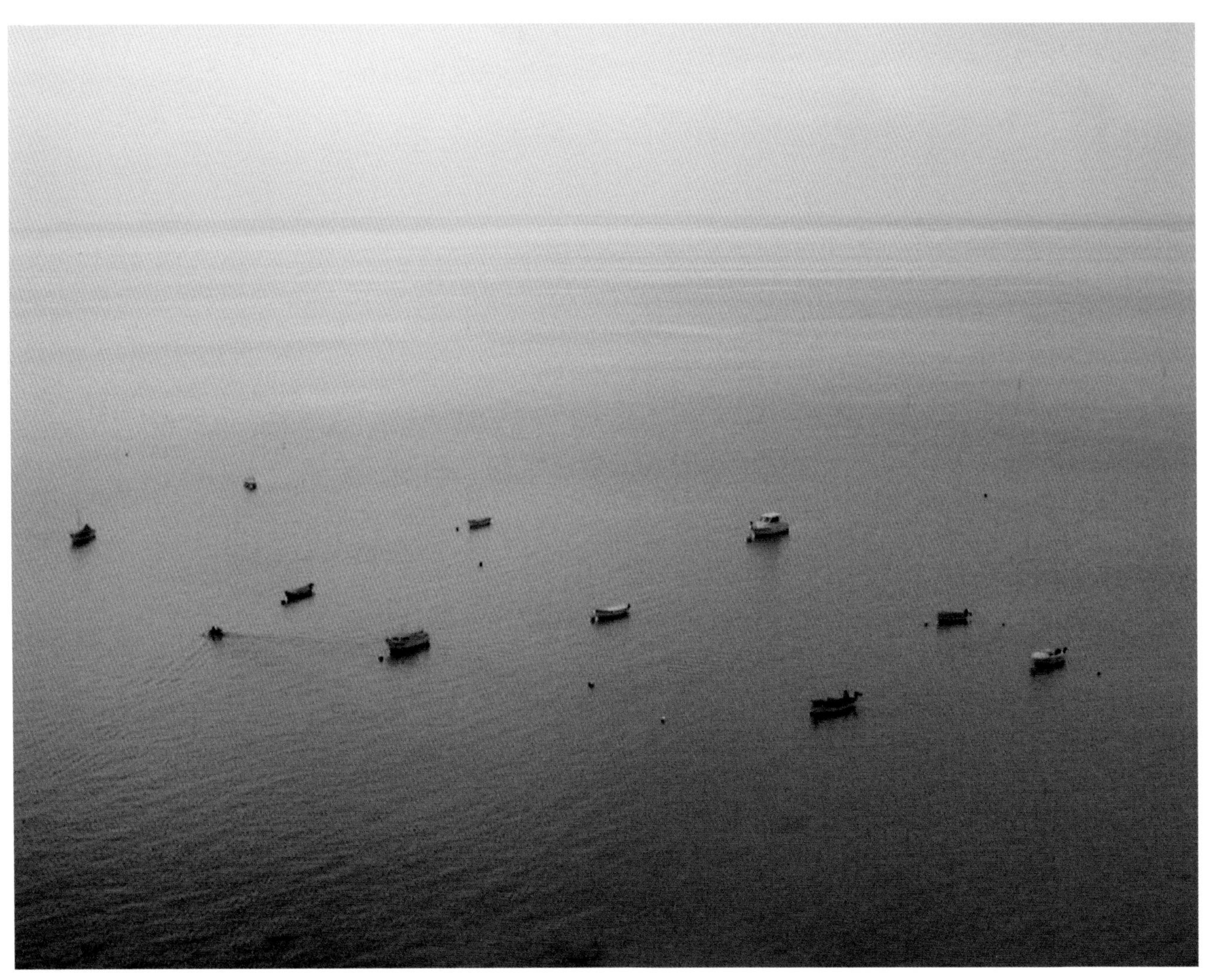

Vent faible, mer peu agitée, After Yves Tanguy

After Tony Matelli
After Paul Mac Carthy
After Richard Serra
Paul-Armand Gette
After Xavier Veilhan

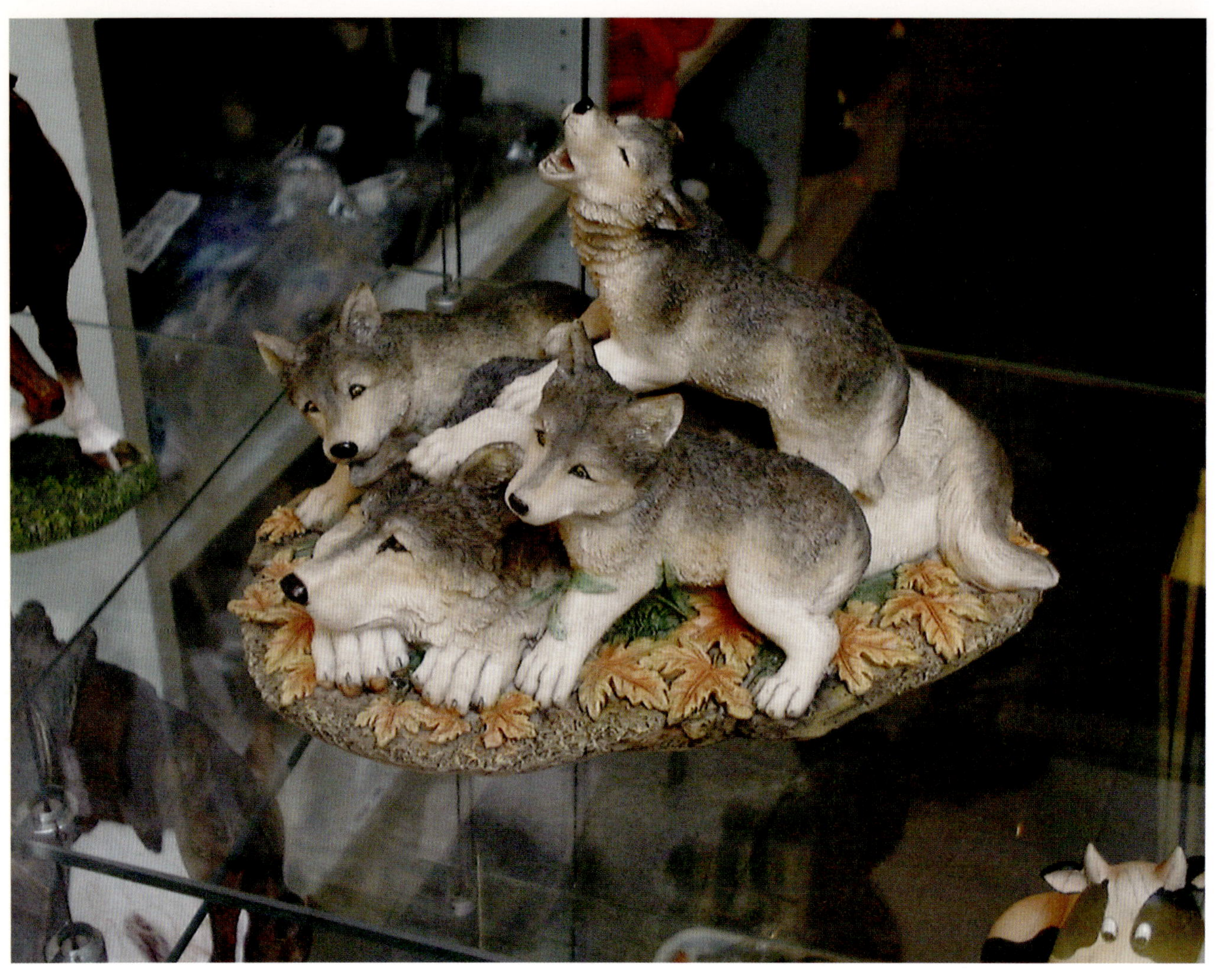

Rue du temple, Paris, After Tony Matelli

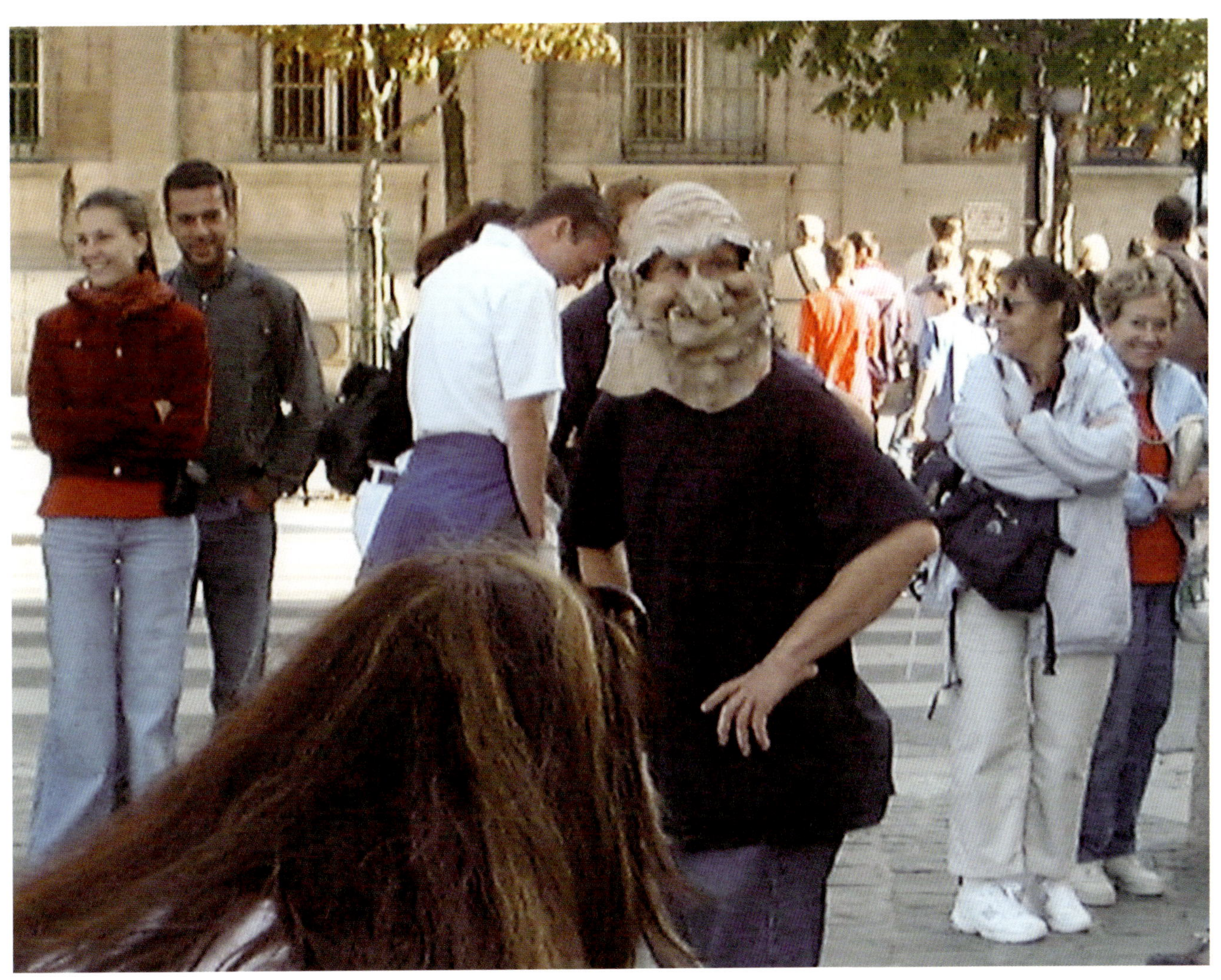

Quasimodo, After Paul Mac Carthy

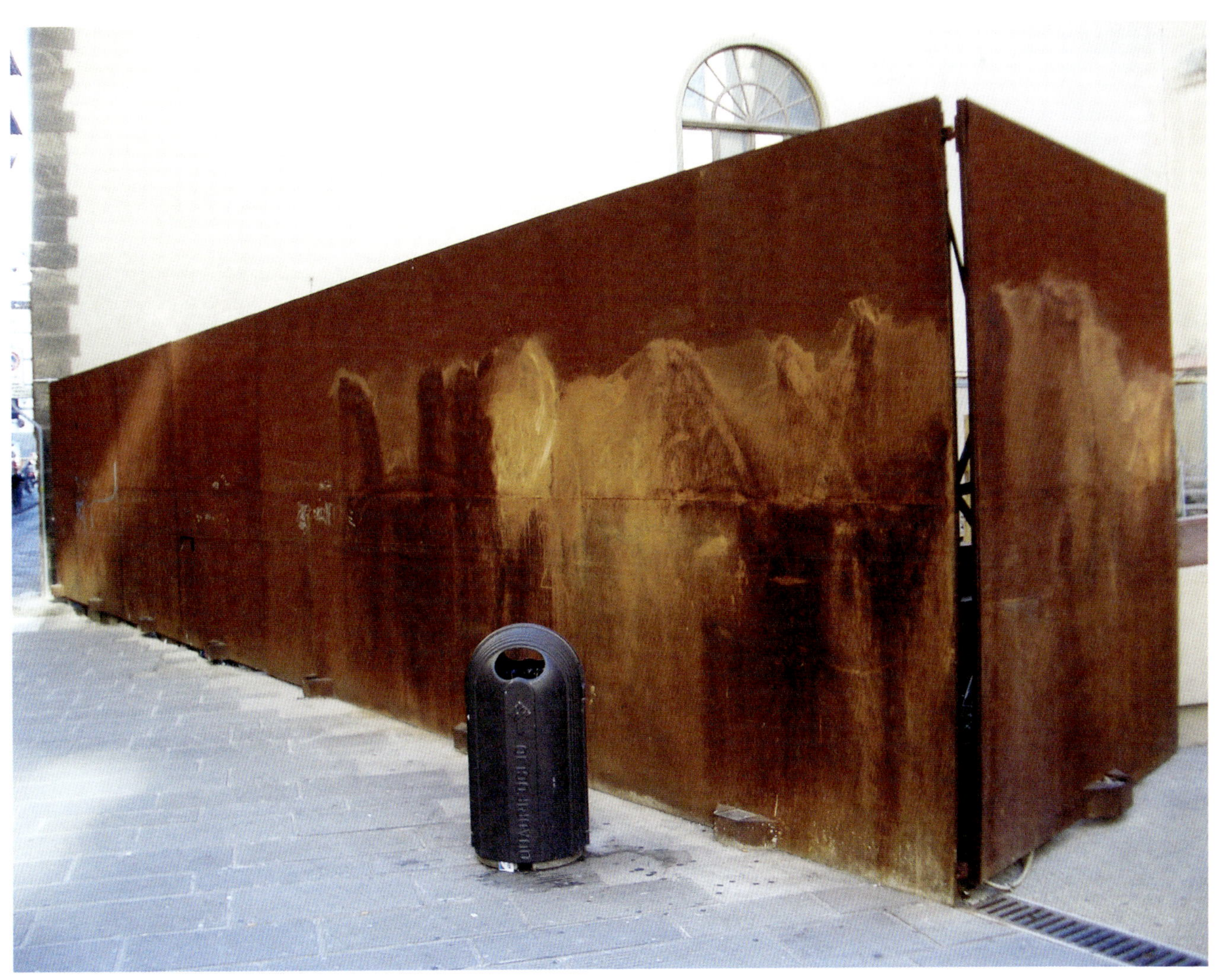

Firenza, After Richard Serra

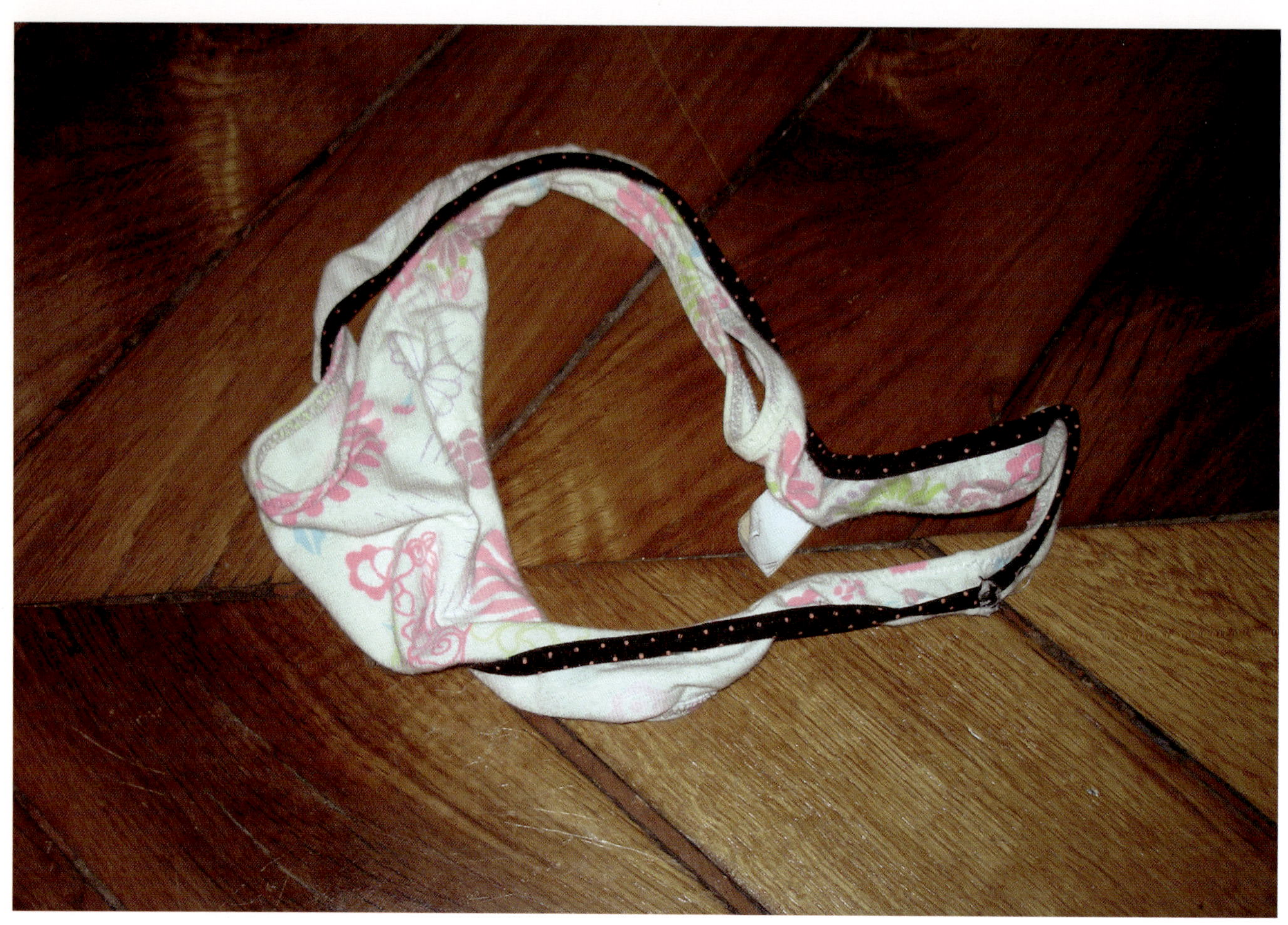

Septembre, After Paul-Armand Gette

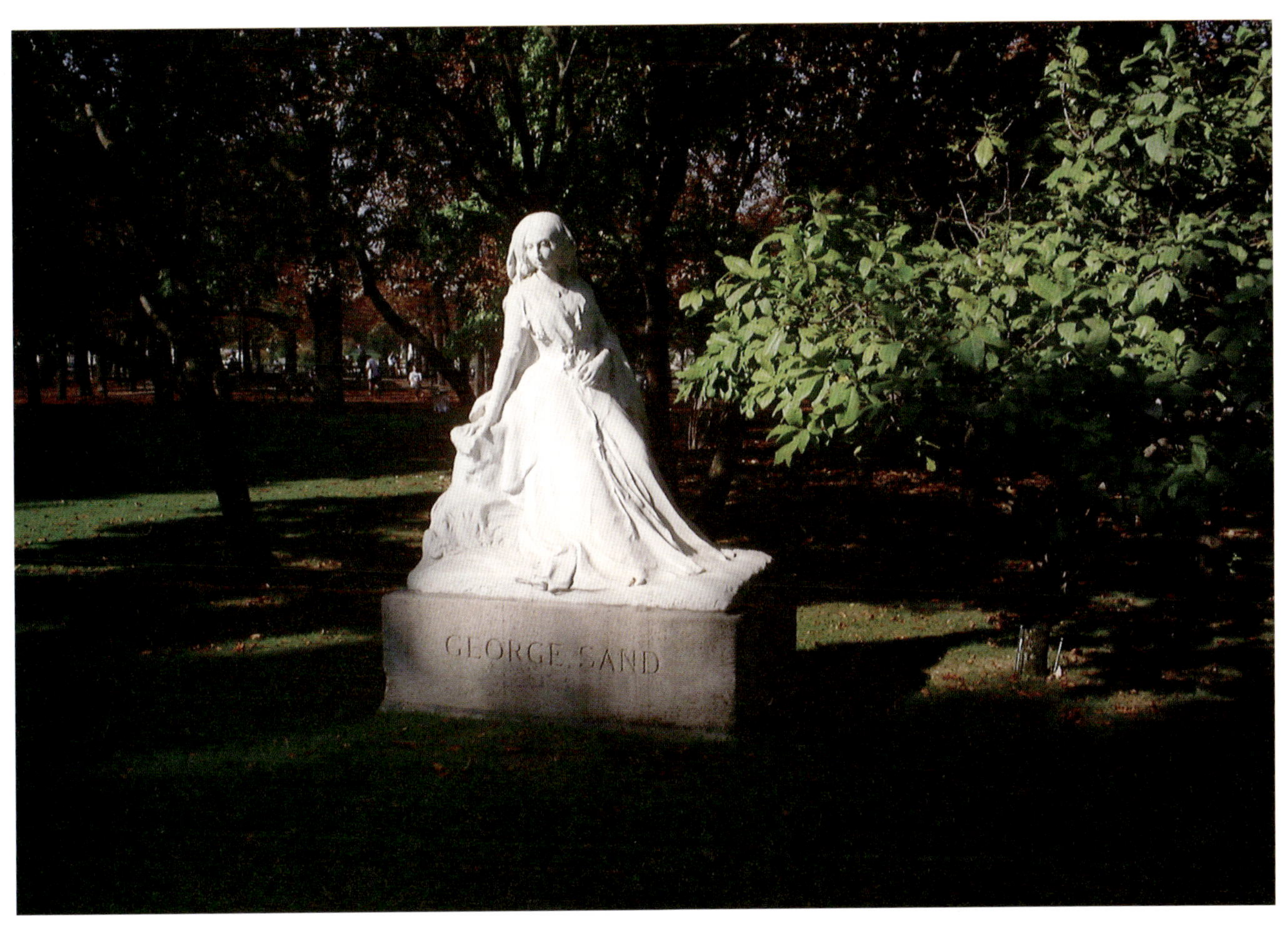

Statue, After Xavier Veilhan

After Georges Braque
After Atelier Van Lieshout
After Damien Hirst
After Daniel Buren
After William Eggleston
After Claude Closky

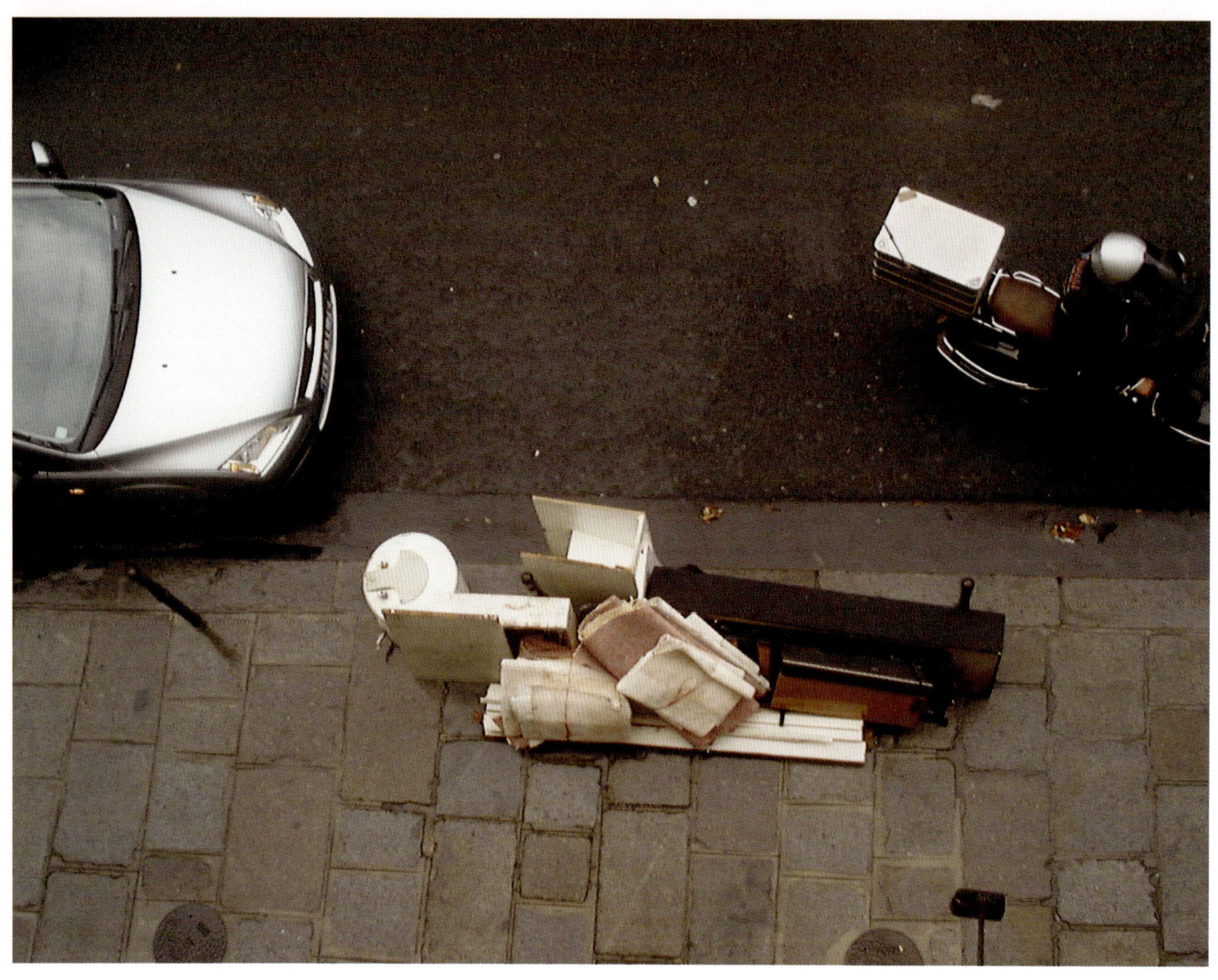

Rue de Turenne, After Georges Braque

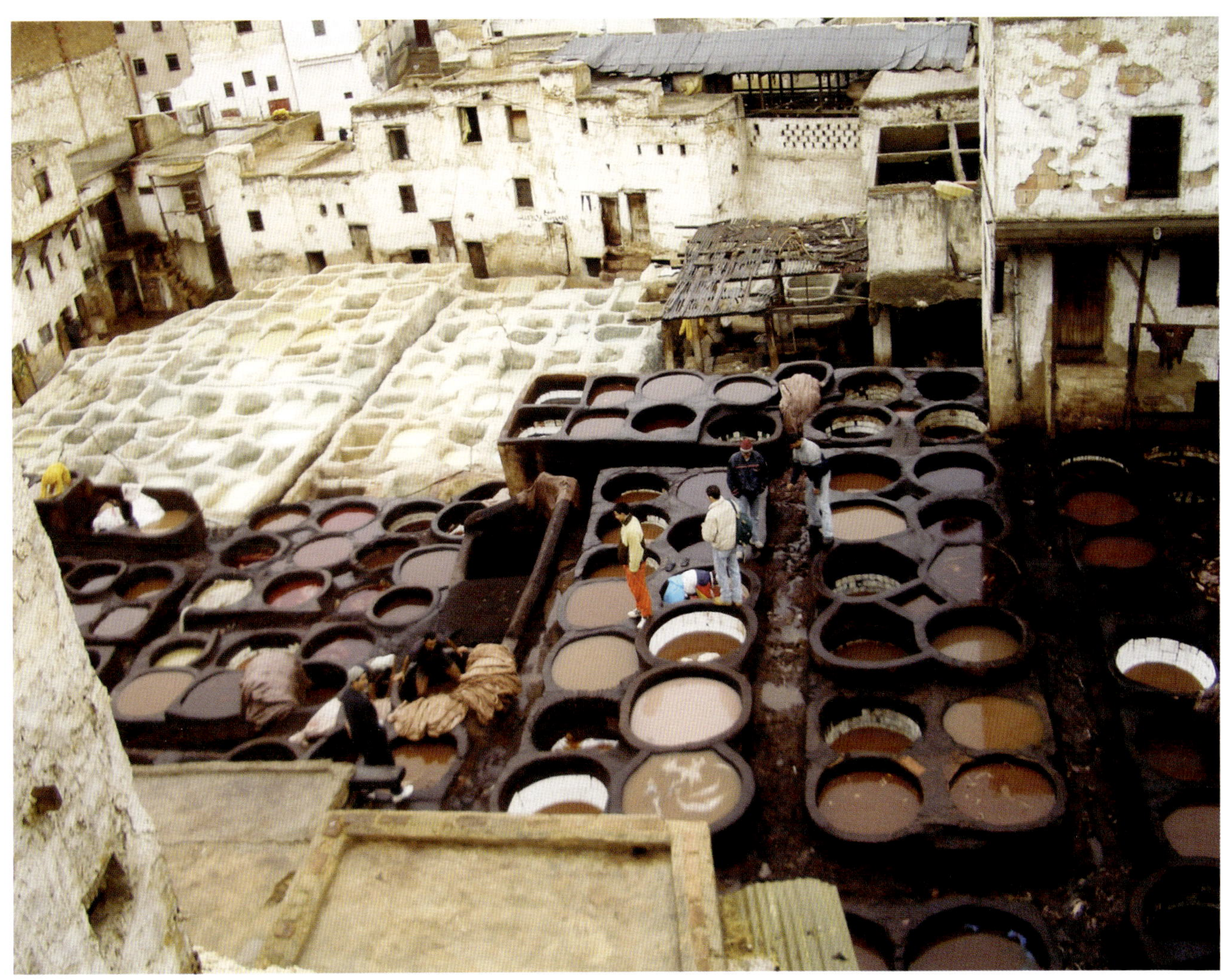

Maroc, After Atelier Van Lieshout

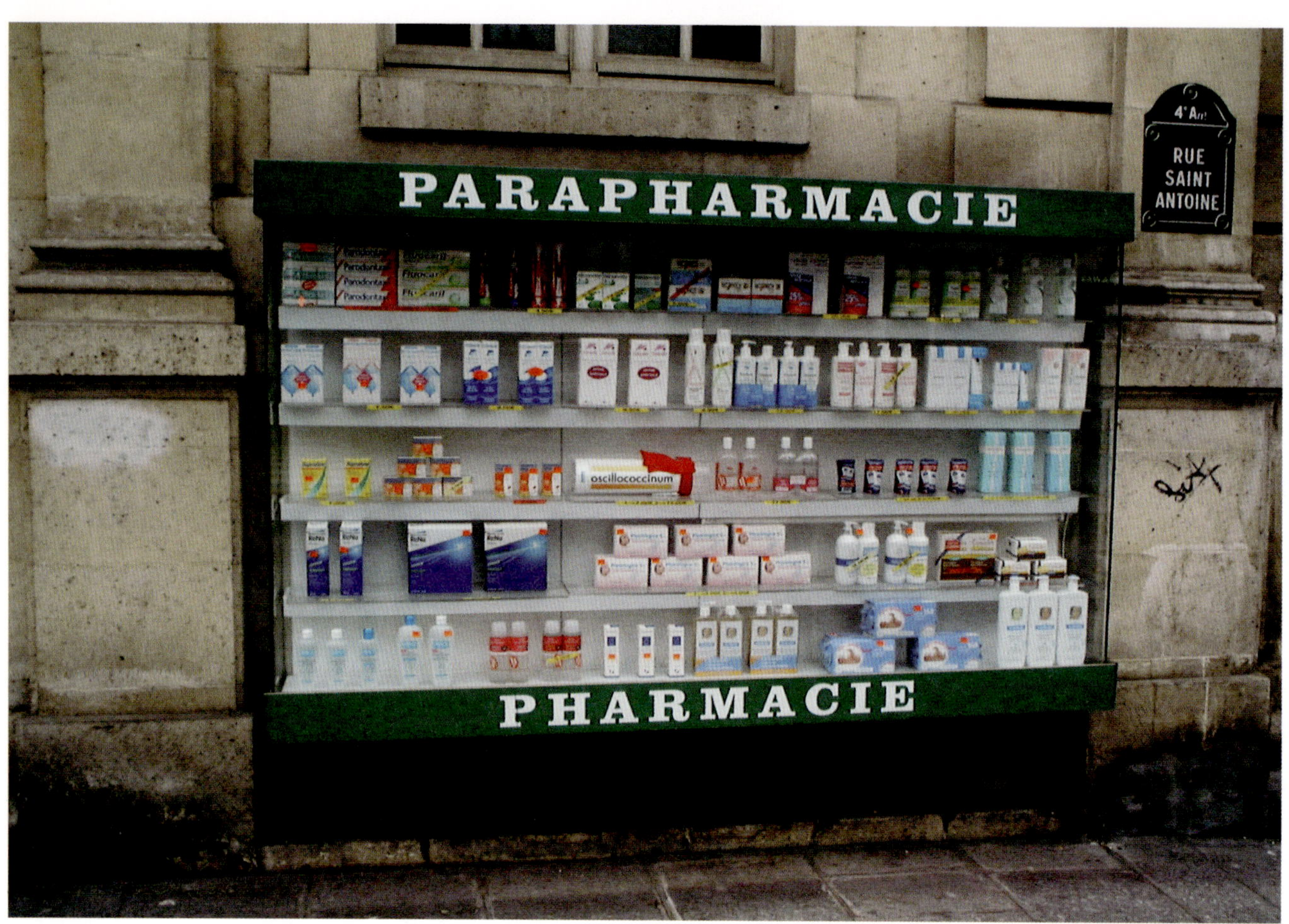

Après le médecin, After Damien Hirst

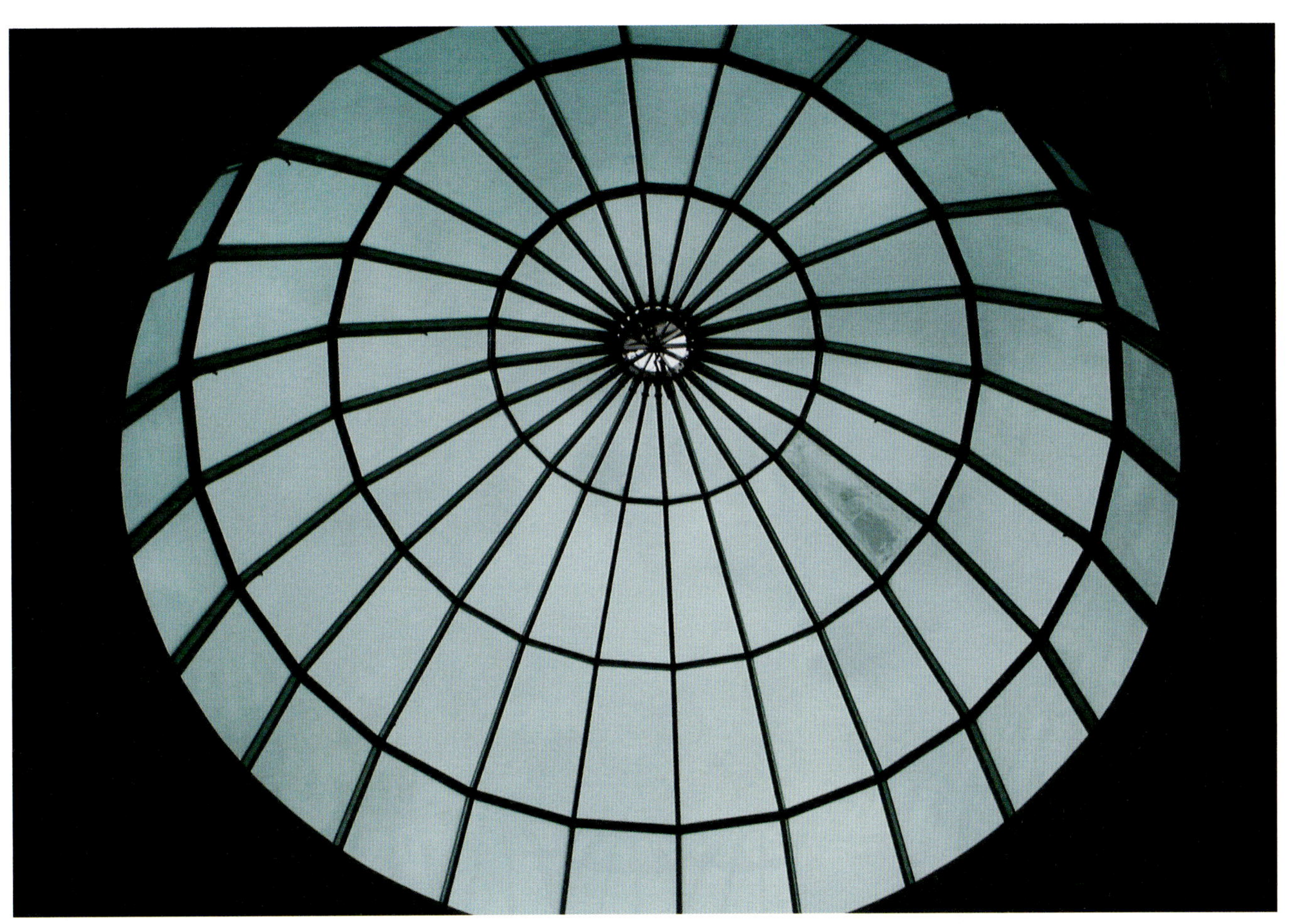

Verrière, After Daniel Buren

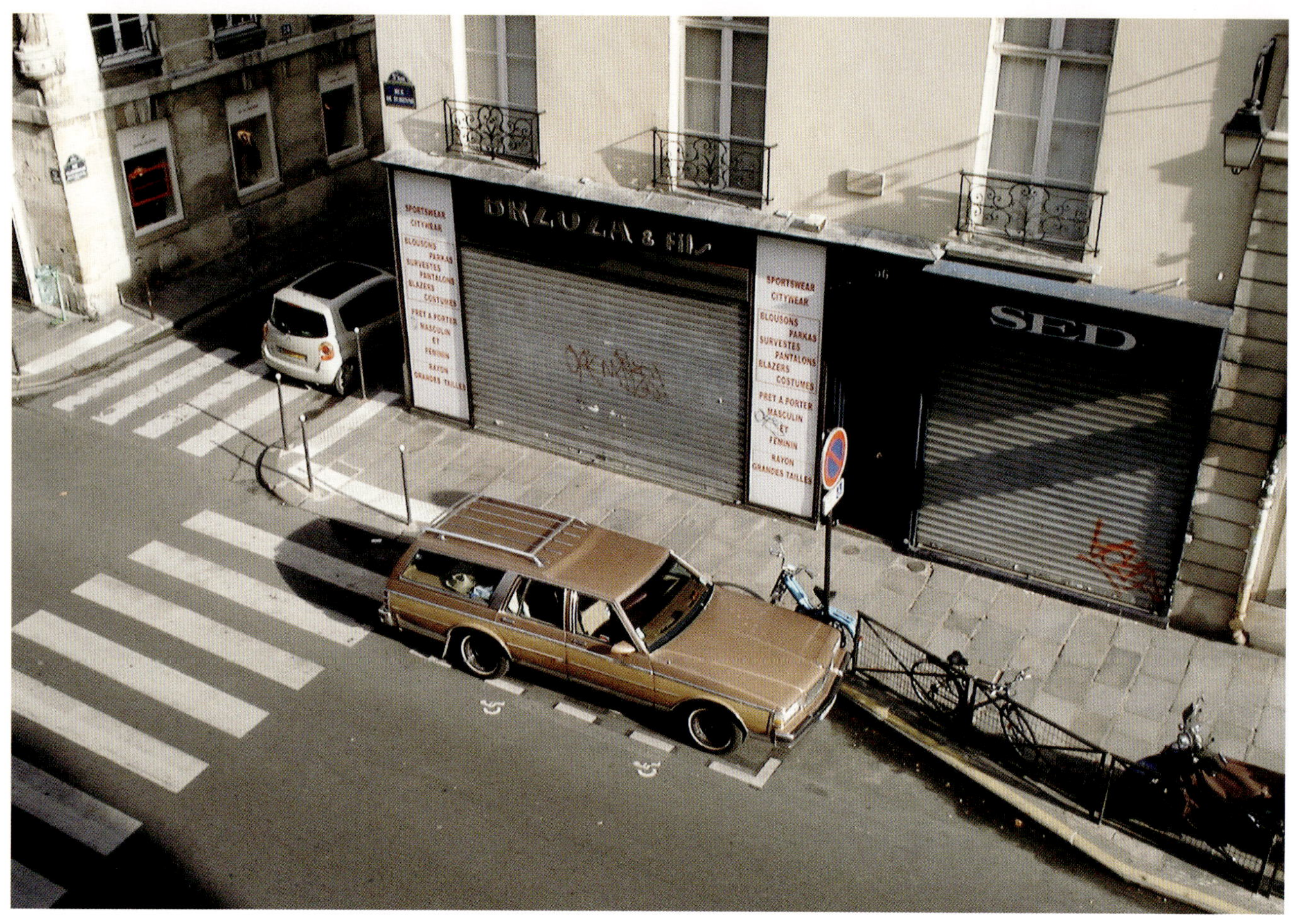

Rue de Turenne, After William Eggleston

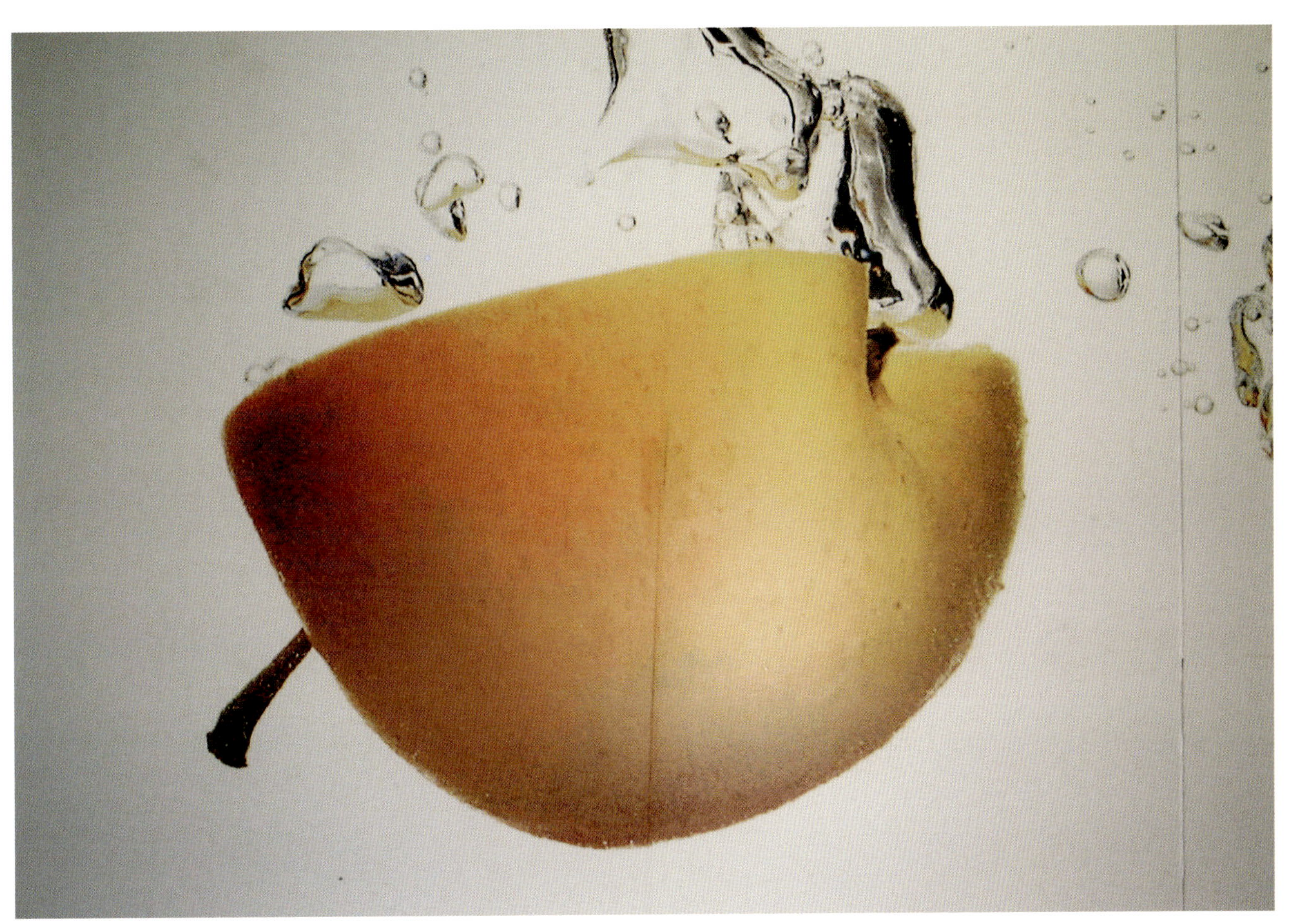

Montpellier, After Claude Closky

After Carlos Amorales
After Daniel Spoerri
After Andy Goldsworthy
After Gerard Richter
After Martin Kippenberger
After Nan Goldin
After Matthew Barney
After Paul Mac Carthy

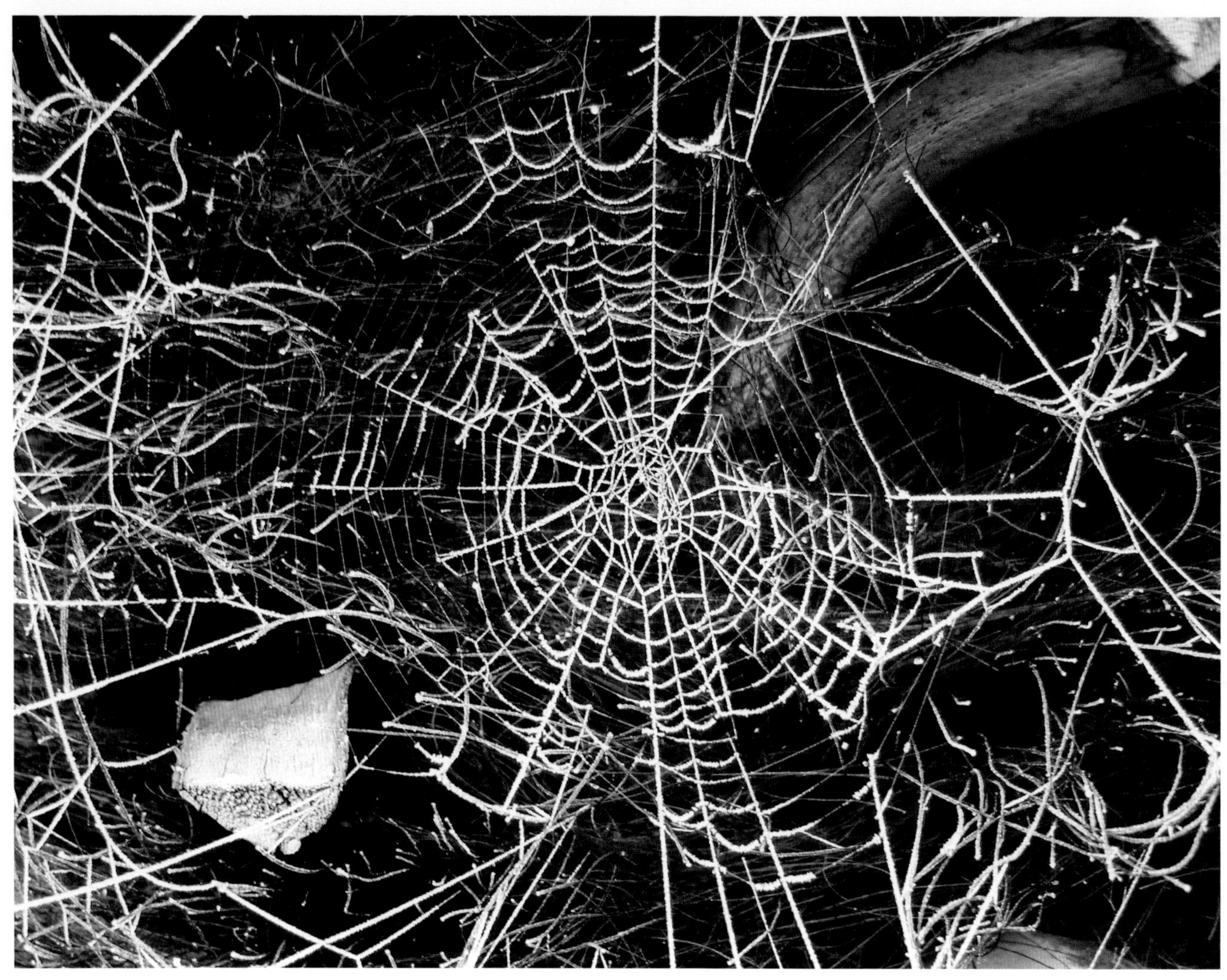

Spider, After Carlos Amorales

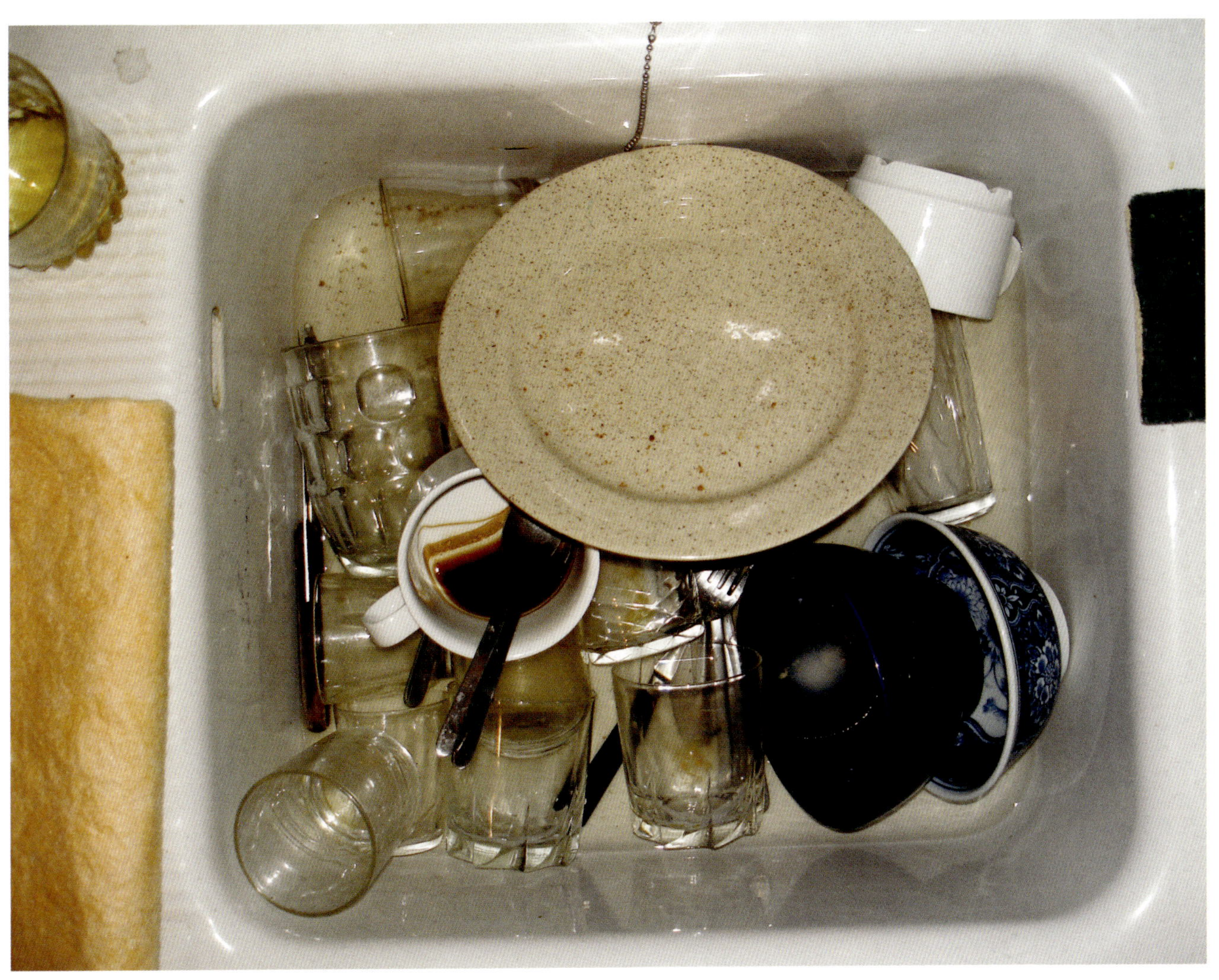

Après le repas, After Daniel Spoerri

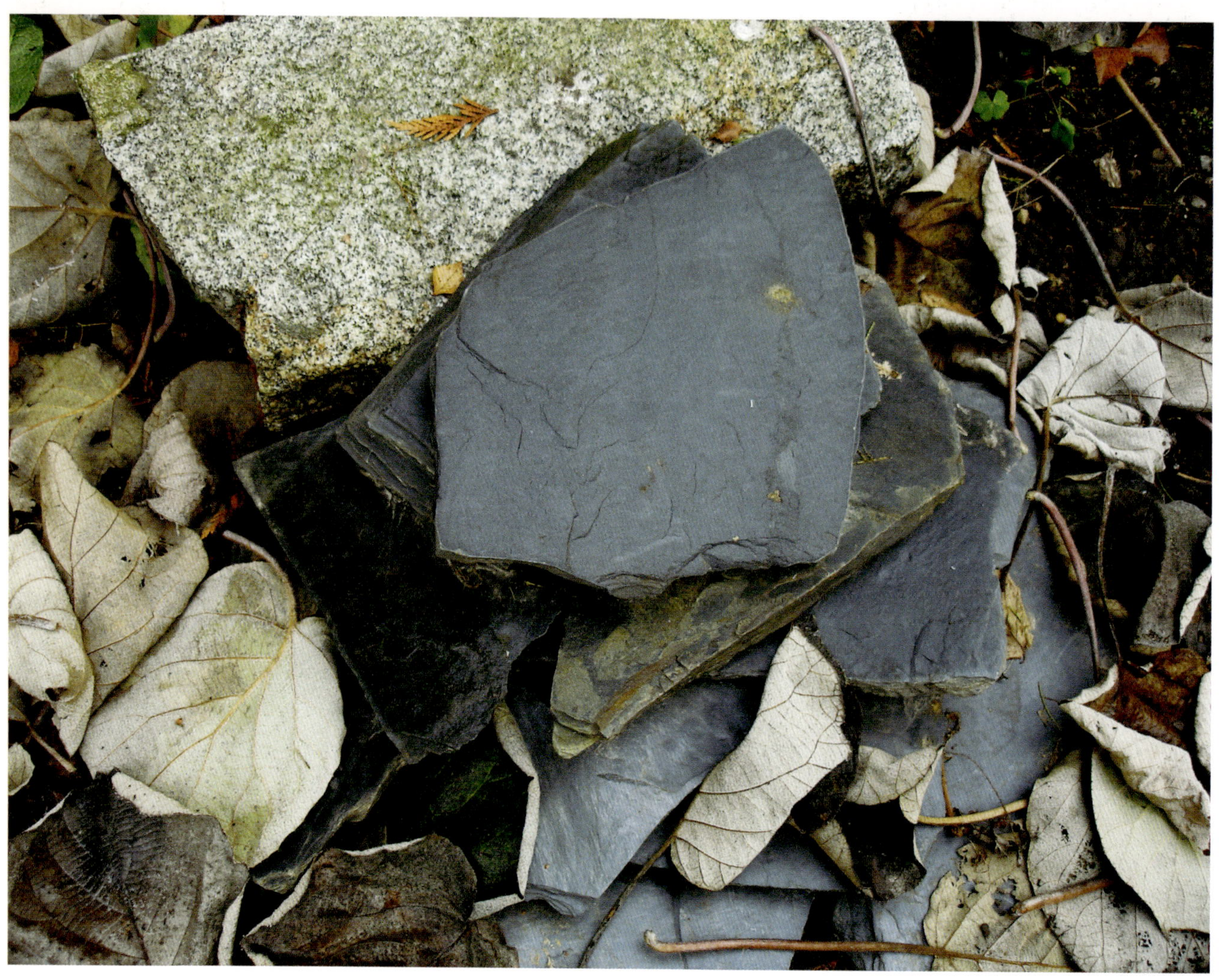

Tombe du chat, After Andy Goldsworthy

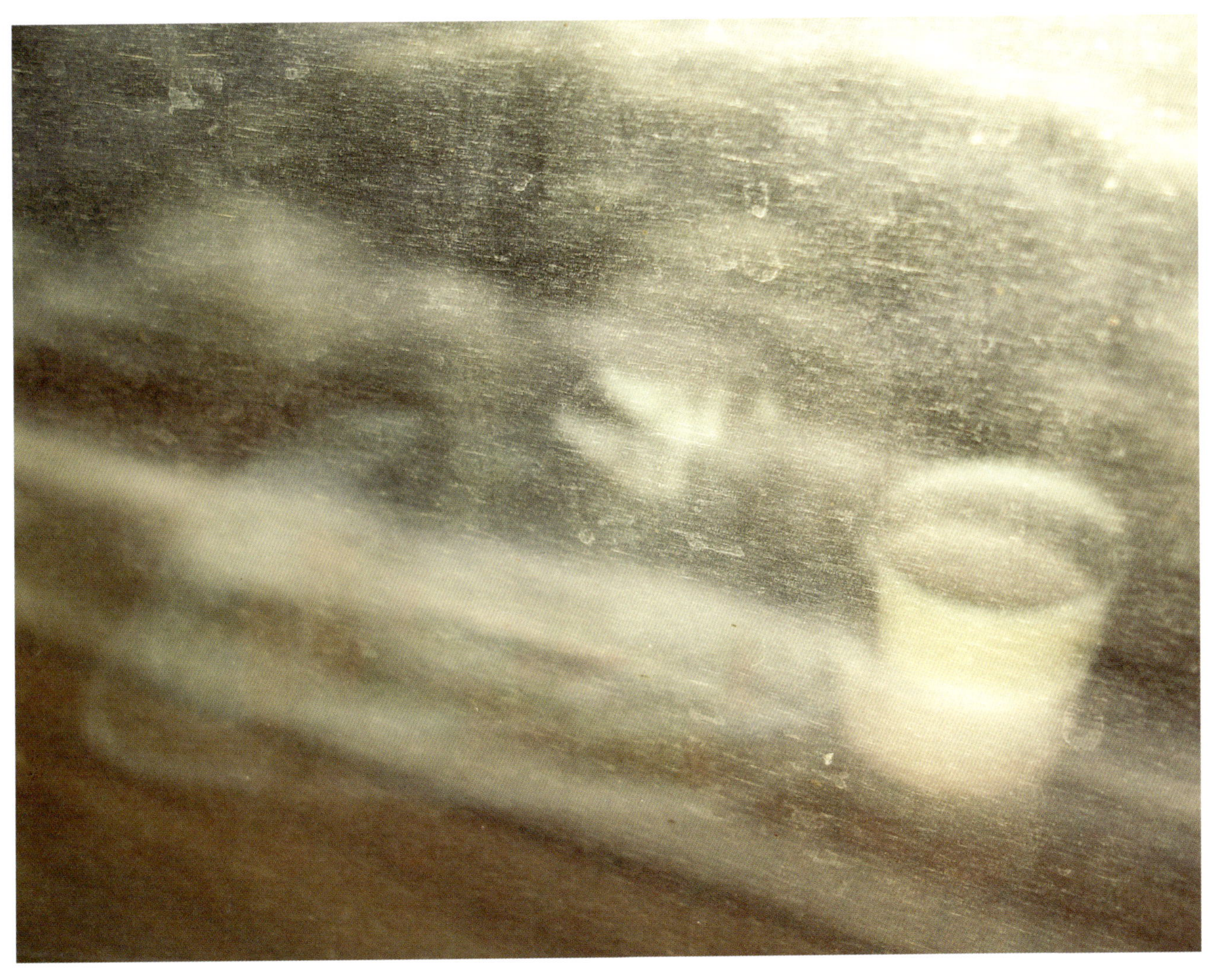

TGV, After Gerard Richter

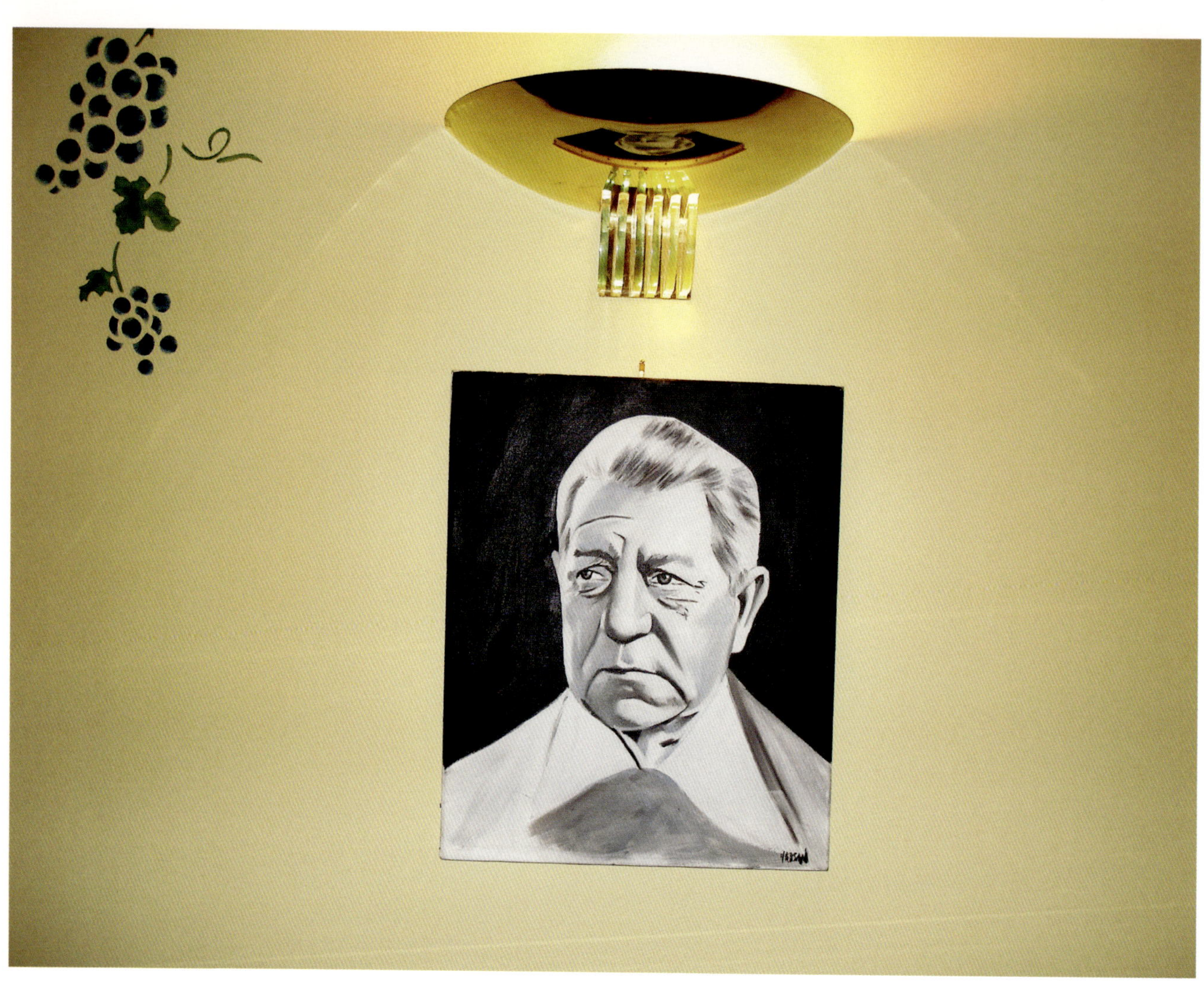

Hôtel, After Martin Kippenberger

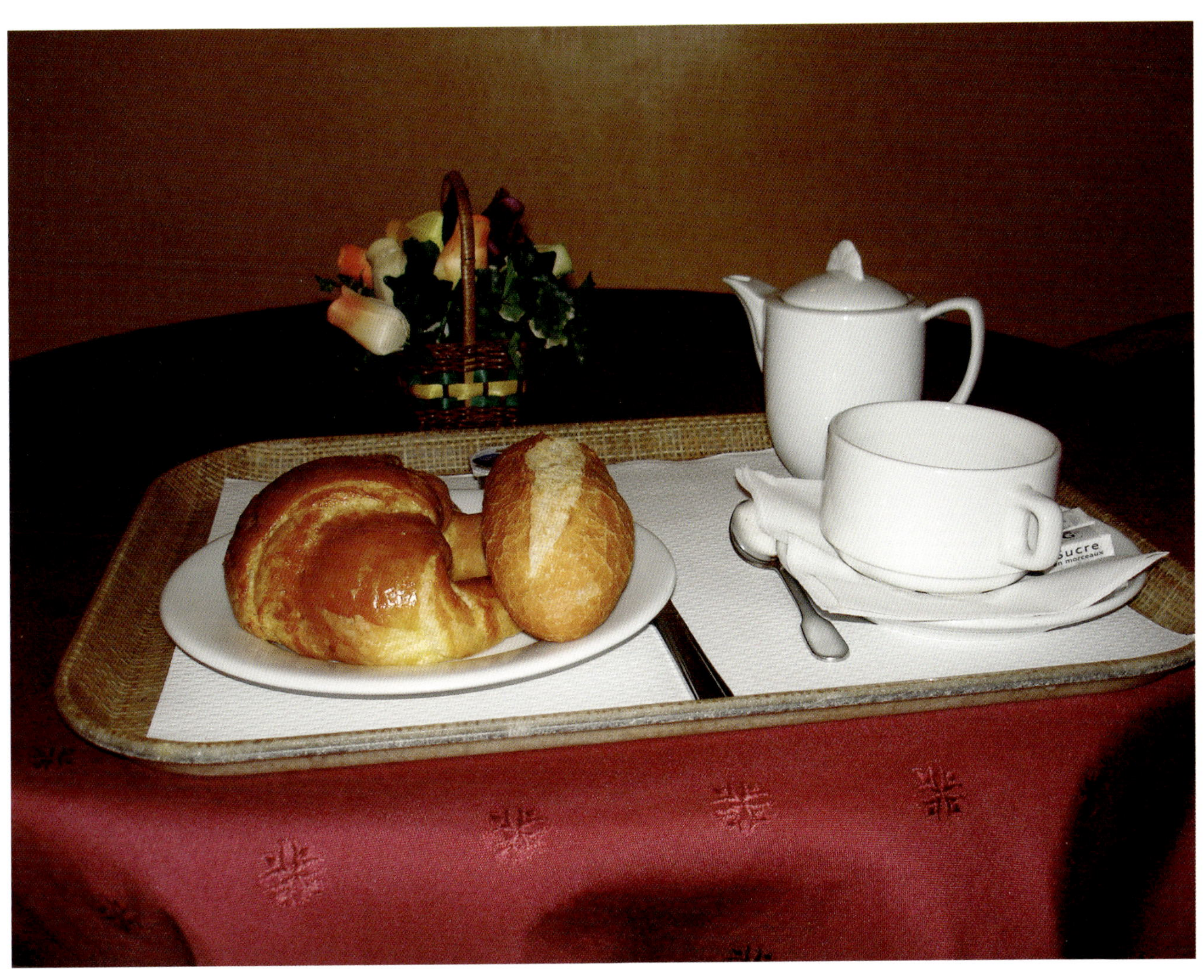

Petit déjeuner, After Nan Goldin

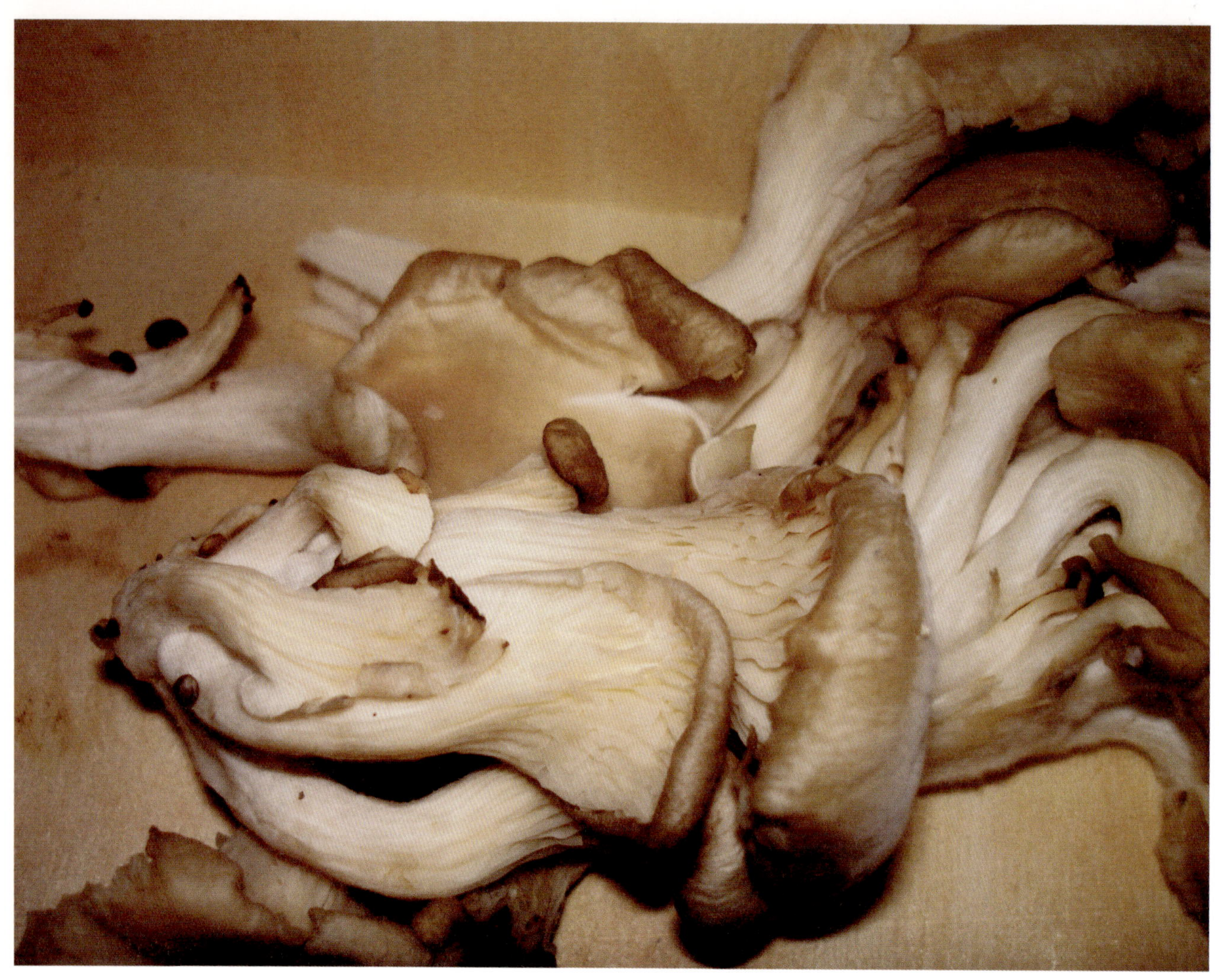

Champignons, After Matthew Barney

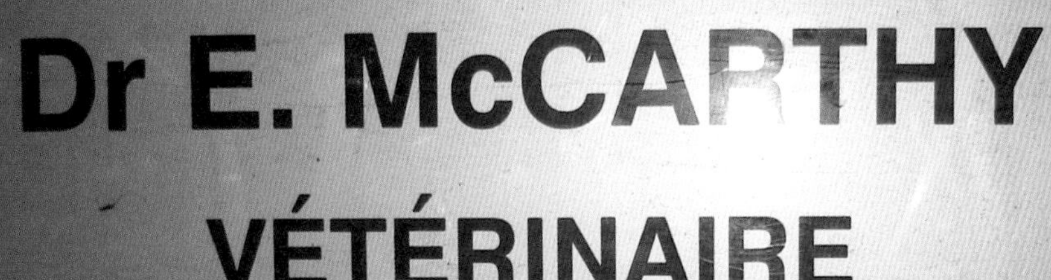

Vétérinaire, After Paul Mac Carthy

After Christian Boltanski
After Dominique Gonzales-Foerster
After Jack Pierson
After Lilly van der Stoker
After Jean-Marc Bustamante
After Man Ray
After Maurizio Cattelan
After Martin Kippenberger
After Pierre Bismuth
After Nobuyoshi Araki
After Stephane Dafflon
After William Wegmann
After Didier Marcel
After Claude Monet
After Paul Mac Carthy
After Ed Ruscha
After Marcel Duchamp

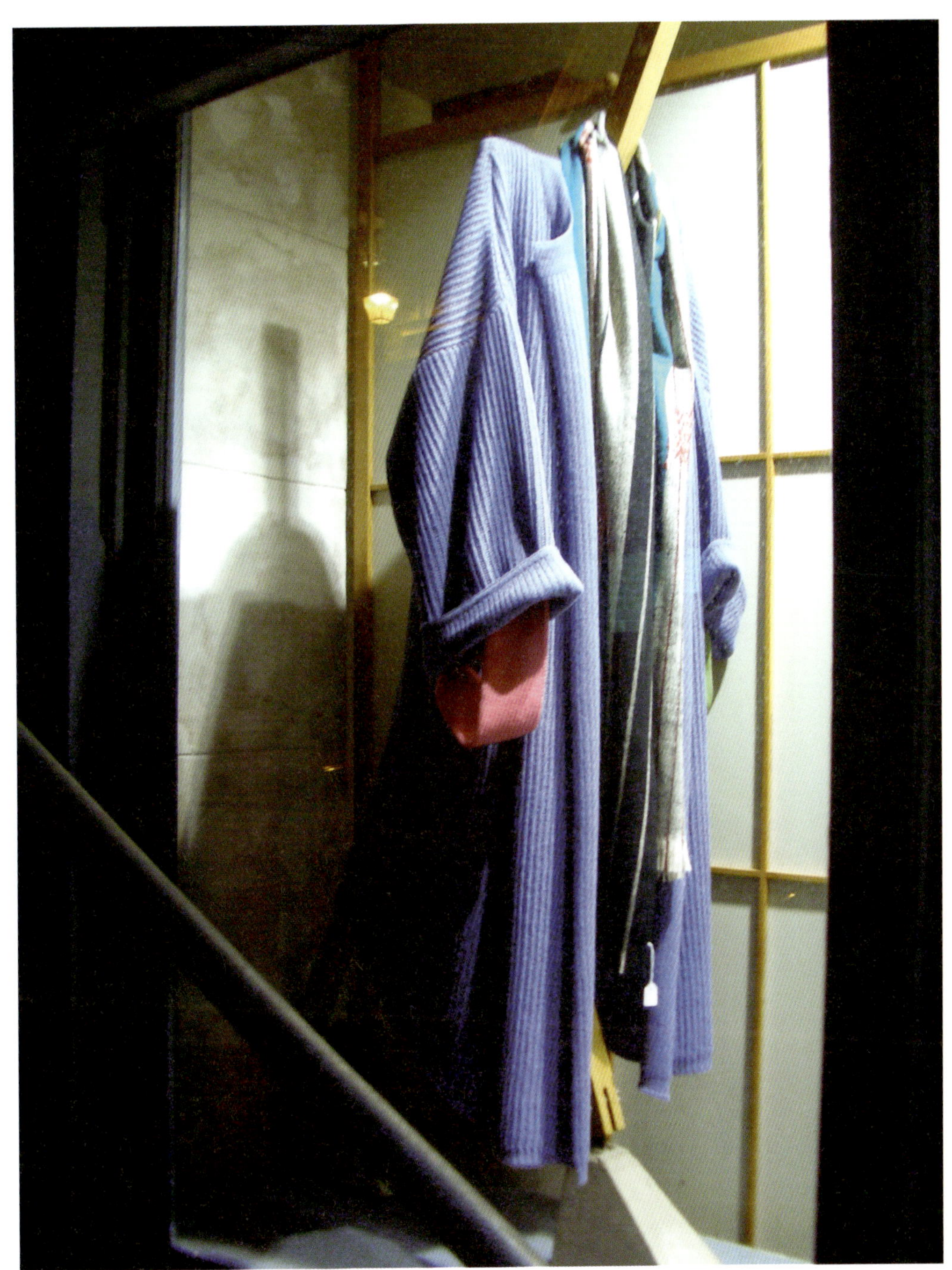

Shopping, After Christian Boltanski

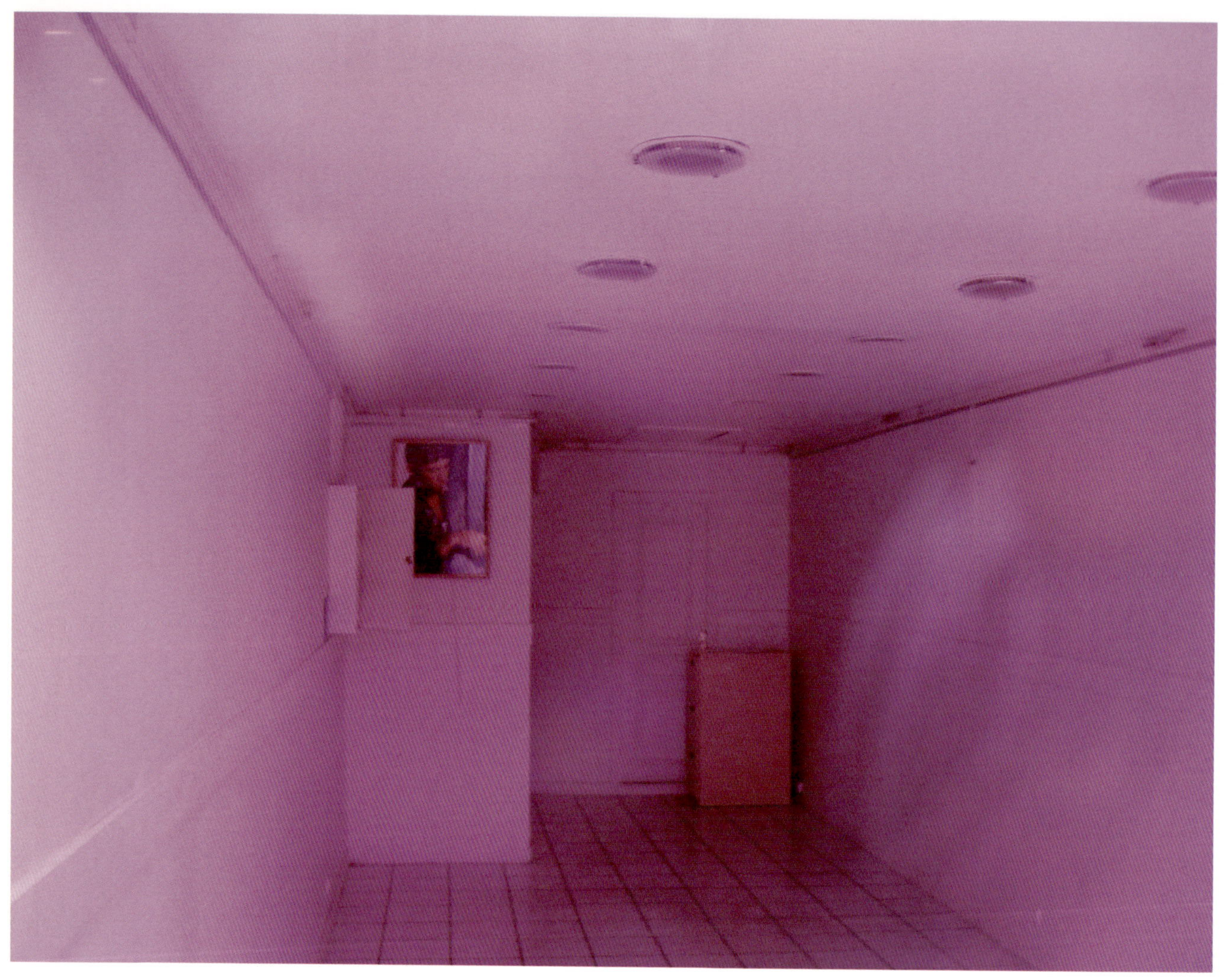

Closed, After Dominique Gonzales-Foerster

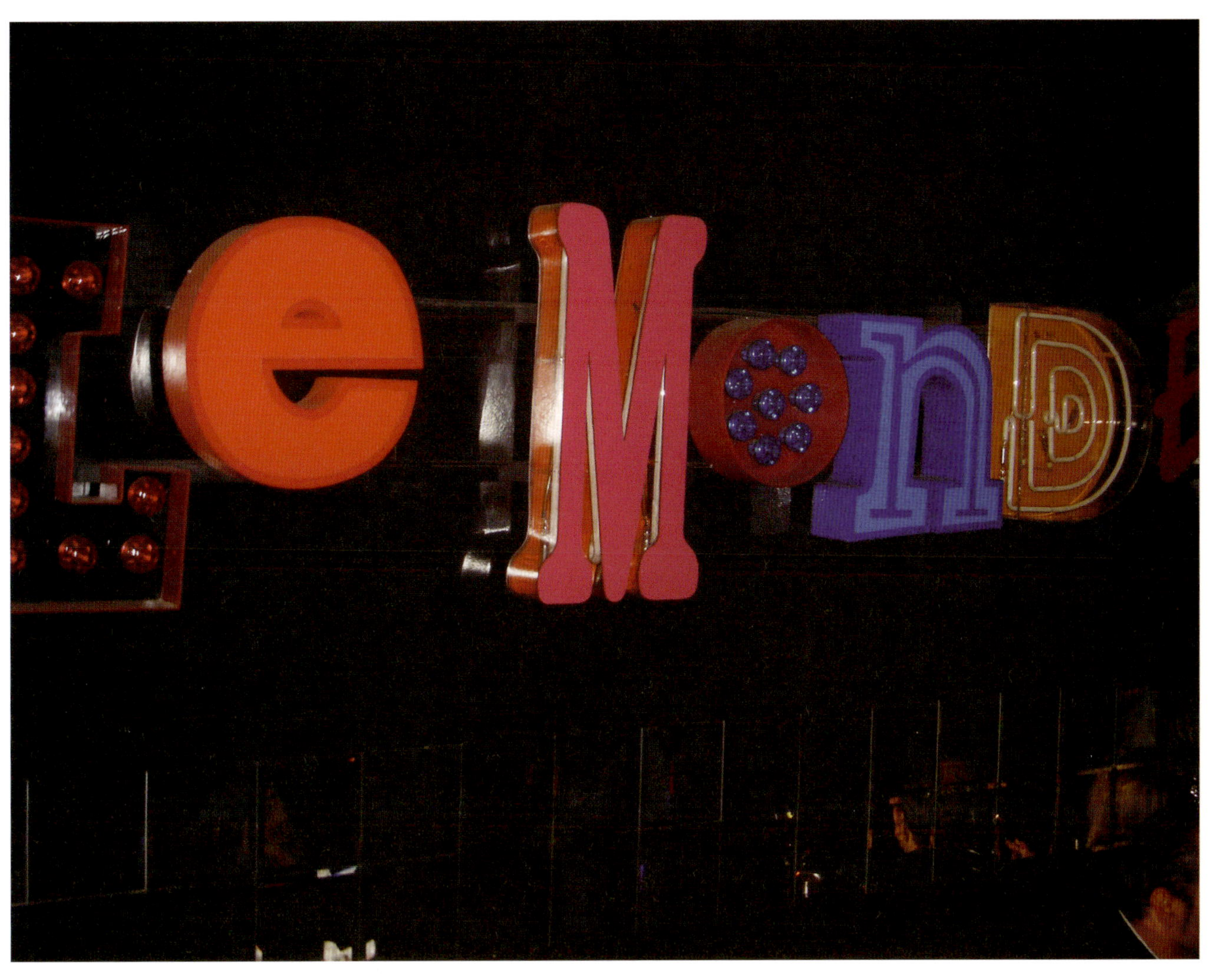

Paris-Paris, After Jack Pierson

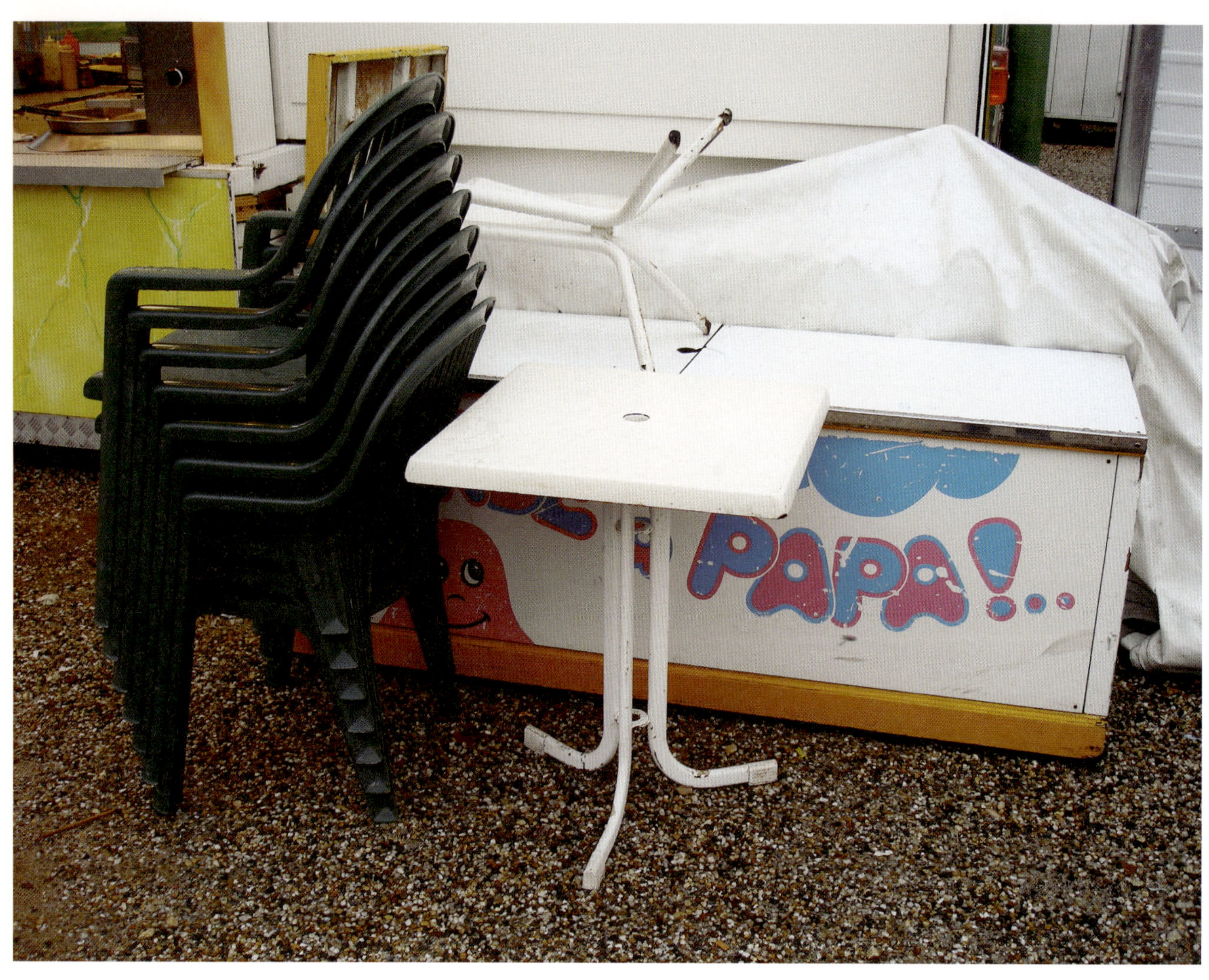

Bordeaux, After Lilly van der Stoker

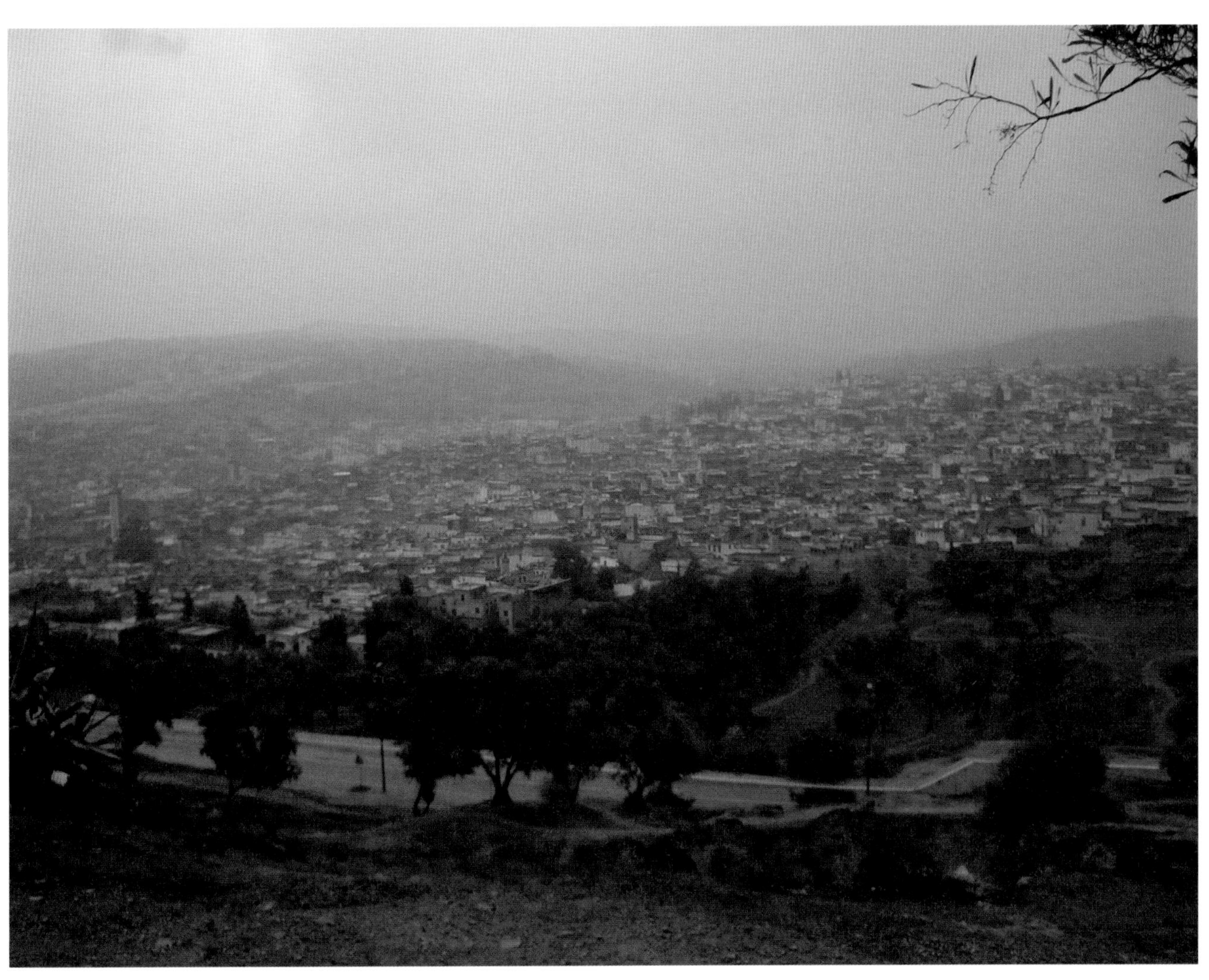

Fez, Octobre 2005, After Jean-Marc Bustamante

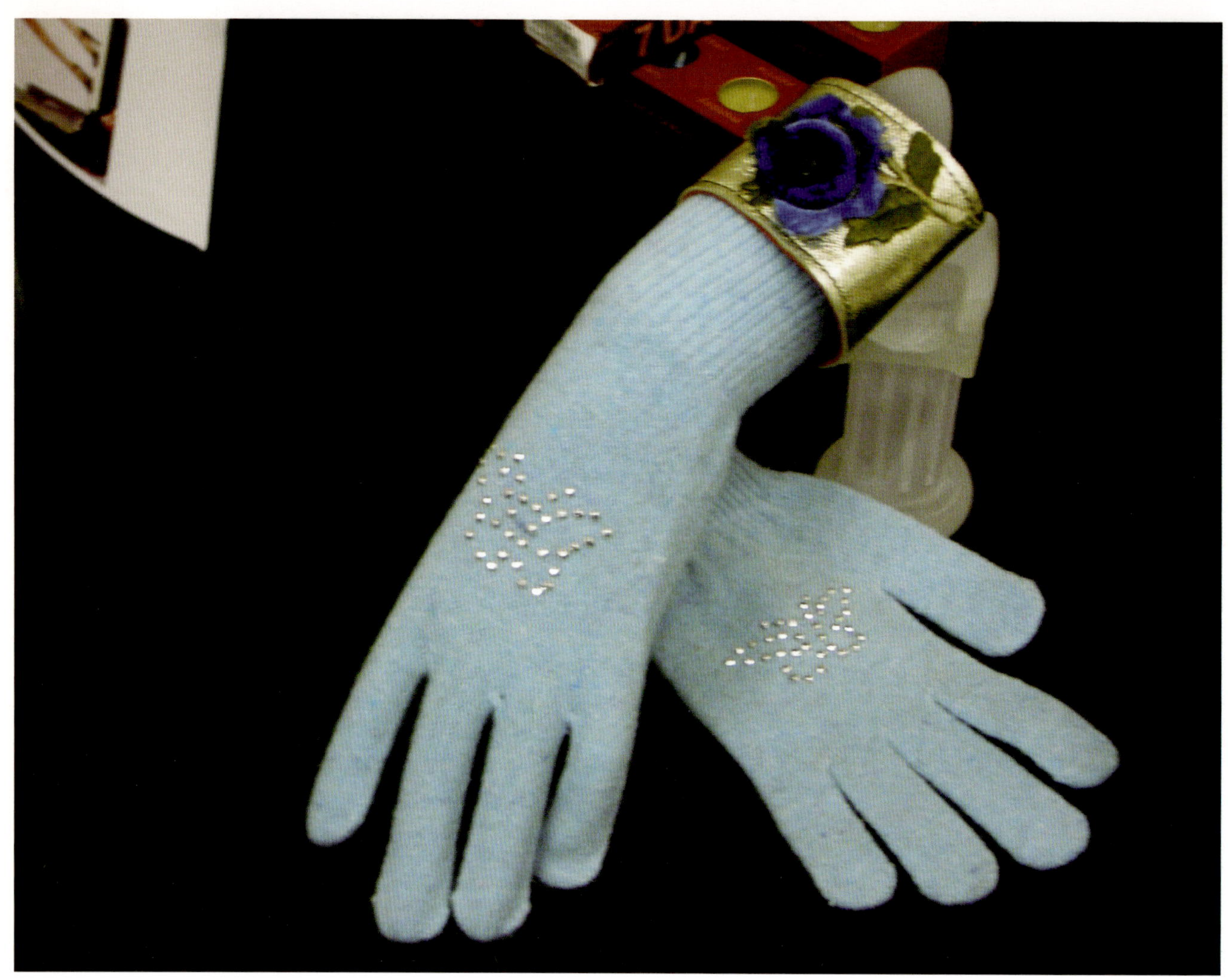

London, Novembre 2005, After Man Ray

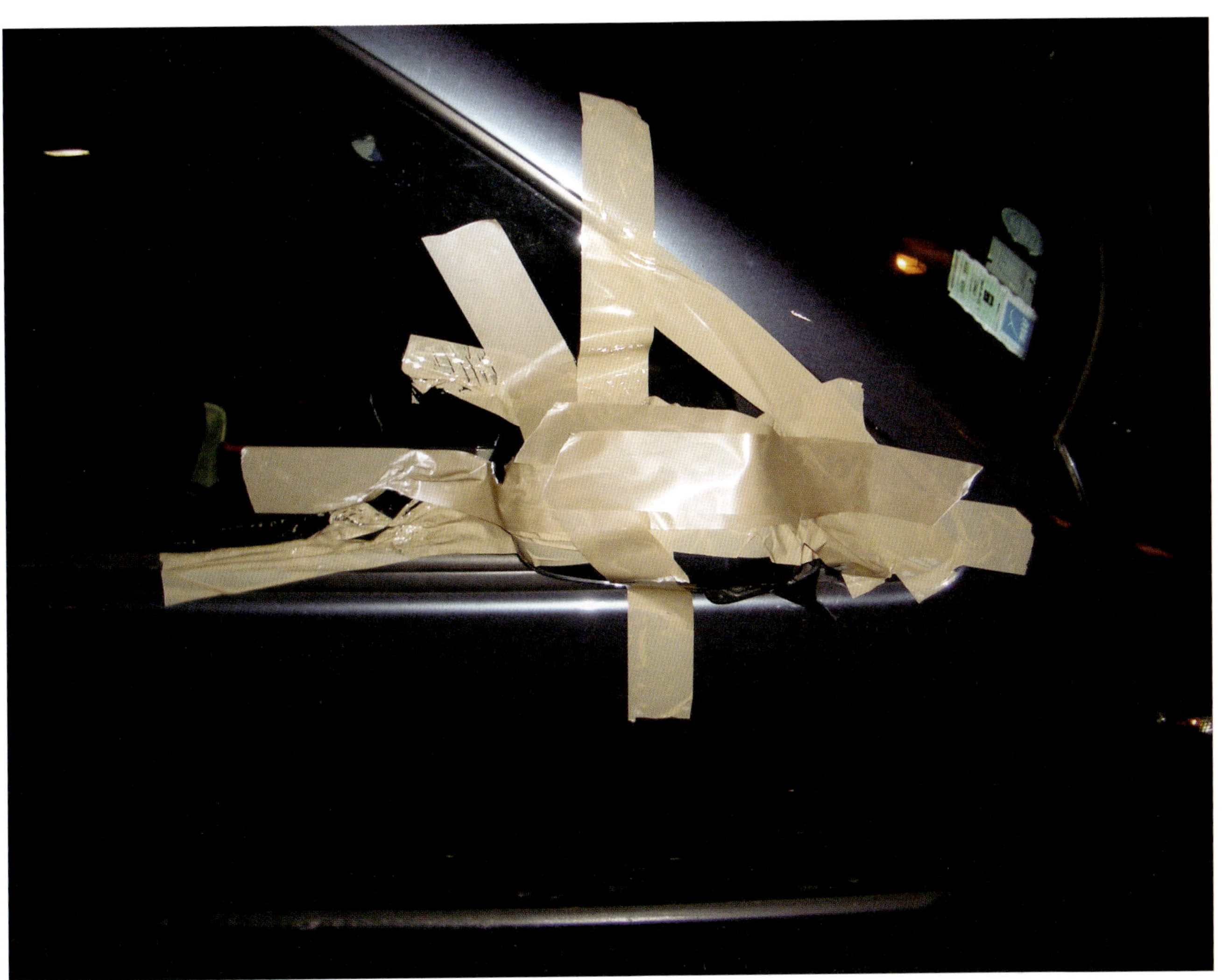

Jeudi soir, After Maurizio Cattelan

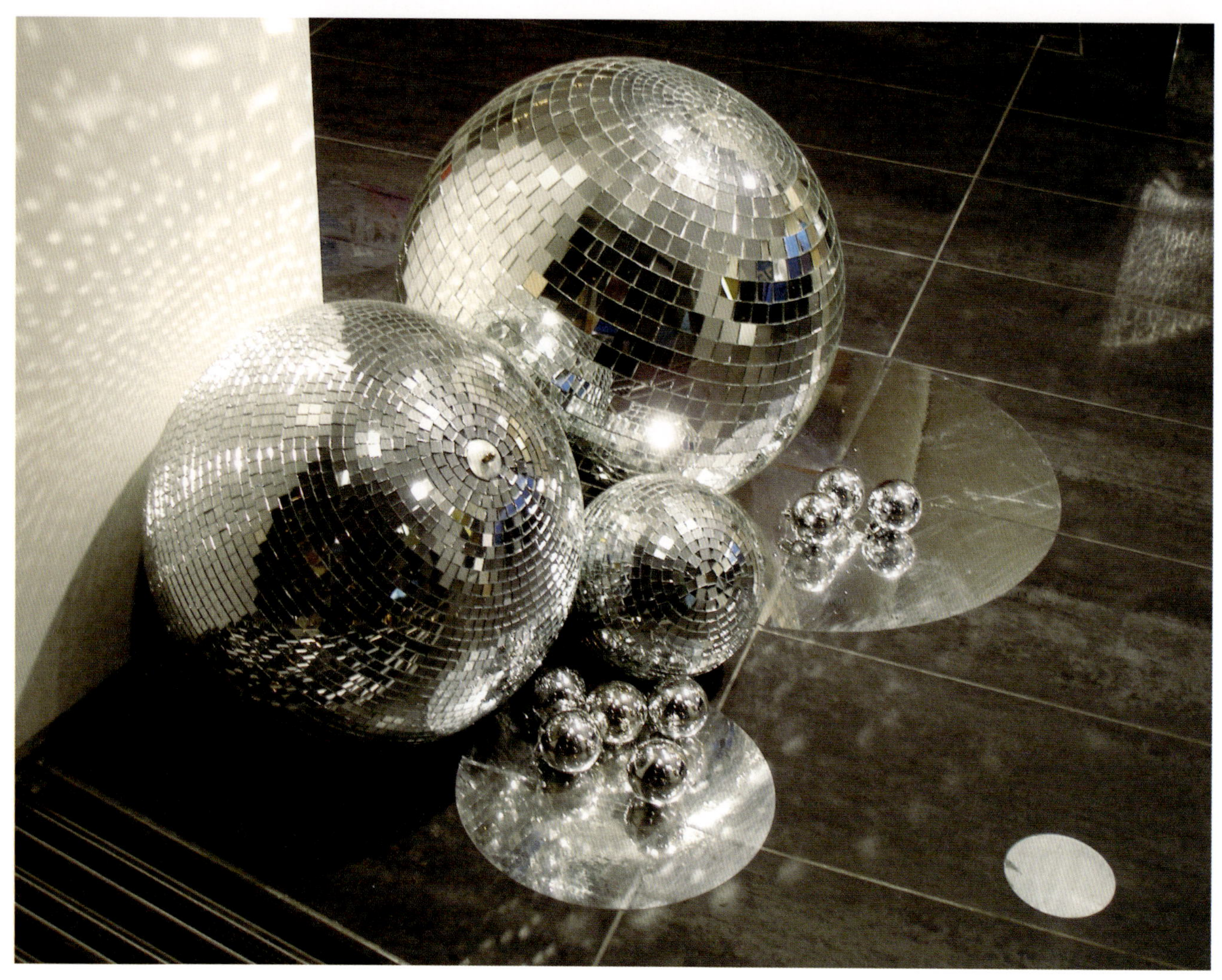

Cirque d'hiver, After Martin Kippenberger

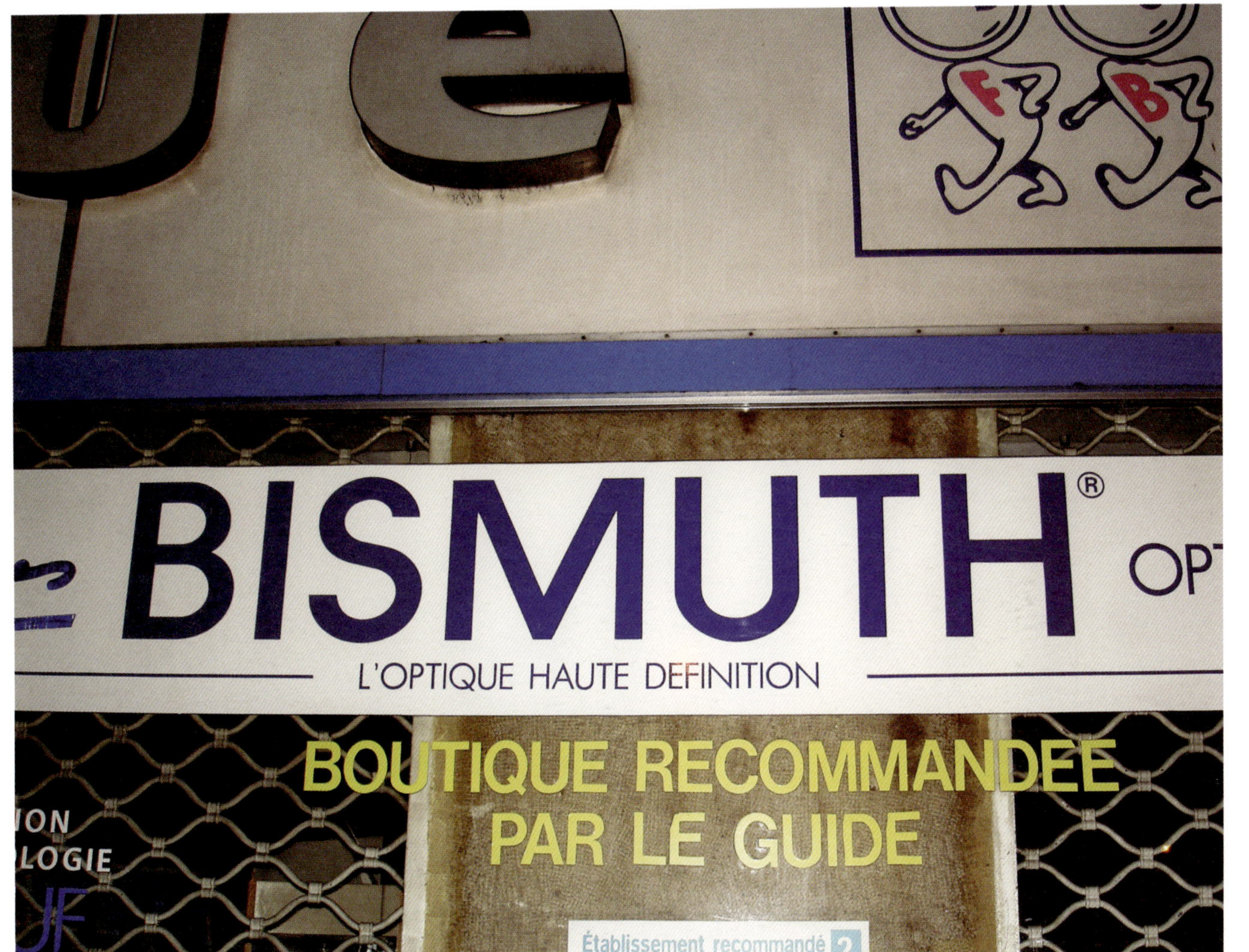

Opticien, After Pierre Bismuth

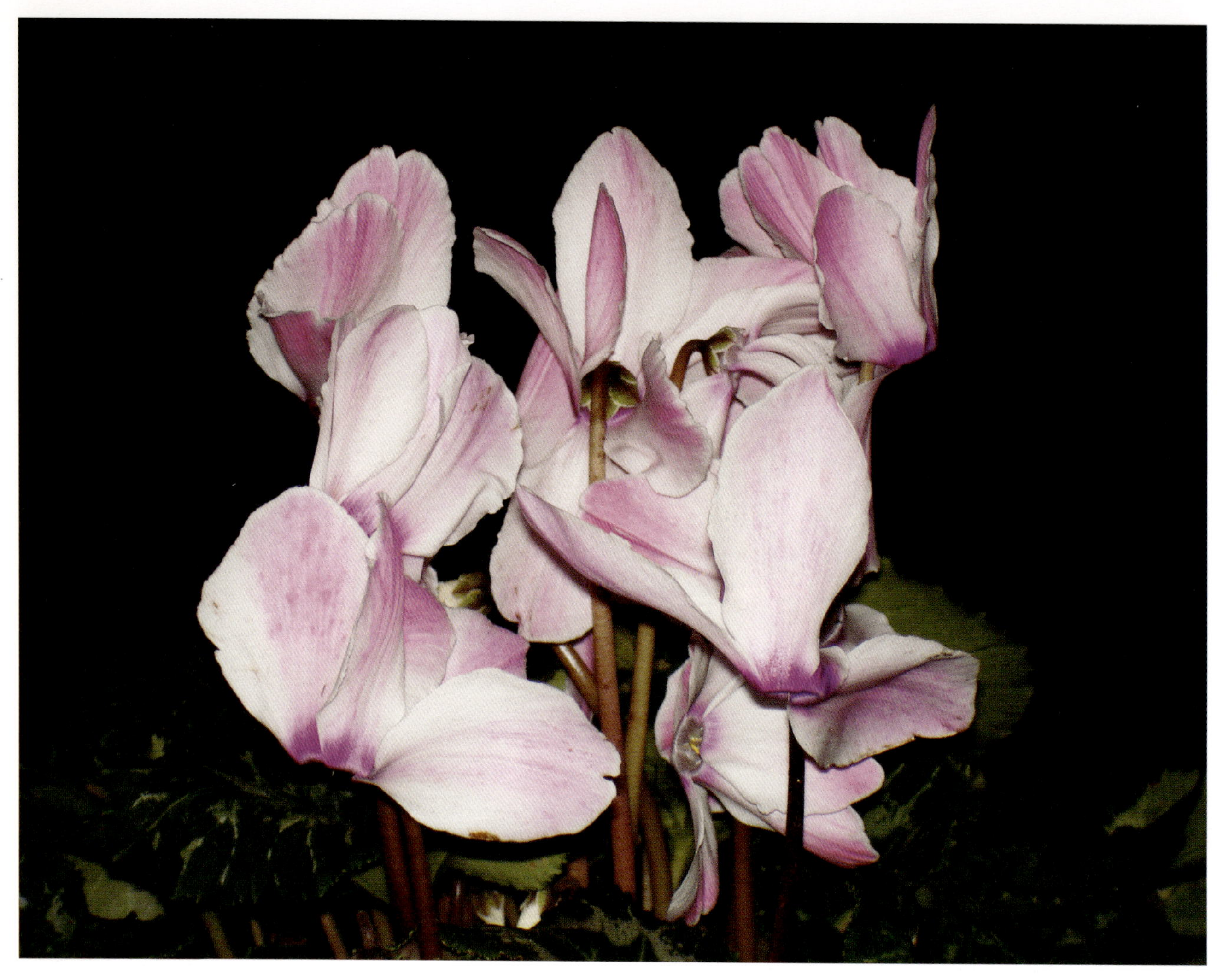

13 rue de la Poste, After Nobuyoshi Araki

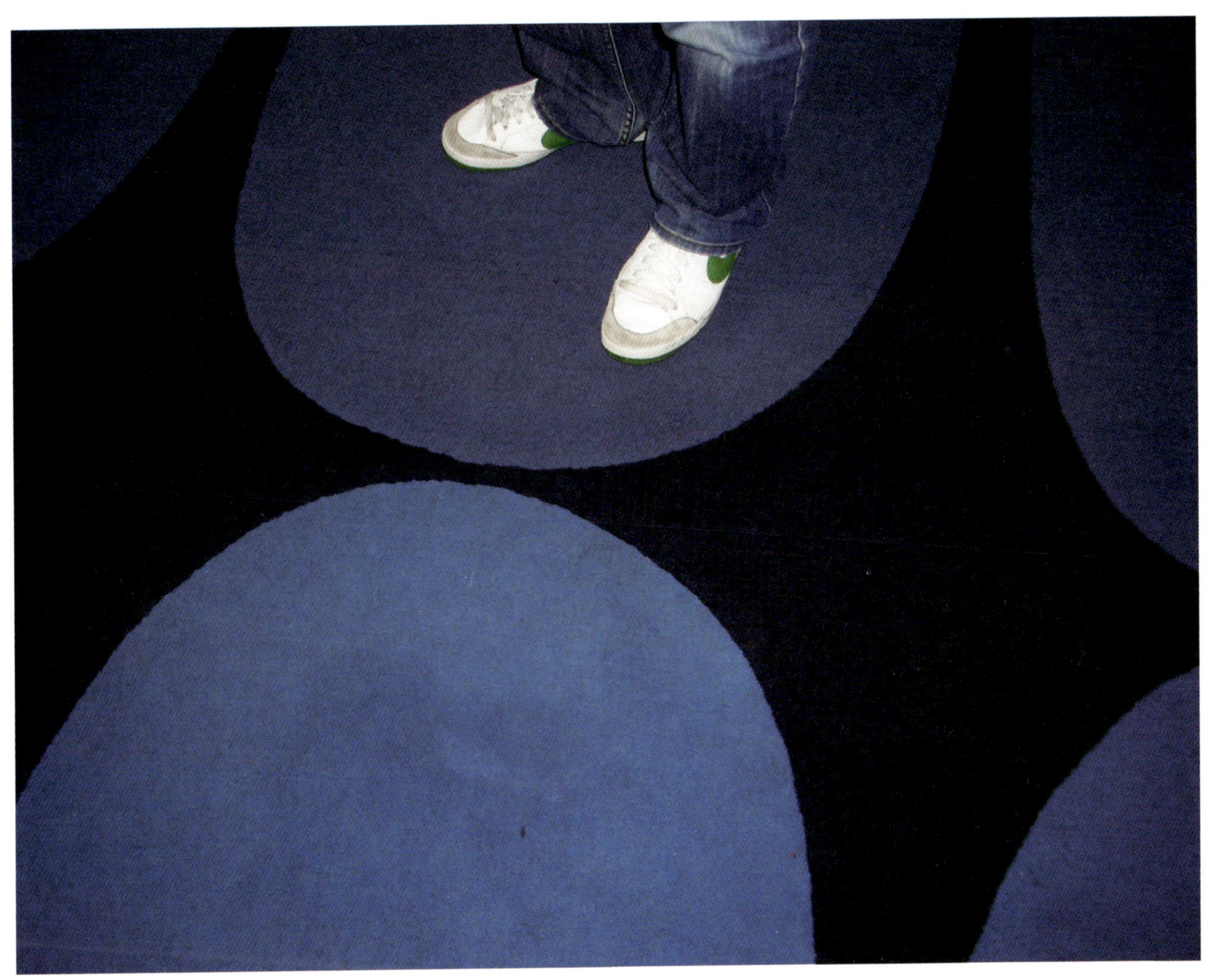

Tapis, After Stephane Dafflon

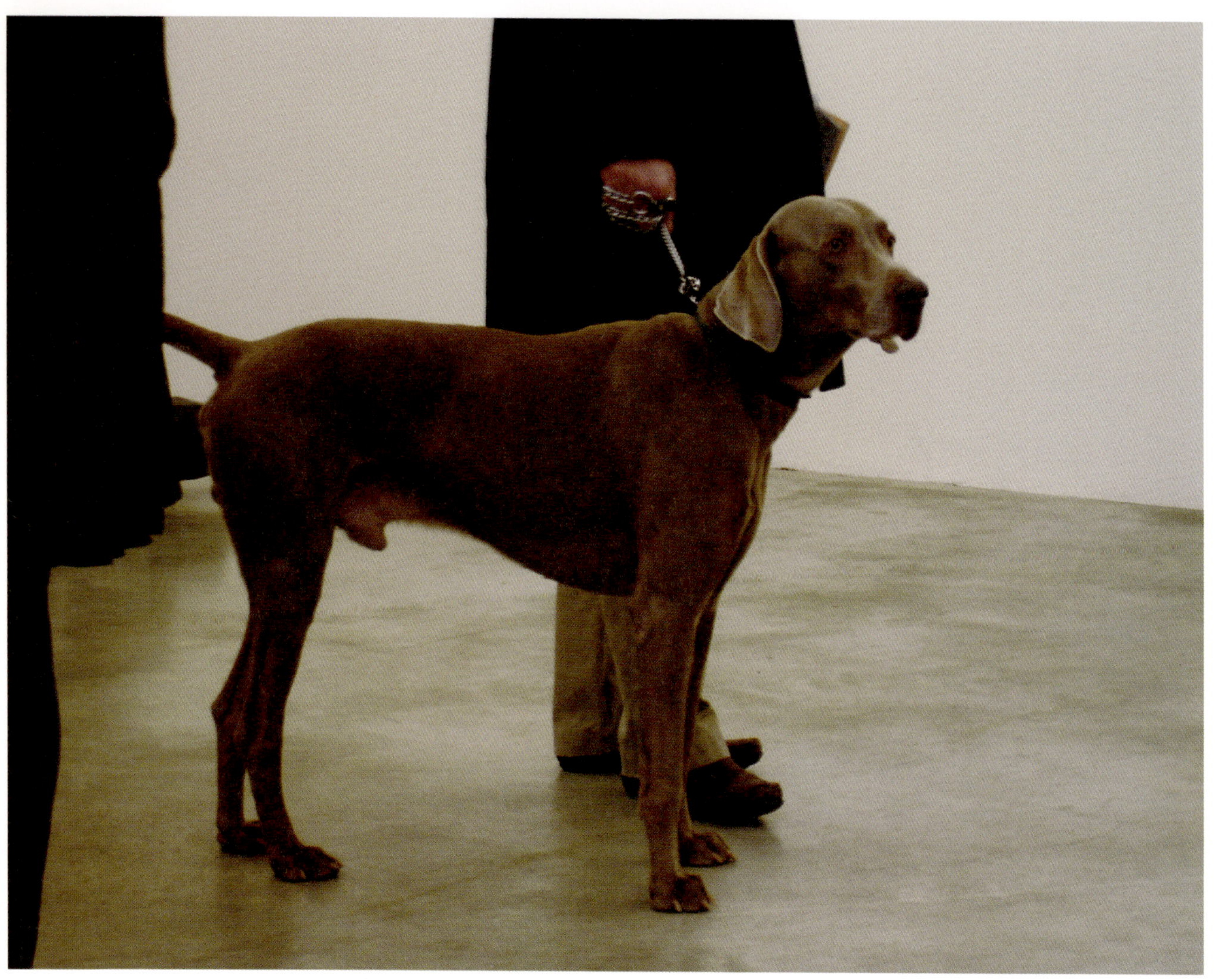

Vernissage, After William Wegmann

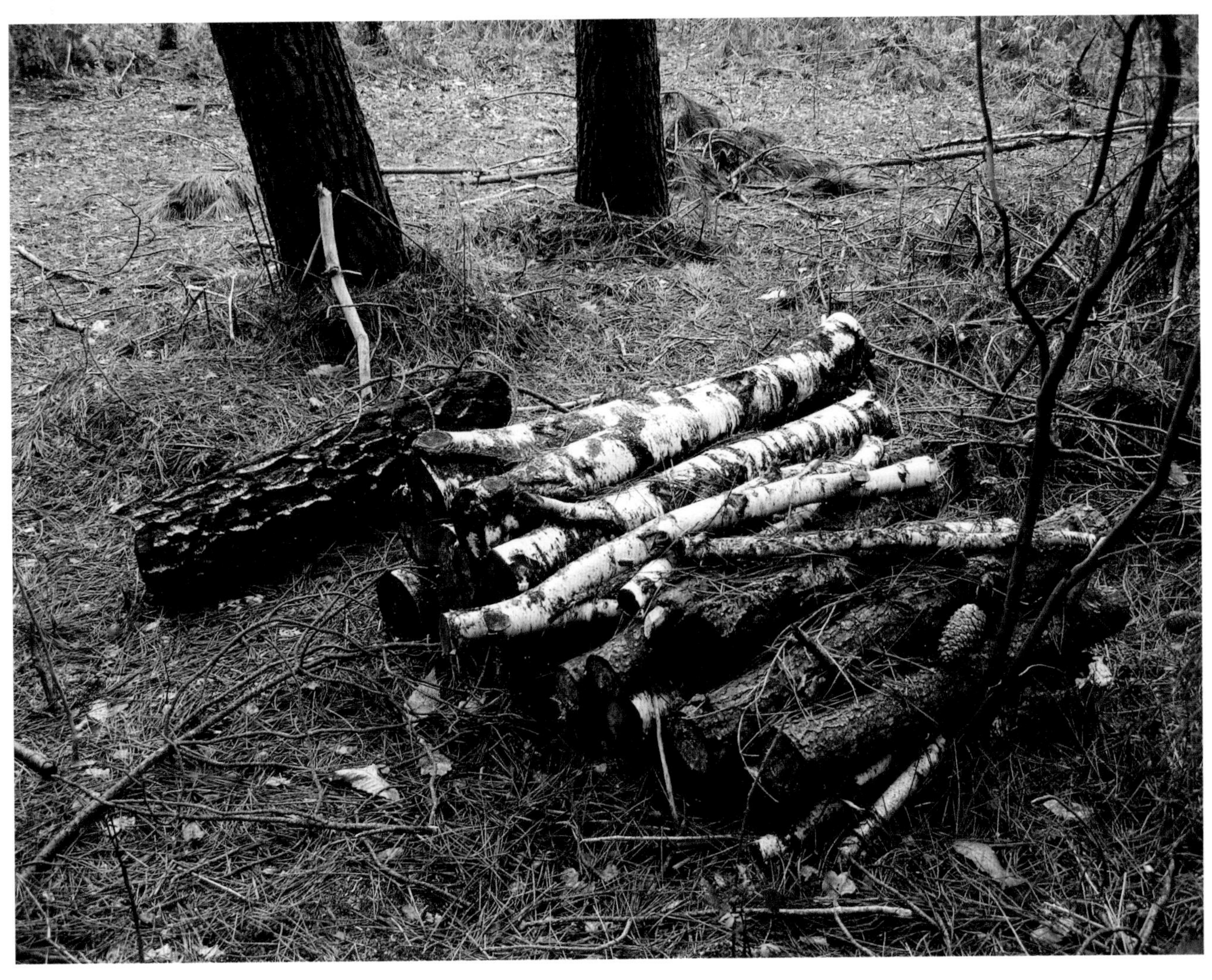

Rocher des amoureux, After Didier Marcel

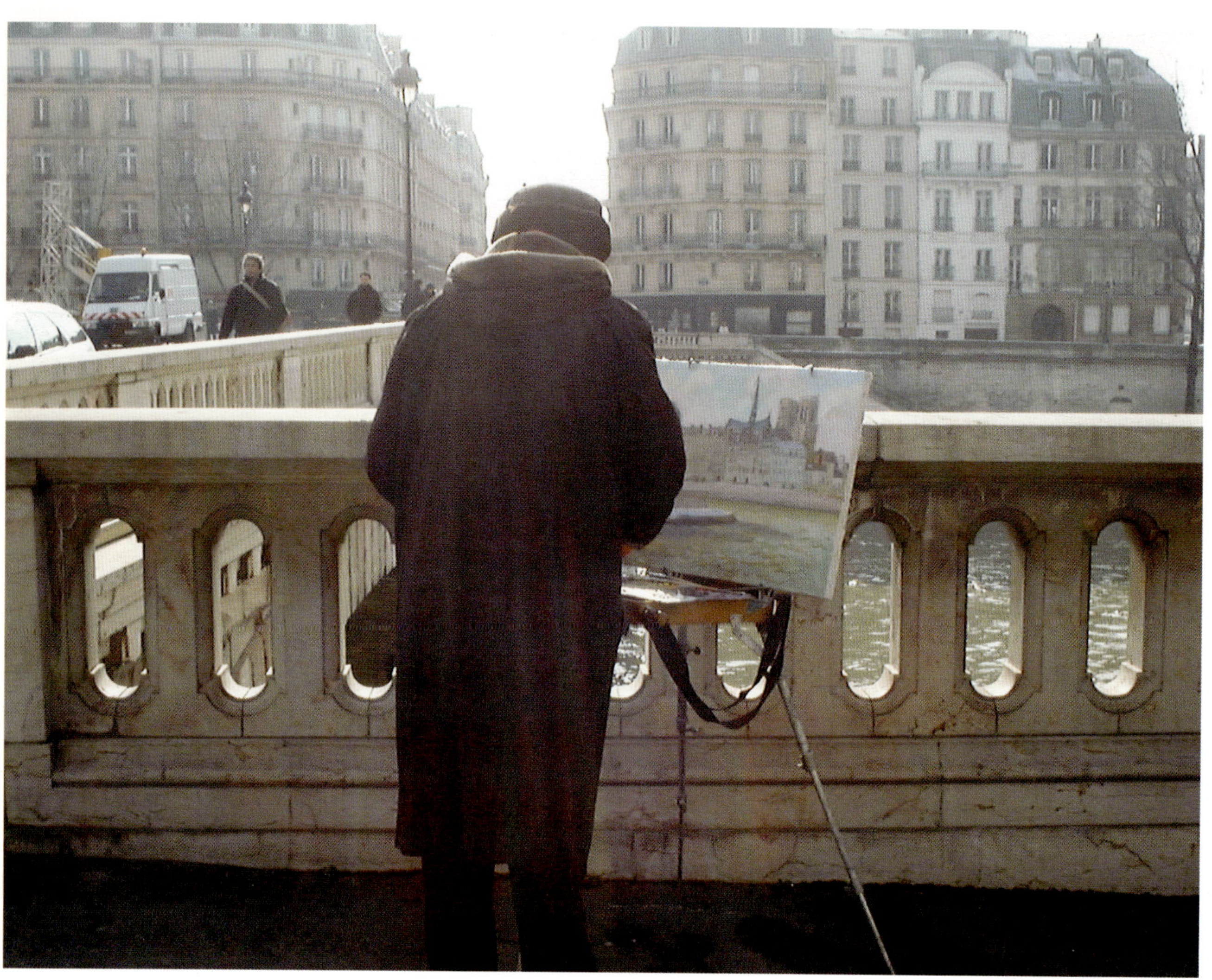

Quai Louis-Philippe, After Claude Monet

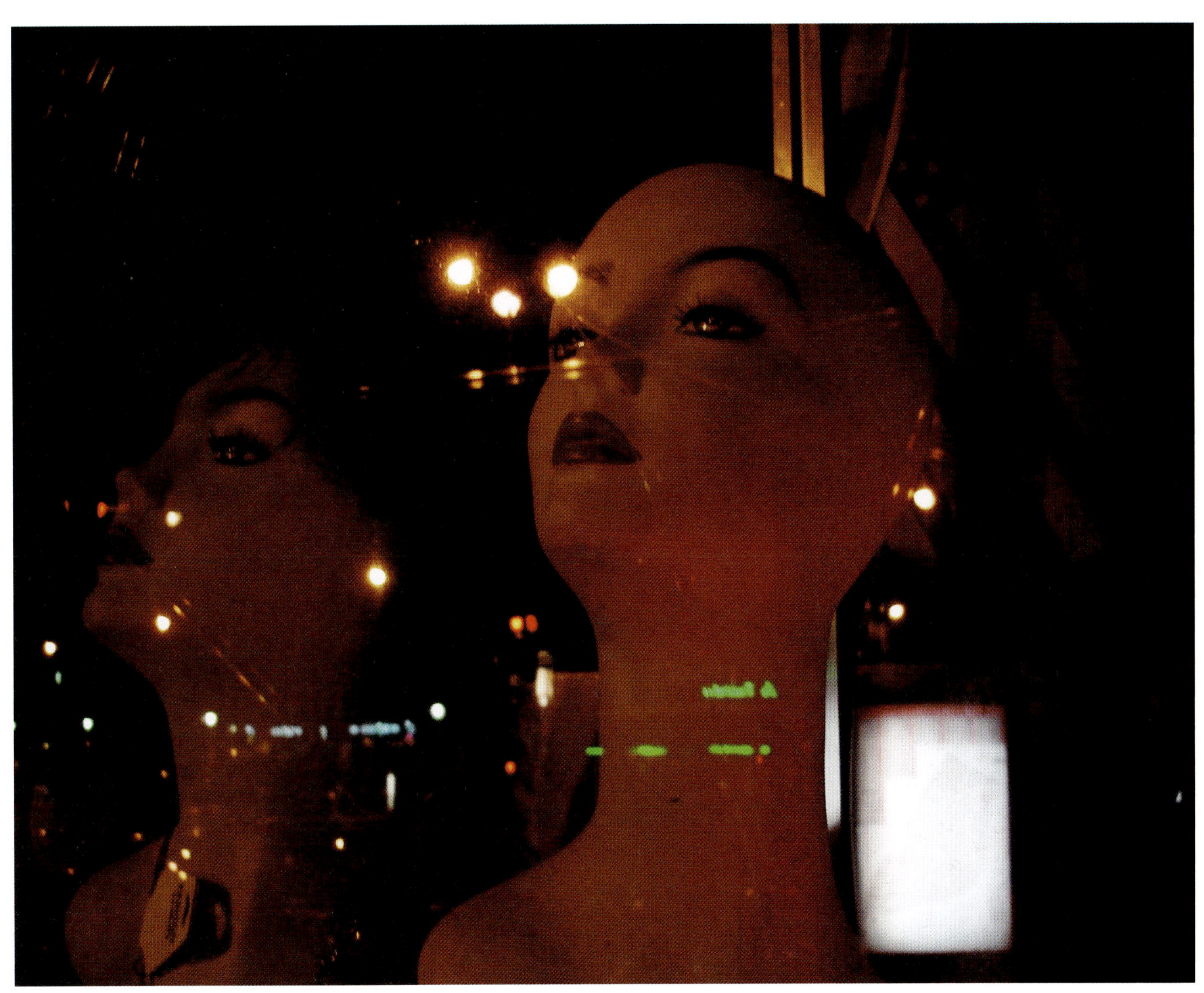

Vitrine, After Paul Mac Carthy

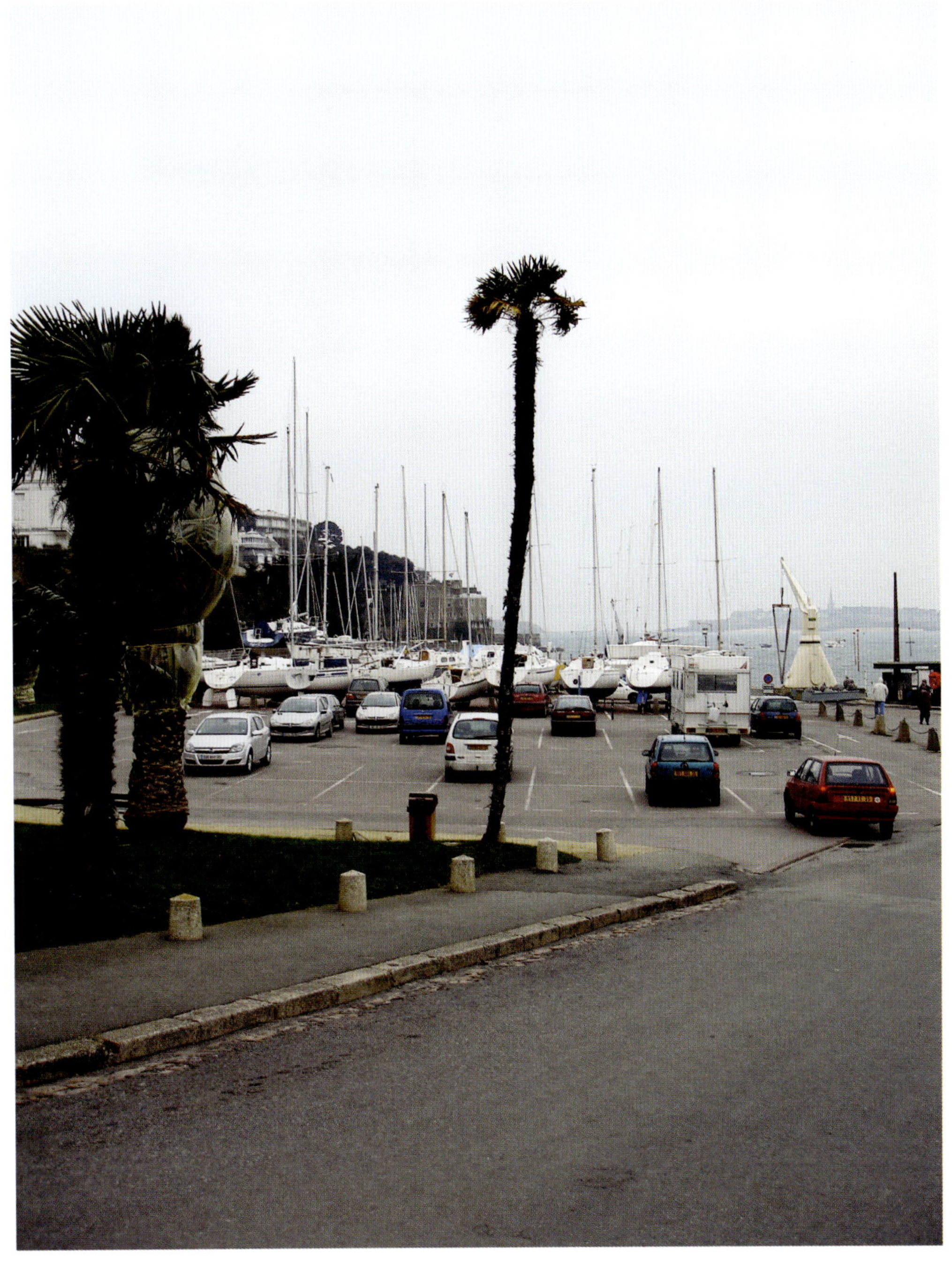

Dinard, After Ed Ruscha

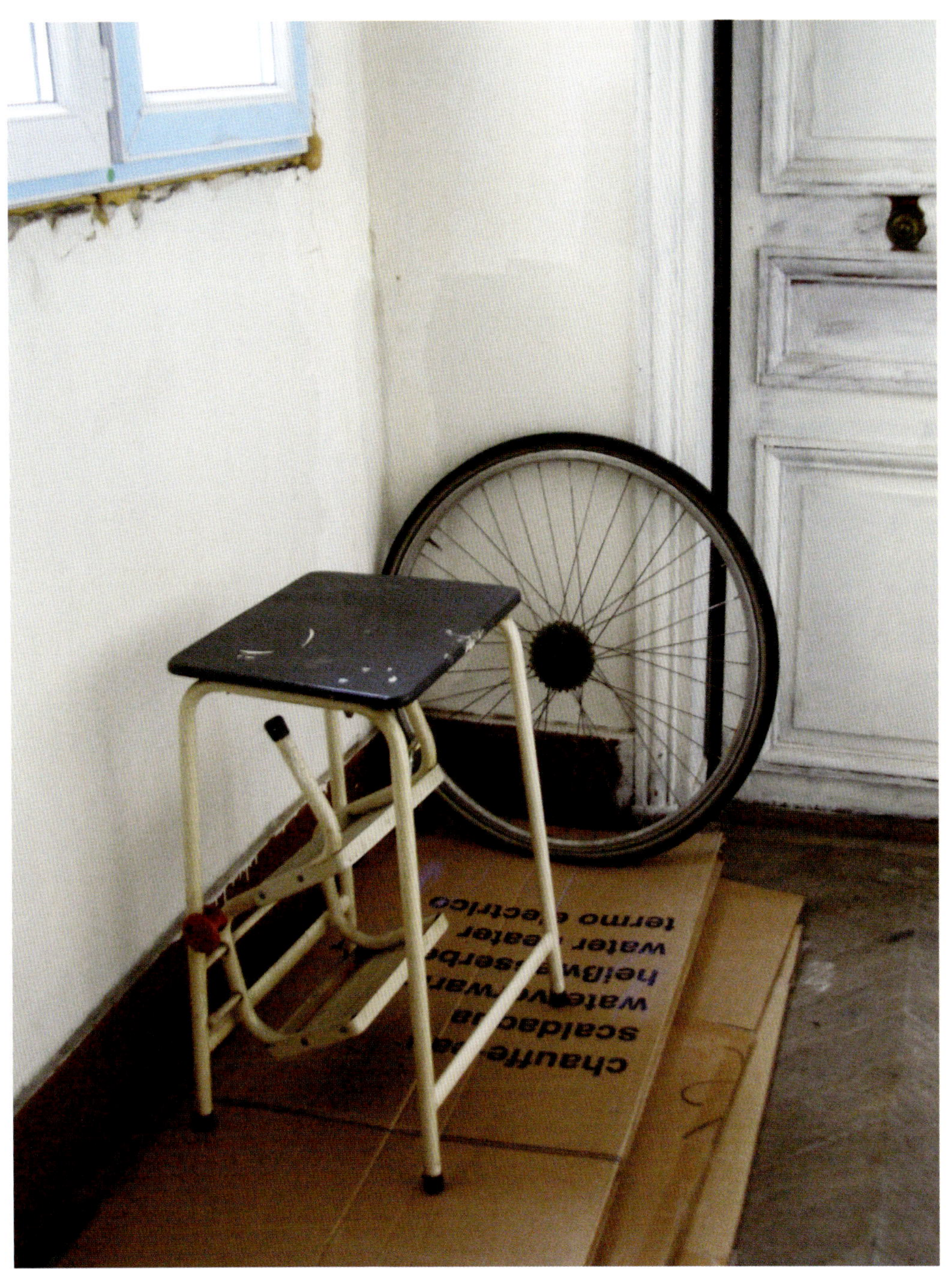

Rue Martel, After Marcel Duchamp

After After

After After

Interview Hans Ulrich Obrist,
Jean-Max Colard & Thomas Lélu,
(with surprise guest)

HUO — *This book is the fruit of two people's work. But I imagine it started out with a dialogue. How did that come about ?*
TL — It all started with a joke in a restaurant. We were talking about the effects of art on our perceptions of reality. Then we looked around us: " *Hey, that looks like a Picasso, and this plate looks like Jeff Koons…* " It's very common, everyone does that, and we wanted to take it further. We started immediately; it was role-playing on a real scale, in the real world. We started photographing a bit of everything and anything. We were looking for references, for signs evoking the history of art. And sometimes the opposite: we would take a photo that reminded us of a certain artist. We had fun following that mode for a while, and then, following our conversations, the project became more defined… But now we're getting into questions of theory, or poetry.

HUO — *How do you see this collaboration?*
JMC — Unlike Thomas, I'm not an artist. I write about art. But we share a common culture linked to art, and to contemporary art. It's a way of seeing a flower pot, and immediately thinking Van Gogh, Jeff Koons or Warhol. This work is based on our mutual way of seeing the world as if it was signed by artists, and we went out into the streets to take photos, just like tourists, we wander around and say : "Hey, what does that make you think of ?", "Check out that window, couldn't that be a Boltanski?", etc. Usually we each work alone, taking photos at home or when we travel. Then we send them through email, like postcards, exchanging stories about our trips. Even when we're on our own, the collaboration continues, through exchange and difference: Thomas has an artist's relationship to the project, and I'm more in the position of the critic. In the end it all intermingles. There's a permutation of the roles, the collaboration makes our respective activities porous.
TL — I think that no one cares that you're a critic and I'm an artist. However, I openly admit Jean-Max, that I really enjoyed "making you take photos"! Because I don't like pretty pictures or the aesthetic photograph, just as I don't like the "failed photo", but simply the aesthetic of the failed photo. And that's neither one thing nor the other. Every time I would receive an image from Jean-Max, I would think: what is this thing? He would take photos in order to play the game, with his digital camera. And they were neither beautiful nor ugly, and generally out of focus! So, in theory, one could say that they're without interest. I like when a photo is transparent, and here we touch on something of that sort. We can't call these images beautiful or successful, those questions don't even come into play.

HUO — *If I summarize, sometimes you go on urban strolls together and the rest of the time you each photograph on your own. Then you correspond by email. Could you tell us more about this game of ping pong? Are the images accompanied by text?*
JMC — No, but we phone, we meet, we have a beer, we share our recent photos and discuss them, just like anyone coming back from a trip or the day after a party. This game of ping-pong also happens through downloading or exchanging our USB keys, etc. This project would never exist in a non-digital support: a little camera, flexible, easy to use, where we can control the images and make immediate selections. The project functions on a certain degree of amateurism.
TL — But we could have equally taken these photos with a camera obscura and limited ourselves to ten photos. Obviously, there's a dimension of urgency to our way of working. Like many people today, we're somewhat "overbooked". So we make art as we can. And this dimension is interesting, because effectively, we're very far from Jeff Wall or the enormity of German photography. We work in the "do-it-yourself", make do with what you have method. We fall back on our resources. You might call it amateur, I would say dilettante.

HUO — *It's a game… but with the seriousness of children at play.*
TL — In the end it's all very serious, or in any case the subject is, because it lies on hazardous ground. Very early on we were wondering how the artists might react to a project that plays with their work. How would they take it? Would they reduce it to a caricature, or inversely as a form of homage? It questions artists and the art world on their capacity for humour and self-mockery.

HUO — *Did you ask for their permission, or inform them?*
JMC — We didn't need to ask for their permission because we weren't copying already existing works. We simply look around us for structures in reality susceptible to bring to mind their works: a bicycle wheel, a landscape, a friend's tattoo…
TL — Sometimes we project our own references on what we see. We want to see such or such an artist, and we decide that a robot vacuum cleaner in a swimming pool evokes Matthew Barney's universe. But how many people will make the link? Moreover, how many people see something totally other than what we thought they would? The reference is quite artificial…
JMC — Depending on their cultures, one can reattribute the photos to another artist, redistribute the references. Nothing is fixed.
TL — And if we're told that this Peugeot 205 covered with colored spots and photographed in the streets of Rennes, does not remind someone of John Baldessari's paintings, but of Yayoi Kusama's work, we'll agree to that as well.
JMC — That said, during the exhibition *J'en rêve* at the Fondation Cartier where we first showed images from *After*, upon seeing the photo entitled *After Nan Goldin*, in which a friend is wearing a frizzy wig at a party, Nan Goldin exclaimed: "But, it's me!". She was surprised, amused and not at all angry. And other artists that we've met weren't offended either. On the contrary, they really understood the project. Because these images say that the artists, or their works, help us to see the world, and sometimes even in the most commonplace, formless situations. It can lead to some rather ironic effects …

TL — Yes, there's humour and lightness in relation to something that's sometimes lacking in that. That's what's irreverent: to speak of art critically, but with irony and distance instead of attacking frontally.

JMC — After we had already started this project we discovered an artist named Ernst Caramelle. In 1978 he published a book in New York using a method quite similar to ours. In *Forty Found Fakes* (the title reveals the differences between the two projects; we never say that the apples on the table are a fake Cézanne, but simply an image which is affected by one's memory of Cézanne), Ernst Caramelle takes images from the press or elsewhere, in which he recognizes the works of Boltanski, Christo, Donald Judd… But he uses attack. The book opens with a photo of Giscard and Helmut Schmidt under a striped awning. Ernst Caramelle writes the name of Daniel Buren in big letters. It's caustic, especially because it makes Buren into a sort of Artist of State even before he was commissioned by the Palais-Royal. Or, in a La Redoute clothing catalog, he writes the name of Boltanski under photos of child-sized pullovers.

TL — Yes, in that way Ernst Caramelle is attacking artists' works. We don't function that way, and moreover we don't limit ourselves to a single register. In *After*, certain images are very literal, like direct citations of Buren or Christo, others are suggestive, poetic and others more amusing and ironic.

JMC — For example, there's a well known photo by Andreas Gursky of a tall building that stands behind the Montparnasse Tower. As we live in Paris, we were naturally interested in the building, so we went there to redo the Gursky, not at all from the German photographer's very high omniscient point of view, but from the point of view of two pedestrians, two tourists. There is a critical dimension to it as we bring Gursky's aerial view down to street level.

TL — In a way, looking at art with our limited means, from wherever we are and however we can, brings a sort of realism to it.

HUO — And now, the surprise guest ! From the beginning of this trialogue in the Hotel Bel Ami lounge in Paris, I've been thinking that one conversation hides another. In the style of Russian nesting dolls, it would be nice to call upon a " common friend"… So, I've invited artist Édouard Levé to ask you a question. (Hans Ulrich Obrist calls Édouard Levé on his cell phone). He's unavailable, but we're asking him to send a question through email.

Édouard Levé — *How do you intend to avoid the Poujadism of "chance does it just as well as art"?*
TL — There's no place for chance in our project. We know what images we're looking for. We don't know exactly what they will look like, but we know who they bring to mind.
JMC — I don't think *After* leads to the depreciation of works of art, and even less to this idea that chance does it just as well as modern and contemporary art. We function very differently:

it's about showing how our view of the world, our experience of the world, is informed, enriched, sharpened, disturbed, influenced by every work of art that lies in our memory.

HUO — *Something which fascinates me is this question of roles and non-roles. Jean-Max reminds us that he's an art critic and not an artist and that you, Thomas, foresee a permutation of the roles. In the 1990's, many artists desired – and many succeeded – to extrapolate the world of art. It's not a statement against the art world, but more likely a multiplication of roles – Matthew Barney did it in relation to cinema, Philippe Parreno and Douglas Gordon as well… Suddenly, these artists belonged to several domains. Today, perhaps some people think of you, Thomas, as a writer, an artist, and others see you as an artistic director or a magazine editor…*
TL — The permutation of roles… We could form the question differently : how would I define myself? What a useless question! I don't mean that in relation to you Hans Ulrich , I just mean that it's a question I would never ask myself, it's like asking a human being if he's a human being. I never thought: I'm going to be an artist when I grow up… I always just did what I wanted to do and followed my specific projects… Le *Manuel de la photo ratée*, (The Manual of the Failed Photo), for example, came quite naturally to me in Decorative Art School. For my diploma in graphics I got around to thinking about the book-object. I'm mainly interested in graphics as a tool. Rather than make a book about pottery or Mesopotamia, I veered toward a subject that interested me. That's how the project came about. Then there was *Récréations* (Recreations), a different project using collage. Once again, what interested me was the idea of the book-object, and the possibility of showing my work elsewhere than in a gallery.

HUO — *Another circuit, another distribution, another dissemination…*
TL — Yes, and then a certain… reticence as to the interest of using a gallery to present one's work. A gallery leads to an automatism of the piece. I know gallerists who tell me: "We like what you do, can you make a piece for us?", as if it was the obliged passage … If it comes to that, I don't need it. Of course, they need pieces because they need to sell, but is an artist obliged to make pieces? I mean, to sell pieces in order to be interesting? I have my doubts. Some people criticize me because they don't really know what I make. But I've also met artists who find my freedom interesting… I advocate freedom rather than artistic denomination…
JMC — And when Thomas enters into this photography project with someone who's not at all an artist…
TL — Yes, that's just looking for trouble…
JMC — Yes. It's another way of stirring up the game, confusing the positions. When Thomas proposes a fully photographic project, in book form, and then an exhibition at the Villa Arson, I allow him to once again blur the lines. Just the same, my presence in the project is a bit absurd. People know me in the art world, but as something else. I really don't know how they will react.
TL — It's completely castrating to hear: " *Oh, yes, but it's awkward*

to see you working with Jean-Max, he's an art critic"… What's the problem? I often feel this rigidness on the issue of status in the art world, and I really don't agree. We mustn't be defined by the circle to which we belong, but by our projects. And that can take on any form that we wish.

HUO — *What part of this project do you attribute to what artist Raymond Hains calls "personified abstraction"? Buren's stripes, Niele Toroni's imprints or Carl Andre's sculptures, in whatever form they may be reproduced, will inevitably bring them back to mind. Is this preoccupation with signs part of your project?*

JMC — We do think about it. We played with personified abstractions, with all of these occupied realities that are, one might say, signed by the artists. Henceforth, stripes will always bring Buren to mind. He has occupied that territory, he's the agent. But we also had to resist that. We didn't want to reduce an artist down to a pattern or a formal design, especially not these days when a work of art can take on so many forms… That's why we come back to certain artists several times in the book.

TL — It's not a caricature. During our conversations I even proposed the simple title *Fan*, because in a certain way, we're fashion victims. These days, looking at things in this manner is not necessarily to criticize, but to remember, to evoke the link between contemporary art and fashion; contemporary art and merchandise. Through this project we show how a work of art is above all something which escapes us, which becomes a sign. And we can find these signs in the real world, as well as in advertising, graphics, design and in other artists' work. I like Pierre Joseph's term "reactivation". It reflects our approach. Art that has lived becomes a sign, a reference. From there the imagination has free reign to wander throughout the real world. It's interesting to see the role of art as something that makes its mark on the imagination, to see how a work of art can have many lives…

HUO — *Your collaboration brings up another complex question, that of archiving. The book is a sort of collection. Thomas, your other books have also dealt with the notion of collection. But in this case, you're conceiving a very specific collection together, in parallel. Is it complete or incomplete? Are there images left undone, or that you haven't been able to find? And finally, have you ever taken photos and then only afterwards thought that they should be part of the collection?*

TL — I'll begin with the end. Technically, there's very little room for chance. Actually, we're always looking for very specific things because we've already made a selection and exchanged lists of artists' names that we'd like to see in our collection. We don't photograph found realities, we photograph sought realities. It has happened that in viewing a photo that I had taken casually, without thinking about it, I find similarities with a certain artist. In that case they go into the collection.

JMC — In our research, there are even artists that we hadn't wanted to select but that we kept coming across, in various forms. We didn't want them but they kept popping up. Finally they imposed themselves into the collection because they were there, very visible, very exposed.

TL — That's where the role of the critic comes into play. There were times when one of us would want to exclude such or such an artist, but the other wanted to include them in the project. So that added an element of debate to the project, each artist bringing up re-evaluation and critical discussion. We absolutely agree on some artists, others cause controversies, and with others we might like a certain piece or aspect of their work.

HUO — *An infinite conversation on art…*

JMC — Completely. And there's another aspect that interests us. We spoke about archives and collections, but one could also see this book as a catalogue for an exhibition; only it's an exhibition that can never take place because it's not made up of works of art, but of things, even more so of situations, specific structures of the real world. We were tempted to call the book *Exhibition*, because all of these realities that we photograph for our collection are in fact exhibited before our eyes, we just don't necessarily see them. It could be a pair of slippers, architecture, moments, colours… So there is this idea of an exhibition… not necessarily virtual, but where the actual grouping of the pieces is obviously impossible, and which would be made up of fragments of the real world.

TL : And that was just in thinking about the title of the book. Because of Eric Mangion's invitation, we'll actually have an exhibition at the Villa Arson. So now we're going to work on the idea of the exhibited book.

HUO — *Are there other ideas about archiving that guided you throughout your collaboration ?*

JMC — In a way it's also a project about memory. Thomas and I walk around with a number of mental archives, lists of artists that we've exchanged, and also with our hard drives. We each put our memories of exhibits, art revues and catalogues into the project. We say: "That makes me think of…", and thus begins the reminiscences and the remembering of the works.

TL — These days, the world of art is in a state of general confusion, it's easy to criticize because there's been a loss of significance, a patchwork effect. I think we need to clean house… We go shopping, and then we sort through it all. It's a collection, but also a sort of child's game. The room's a mess, mother has gone upstairs, she's yelled at us and told us to clean up, so we're cleaning up: "Hey, look I found some Pierre Huygue over there, some Jeff Koons over here…" And then there's the stuff we throw out… So, we put a little order back into our mental room…

HUO — *But isn't that like early Levi-Strauss, when he said that there were too many archives and it needed to be organized?*

JMC — We sort through, but we don't organize. It's not Levi-

Strauss because we don't want to enter into the question of terminology and filing systems. It's important for us to avoid a reorganization of the hierarchy of art history. We're making a collection, a group of images, but there's no top of the list. We don't class or rank. On the contrary, it's very important to us to have both Van Gogh and Jeff Koons, Cézanne and Édouard Levé.

TL — On the other hand, if it's called *After*, it's because there's also the idea of the after-party. Art in the 20th century has had such an importance, with its plural modernity, its avant-gardists. The 1990's alone, through which we've both stood witness, have profoundly influenced our conception of art today… This is the time of the after-party. Here we are, the day after some big, sometimes violent party called 20th century art. And we keep the game going.

After After

Interview Hans Ulrich Obrist,
Jean-Max Colard & Thomas Lélu,
(et un invité-suprise)

HUO — *Ce livre est le fruit d'un travail à deux. Mais j'imagine qu'il y a d'abord eu dialogue. Comment cela s'est-il passé?*
TL — Tout est parti d'une boutade au restaurant. Nous parlions des effets de l'art sur notre perception du réel. Puis nous avons juste regardé autour de nous: « *Tiens ça, on dirait un Picasso, et cette assiette-là, du Jeff Koons…* » C'est très banal, tout le monde fait ça, et nous avons eu envie d'aller plus loin. On s'y est mis tout de suite, c'était un jeu de rôles grandeur nature, un GN. On a commencé à photographier un peu tout, et n'importe quoi d'ailleurs. On était à la recherche de références, de signes évoquant l'histoire de l'art. Et parfois l'inverse: on faisait des images, qui d'elles-mêmes nous faisaient penser à tel ou tel artiste. On s'est amusé un moment sur ce mode-là puis, au fil de nos conversations, le projet s'est affiné… Mais là, on touche déjà aux questions de théorie, ou de poétique.

HUO — *Quelle est votre idée de la collaboration ?*
JMC — Contrairement à Thomas, je n'ai jamais eu de pratique artistique. J'écris sur l'art. Mais ce qu'on partage, c'est une culture liée à l'art, et même à l'art contemporain. Une manière de voir un pot de fleurs et de penser aussitôt à Van Gogh, Jeff Koons ou Warhol. On a travaillé sur cette capacité commune à voir le monde comme s'il était signé par les artistes, et on est partis dans les rues faire des photos, comme des touristes, on circule et on se dit : « Tiens, à quoi ça te fait penser ce truc ? », « Et cette vitrine, ça ne pourrait pas être du Boltanski ? », etc. Et le plus souvent chacun de nous se retrouve seul, à faire des photos chez lui, ou en voyage. On se les envoie par mail, comme une carte postale, chacun fait à l'autre le récit de son voyage. C'est-à-dire que même séparés, notre collaboration continue, dans l'échange et la différence : Thomas a un rapport d'artiste au projet, et moi je suis plus dans un positionnement de critique. Finalement, les choses se mélangent. Il y a permutation des rôles, la collaboration rend poreuses nos activités respectives.
TL — Je pense qu'on se fiche pas mal que tu sois critique et moi artiste. En revanche, je te l'avoue ouvertement Jean-Max, j'ai eu un plaisir énorme à te « faire faire des photographies » ! Parce que je n'aime pas les belles photos, la photo esthétique, comme je n'aime pas non plus la « photo ratée ». Car il n'y a pas de « photo ratée », mais juste une esthétique de la photo ratée. Et là, on est ni dans l'un ni dans l'autre. Chaque fois que je recevais une image de Jean-Max, je me disais : qu'est-ce que c'est que ce truc ? En plus, il faisait ces photos pour jouer le jeu, avec son appareil numérique. Et ces photos n'étaient ni belles ni moches, et généralement floues ! Donc, on pourrait dire qu'elles n'ont a priori aucun intérêt. J'aime quand la photo est transparente, et là on touche à quelque chose de cet ordre. Face à ces images, on ne peut pas dire qu'elles soient belles ou réussies, ces questions n'entrent pas en jeu.

HUO — *Si je résume, parfois vous effectuez ensemble des sortes de flâneries urbaines et le reste du temps vous photographiez chacun de votre côté. À ce moment-là, vous correspondez par e-mail. Pourriez-vous nous parler de cet aspect de ping-pong? Avec les images, y a-t-il aussi du texte?*
JMC — Non, mais on s'appelle, on se voit, on boit une bière, on se montre nos dernières images et on les commente, comme tout le monde fait au retour d'un voyage ou un lendemain de fête. Ce jeu de ping-pong passe aussi par des téléchargements, des prêts de clés USB, etc. À l'évidence, ce projet n'existerait pas sans le numérique : un petit appareil, souple, facile à utiliser, sur lequel on peut contrôler les images et faire immédiatement un travail de sélection. C'est même un parti-pris de travailler dans un certain amateurisme…
TL — Mais on aurait pu faire ces photos « à la chambre », et se contenter de dix images. Il y a évidemment une dimension d'urgence dans notre activité. Comme beaucoup de gens aujourd'hui, on est un peu « surbookés ». Alors, on fait de l'art, mais comme on peut. Et cette dimension est intéressante, parce qu'on est effectivement très loin de Jeff Wall ou du gigantisme de la photographie allemande. Là, on est dans le « bricolage », on fait avec ce qu'on a. C'est de la débrouille. Toi, tu dis amateur, moi je dirais plutôt dilettante.

HUO — *C'est un jeu… mais avec le sérieux des enfants qui jouent.*
TL — En fin de compte, c'est très sérieux, en tout cas le sujet l'est dans la mesure où l'on se situe sur un terrain casse-gueule. Très vite, on s'est demandé comment allaient réagir les artistes face à un travail qui joue avec leurs œuvres. Allaient-ils le prendre bien ou mal ? Allaient-ils le réduire à une caricature, ou au contraire comme une forme d'hommage ? Au passage, on interroge la capacité des artistes et du milieu de l'art à faire preuve d'humour et surtout d'auto-dérision.

HUO — *Leur avez-vous demandé la permission, les avez-vous informés?*
JMC — On n'a pas eu à leur demander leur accord, puisqu'il ne s'agissait pas de refaire des œuvres déjà existantes. Simplement, on cherche autour de nous des agencements du réel susceptibles de nous faire penser à leurs œuvres : une roue de vélo, un paysage, le tatouage d'une amie…
TL — parfois, nous projetons nos propres références sur ce que nous voyons. On a envie de voir tel ou tel artiste, et on décide qu'un robot-aspirateur dans une piscine évoque l'univers de Matthew Barney. Mais combien de personnes feront ce rapprochement ? D'ailleurs, face à certaines images, combien voient tout autre chose que ce à quoi nous pensions. La référence est quelque chose de factice…
JMC — Selon sa culture, chacun peut réattribuer les photos à un autre artiste, redistribuer les références. Rien n'est fixé.
TL — Et si on nous dit que cette Peugeot 205 couverte de ronds de couleur, photographiée dans les rues de Rennes, ne fait pas penser aux tableaux de John Baldessari, mais à une œuvre de Yayoi Kusama, on sera d'accord aussi.

JMC — Ceci dit, pendant l'exposition *J'en rêve* à la Fondation Cartier où on a montré pour la première fois des images d'*After*, Nan Goldin a pu voir notre photographie intitulée *After Nan Goldin*, où une amie dans une fête porte une perruque frisée. Ça en fait son sosie parfait. À tel point que Nan Goldin s'est exclamée: «But, it's me !» Elle était étonnée, amusée, pas fâchée du tout. Et d'autres artistes qu'on a rencontrés n'ont pas plus été offusqués. Au contraire, ils ont très bien compris le projet. Parce que ces images disent que les artistes, ou leurs œuvres, nous aident à voir le monde, et parfois même dans sa situation la plus banale, la plus informe. Ce qui n'empêche pas des effets d'ironie …

TL — Oui, il y a de l'humour, de la légèreté par rapport à quelque chose qui parfois en manque. C'est justement ça qui est irrévérencieux : parler d'art tout en étant critique, mais sans l'attaquer de manière frontale, plutôt sur le mode de la dérision, avec recul, distance…

JMC — On a découvert récemment, alors qu'on avait déjà entamé cette recherche photographique, un artiste nommé Ernst Caramelle. En 1978, il a publié à New York un livre assez proche de notre démarche. Dans *Forty Found Fakes* (*Quarante faux trouvés*, un titre déjà différent de notre état d'esprit, car on ne dit jamais que des pommes sur une table, c'est un faux Cézanne, mais une vision désormais travaillée par le souvenir de Cézanne), Ernst Caramelle récupère des images, dans la presse ou ailleurs, où il reconnaît des œuvres de Boltanski, Christo, Donald Judd… Mais son régime, c'est l'attaque. Le livre s'ouvre sur une photo avec Giscard et Helmut Schmidt sous un auvent en toile rayé, et Ernst Caramelle écrit en grand le nom de Daniel Buren. C'est mordant, et d'autant plus que ça fait de Buren une sorte d'artiste d'État avant même ses commandes du Palais-Royal. Ou, dans un catalogue de La Redoute, il voit des pulls-over de taille enfant et il inscrit dessous le nom de Boltanski.

TL — Oui, avec ce dispositif Ernst Caramelle attaque les œuvres des artistes. Nous ne sommes pas dans ce rapport-là, et d'ailleurs nous ne nous limitons pas à un seul registre. Dans *After*, certaines images sont très littérales, comme des citations directes de Buren ou de Christo, d'autres sont plus évocatrices, plus poétiques, d'autres encore plus de l'ordre de l'amusement, d'une sorte d'ironie…

JMC — Un exemple: il existe une photo assez connue d'Andreas Gursky sur un grand immeuble derrière la Tour Montparnasse… Evidemment, puisqu'on vit à Paris, on s'est naturellement intéressé à ce bâtiment. On s'est donc rendus sur place pour refaire ce Gursky, mais pas du tout du point de vue très élevé et omniscient du photographe allemand, mais du point de vue de deux piétons, deux touristes. Il y a là une dimension critique, parce qu'on fait redescendre la hauteur de vue adoptée par Gursky à une vision basse.

TL — D'une certaine manière, il y a une forme de réalisme à regarder l'art avec les moyens du bord, à notre échelle, comme on peut.

HUO — Et maintenant, l'invité-surprise ! Depuis le début de ce trialogue, dans les salons de l'Hôtel Bel Ami à Paris, j'ai pensé qu'une conversation en cachait toujours une autre, à la manière des matriouchkas russes, ce serait bien qu'on appelle un «ami commun»… Alors, on va demander à l'artiste Édouard Levé de vous adresser une question. (Hans Ulrich Obrist appelle Édouard Levé sur son portable). Il est injoignable, mais on va lui demander de vous poser une question par mail.

Édouard Levé — *Comment pensez-vous éviter le poujadisme du «le hasard fait aussi bien que l'art»?*
TL — Il n'y a pas de place pour le hasard dans notre projet. Nous savons quelles images nous cherchons. Nous ne savons pas tout à fait à quoi elles vont ressembler, mais nous savons à qui elles nous font penser.

JMC — Je ne crois pas du tout qu'After aboutisse à la dévalorisation des œuvres d'art, et encore moins à cette idée que le hasard fait aussi bien que l'art moderne et contemporain. On est plutôt dans un rapport inverse: il s'agit de montrer comment notre regard sur le monde, notre expérience du monde, est informé, travaillé, enrichi, aiguisé, amusé, parasité, influencé par toutes les œuvres dont chacun de nous porte le souvenir.

HUO — *Une chose qui me semble passionnante, c'est cette question des rôles et des non-rôles, quand Jean-Max rappelle qu'il est critique d'art et pas artiste et que toi, Thomas, tu envisages une permutation des rôles. Dans les années 1990, il y eut chez les artistes un désir —et beaucoup d'entre eux y sont parvenus— d'extrapoler le monde de l'art. Ce n'est pas un statement contre le monde de l'art, mais plutôt une sorte de multiplication des rôles —Matthew Barney a fait ça par rapport au cinéma, Philippe Parreno et Douglas Gordon également… Soudainement, ces artistes appartenaient à plusieurs domaines à la fois. Aujourd'hui, je ne sais pas si certains pensent à toi, Thomas, comme à un écrivain, un artiste, et d'autres plutôt comme un directeur artistique ou un éditeur de magazine…*
TL — La permutation des rôles… On pourrait poser la question différemment: comment, moi, je me définirais? Eh bien, cette question n'a aucun intérêt! Je ne dis pas ça par rapport à toi, Hans Ulrich , je dis juste que cette question dans l'absolu, je ne me la pose jamais, c'est comme demander à un être humain s'il en est un. Je ne me suis jamais dit: je vais être artiste plus tard… J'ai toujours fait les choses dont j'avais envie, suivi des projets précis… *Le manuel de la photo ratée*, par exemple, est venu très naturellement, aux arts décoratifs. Pour mon diplôme de graphisme, j'avais été amené à réfléchir à l'objet-livre. Or le graphisme en tant que tel m'intéresse peu, c'est pour moi un outil. Alors, plutôt que de faire un livre sur la poterie ou la Mésopotamie, je me suis porté vers un sujet qui m'intéressait. C'est là qu'a pris forme ce projet. Après, il y a eu *Récréations*, un autre projet avec des collages. Ce qui m'intéressait, c'était encore l'objet-livre et la possibilité de montrer mon travail ailleurs que dans une galerie d'art.

HUO — *Un autre circuit, une autre distribution, une autre dissémination…*

TL — Oui, et puis une certaine… réticence quant à l'utilité d'une galerie pour présenter son travail. La galerie induit une sorte d'automatisme de la pièce. Je suis en contact avec des galeristes et ils me disent : «On aime beaucoup ce que tu fais, est-ce que tu peux nous faire un projet de pièce ?», comme si c'était le passage obligé… Je n'en ai pas besoin, à la limite. Effectivement, il leur faut des pièces parce qu'il faut vendre, mais est-ce qu'un artiste est obligé de faire des pièces, c'est-à-dire de vendre des pièces pour être intéressant ? J'ai des doutes. Certains me critiquent parce qu'ils ne savent pas exactement ce que je fais, mais j'ai déjà rencontré des artistes qui trouvent intéressante la liberté que je peux avoir… Effectivement, je préconise la liberté au détriment de la dénomination artistique…

JMC — Et quand Thomas se lance dans ce projet photographique avec quelqu'un qui n'est pas du tout artiste…

TL — Là, effectivement, on cherche les ennuis…

JMC — Oui, c'est encore une autre manière de brouiller le jeu, de mettre du flou dans ton positionnement. Finalement, je permets à Thomas de continuer encore à brouiller les cartes au moment où il propose un projet pleinement photographique, qui prendra l'allure d'un livre puis d'une exposition à la Villa Arson. En même temps, ma présence là-dedans est un peu incongrue. Les gens me connaissent dans le milieu de l'art, mais sous une autre étiquette. Je ne sais d'ailleurs pas comment ils le prendront.

TL — C'est complètement castrateur de s'entendre dire : «*Ah, ouais, mais c'est embêtant de te voir bosser avec Jean-Max, il est critique d'art quand même*»… Quel est le problème ? Je ressens fortement dans le milieu de l'art cette crispation sur la question du statut. Et je ne suis pas d'accord avec ça. On ne doit pas être déterminé par le groupe auquel on appartient, mais par ses projets. Ça peut prendre toutes les formes qu'on veut.

HUO — *Quelle part accordez-vous dans ce projet à ce que l'artiste Raymond Hains appelle «l'abstraction personnifiée» ? A savoir que les rayures de Buren, les empreintes de Niele Toroni ou les scuptures de Carl Andre, sous quelque forme qu'elles puissent être reproduites, renverront toujours inévitablement à eux. Cette occupation du signe fait-elle partie de votre projet?*

JMC — Ça fait partie de notre réflexion. On a joué avec ces abstractions personnifiées, avec toutes ces réalités déjà occupées, je dirais même signées par des artistes. Désormais, les rayures renvoient toujours à Buren. Il a occupé ce terrain, il en est le dépositaire. Mais il fallait aussi résister à cela. Et on s'est dit qu'on ne pouvait réduire un artiste à un motif ou à un trait formel, surtout aujourd'hui où une œuvre peut prendre des formes très variées… C'est pourquoi certains artistes reviennent plusieurs fois dans le livre.

TL — Ce n'est pas de la caricature. Au cours de notre conversation, j'ai même proposé ce titre très simple : *Fan*. Parce que,

d'une certaine manière, on est victimes de la mode. Avoir ce regard-là aujourd'hui, ce n'est pas forcément critiquer, mais renvoyer à certaines choses, évoquer le lien entre l'art contemporain et la mode, l'art contemporain et la marchandise. À travers ce travail, on montre combien une œuvre est avant tout quelque chose qui échappe, qui devient un signe. Et ce signe on peut le retrouver dans le monde réel, mais aussi décliné dans la publicité, le graphisme, le design et chez d'autres artistes. J'aime bien le terme de «réactivation» qu'utilise l'artiste Pierre Joseph. Je trouve qu'on est dans cette approche des choses. Le vécu de l'art crée un signe, une référence. À partir de là, libre à l'imagination de se promener dans l'univers réel. C'est intéressant de constater ce rôle de l'art comme marquant une empreinte dans l'imaginaire, de voir comment une œuvre d'art peut avoir plusieurs vies…

HUO — *Votre collaboration soulève une autre question très complexe, qui est celle de l'archive. Ce livre est une sorte de collection, et d'ailleurs Thomas, tes autres livres étaient déjà très liés à la notion de la collection. Mais là, vous concevez, ensemble, parallèlement, une collection très particulière. Est-elle complète ou incomplète ? Y a-t-il des images non réalisées, que vous n'avez peut-être pas trouvées ? Enfin, avez-vous pris des images dont vous vous êtes ensuite dit qu'elles devaient rentrer dans la collection ?*

TL — Je commencerai par la fin : techniquement, il y a très peu de place laissée au hasard. En fait, on est toujours à la recherche de choses précises, puisqu'en amont on a déjà fait une sélection, on s'est envoyé des listes, des noms d'artistes qu'on aimerait voir entrer dans notre collection. Ce ne sont pas des réalités trouvées qu'on photographie, mais des réalités cherchées. Il m'est arrivé de reconsidérer des photos que j'avais faites comme ça, sans y penser, et d'y reconnaître des similitudes avec tel ou tel artiste. Du coup, elles entrent dans la collection.

JMC — Dans nos recherches, il y a même des artistes qu'on n'avait pas envie de sélectionner, mais qu'on croisait sans cesse, sous diverses formes. On ne les voulait pas, mais ça nous tombait sous l'œil. Finalement, ils se sont imposés dans la collection, parce qu'ils sont dans notre champ de regard, très vus, très exposés.

TL — C'est là qu'une dimension critique entre en jeu. Ainsi chacun de nous a parfois écarté tel ou tel artiste, quand l'autre voulait au contraire l'inclure dans le projet. Du coup, cette collaboration est également un débat sur l'art entre nous, chaque artiste faisant l'objet d'une réévaluation, d'une discussion critique. Il y a ceux sur lesquels on est entièrement d'accord, ceux qui font l'objet de controverses et ceux dont on aime telle pièce ou tel aspect de l'œuvre.

HUO — *Une conversation infinie sur l'art….*

JMC — Complètement. Un autre aspect encore nous intéresse. On a parlé d'archive, de collection, mais on pourrait aussi voir dans ce livre un catalogue d'exposition ; seulement, d'une exposition qui ne peut avoir lieu, car ce ne sont pas des œuvres qui la constituent, mais des choses, et peut-être plus encore des situations, des agencements particuliers du monde réel. Et on a été tenté d'intituler le livre *Exposition*, car toutes ces réalités qu'on collectionne en les photographiant sont en situation d'exposition, là sous nos yeux, mais on ne les voit pas forcément. Ça peut être une paire de pantoufles, une architecture, ça peut être des moments, des couleurs… Il y a donc aussi cette idée d'une exposition… pas virtuelle, mais où le rassemblement des pièces est évidemment impossible, et qui serait faite de fragments de réel.

TL — Et encore, ça c'était juste un projet de titre pour le livre. Mais maintenant, sur l'invitation d'Eric Mangion, il est vraiment question de faire une exposition à la Villa Arson. Du coup, on va travailler la question du livre exposé.

HUO — Y a-t-il d'autres idées autour de l'archive qui vous ont guidés tout au long de votre collaboration?

JMC — D'une certaine manière, c'est aussi un travail sur la mémoire. On se promène, Thomas et moi, avec une quantité d'archives mentales, des listes d'artistes qu'on s'est envoyées, mais aussi avec notre disque dur. Chacun met dans le projet ses souvenirs d'expositions, de revues d'art ou de catalogues. On se dit : «Ça, me fait penser à…», et là commence la réminiscence et la mémorisation des œuvres.

TL — Aujourd'hui, le champ de l'art est dans une phase de confusion générale, qui est critiquable évidemment, puisqu'il y a une perte de signifiant, un patchwork. Je pense qu'il faut faire le ménage… On fait nos courses, puis on fait le tri. C'est une collection, mais aussi un truc d'enfant. La chambre est en bordel, la mère est montée, elle a gueulé, elle a dit de ranger et donc on fait du rangement : «Ah, tiens, il y a du Pierre Huygue là, du Jeff Koons ici…» Et puis, des choses qu'on jette… Voilà, on remet un peu d'ordre dans notre propre chambre mentale…

HUO — Mais ça n'est pas du Levi-Strauss quand même, quand à ses débuts il dit qu'il y a trop d'archives et qu'il faut y mettre de l'ordre?

JMC — Nous, on fait peut-être le tri, mais on ne remet pas tout en ordre. Ça n'est donc pas du Lévi-Strauss parce qu'il n'y a pas chez nous une volonté de nomenclature et encore moins de classement. L'important, c'est qu'on ne procède pas à une rehiérarchisation de l'histoire de l'art, on fait une collection, un ensemble d'images, mais sans tête de liste. Ça n'est pas un classement, on n'est pas en train d'émettre un ordre. Au contraire, pour nous, c'est extrêmement important qu'il y ait à la fois Van Gogh et Jeff Koons, Cézanne et Édouard Levé.

TL — En revanche, si ça s'appelle *After*, c'est qu'il y a aussi cette idée de l'*After*, de la fête d'après la fête. L'art du 20e siècle a été tellement important, avec sa modernité plurielle, ses avant-gardes. Ne serait-ce que les années 1990, qu'on a tous deux traversées comme des témoins, elles ont marqué énormément notre façon de concevoir l'art aujourd'hui…. C'est donc le moment de l'*After*. On est aux lendemains d'une grande fête parfois violente, qui s'appelle l'art du 20e siècle. Et on continue le jeu.

After
Un projet de / A project by Jean-Max Colard & Thomas Lélu

Publication
Ce livre a donné lieu dans son contenu et ses intentions
à une exposition au Centre National d'Art Contemporain de la Villa Arson (Nice)
du 22 octobre 2006 au 7 janvier 2007

An exhibition generated by the content and ideas in this book was held
at the Centre National d'Art Contemporain de la Villa Arson (Nice)
from October 22, 2006 to January 7, 2007

Conception / Concept : Jean-Max Colard & Thomas Lélu
Commissariat de l'exposition / Curator : Eric Mangion
Conseiller artistique / Artistic Counsellor : Christophe Brunnquell
Interview : Hans Ulrich Obrist
Traduction / Translation : Niav Conty
Photogravure / Photo-engraving : Janvier, Paris
Imprimerie / Printing : Baud

Crédits photos / Photo credits
Toutes les images / All images © Jean-Max Colard & Thomas Lélu

Villa Arson
20 avenue Stephen Liégeard F-06105 Nice cedex 2
T 00 33 (0) 4 92 07 73 73 F 00 33 (0) 4 93 84 41 55
cnac@villa-arson.org www.villa-arson.org

La Villa Arson est financée par le Ministère de la Culture et de la Communication (Délégation aux arts plastiques),
et reçoit le soutien du Conseil Général des Alpes-Maritimes,
de la Région Provence-Alpes-Côte d'Azur et de la Ville de Nice.
The Villa Arson is financed by The French Ministry of Culture (Fine Arts Commission),
and receives support from The Alpes-Maritimes General Council,
the Region of Provence-Alpes-Côte d'Azur and from the City of Nice.
Directeur Général / General Director : Alain Derey
Directeur Artistique / Artistic Director : Eric Mangion
Directeur Pédagogique / Educational Director : Jean-Marc Réol

Remerciements / Thanks
Colette Barbier, Clément Bonacorsi, Christophe Brunnquell, Sophie Calle, Renaud Campana,
Sarah@colette, Fondation Cartier, Hervé Chandès, Matthieu Charon, Claude Closky, Ludovic Dardivillé,
Anne Desvaux, galerie Dominique Fiat, Anne-Claire Gallais, Annick et Jean-Claude Guillebaud,
Laurent Hutin, Janvier, Hélène Kelmachter, Harmony Korine, Odile Legale, Bernard,
Camille et Marie-Thérèse Lélu, Edouard Levé, Eric Mangion, Hans Ulrich Obrist,
Ludovic Perrin, Cécile Revenu, Yves Rougon, Caroline Schneider, Nathalie Vallois, Émilie Veyrun, Wanda.

ISBN 1-933128-22-4 / 30 Euros

Éditeur / Publisher
Sternberg Press
Caroline Schneider
1182 Broadway #1602, New York NY 10001
Linienstraße 159, D-10115 Berlin
www.sternberg-press.com

Distribution
France + UK
www.artdata.co.uk
Europe
www.vice-versa-vertrieb.de
USA
www.rampub.com
Australia + New Zealand
www.3deep.com.au

Avec le soutien de / With the support of

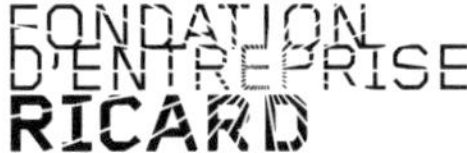

Villa Arson Nice

SternbergPress